商务印书馆（上海）有限公司　出品
The Commercial Press (Shanghai) Co. Ltd.

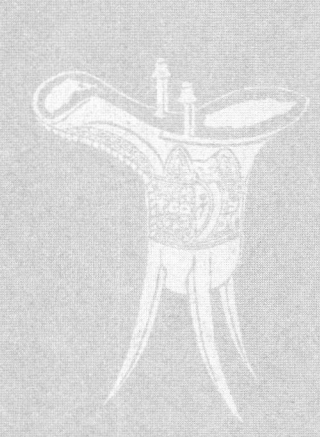

侠的精神文化史论

龚鹏程 —— 著

图书在版编目（CIP）数据

侠的精神文化史论 / 龚鹏程著. — 北京：商务印书馆，2023
（龚鹏程文存）
ISBN 978－7－100－22435－2

Ⅰ.①侠… Ⅱ.①龚… Ⅲ.①侠客 — 文化研究 — 中国 ②侠义小说 — 小说研究 — 中国 Ⅳ.①I207.4

中国国家版本馆CIP数据核字（2023）第088125号

权利保留，侵权必究。

侠 的 精 神 文 化 史 论
龚鹏程 著

商 务 印 书 馆 出 版
（北京王府井大街36号 邮政编码 100710）
商 务 印 书 馆 发 行
山东临沂新华印刷物流
集团有限责任公司印刷
ISBN 978－7－100－22435－2

2023年10月第1版　　开本 640×960　1/16
2023年10月第1次印刷　印张 26¼

定价：128.00元

自　序 II

侠客行

我的籍贯上写的是"江西省吉安县",即古"庐陵"。自古号为文章节义之乡,是宋朝文天祥、欧阳修出生处,也是禅宗祖师青原行思的法脉发祥之地。

但文风传承,到了我父祖辈,显然已杂有许多武犷豪侠之气。因为乡居朴鄙,为了争资源、斗闲气,村子间经常械斗,教打习武之风甚盛。而村子里头,虽皆同为一公之子孙,却也免不了会有些冲突与竞争。所以角力斗狠,也颇为常见。这些事,我当然不晓得,都是小时候听父亲讲古时听来的。

父亲后来在所写《花甲忆旧集》里记载了不少他曾向我们讲述的片段。据他说,他当时在吉安县宝善乡七姑岭集福市担任保长时,曾经会过一些江湖道上的人:

不论江湖、教师及各方赌友,来到七姑岭一定会来看我。无论何方朋友来找我,先在茶馆喝茶,茶账早有人先付了。他们出了事,我会出面摆平,绝无问题。他们也少不了一个我这样的人。我绝不会到公赌场去拿一毛分。不要非分之钱,鬼也会怕。现在想来也真是的,吃自己的饭,管别人的事。但在那时候,我这个性,就无法忍住。

这时来了一位李老师傅,名叫李子玉,真有两手,他的点穴与打脾功夫到了家。他下手，可以准时死亡。如果一百天，绝过不了一〇一天，这是一点不假。父子二人，儿子叫李金生，比我年轻四岁，是父传子的功夫。李师傅原在景德镇鄱阳一带把水口，又是青帮老头。后来因战争回到吉安，由一位石工从安福县带到他家，就在他们杨家教这玩意。与教学别的功夫不一样，大概以一周为出师，专授点穴。

有一天，我们几人到值夏市去玩，顺便到杨家去拜访这位李师傅。

说来话长，那时延喜在学，我们家共有七人。正好那天延喜他们要出师，我问他们功夫如何，他们也说不上，因为李师傅名气很大，他们也不敢多问。只有延喜他受不了，嘴巴忍不住，向金生说，他没有学到，要向金生讨教两手。我们坐在一旁，希望看看他的招式。金生答应他，要延喜先上。

延喜从小有点根底，也拜过不少名师。延喜一出手，金生双手架开。上前一马，右手轻轻一招，延喜跌到近丈远，起也起不来，吓得其他人大为吃惊。金生对大家说明，是打的中央大牌，要用什么手法去推治。

那时延喜十分痛苦，满口白水吐出来。我们在一旁看到很着急，只是静观其变，看他怎样动手。那时我对他父子毫无认识。他把延喜反背起来，人往下一驼，再把延喜放在凳子上，用推拿功夫，五分钟恢复正常。他后来对我说明了打中央牌的道理。这又叫"五里还阳"。

他的意思和道理是这样的：出手轻重，三十分钟后会慢慢回醒过来。那个时代没有钟表，以走五里路为准，完全用以防身、自卫，不伤道德。

我记得李师傅对我解释，这"五里还阳"的道理很有意义。老式的中国，交通不便，做小本生意，单行独跑。有时跑几十里或百余里之地方，没有人烟。这些地方，也是盗匪出没之所。当然做大买卖的商人是不会从此经过的。所生存的也只有些小盗。到时万一遇上了，就正好用打"五里还阳"的手法对付他。等我们跑了五里路远时，他回醒了，想追上来也追不上了。这就是所谓道德。

我后来还是拜了他为师。这实在不是出于我的本意，这完全是因李老无论如何要收我为徒。这是他的利益，好在这一地带开码头，这是后来的事。

正好延喜恢复正常后，有一位隔壁村的人，名叫毛大标，是个种田人，粗里粗气。那时他在值夏一位萧仁和的教头处学符法功夫，又叫寄打功夫，是用刀斩不入之神打。他们表演时确实如此，其中密道就不得而知。

此人奉他师傅命令来到杨家，找李师傅，一进祠堂门就叫："李师傅，不准在这里教拳。"李问他却是为何。

他说："你是骗人的，根本没有这门功夫。"

李当然无法容忍，答应他说："你就来考验一下如何？"他也就走过来，叫李下手。

那时，李叫他一声："老弟，这不是开玩笑，是要命的。我年龄那么大，出外面混了一辈子，出外靠朋友，你是不是受人指使来的？"

毛大标哪里懂得这些，逼着李下手。我在一旁又不便插嘴。

我看李师傅只用二指在他脖子上一点，他的头往右一侧。他一句话也没说，转身就走了。我看他好像很难过的样子。

几天后，李派人去问过他，但他不很认输。从此毛大标好像感冒一样，一天天病情加重。到了一月以后，值夏市也无法去了。后来李师傅叫他徒弟来找我。问我毛家有没有亲朋。

他对我说，毛大标只有七十天的寿命，要我转告他家。如果"毛"来请罪赔礼，他会给他药吃，治好。我也请过族兄立益去告诉他。但大标就是死也不服这口气，向他低头。

世界上就有这样的人。结果，从他到杨家算起，正好七十天，真是难以相信，但是有事实证明。从此我对他这一手，感到惊人。可惜大标成了冤死鬼。

从此李也声名大振。后来，他们在别处教技，来到值夏市一带，也必定会来找我。此后我们接近的时间也比较多。他儿子金生对我都是哥前哥后，我们十分亲近。我总是劝他父子，千万不可乱授徒弟，以免造成许多不幸。

　　他金生倒很听我的话，他每次到了七姑岭住在我店里，而且我们同睡畅聊，我也从不问他的功夫。他有时拖我起床，要教授我几下真功夫，我也拒绝。我不愿意学他的功夫是有原因的，因为我年轻时脾气不好，容易冲动，万一一时失手，损德。我不伤人，人不害我。

　　我现在后悔的是，没有学到他的药方。本来他徒弟根力，把他这本传家药书偷到了。根力不识字，就拿给我，要我帮助他抄下来，我却没有理他，真是太可惜了。后来李家父子要捉他处死，就为的这本药宝。如果捉到了，定会以他们帮规欺师灭祖论罪处死，谁也保不了。

　　有一次，金生来集福市看我，正碰上根力在我店中，好在他眼快，一看到金生，转脚往后门就跑，金生也眼快，也就往后门进去。根力在七姑岭太久了，转几个弯，不见人影。金生转回来，好生气的样子。我劝他："算了吧！又何必一定要捉他，他又不是什么了不起的人物。"

　　他才坐下来告诉我，他说："他不跟我父亲也没有关系，他偷走了我们的药典，对我们来说，这有多么重要。如果这药书落到敌对手中，那还得了？这事要你帮忙，要他把药书放在你这里，我念他跟了我们几年，没有功劳也有苦劳，我会放过他。但要他处处小心，不要给我父亲碰上。如果被我父亲捉到了，绝不会放过他。"

　　却原来为这药书要捉他，我哪里会知道？后来我才说根力也不对，我要他把药书一定要还他们。

　　后来根力在七姑岭也传了几个徒弟，整天跟我跑跑腿。

　　回想这些也很好玩。有一天，我考验他。我问他，你拿什么东西去教人家，小心出洋相。他也常常在我面前握握手，试看我的底子。

那一天，我心血来潮，跟他较量几下，真没有想到，我一出手，他就跌倒了。他站起来问我是不是金生教我的。我才相信，李家父子没有传他功夫。

后来，不久祖亮农场发生一件偷鱼的事。这场风波闹开了。他农场有好几位工人，是龚家人。一名叫立原的人，他半夜起来上厕所，听到前面有网鱼声音，他跑去一看，是他们段家人，四五人正在挂网，鱼又不少。

立原说："你们偷鱼。"段家人说："鱼是泰和某村抓来的，绝不是你们农场的。"立原当然不相信，就跑过去要把他们的渔网拿过来，有话明天再说。对方不肯。双方拉拉扯扯。

就在这时候，对方下了立原的毒手，名叫"五百钱"。这门功夫虽是普通，但要真正准点到家，实在还不容易。那时候正在抗战中期，难民又多，所以五花八门的东西特别多。道理是找钱吃饭，有些当然也是骗钱，花招百出，但还算在轨道上跑，不像今天台湾的社会，乱杀乱来，没有江湖规矩。

但当时立原毫不知情。对方下手之后，几人回段家去了。下手人叫段世洪，是他太太教他的。他太太又是从一凤阳婆处得来的。听说他太太是凤阳人，内情不详。

第二天早晨，立原回家报告祖亮。那时祖亮在中正大学，不在家，由祖亮老婆在家管理。这女人很聪明，通情达理，是南昌人。

明刚赶紧来找我，要我帮忙处理，立原把情形告诉了我。我一见立原，双眼红得朱砂一样。我问他："你是不是眼珠痛？"

他说："没有哇。"

我发现他情形不对，再拿他的手一看，我才问他："是不是对方打了你？"他说没有。

我一时明白了，一定是你们拉拉扯扯之时，对方下了你的手。因为他功夫没有到家，并不十分高明，所以一看便知。我告诉他赶回农场去。我即带了一伙年轻人到段家去，找他们的保长交涉。

后来他们村庄上也来了好几位士绅，我就把情形说给他们听，不料他们不很接受，反而说，又是我大村庄欺侮他们。我一时向他们说不清楚，我告诉他们人命关天，我也暂时不跟你们理论，最好你们派几个人去农场，一看便知。我要去吉安请医师来，一切问题等我回来再来解决。我就叫带去的青年人，叫他们现在去段家附近，见耕牛就牵，目前不管那么多。

我转身就回去把情形告诉明刚。我说立原伤势十分严重。我现在要去吉安请李师傅来，我就赶紧包了一条船下吉安去了。

我到吉安直往荆泰寿糕饼店去。因该店老板也是李师傅的徒弟。说到"荆泰寿"，是吉安唯一有名的糕饼店。只要是吉安所管的地点，是无人不知无人不晓。

我到荆泰寿，一问，正好他老师傅出来了，我即前去把事情告诉他，他也就即刻答应同我回去。

闲话少说。我去租了两匹马赶回家来。我也没有在家停留，即刻往农场去。我们到了农场，段家有不少人在那里等候。他们看到立原情况，也十分着急。

他们段家这个下手的人段世洪，跑得不知去向，我也无闲跟他们说什么。带李师傅到楼上去看立原伤势。那时我叫他那段保长上楼来证明，人命关天，并不是我们以大吃小。他才道歉说，实在想不到，他世洪会出这毒手，真是畜生。我说，现在我们不必说这些，说也无用，只要立原不死，一切问题都好解决。

那时李师傅拿出一颗药丸，只有花生米大，用一半，再用冷开水送下。他叫我吩咐点一支香，大概香烧到二寸时，立原说要上厕所，几个人扶他上厕所。这一泻，泻下了有一脸盆多的黑血，真是吓死人。再过几分钟，再上厕所去了一次，立原即恢复正常，以后吃了两帖水药，真是药到病除。高明。

　　病人好了，就好解决。一切药费由段家负责。不过我帮了李师傅很大的忙。当时他告诉我，他的药丸要卖五百元法币一粒。结果我要段家给一千元一粒，又谢了他二千元，所以李师傅对我这个朋友十分亲切。

　　这一纠纷就这样结束了。等段家付完钱，我也把耕牛归还他们。所以他父子并不拿我当徒弟看待，完全以知己、好友相待。后来别人不相信我没有学到他的功夫，我再三声明，别人也不相信。就这样，后来一般江湖朋友来到集福市，一定来拜访我。

　　这时，有一位刘师傅，是一个大力士，手上的真功夫，那还了得。我记得在罗家墟之时，刘某在泰和一带教打。有一天在我们茶馆喝茶，当场表演一手，满桌茶点，少说也有几十斤，他一只手拿一只脚立，离地尺多再放到原地，满桌茶水一点不荡桌上。

　　后来他到七姑岭来找我，求我化解他与李师傅一件误会。他把详情告诉我，我当时给他一个满口答应，此事包在我的身上。后来我给他们双方化解了一场误会。如果不是我，李家父子就不会那么容易放过他。那位大力士刘师傅也害怕他。他们是跑江湖的，靠朋友混饭吃，遇上我这样的一位朋友，对他们双方来说都是有利的。对我来说嘛，朋友不怕多，冤家只怕一个，人总会有遇到困难之时，哪晓得什么时候要人呢？

　　那年正月十五日，是我们家元宵节，十分热闹。没想到这一天大不吉利。我大嫂患女人病，十分严重，下部流血不止。像她十八九岁守寡，又没有生过孩子，竟会发生这种严重的病。所以一时大家手足无措，心无主张。

　　真是人有旦夕祸福，乡下地方又无良医。这一伙女人只知道去拜神求佛，我看情形不对，毫不考虑，包一小船下吉安去求医。

　　我到吉安，直往我姐姐店里去，一进门，我就对我姐夫说：大嫂病情十分危险，我来请医生。我把病情详细说了一遍，他赶紧出门去，要我在店中等他。

他店中正好有一位朱姓国术师。我在年底时跟他喝过一次酒，算是一面之交的酒友。我这人对江湖道上的人有好感，我喜欢他们的义气。他听我说，我姐夫要出去请医生，他一把拉住我姐夫，问他："哪里去请？请谁？我就是！别人的事，我可以不管，舅舅的事，我不能不管。"就这样，我们租了三匹马，急忙赶回来。

回到家，天已黑了。我在路上半信半疑，此人会不会医病？又是个半醉的人，也只好尽人事而听天命。

我未到家门，远远听见哭声，我想，恐怕没有了希望。我一人先冲进房去，果然大嫂不能言语了，像死人一样，我不知如何是好。那朱师傅也跟在我后面。他用手一摸，笑说："快弄酒来吃。"捉了一只公鸡，他把公鸡头放在房门槛上用刀一斩，血流在地上，画了一张符，贴在房门上，在祖宗前点香拜拜。他就说："我们喝酒。"

真是个酒鬼。我没有办法，只好听他的，陪他吃几杯。他只是连说好酒好酒。我实在忍不住，说："朱师傅，请你先去看好不好？"他才把酒杯放下，进房去动手。

这些女人只知哭哭啼啼，硬说没有用了。老朱叫我伯母拿一条长毛巾给他，他用双手在病人胸部慢慢往下扫。我嫂嫂的眼珠也就慢慢打开来了，前后不到三分钟。他把长毛巾在肚部紧紧一绑，就这么几下，人全部清醒过来，说话像好人一样。即开了一药单，吃了两帖水药，就这样完全好了。这不是神医吗？

这下，把我大嫂的病医好了，他的医运也来了。所以说一个人做人做事，处处都是学问。人晓得什么时候要人？我只跟他喝了一次酒，人家对我有这样深刻的认识。我也万万没有想到，在这无形中遇上一位救命的朋友。后来我对他的报答，也是他一生中未曾料到的。所以说，帮别人的忙，就是帮自己的忙。

后来我帮他赚的钱，难以计算。他是个迷迷糊糊的酒鬼，衣衫破烂不堪。两年后，在吉安买了店，开了一家木器店，黄金首饰用不尽。衣住食行，行有一匹骏马。

当然，一是他的医道，二是他的运气。自从医好我大嫂开始，一传十，十传百，远近数十里前来求请者不知多少。后来我家也成了他的家。每天有人来请他吃饭，有他一定有我。我不去，他也就不会去。当然我又不能不去，我真不去，人家一定生我的气。

乡下人比较重情，一个人运气来了，挡也挡不住。这个病人只要他去了，病一定会好，没有出过一点差错。说来真是神奇万分。死人他也可救活。

有一天，我们二人在七姑岭新善村茶社喝茶，我村来了一位妇人，哭哭啼啼来找朱师傅，说她丈夫前后不到几分钟死了。她实在不甘愿，要我请朱先生去看一看。站在我旁边一位我村妇人叫九姑的，她用手拉我的衣服，轻轻说："人都死了，她哥哥去值夏买棺木去了。"要我们不必去，如果去了，怕会损害朱师傅的名誉。但我又怎么好说呢？

老朱听她说完之后，起身拉我说："我们去看看。"我只好跟他走。叫这位妇人先赶回去，说我们马上就来，并叫她准备一斤多烧酒。我以为他酒虫又来了。

我二人一路回去，我看他在路旁采了一大把草，我也没注意是什么草。赶到病家，我一看，人真的死了，但我没有作声。老朱上前用手一摸，就在身上拿出来一大包银针。

他拿了一支有三四寸长的针，在病人身上各穴道下手。少也有五十针以上，前面打了，又翻身后面。针打完后，用面盆把烧酒倒下去，再点火烧烧酒。再又把这些草放进去，再拿出来，在病人身上乱擦一通。前面擦了往后面又擦。手续做完之后，老朱叫他老婆点一支香。告诉她："香烧了一半，他有动静再来叫我，我在保长家喝茶。"说完，我们去了。

我们回到家，坐了不久，他老婆跑来叫朱师傅，说他会说话，请他赶快去。老朱叫她赶快回去，怕他跌下来就麻烦了，我们马上就来。

几分钟后，我二人再去他家，一进门，见他坐在门板上向我们点头。老朱翻他眼珠看了一下，就开了一张药单，告诉他吃两帖就可以，我们就回来了。

就这几下，死人还阳。这位神医自然名扬乡里。说实在话，确实救了不少病人。他的几手我内心很钦佩。后来他的发展传到泰和境内。

人嘛，福到心灵，一点也没错。后来发了财，说话也有条有理，不是从前那样酒话连篇。

小时候听父亲讲说的族中轶事，当然还不止于此。我们小孩子对这些奇情侠举，是深深着迷的。父亲也曾为了逗我玩，教了我一套"打四门"的基本功夫。可是点穴打脾的本领，父亲也终究没能学会，却令我神往不已。

待我开始上学后，父亲就开始后悔他以前跟我讲太多江湖武打的事了。因为我啥事也不做，整天迷恋着武侠小说及连环图画，在那里头觅仙踪、养侠气。父亲每天都要趁着面摊子上生意稍稍得空时，出来捉我回去。

我经常在租书摊子里看得正入神，忽一耳光打来，或脑门上拍搭一巴掌，然后被揪着耳朵，提拎回家。回去后，母亲就痛打我一顿。她那时身强体健，打起孩子来颇见精神。通常总要打断一两块竹条或木板，并罚我跪。有时跪地，有时跪焦炭，还要端个板凳或一脸盆水。待打骂完毕，让我去做功课，他们去忙生意时，我就一溜烟又钻出去找武侠小说和连环图画看了。

这就像演戏一样，几乎日日如此。左邻右舍渐渐见怪不怪，任我哀号惨哭，也懒得再来管我了。而我则因沉溺太甚，功课亦日益荒疏，考初中时，便差点考不上学校，勉强蒙上当时刚设立的台中市立第七中学。

然积习并未因受到了教训有所改变。我仍旧爱看武侠作品，且在行为上越来越倾向模仿那种生活样态了。

每天清晨我绝早便去学校。因学校尚在开辟建设阶段，遍地都是土石砖竹木板，我很容易地就在校园中找到一处僻静之所，搭了个寨子，浮为水泊，号召了一群徒友，组织成一个小帮派。每天在学校里打打闹闹，有时则溜到校外野地的河沟及竹林中去撒野。

或许这仍与小孩子们扮家家酒类似，只是好玩而已，代表了我对武侠世界的向往，离真正练武行侠之事，尚甚遥远。直到初二去逛一书展，偷到一册李英昂先生所编《廿四腿击法》之后，情况才开始改变。

李先生这本书很薄、很简要，但对我的启发极大。不唯教我以技击之法，实亦教我以技击之道。因为它专讲腿法。为何专门讲腿击呢？它开宗明义便分析道："手是两扇门，全凭脚打人。"说腿的气力较大，攻击距离也较远，故克敌制胜，须用腿攻。这跟我们小孩子打架时的经验和习惯，实在太不相同了，令我初读时极为惊异，仿佛入一新国度。

试看他所介绍的技法，都觉得若不可思议而又似乎颇有道理。试着依书中所述，练习拔筋、劈腿、起脚，既学到了技术，也增益了不少知识。许多姿势招式，初看时觉得根本不可能做到，是因不懂得如何借力、如何走步、如何用劲、如何平衡重心。弯下腰，手指也只能碰到膝盖，腰腿又不够柔软，怎能做得来书本上的动作？所以这就需要勤练，仔细揣摩做功夫。在不断体会中修正，而且也须不断进修以了解更多趋避进击之道。

我这才从对武侠的浪漫迷恋逐渐转入实际武技的探索，开始去收集市面上所有能买得着的刀经拳谱、谈武论艺之书，回来钻研。

这时我便发现，武侠小说中所描述的各种武功、人物及事迹，不完全真实，却也未尽为虚构。金钟罩、铁布衫、朱砂掌、一指禅、三才剑、六合刀，一一皆有其法式与原理，亦各有其传承、信仰及故事。

这些东西所构成的"武林",则是在武侠文学之外,另一个神秘、有趣且极其复杂的世界。而各派宗师,各基于其技击理念与开悟之机缘,创立一套套拳法,其中必有独到之处。然亦有所谓的"罩门",那是练不到的所在,亦即其武学观念及技法构成中的盲点。

每门武术都有这样的盲点,就像西洋拳的拳击手从来不懂得脚也是武器;在跆拳道里,则手也只仿佛是漂亮的摆饰。习惯腰马沉稳的拳路者,对腾挪跳跃者即殊不以为然;大开大阖、长桥大马的家数,也瞧不起小巧功夫。反之亦然。思考其间之是非,比较其技击之术法与观念,洞察其特识与盲点,实在令人感到兴味盎然。何况,诸派之掌故历史、恩怨情仇,读来也确乎有趣。

当时有同学张哲文、房国彦与我一道切磋。每天我们在学校工地或校外河川沙洲上打砖头、劈石子、浸药酒来泡洗双手,用细砂子来插练。练到铁砂掌略有成效,劈空掌则未能成功。

拳套方面,我由弹腿练起,以北派长拳为主,兼习螳螂、劈挂等象形拳种。其实,只要找得着拳谱,我大概都会练一练。故各派拳法,几乎均有涉猎,虽未必能精,基本的道理尚称熟悉。

我有一种偏见,认为凡拳术能传得下来,必有书本子可以依循,所以访书重于求师,只需找着拳谱即不难据谱修炼。这当然是受了武侠小说的骗,然而事实上仅凭口耳相传,恐怕也确实不免于讹误失传,因此流传拳种,大约都有图籍可以参考是不错的。

但据书修习,有两个困难,一是本身对拳理须有相当之理解,否则难以体会。因拳术玄奥,时有非文字所能尽意之处,欲因言求意、得鱼忘筌,须恃读者之善悟。二则是中国的拳书,类似中国的艺术,如琴谱字帖,看起来只有一个个音或一个个字。这一音到那一音,这个字到下个字,乃至这一笔到下一画之间,速度与力量各如何,并无记载。这并非忘了记,而是不必记也不能记,快慢徐疾及其间用力轻重,全凭使笔捻弦者自己去体会，并且由自己表现出来。故此均非客观性的谱，乃是要读者、使用者"主体涉入"去参与之的知识。

我当时年岁幼小，见闻浅陋，所能体会者自甚有限，全靠苦参硬练，盈科而后进。除了南北拳路之外，器械以刀为主；也制作过一些奇门兵器，例如铁骨锯齿扇之类。身上插十几柄飞刀，每天用一块旧砧板，挂起来射镖练刀。又绑了些铅条，绷在腿上练轻功。但因乏人指导，不懂得铅块须先浸猪血，据说因此伤了血。为了练轻功，去跳土坑，不慎撞到脚胫骨，摔倒在坑中，也几乎昏厥。练内家拳尤其感到困难，因其行气用劲之法，无深谙其道者指点，有时亦甚难凭空悬揣。

我的补救之道有二，一是朋友讲习，所谓"学而时习之，不亦说乎；有朋自远方来，不亦乐乎"，我日日与张哲文、房国彦等对打搏击，在学校或南门桥下辟沙洲练打，喂招比式，拳拳到肉。由此获得了不少领会。故功夫系由实战得来，不是表演式的只懂得依拳架子打套路而已。

朋友间练得熟了，招数便觉得陈腐，这时就须辅之以游学。当时台中市各公园、学校、农场，早晨或黄昏都会有教拳的人。也有些人并不授徒，仅是爱其清旷，故晨夕皆来练功。我们常骑了单车去，站在一旁观摩研究。待人群渐散，便上前"请教"。这当然是很冒险的，许多人会认为这是来踢场子，因此说不得，也只好比划一下。

与友讲习，可增功力；随处游学，可增阅历，却也因此身上总是青一块紫一块。伤了筋动了骨，就自己找医书调药去治。治不了，才去国术馆推拿、接骨、贴膏药。三折肱而知医，对于人体经络穴位及基本用药知识，遂尚能掌握。参据医书及古验方，胡乱配了一些药酒来给同学们用，实验亦尚无大谬。因此胆气渐高，自己也试着创造几套拳路，教人家练练。

如此热衷武术，自然令我的课业颇有荒废，高中联考竟考到丰原乡下去了。

在丰原高中时，依然故我，继续练拳。我个头瘦小，可是谁也不来惹我。除了忌惮我的拳脚之外，我从武侠小说及武术传统中学来了一些侠义道中人处事之道，获益甚大。我不依附于帮派，也不真正建立一个帮。但这些帮派分子把我当成同道，不甚防嫌排斥；我也非独自一人，我有我的势力。在学校有孙武曾、徐盟渊等练武之讲友，另有一群人随我练习。每周六下午，常约人来比试"讲手"。输赢均不结怨、不报复。校际或社会上的打架寻仇，我常预闻其议，却不介入、不参加。

学校对于我这样的不良少年，似乎还觉得可以忍受，所以也从来不干涉。反倒是我们平时都在学校行政大楼边的草地上对打，每日午餐吃完便当后，也都到教师宿舍旁的废园子去练太极推手，显得有些招摇。幸而师长们毫不以为意，学校一位教官，还颇喜欢我们这个调调，谓孺子可教，传授了我一套拳。

大约到高二、高三时期，李小龙影片大为风行，我甚迷其风采，尤其是他的后旋踢以及从咏春拳变化出来的短打寸劲，让我模拟练习了很久；而也对香港武坛大感兴趣，竟攒钱订阅了香港编印的《当代武坛》，以略知国际武术界概况。

因此，当时我所收集的专业图书与杂志，全是武术类的。我搜罗数据、寻访图书、比勘研读、亲身练习体验，而渐能融会贯通的治学功夫，全由这上面来，影响了我一辈子读书做学问的方法。后来在学界，看到新学说、遭逢学术论辩时，脑子里也不自主地就会浮现武打的类拟情境。我手上已经没有刀了，但刀法融入了我的行事、言谈及运思之中。精力渐衰，且兴趣别有所在，亦不复能为昔日之搏击少年侠客行。然侠客之行事作风，也不免沦肌浃髓，成为我的人格特质。

可是，毕竟现在我手上已经没有刀了。对于武与侠，我曾入乎其内，但后来我又出乎其外了。

出入之机，在于进了大学。若不进大学，我必进入江湖道，做迢迢人，成为独行杀手或创帮大佬。可是侥幸考上大学，却使我有了重大的转变。当时我所就读的淡江大学，正是侠气纵横的时代。学长叶洪生，经常一袭长衫，在校园中煮酒论剑，间则推广京剧，在《淡江周刊》上，长篇大论，纵述中国侠义传统，出版《绮罗堆里埋神剑》，令我辈后生小子甚钦仰其文采风流。我本使拳任侠者，对于此种风气，当然颇为欣赏。

可是这时论侠者，大多仅是一种气氛、一种姿态、一种美感。例如王文进曾论电影《香格里拉》，以云中君笔名撰文论此西方桃花源之美感意境，有人反驳，署名摘云君。文进乃再答以"云深不知处，摘云莫迷路"。机锋甚美，卓有侠之气味。我甚欣赏此种气氛与美感，可是我也晓得侠不仅是美感的。绮罗堆里埋神剑，英雄美人之意象，固然能勾动我们对侠的向往，却也非侠客生活之实况。因为我是武林中人，所以我知道，那一刀那一拳不是轻盈美丽的诗，而是森冷、残酷、血腥、悲凉的。

醉里挑灯看剑的豪情，也很快地就融入《未央歌》的校园之歌中。校园里的才子佳人，不复为荆轲豫让太子丹，而是一群群大余小童蔺燕梅。我不擅长如此清谈游侠，也不喜欢这种娘娘腔，所以反而与此侠气讨论逐渐隔膜了。校园中也不易再找到昔年那样可以同修共练的朋友，对打切磋之乐日益远扬。这些，使我渐渐改弦易辙起来，折节读书，无暇复为侠客行矣。

在我读初中高中时，黄俊雄布袋戏如《云州大儒侠史艳文》、《六合居士》等正风靡全台湾，故武侠情境，是我这个年龄的人共有的记忆与生命内容。读大学时亦然。武打片尚未褪其流行，文人团体，如"神州诗社"亦弄得仿佛一练武帮会。《中国时报》则正举行武侠小说大展，金庸之小说亦正在解禁中。可是这个时候，我却再也无涉足其间的兴致了。我仿佛赴西天取经返回东土的唐三藏，在通天河畔看见一具浮尸，自上游漂下。静静地看着，看着那个从前的自己。从前这么热情、这么专注、这么投入，为什么呀？

　　隔了许多年，我写《论侠客崇拜》，其实就是想解答这个问题。一方面探究中国文化中一种特殊的心理状态，以及对侠的向往；另一方面讨论侠义传统的演变。

　　侠客崇拜、文字崇拜和祖先崇拜，是中国文化与社会的特色，不能懂得它，就不可能了解中国人和中国社会。而这三者是相互渗透交织的。例如武侠原本与文字崇拜无任何关系，但后来逐渐就出现"儒侠"；文士之才能与气质，越来越在武侠世界中被强调、被推崇。经典崇拜，亦即秘笈之信仰，亦随之出现。又如游侠本为斗鸡走狗或屠狗沽酒之徒，仗剑远行，亦寡徒侣，只访求少数知己而已。厥后却与祖先崇拜相结合，"兄弟"的组合，寖假而出现了宗派族系，日渐血缘化。如青帮与洪门，均是如此。

　　青帮在杭州武林门外建有家庙，其余漕运各地所立大小香堂，开坛请祖，则为分庙。凡入香堂为青帮子弟者，称为孝祖。家庙中并有家谱及家庙碑文等。帮中亦分长房、二房、三房。其组织大体规仿宗族而来。反过来说，文字崇拜的文士集团，亦极喜谈侠义，自拟于负剑之徒。

　　然文士论侠，毕竟多的是崇拜者的颂辞。游侠的买卖、江湖人的生计、刀剑上头的凶险，意气感激中含藏的阴暗面，恐多被美感的轻纱遮掩了。唯有拨开一些东西，才能更清楚地认识侠。

　　一九八七年，我做了些重勘侠义传统的工作，论文汇编为《大侠》一书，交锦冠出版社出版。持论异于并世论侠诸方家，颇引起些訾议。但其时我已返淡江大学，执教同事林保淳兄亦喜谈武侠，搜罗甚广，曾有意成立武侠博物馆或专业图书室，他倒颇能欣赏我的见解，故后来我曾与他推动侠与中国社会的研讨会，又编辑《廿四史侠客资料汇编》，书均由学生书局出版。

　　除了《大侠》、《廿四史侠客资料汇编》之外，我对明清侠义小说也有些论述，写了《清代的侠义小说》、《英雄与美人》、《侠骨与柔情》等文。以文化史的角度，观察小说与社会、与文人阶层、与知识分子精神状态的关系。当然，对于当代武侠文学的发展我也很关心，因此，一方面上溯鸳鸯蝴蝶派与现代武侠的渊源，一方面考察武侠小说现代化的转型状况（包括古龙的写作方法和金庸小说在网络与电子游戏上的表现），另一方面，还参与陈晓林兄主持评点批注古龙小说集的工作，评了古龙《多情剑客无情剑》、《三少爷的剑》。林保淳主编司马翎全集，我也帮他写了司马翎《帝疆争雄记》的导论；学棣徐锦成写《方红叶之江湖闲话》，我也有序。

这些工作，跟论史不完全相同，颇有推动当代武侠文学的意味。事实上也是如此，故晓林、保淳与我，又邀集了云中岳、柳残阳诸武侠小说家，创立了一个武侠文学会，不仅举办研讨会，亦希望能重新鼓舞社会人士对武侠文学的热爱。我即担任这创会的会长。

显然，这时我又变成了一个武侠的论述者、研究者与推广者，说剑谈龙，再度满足一下我对武侠的感情，呼唤一些我少年时的记忆。这些记忆，是极为复杂的，因此我的论说恐怕也还会继续下去。论说能否博得喝彩与共鸣，则不重要。因为，侠客的心境，永远是孤独的。

目 录

1	**侠客崇拜：复杂的侠客形象**
3	一　文学的想象
7	二　历史的诠释
7	（一）充满意义判断的历史
11	（二）虚无主义者的儒侠观
16	（三）中国的武士道
22	（四）士的蜕变与游侠
25	三　正义的神话
25	（一）具有道德使命感的侠
30	（二）我们为什么需要侠
34	（三）历史、神话与迷思
38	（四）侠：正义的迷思
42	四　英雄的崇拜
42	（一）英雄的崇拜
46	（二）存在的虚无
50	（三）浪漫的遨游
53	五　历史研究的方法
53	（一）历史诠释的辩证
58	（二）证据与推论的检讨
65	（三）文化史的处理方法

72　　汉代的游侠

79　　唐代的侠与剑侠

82　　一　侠的性质、渊源与发展

98　　二　唐代的侠

98　　（一）游侠少年的类型

103　　（二）侠的行为与活动

109　　（三）侠与知识阶层的关系

116　　三　唐代的剑侠

116　　（一）剑侠的行为特征

128　　（二）剑侠的神秘性格

130　　四　从文化史看侠与剑侠

130　　（一）侠的生命情调

136　　（二）侠义传统在唐代的演变

140　　（三）侠与剑术、藩镇的关系

145　　由《诗品》到《点将录》：侠与文士的一种关系

146　　一　人物才性的铨量

151　　二　艺术境界的品题

156　　三　诗人的族群社会

162　　四　草泽英雄的美感

167　　五　艺术人格的掌握与整体诗坛的观点

173　　清代的侠义小说

173　　一　说"逆流"

180	二	论"忠义"
185	三	辨"侠盗"
189	四	存"意气"

197　英雄与美人：晚明晚清文化景观再探

197	一	崇拜英雄的社会
200	二	研究目光的转向
201	三	面对女性的英雄
204	四	女性的英雄形象
207	五	相互宰制与解放
210	六	理想人格的追求

214　侠骨与柔情：近代知识分子的生命形态

214	一	士风/侠行
219	二	忧世/忧生
223	三	侠骨/柔情
226	四	英雄/儿女
229	五	剑气/箫心
232	六	水浒/红楼
236	七	革命/爱情

241　鸳鸯蝴蝶与武侠小说

249　武侠小说的现代化转型

249	一	呼唤新武侠的声音
253	二	新派武侠出现江湖

255	三	武侠小说的常与变
260	四	从武侠小说到小说
264	五	叙述模式之变革史

268 **人在江湖——夜访古龙**

279 **划破黑暗的刀**

279	一	剑本无情——多情剑客无情剑
281	二	剑亦有情
283	三	人在江湖
286	四	友情长存

288 **藏在雾里的剑**

288	一	伦理的抉择
290	二	存在的困境
291	三	无奈的命运
293	四	梦雾的江湖
295	五	杀人或自杀

297 **看三少爷的剑**

315 **且争雄于帝疆**

320 **方红叶之江湖闲话**

324 **E世代的金庸：金庸小说在网络和电子游戏上的表现**

325	一	电玩：学界尚不熟悉的武林
332	二	分歧：金学研究的两条路线

335　三　流俗：世俗化的价值与感性

340　四　游戏：青少年次文化的逻辑

348　五　转折：E世代武侠的新命运

350　**少年侠客行**

350　一　结客少年场

354　二　背德与犯罪

359　三　游侠次文化

364　四　生命的争论

370　五　青春少年时

375　**附　录**

377　附录一　刀剑录

381　附录二　评田毓英著《西班牙骑士与
　　　　　　　中国侠》

386　附录三　侠与骑士

392　附录四　《大侠》后记

398　附录五　论报仇

侠客崇拜：复杂的侠客形象

长久以来，对于侠，我们总有一种难言的赞叹之情。可不是吗？在历史阴暗的夜空里，偶然出现一些特立独行的任侠仗义之英雄侠客，仿佛在阴冷的寒夜，偶然发现了一两颗亮丽的流星，带给人们一霎时莫名的兴奋。他们那种坚持信念、不畏强梁的勇气，义之所在、虽死不辞的壮烈，以及那种白昼悲歌、深宵弹剑的孤寂与放浪，也在在显示了与众不同的情操，扣人心弦。

正义的英雄，就这样，走入了人世、走入了江湖。千山独行，衣袂飘飘。他们的姿影，逐渐弥漫在我们心头、弥漫在银幕和荧光幕，以及无数小说与唱本里。如静夜雨后的栀子花香，那是历史在岁月淘洗过后所仅存的一点温馨，令人觉得历史毕竟还有一些值得眷恋或向往之处。

他们力挽狂澜，千金一诺，蓬勃的生命、淋漓酣畅的元气、亢直的性格、特异的武功，形成了大家心灵底处一点难以割舍的遐想或悠悠憧憬，侠气峥嵘，教人神注。如袁中道《李温陵传》云：于古之"侠儿剑客，存亡雅谊，生死交情，读其遗事，为之咋指砍案，投袂而起，泣泪横流，痛苦滂沱，而若不自禁"。

他们杀身成仁、视死如归，似儒；他们摩顶放踵、兼爱天下，似墨；而他们除暴安良、济弱扶倾，甚至劫富济贫，大快人心，却又侠踪杳然，如神龙见首不见尾，更有一种儒墨所无的神秘浪漫气息。这样的侠气、侠情、侠骨、侠义、侠行，当然要使人赞叹莫名了。

然而，究竟活生生存在于历史中的侠，是不是真如我们所向往的那样，是个正义的浪漫英雄？

例如董卓。劫持皇帝，焚掠洛阳，又奸乱公主、欺掠宫人，虐刑滥罚，睚眦必死；以至于他死时，百姓歌舞于道。长安中士女卖其珠玉衣装，买酒肉相庆者，填满街市。但是，这样一个大恶人，却是不折不扣的侠，《后汉书·董卓传》云："董卓……性粗猛有谋，少尝游羌中，尽与豪帅相结……由是以健侠知名。"

类似这样的侠太多了。如《北齐书·毕义云传》载："义云少粗侠，家在兖州北境，常劫掠行旅，州里患之。"是抢劫行旅的侠。《北梦琐言》卷四："浙西周宝侍中博陵崔夫人，乃乾符中时相之姐妹也。少为女道士，或云寡而冠帔，自幽独焉。大貂素以豪侠闻，知崔有容色，乃逾垣而窃之，宗族亦莫知其存殁。"是窃玉偷香、淫掳妇女的侠。《旧唐书·郭元振传》说郭元振任通泉尉时，"任侠使气，前后掠卖所部千余人，以遗宾客，百姓苦之"，则更是贩卖人口、欺压百姓的恶吏了。诸如此类的侠迹侠行，岂不正与一般所以为的侠士道德相反吗？

在一般人的观念里，侠是一个急公好义、勇于牺牲、有原则、有正义感，能替天行道、纾解人间不平的人。他们虽然常与官府为难，但总站在民众这一边，且又不近女色。因此，我们便很难相信侠只是一些喜欢飞鹰走狗的恶少年，只是一些手头阔绰、排场惊人的土豪恶霸，只是一些剽劫杀掠的盗匪，只是一些沉溺于性与力，而欺凌善良百姓的市井无赖。

同时，无论我们多么向往赞美侠，在现实生活里，我们也无法以同样的浪漫情怀去面对那些讲气魄、有义气、很四海的"兄弟"、混混和迌迌人。于是，我们一面歌颂侠客精神，讲说义侠廖添丁的故事；一面又要求成立检肃流氓的法规、打击黑社会势力,以解除生活上的威胁。

这不显得很怪异吗?是不是我们一般对侠的想象,距离历史真相太远了?譬如《三国志·魏志·武帝纪》说:"太祖少机警,有权数,而任侠放荡,不治行业。"注引《曹瞒传》云:"太祖少好飞鹰走狗,游荡无度。"显然任侠的曹操,只是个飞鹰走狗的无赖恶少。

但是,我们能容忍自己的子弟如此吗?能在一个面对现实生活中游荡无度的青年时,称赞他有蓬勃的生命力、能反抗不公平法律、不羁于世俗礼法吗?对历史上侠客的浪漫想象,是不是在这种地方也显示了它会造成我们评价时的困难?因为很明显地,我们是用两种标准在看待这些游侠人物的。

本文,就是想打破侠之浪漫想象,暂时关闭幻想和憧憬之门,揭开历史的布幔,看看侠客的真面貌,并说明我们对侠的神话式向往究竟是怎么形成的。

一 文学的想象

历来,有关侠的记载与描述,一向是历史与想象相杂糅的,因为这里面一部分是史传性质的写实,一部分则是侠义文学类的东西。

文学,固然不乏写实的成分,其素材也可能取诸现实人生,但它基本上是想象和虚构的,绝不等于真实的状况。①

例如目前我们所熟知的"武林",意指武侠活动的区域、武侠所自成秩序的世界。但这个世界,根本就出于文学作品的创造,在白羽《武林争雄记》之类作品出现以前,一般只习用"江湖"、"绿林"等名义,

---

① 详龚鹏程《文学散步》(汉光出版社,一九八五)页一四五——五五《文学与真实》。

并无"武林"一词。①

　　同理，在还珠楼主之前，亦无"玄门罡气"、"乾坤大挪移"等武功；四川用毒名家"唐门"，古龙也自承不晓得创自何人；在司马翎、慕容美之前，更无人在小说中谈及"任督二脉"。这些有关侠的事迹、活动、武艺等等，泰半出自文学家的创造。是他们发明了"这样的"侠，而非历史上真有其人其事，而且就是这样的人这样的事。

　　可是，文学作品的虚构与创造，显然经常替代了所谓的真实。②它会让我们相信确实有一个如它所描述的世界或人物，因此读了《蜀山剑侠传》一书，便会有不少青年携负行囊，要上山拜师学道。

　　一般我们也径把侠义文学中的侠，视为历史上真正存在过的侠。这当然是文学的魅力使然，如亚里士多德所言："诗歌比历史更真实。"但是，在认同侠义文学中的侠者形象时，却很少人会再去厘清何者为作者之幻设与想象，何者始为史上确存的事项；我们受到小说戏曲的教育之后，即不自觉地将历史与文学的想象混淆了。——于是，我们相信：侠确实曾经这样活过。

　　而这种混淆，存在着另一个深刻的问题，那就是：一切文学作品，都含有作者所欲投注的意义。

　　作家选用一个或一种人物，乃是因为这些人物比较适合用来表达他所想陈述的意义。有时，某一类人，特别为作家所爱选用，而此类人物之表现，也恒随作品之意义而有所不同。这是文学上的公例，例如李白诗中多写侠士，吴乔即以为这是因为："太白胸怀有高出六合之气，诗则寄兴为之。饮酒学仙，用兵游侠，又其诗之寄兴也。子由以为赋而讥

---

① "武林"一词，可能借用自"文苑"、"儒林"或"文林"等词汇。
② 另见龚鹏程《文学散步》页一三八―一五五。

之，不知诗，何以知太白之为人乎？"（《围炉诗话》卷四）夏敬观则更进一步说，太史公《游侠列传》也是寄兴为之，并不是赋。

又如平江不肖生向恺然写的《江湖奇侠传》和《近代侠义英雄传》，前者摭拾民间械斗、帮派火并及剑侠法术等传闻，并无太深刻的意义，所以在这本书里，侠亦只是一般擅长武艺、好勇斗狠的人而已；后者，则因作者刻意阐扬侠义英雄，思有以强身强国强种，于是，侠就成了"侠之为道，盖貌异于圣贤而实抱己饥己溺之志者也。用虽不同，而所归则一"的人物了。①

类似这样，凡在优良的小说里，作者一定会赋予侠一个意义。这个意义，可能是如陈忱《水浒后传》所云："虽在绿林，都是心怀忠义，正直无私；皆为官私逼迫，势不得已。"或者如文康《儿女英雄传》所说："侠义中人，都有'一团至性、一副奇才，作事要比圣贤还高一层'。"因为有了这许多意义，所以它不必等于现实层面的侠。

这个道理，正如文学作品中（经常出现的美丽聪慧又有侠情义胆）的妓女，不同于街头拉客的妓女一样。我们倾慕董小宛李香君，甚至赞美《看海的日子》里的白梅，可是对现实世界中的妓女却不能激起任何浪漫的企慕，而只会感到可悲可悯或可鄙。

另外，文字本身的虚构性结构关系，使得文学作品与事实距离辽远："若文人之事，固不当止叙事而已。必且心以为经，手以为纬，踌躇变化，务撰而成绝世奇文焉，如司马迁之书其选也。马迁之传伯夷也，其事伯夷也，其志不必伯夷也。其传游侠货殖，其事游侠货殖，其志不必游侠货殖也。进而至于汉武本纪，事诚汉武之事，志不必汉武之志

---

① 见《近代侠义英雄传》沈禹钟序。沈氏认为向恺然此书继承了史迁《游侠列传》的遗意。

也。恶乎志？文是已。马迁之书是马迁之文也，马迁书中所叙之事，则马迁之文之料也……是故马迁之为文也，吾见其有事之巨者而櫽栝焉，又见其有事之细者而张皇焉，或见其有事之缺者而附会焉，又见其有事之全者而轶去焉，无非为文计不为事计也。"（金圣叹《水浒传》第二十八回总批）

可惜的是，文学与真实的纠葛，由来已久，讨论侠的人，也从来不曾意识到这一层，他们总是很自然地从文学作品中理解并感受到侠，再将这种理解和感受投射到历史的诠释上去。所以，历史上不符合他们之理解与感受的资料，就都被过滤掉了、被涂改换色了、被不明就里地搞错了。比如"积恶凶暴，好游侠"（《后汉书·郎顗传》），是历史上侠客常见的形象，但很少被提起。侠是"盗跖居民间者"（《史记·游侠列传》），而居然被解释为代表民间利益反抗官府的英雄；唐人《侠客行》、《游侠篇》等作品，也被视为唐代任侠风气的写照。[1]

大家似乎都还不了解，作品之拟意与寄托，乃是用以驰骋作者的想象和抒发心中的意愿，不能与历史事件混为一谈，以致歧路亡羊，令人徒滋浩叹！

---

[1] 南北朝乐府及唐人诗中，含有大量的《游侠篇》、《宝剑篇》、《侠客行》、《游猎篇》、《壮士行》、《结客少年场行》、《少年子》、《少年乐》、《少年行》之类作品。这些作品当然有部分是纪实之作，但大部分却是拟意或拟古，不尽属当时时事。故梁王僧孺《古意》诗，一名"游侠"，而所谓"陆离关右客，照耀山西豪"，关右山西又岂是南朝辖境？其他如梁刘苞《九日侍宴乐游苑正阳堂诗》"六郡良家子，幽并游侠儿"；陈阳缙《侠客控绝影诗》"园中追寻桃李径，陌上逢迎游侠人"；北周王褒《从军行》"年少多游侠，结客好轻身"、《游侠篇》"京洛出名讴，豪侠竞交游"，庾信《咏画屏风诗》"侠客重连镫，金鞍披桂条"等；无一为当时事。钱公来《南北朝咏马诗选》（文物供应社，一九五三）收录了许多这一类作品，却误认为这是当时人心未死、犹存边警之证，大谬。唐人乐府，情形与此相同，论者也常弄错。另详下文。

二　历史的诠释

(一) 充满意义判断的历史

在文学与历史的诡谲辩证里，文学之想象和历史交糅氤氲，已经是个迷人的话题，侠，刚巧又为这种水乳融融的迷离烟景做了一番最好的见证。

而历史本身的理解与诠释，在脱离它与文学的复杂纠葛处，却也自成园地。在这片园地里，我们看待历史中的侠行侠迹，又常犯什么样的错误呢？

很少人了解，历史是经过诠释才能存在的。[①]而且，不同的历史诠释与诠释者，即会带来面貌迥异的"历史"。以司马迁的《史记》来说，《游侠列传》刻画游侠，事实上就根本不是"如实"的，其中充满了作者对侠的诠释和意义判断，故其文开头说：

> 今游侠其行虽不轨于正义，然其言必信，其行必果，已诺必诚，不爱其躯，赴士之阨困，既存亡死生矣，而不矜其能，羞伐其德，盖亦有足多者焉。

中间说：

> 余悲世俗不察其意，而猥以朱家、郭解等，令与暴豪之徒同类而共笑之也。

[①] 这是个复杂的问题，后文会继续详谈，另请参见龚鹏程《文学散步》页一六四—一八二。

结尾说：

> 自是之后（郭解死后），为侠者极众，敖而无足数者。……至若北道姚氏，西道诸杜，南道仇景，东道赵他、羽公子，南阳赵调之徒，此盗跖居民间者耳，曷足道哉！此乃向者朱家之羞也！

显然司马迁在写这篇传记时，采取了一个异乎时人的诠释观点。一般人把朱家郭解等人也视同暴豪之徒，但太史公却认为无论在朱家郭解同时或后代，为侠者虽然有许多确实只是盗匪、只是鱼肉民间的暴豪；但朱家郭解等人在不轨于正义的同时，另外显示了某一些值得称道的美德，足以为世劝励，比一般的游侠高明些。因此他写《游侠列传》，并不客观描述记录当时北道姚氏、西道诸杜等游侠，而只介绍朱家郭解等人。

这就是说司马迁对于游侠，基本上已经有了一种意义判断，采取了一个批判的观点，认为侠是不对不好的；然后再在这些不对不好的人物中，选择朱家郭解等例子，作为价值的表率，而对这些人物的行为，做了某些诠释（如千里诵义、为死不顾之类）。①

换句话说，司马迁写的，根本不是什么客观的历史，里面充满了意义的选择、判断与对历史的诠释。而这种诠释，当然又跟诠释者司马迁本人的意义取向、价值观有密切的关联。

这种关联，大概可以包括两方面，一是司马迁的"正义"。在他的整个意义世界里，他是以孔子自任的，因此他的意义判断显然仍以儒家为依归，故吴齐贤云："《游侠列传》首二句以儒侠相提，而论借客形

---

① 这就是班固之所以认为司马迁"叙游侠则退处士而进奸雄"的缘故（见《汉书·司马迁传》）；后人之所以对班固之评有赞成者有反对者，原因也在于此。

主";"侧重一句,儒是史公应言主意";"太史公传游侠,虽借儒形侠,而首即特书曰学士多称于世云,则其立言之旨为何如哉!"又说太史公在结尾时说"呜呼!惜哉!"即是"言名为游侠所窃,宁有定准乎!所以深惜之,所以深贬之也"。①

另一方面,则是司马迁的存在感受和个人遭际,此即"诠释情境"之问题。在诠释时,诠释者、诠释情境和诠释对象,乃是滚在一起的②,太史公个人的遭遇和他对时代、对存在的感受,逼使他去关切游侠,并且采取这样一种诠释立场。

古人评《史记》时,常很敏锐地抓住这个问题,指出他是有所激而云然。如归有光云"昔太史公自以身不得志,于古豪人、侠士周人之急、解人之难,未尝不发愤慨慕而极言之"(《文集》二之《夏怀竹字说序》);董份云"史迁遭李陵之难,交游莫救,身坐法困,故感游侠之义,其辞多激。故班固讥进奸雄,此太史之过也";柯维骐云"太史公作传,岂诚美其事哉?迁遭李陵之祸,平昔交游,缄默自保;其视不爱其驱、赴士之厄困者何如?"茅坤云"太史公下腐时,更无一人出死力救之,所以传游侠,独蕴义结胎在此"……均是如此。

这是太史公特殊的立言背景与心理态度,这种态度,一旦和他平夙信仰的价值系统、意义判断相结合,他对侠的诠释,便背离事实之真,而呈现出特殊的意义来了。这正如杨慎论《游侠列传》时讲的,"或曰季札岂游侠耶?余曰:太史公作传,既重游侠矣,必援名人以尊人,若

---

① 司马迁的意义判断,以孔子为依归,可以从《孔子世家》、《仲尼弟子列传》、《儒林传》及《自序》、《报任少卿书》等文中非常明确地看出。其他如果碰到其人物本为世所轻贱,而他又有意表彰其人某方面之优点时,亦辄引孔子为说,如游侠与滑稽等,就属于这一类。
② 这个诠释的问题,另详《侠骨与柔情:近代知识分子的生命形态》,收入本书。

《货殖传》之援子贡也"①。

　　子贡固然是亿则屡中的大豪商，但子贡又岂止是商人？一般的商人又何能比肩于子贡？此等处，正显示了史家点化历史，使其具有意义与价值的精彩一面。犹如董狐之笔，明明非赵盾弑君，但在史官的意义判断底下，却仍然要写着"赵盾弑其君"。春秋之微言与大义，就常存在于这些地方。②

　　可是，读史者领受了这些意义之后，却很难再分得清楚赵盾在事实上是否曾经弑君，史家赋予的意义和实际历史人物的表现，经常混为一谈。不但认为侠就是朱家郭解一类人（而忘记了盗跖居民间者也是侠），更以司马迁的诠释，作为历史上实际游侠人物的精神内涵或性质。于是，侠便成了一个价值判断用语，代表我们对某些已诺必信、不爱其躯、救人之困厄等美德的称赞词，如大侠、侠女、侠客行等，都逐渐不

---

① 以上引文，俱见《史记评林》卷二一四。又，郭嵩焘《史记札记》卷五下云史迁叙季札，乃"以为游侠之引，杨慎云云，直谓史公以季札为游侠，亦失之诬矣"，泷川龟太郎《史记会注考证》卷一二四则认为："中井积穗曰：延陵，疑衍文，《汉书》四君，而不及延陵，亦足征。崔适曰：下文专承四豪为义，岂有一字涉于延陵者，其为衍文明矣。愚按：梁玉绳、张文虎亦以延陵为衍文。"
我个人对这段文字的意见，倾向季札、延陵为衍文，因为延陵若为游侠，则侠之起源问题将更难解释；延陵若非游侠，仅作为叙游侠的引子，则在文义上讲不通，盖其言"近世延陵、孟尝、春申、平原、信陵之徒，皆因王者亲属，藉于有土卿相之富厚，招天下贤者，显名诸侯"，分明把延陵与四豪视为同类叙述。唯延陵为衍文，才能解决这些困难。但此处仍引杨慎语为说，主要是在说明历史记载中有关意义之抉择的问题，读者幸勿误会。

② 这种意义取向的史学，在民初曾遭到许多批评。因为这种史学与讲究客观历史的观念迥然不同，故泷川龟太郎《史记会注考证》就批评传统说司马迁是有激而然的说法不对："周末游侠极盛，至秦汉不衰，修史者不可没其事也。史公此传，岂有激而作乎哉？诸解失其本末。"
实则史书对当时普遍存在的现象，本来就不见得全予叙述，其拣选抉择，全靠修史者之心裁，例如汉末游侠风气何尝不是"极盛"？晋唐游侠何尝不是"不衰"？而史者中却不再有《游侠列传》，此非作者之意义判断、存在理解和感受使其如此乎？泷川之言非是。

再是一个描述用语了,而是充满着价值的崇高感。①

这样一种价值的崇高感,更会因为跟我们自己对存在处境的感受及理解,对它做一番再诠释,辗转漫衍,幻拓无端,而发展出各种不同的侠客形象;并将这形象投射到历史上去,认为历史上的侠就是这个样子。

这种情形,在近代特别炽烈。

(二)虚无主义者的儒侠观

光绪廿五年,公元一八九九年,岁在己亥。列强倡议瓜分中国,美国发表中国门户开放宣言,暂时使中国免于瓜分的命运,但中国也同时成为列强共同的殖民地了。这时,山东义和团开始起事,他们结合了传统的刀兵武技、符箓民间信仰和侠义精神,倡言"扶清灭洋"。

就在这个时候,排满的革命家、国学大师章太炎,正在上海参加唐才常主持的《亚东时报》编务,并写下了著名的《儒侠》篇。

这篇文章,收录在《訄书》原刊本中,后来又辑入《检论》卷三。西风残照,四垒萧萧,下笔遂亦不免有激而然,其言曰:

> 漆雕氏之儒,不色挠、不目逃,行曲则无违于臧获,行直则怒于诸侯,其学废而闾里游侠兴。侠者无书,不得附九流,然天下有亟事,非侠士无足属:侯生之完赵也、北郭子之白晏婴也,自决一

---

① 这两种用语的区别,我们可以举个简单的例子——《花月痕》第四二回《联情话宝山营遇侠,痛惨戮江浦贼输诚》中,两次用"神仙"来形容侠客;《痴人说梦记》第十八回《兴源店豪商款友,扬州城侠女访仇》中,形容慕隐、缀红两位为夫复仇的女子,是"舍命能为女界豪"。
这里的"侠"字,都不仅描述其行为,说明其人之行类型,更含有高度的价值意味,推崇赞许。至于一般用语中,"大侠"更是极高的推尊语。然而唐《酉阳杂俎》续集卷三却有这样的记载"坊正张和,大侠也。幽房闺稚,无不知之",乃是专以窥伺别人家私为能事的穿窬之雄,在价值判断上,与上述用法全然不同。

朝，其利及朝野，其视聂政，则击刺之民而已矣。且儒者之义，有过于杀身成仁者乎？儒者之用，有过于除国之大害、扞国之大患者乎？……世有大儒，固举侠士而并包之。徒以感慨奋厉，矜一节以自雄，其称名有异于儒焉耳。……

天下乱也，义士则狙击人主。其它借交报仇，为国民发愤：有为鸱枭于百姓者，则利剑刺之，可以得志。当世之平，刺客则可绝乎？尚文之国，刑轻而奸谀，恒不蔽其辜，非手杀人，未有考竟者也。康回滔天之在位，贼元元无算，其事阴沉，法律不得行其罚……当是时，非刺客而巨奸不息，明矣。故击刺者，当乱世则辅民，当平世则辅法。

大意是说侠本出于儒之一支，其行为也符合《儒行》所记载的儒家道德。而不论治世或乱世，侠都能辅法辅民，有其存在的价值。

根据这种看法，他又替历史上的大盗辩护。他认为盗跖本是鲁展禽之弟，世禄苗裔，家不素乏，非迫于饥寒始为盗贼；故其所以为盗，实在是因为看到了君臣兵革之祸——不但平时是一人威福玉食于上，而百姓奔走奴隶于下；不幸两国失欢，人民亦皆涂炭。所以他干脆纠合了一批人，横行天下，彻底打破君民之非。因此，盗跖乃是个无政府论者。

这篇文章，议论横恣、惊警动人，是第一篇指出侠出于儒的文献，也正面肯定了侠的功能与价值，并为盗跖的行为与思想重新定位。近代论侠士精神者，受其影响及启发甚大。但是，作为一名称职的读者，除了拾其唾余之外，是不是还应该问一问他这种历史诠释是怎么来的？

如果把太炎先生对侠的诠释，拿来跟上文论司马迁述游侠合看，我们就会发现：一般都认为太史公述游侠而以儒家作对照，乃是对侠有所批判，"摈诋不遗余力，亦若儒者之于游侠，然俯仰悲慨，得之身世之感"（《史记评林》卷一二四引倪思语）；章氏身世之感异乎史迁，故其诠释亦大不相同。

对于时代，章氏有深沉激愤的存在感受：国族沦胥，非激扬民气、鼓吹知识分子从事存人保种的运动不可；而千古政治之黑暗与压迫，又非转求救济不可。故大声疾呼，以儒为侠，以侠为儒，或狙击人主，或为民除害，扦国大患。这是革命党人的取径，如吴樾、汪精卫者，正躬行此道。

甚至于，早在光绪廿年，兴中会就成立了，孙中山、郑士良、陆皓东等，均与江湖豪杰、绿林英雄有所来往，次年九月发动的乙未广州之役，即采用"除暴安民"的口号了。可见太炎之说，亦为一时代的反映，故吴樾字孟侠，曾作《暗杀时代》一书，内分《暗杀主义》、《复仇主义》、《革命主义》等十三篇；秋瑾也是"喜散奁资夸任侠"的人物，有鉴湖女侠之称。章太炎是赞成暗杀的，对复仇也极力肯定，写过《复仇是非论》（收入《太炎文录·别录》卷一）。他的意见，正显示了那个时代知识分子普遍的心声。①

但是，除了这种普遍的存在感受之外，太炎的《儒侠》篇，也含有章

---

① 章氏别有《徐锡麟陈伯平马宗汉秋瑾哀辞》，云："专诸聂政死二千年，刺客之传，郁堙弗宣。泰山有士，曰张文祥，睚眦报仇，新贻是创，期死虽勇，未登明堂……韩良狙击，乃中副车；豫让漆身，杆刀割芦；渐离暖目，庆卿断股……剥极斯复，今乎反古。"其徐陈马诸人传亦云："伯平尝语人曰：革命之事万端，然能以一人任者，独有作刺客……马宗汉字子赆，浙江余姚人也，祖某，素任侠，贫民皆倚为重。"（俱见《文录》卷二）可见当时革命党人，非家世游侠或素与侠有来往者，即是以游侠刺客自任。
我们看章太炎的议论，不能忽略了这个背景。《民报》二三期，汤增璧亦有《崇侠篇》，二四期又写《革命之心理》（署名"揆郑"和"伯夔"），谓："吾取鉴于印度，为其侠也，其虚无党人一尔。夫吾激扬侠风，何哉？欲以陈师鞠旅，化而为潜屠暗刺，并以组合盟誓，转而为径情孤往，旨同则曰党，行事则无群，盖亦创始之局也。"又曰："与其阴柔操纵，固不如狙击特权，惩创富恶。"又曰："夫今之世，脂韦成习，狂狷为难，得一英雄，诚不如得一烈士。英雄罕能真，烈士不可以伪也；一以权谋胜，一以气骨胜。"另参叶洪生《论革命与武侠创作》（收入《近代中国武侠小说名著大系》，联经，一九八四）、陈孟坚《民报与辛亥革命》（正中书局，一九八六）第六篇第廿三章第一节《激扬侠风与讨论暗杀的热潮》。

氏个人特殊的意义判断和思想脉络在，与其他革命党人论游侠并不相同。

在唯识学的影响之下，章太炎的社会政治思想异常特殊。光绪卅三年，太炎在《民报》十六号发表了"五无论"：无政府、无聚落、无人类、无众生、无世界。这是太炎的主要思想，因此在他的意义判断里，民族主义并不是最高最好的，有民族国家之隔阂即有争端，故应走入无政府主义；但无政府"犹非最高尚也，高尚者在并人类众生而尽绝之"（《定复仇之是非》）。

这是一种彻底虚无的思想，与西方无政府主义并不相同，乃受佛家所影响，认为物无自性，一切皆为"无常法"所漂流，故亦不可能有森严规则的秩序，所以自然秩序和社会秩序，都应是虚幻不存在的。何况，一切团体与组织，都是由个体所组成的，其本身均无自性，故个人不必对此虚幻无自性的团体负任何义务。

他说："要之，'个体为真，团体为幻'一语，一切皆然。线缕有自性，布帛无自性；方其组织时，唯有动态，初无实体。"[1]凡村落、军旅、牧群、社团、国家……都只有动态，而无实体。因此，一切提倡国家主义者，都是以"谬乱无伦之说以诳耀人"而已：

> 然近世国家学者，则云国家为主体，人民为客体。原彼之意，岂不曰常住为主，暂住为客，国家千年而无变异，人民则父子迭禅、种族递更，故客此而主彼耶？若彼国家，则并非五识现量所得，欲于国家中求现量所得者，人民而外，唯土田山渎耳。然言国家学者，亦不以土田山渎为主体，则国家之当主体，徒有名言，初无实际可知矣。[2]

---

[1] 见《章太炎政论选集》（汤志钧编，中华书局，一九七七）页三八〇《国家论》。
[2] 见《章太炎政论选集》页三六二《国家论》。

国家与政府既是虚幻、是客体，则它所制定的制度与法律，亦必非永存之实体：

> 若尔组织，亦无自性，况其因组织而成者，可得说出实名耶？①

在这样的理论底下，人民没有必须奉行国家制度及法律的义务，"国家者，如机关木人，有作用而无自性，如蛇毛马角，有名言而非实存"②，不能因所谓的国家秩序而侵害到个体利益。因此，他不但反对君主、官吏、英雄、商贾、豪民（因为这些人的权威与功业，其实都建筑在所有人民的努力和功劳上，他们本身并无自性）③，也反对重惩盗贼。他说：

> 轻盗贼之罪，不厚为富人报贫者也。④

又说国法不可干涉人民报仇：

> 复仇之事是以有禁，若然则国家之秩序为重，而个人之损害为轻。斯国家者，即以众暴寡之国家矣。⑤

这样的一位思想家，会歌颂侠者击刺为有儒行、说盗跖是无政府论

---

① 见《章太炎政论选集》页三八〇《国家论》。
② 《章氏丛书》页八八六《五无论》。
③ 参王汎森《章太炎的思想（一八六八—一九一九）及其对儒学传统的冲击》（时报文化，一九八五）第五章第四节。
④ 见《章太炎文钞》（静莽编，在《当代八家文钞》第三册，文海，一九六九）卷三，页十二《代议然否论》。
⑤ 《章氏丛书》页七九二《复仇是非论》。

者，乃是丝毫不足以为奇的。

《儒侠》篇肯定《庄子·盗跖篇》不是伪作，说盗跖之所以被称为盗，是因为春秋之际"世卿在位，不窥大方，而赋人以恶名，闻于后代。法训之士，以辅翼世主为亟，虽华仕陈仲犹不与，何乃与盗跖耶？惟庄生踔行旷观，其述《胠箧》、《马蹄》诸篇，前世独有盗跖心知其意；故举以非逢衣浅带、矫言伪行以求富贵之士"，理由亦与他无政府的社会政治思想相符。

故在章太炎看来，真正的大侠，应如盗跖：什么国家民族，一概不放在心上，即使是死了，也还要手握金椎，敲敲三王五霸的脑袋。其次则是在既有国家法制的情况下，能除国之大害、扞国之大患者。再其次，才是刺击之士，或暗杀人主官僚，或借交报仇，辅民辅法，为国民发愤。

这，到底是历史上真正的侠客姿影，还是章太炎对自己思想的说明？①

（三）中国的武士道

换言之，在太炎笔下，侠已经脱出了史迁所描述的"行不轨于正义"的形象，而迈向另一个境地去了。题名"儒侠"，亦正有以别于"儒、侠不相容"（《史记评林》卷一二四引吴齐贤语）的《史记·游侠列传》。

这是重新替侠客塑像的活动，也是个重新替侠客塑像的时代！——

---

① 基本上章氏是个思想家，而不属于严谨的历史"学者"，他讨论古代典籍人物及思想，常以己意发挥，未必忠于原著，熊十力《体用论》第三章《佛法下》附识一，曾批评他说："有问：章太炎《丛书》中，有一文，以赖耶识为众生所共同，其说误否？答曰：此乃大误，非小误也。太炎于《成唯识论》之根柢与条贯，全不通晓，只撷拾若干妙语而玩味之。文人习气向来如此，不独太炎也。"太炎论学，确常有这类毛病。然此非文人习气使然，理学家素来讨厌文人，故其说如此。

梁启超的《中国之武士道》也脱稿了。

《中国之武士道》写于八国联军入京、清廷下诏变法、上海苏报案、日俄战争、华兴会起事之后。时梁氏正在日本，办《新民丛报》。

这一本书，基本上乃是一册根植于民族屈辱经验的感切痛愤之作。他一方面自觉到立国数千年，却饱受异族侵略压迫，非尚武振厉，无以图存；另一方面又对西方各国及日本耻笑我们是东亚病夫、是不武之民族，而感到愤耻难堪。故"穆然以思，矍然以悲"，大声疾呼：

> 今者爱国之士，莫不知奖励尚武精神之为急务。……而不然者，汝祖宗所造名誉之历史，逮汝躬而斩也，其将何面目以相见于九原耶？（《自叙》）

依他看来，我国本是个尚武的民族，种代燕卫之人，无不慷慨悲歌，好气任侠。春秋战国之士，如名誉为他人侵损，则必报仇，以恢复武士之名誉；对尊长，则忠实服从，然若其举动有损于国族大计或名誉者，必抗责不假借，有罪不逃刑；忠于职掌，不惜牺牲；受人之恩，则以死报之；朋友有难，又常牺牲性命财产以救之。横绝四海，结风雷以为魂，壁立万仞，郁河岳而生色，并不逊于日本的武士道。

后来，是因为统一专制的政体出现，才研丧了这种尚武的习性，如秦始皇统一天下之后，立刻隳名城、杀豪杰，收天下之兵，销锋铸镞，以弱天下之民；又如汉景武之间，徙诸侯强宗豪杰及富人于诸陵，于是尚武之风，便渐灭殆尽了。

但是，随封建社会而兴起的侠道，虽也随着社会变迁的轨迹而更替，可是清末又正是个五大洲合为一战国的时代，专制统一的局面既已打破，复兴武士道，不又正当其时吗？

梁启超就以这样的热情和见解，编写了这册奇书。此书上起孔子，下迄朱家郭解，采列传体，欲用作高等小学及中学之教科书，以振厉精神，一雪不武民族之恶名。

除了章梁诸公以外，如严复所云："中国人心坐两千年尊主卑民之治，号为整齐，实则使之噎冒不能出气，其有爱人周急为无告所仰，而为黔首所爱慕者，则怒其行权为侠，背公死党，痛锄治之，令根首尽绝乃止。……每读《郭解传》，未尝不流涕，史述其少年无状事，未必不诬，盖不如是，则不足以见天子族之之是。嗟呼！使有以公孙弘之说，行于泰西各国之间者，其民无不群起而叛之矣。"(《与吴汝纶书》，光绪廿三年）亦属此类见解。

梁氏书成于光绪三十年，但据凡例第一条谓"初撰此编，原欲以供士夫之参考。二三友人见之谓宜稍整齐之，使适教科用……故为今体"，是此书原编应成于光绪三十年以前。在此之前，康梁虽已与章太炎在思想和政治立场上分道扬镳，但在这个问题上，梁启超的意见却与太炎有奇妙的呼应关系。

例如梁氏论武士道，以孔子为首，并说"孔子卒后，儒分为八，漆雕氏之儒不色挠不目逃……此正后世游侠之祖也，孔门必有此一派，然后漆雕氏乃得衍其传"云云，正与太炎儒侠之说相仿。①

把侠界定为死国事、申大义的人物；认为侠跟专制统一政权不相容，也和章氏所说，彼此发明。不同的地方，是章氏视大侠为无政府主义者，梁任公则站在民族主义的立场写这本书，并主张侠跟封建社会有密切的关系。

今若核其所同，别其所异，自不难发现他们之所以同，是基于时

---

① 见《中国之武士道》（中华书局，一九三六）页二。

代迫切的危机和对存亡续绝伟大愿力的反应,而其所以对侠的诠释会有差距,则是因为历史的诠释,本来即因每个人存在的理解和感受并不相同,对价值与意义的抉择和认知若有了差异,当然也会在历史诠释中表现出来。但无论如何,这一幅侠士图,跟司马迁的《游侠列传》实在是非常不同的。

梁氏书首,有蒋智由、杨度两篇长序,都很有意思。

蒋氏与黄公度、夏曾佑同被任公称为诗界革命三杰,他在这篇序里,首先拿司马迁开刀,根据他个人对侠的新定义,重新诠释历史,替游侠寻找新的源头:

> 余尝病太史公传游侠,其所取多借交报仇之人,而为国家之大侠缺焉。以为太史公遭蚕室之祸,交游袖手,坐视莫救,有激于此,故一发抒其愤懑,以为号称士大夫者,乃朱家郭解之不若;非真如墨家者流,欲以任侠敢死,变厉国风,而以此为救天下之一道也。……观于墨子,重茧救宋,其急国家之难若此。大抵其道在重于赴公义,而关系于一身一家私恩私怨之报复者盖鲜焉。此真侠之至大,纯而无私、公而不偏,而可为千古任侠者之模范焉。①

他认为报仇有几种,报复私怨,是野蛮时代的遗风;但报恩及赴公义,却是任侠道德之一。后来章太炎在光绪卅三年写的《复仇是非论》中,似乎即曾针对他这个意见有了一点响应。但基本上,他主张"发吾宗之家宝以示子孙,今而后吾知吾国尚武之风,零落数千年,至是而将

---

① 这种对侠的看法,跟王世贞颇为接近,王氏尝说:"(游侠)传所谓朱家郭解,其人咸负气豪,余声足以起海内,乃不为县官出死力,北灭匈奴,竟以侠败,余故惜且恨之。"(《史记评林》卷一二四引)

复活",当与章氏"以国粹激励种性"的做法相同,梁任公也是如此。①

虽然他与章梁不同,不把大侠附丽于儒家,而认为勇赴公义的侠者典范应该是墨家。②可是,他们的说法,无疑都有点托古改制的意味。熟悉清末思想之发展的人,大概都晓得这也是当时流行的一种方式。③

至于杨度,又把侠推拓得更广了。他说日本的武士道是融合参会了儒佛两家之长,而别成一道。我国却只是表面上推行儒教,骨子里仍为杨朱之教,以至于举国上下,人人只晓得追求鲜衣厚食声色之享乐,而偷生畏死,懒得管国家。故宜鼓吹精神灵魂之不朽,摧破人们对肉身情欲及现世利害的执着,遇不得已之际,能毅然弃其体魄而保其精神,不谋私利而谋公益。

杨氏之说,可谓为梁氏"进一解",但梁启超、蒋智由、杨度在这个问题上,显然都受到了日本崛起于东亚且战胜俄国的刺激,故蒋氏云:"彼日本崛起于数十年之间,今且战胜世界一强国之俄罗斯,为全球人所注目,而欧洲人考其所以强盛之原因,咸曰由于其向所固有之武士道……虽然,此武士道者,宁于东洋为日本所专有之一物哉?吾中国者,特有之而不知尊重以至于销灭而已。"杨度亦欲"以佛教助儒教,以日本鉴中国"④。

---

① 参王汎森《章太炎的思想(一八六八——一九一九)及其对儒学传统的冲击》页七七—八二。
② 又,此时梁启超并未如蒋氏一样视墨家为侠,其书列墨子及孟胜等,但只说墨子是"圣人之徒"(页二五)。
③ 最著名的例子,就是他们喜欢替西洋学问觅中国源头。这乃是一种复古以更新的做法,以更新为复古,遂不免常视古如新。另详龚鹏程《试论康有为的〈广艺舟双楫〉》(《汉学研究》二卷一期;收入《文学与美学》,业强,一九八六)。
④ 当时论侠者,可能大多都受到日本的刺激与影响,这跟当时新思潮之输入多假道日本、革命人士多寄居东瀛必然很有关系,据旅生《痴人说梦记》第二十回说"子深……正想看书消遣,不料随手拿了一本新译的《日本大和魂》,里面说的尽是些武士道中人物,也有复仇诸般的事",则当时这类介绍日本武士道的译作,可能也颇风行。

这种态度，当与章炳麟不同，章氏认为日本之强盛，主要原因是它离封建不远，故政治有叙、人民尚武："其民尚武，由封建之习惯使然，非宪政之倡导使然。其政有叙，由封建之习惯使然，非宪政之倡导使然。"①

换句话说，章炳麟与梁启超等人，虽然都有儒侠一类看法和呼吁，又都不约而同地以国粹激励种性，然其思想之来源则颇不同，梁启超说游侠盛于封建，主要恐怕还是参考了日本的历史，并受到日本近代化的刺激，章太炎则不如此，故两人政治见解亦南辕北辙。②

无论如何说，侠的形象总是已经被有意识地建立了。在梁章同时或更早，一位热心公益、扫除人间邪佞的侠客风范，显然已活在广大民众的心目中了，但经过这样自觉地、有意识地通过每个人的思想体系来诠释侠的存在及其性质，影响确实十分广远。③

---

① 见《章太炎政论选集》页三七五《政闻社员大会破坏状》。
② 梁氏写本书时，正是保皇与革命两党冲突最激烈的时候，当年七月四日，黄公度有一长函与任公，其中有数事与本文有关者：
一、黄氏曰："东西诸国，距离太远，所造因不同，而分枝滋蔓，递相沿袭者，益因而歧异。乃欲以依样葫芦，收其效果，此必不可能之事。如见日本浪士之侠，遂欲以待井伊者，警告执政；见泰西景教之盛，亦欲奉孔子而尊为教主，此亦南海往日之误也。"是推扬日本武士道，乃南海发其端。事实上康有为自庚子以后，即主张暗杀西太后、荣禄、李鸿章、刘学询、张之洞等。数年以来，经营其事，花费了好几万元，本年十月间，梁任公也有一函与南海，谈及此事。
二、黄氏建议梁任公编教科书，云："仆为公熟思而审处之，诚不如编教科书之为愈也，于修身伦理，多采先秦诸子书，而益以爱国合群自治尚武诸条，以及理化实业各科，以制时宜，以定趋向。"任公采秦汉史事，发挥尚武精神，编成《中国之武士道》这本教科书，或许即是因这个建议而发。
三、黄氏又说："前读《管子》，近见墨子学说，多有出人思想外者……仆尝谓自周以后，尊崇君权，调柔民气，多设仪文阶级，以保一家之封建，致贻累世之文弱，召异族之欺凌者，实周公之过也。……至墨子而尚同尚贤，乃尽反周道，别立一宗矣。"对于封建及中国之所以柔弱的看法，跟任公大有差异，但参照其他文献可知当时他们多在读《墨子》，且都认为尊君是导致中国衰弱的主要原因。
③ 同年，任公有一函致蒋观云述说编著《中国之武士道》的经过，并征求序文。据此函，可知蒋氏并未看到全稿，所以序文跟书的内容稍有点不同的意见。

从此以后，侠出于儒墨家为侠客集团，侠是为国为民、掌握人间正义、反抗专制暴力的英雄等等，遂成为一般的常识，深植人心，且被文史研究学者所普遍接受了。很少人会反省到，这只是在一个特殊的诠释脉络中塑造出来的形象，而径自以此解说古代的侠，并依据这类观念，繁衍出许多美丽的论述，充满了浪漫而遥远的激情和想象。

（四）士的蜕变与游侠

然而，这股浩浩洪波，并不仅止于此，它还有新的延续与发展。——就在民初武侠大盛的时期，另一条诠释脉络也开始形成了。

梁任公论武侠，曾提出了封建社会、专制统一王权及武士等概念。这些概念，应该是梁氏在日本接触到日本历史及西洋社会发展状况之知识以后提出来的。到了一九三〇年，近代中国社会史的研究，在上海文化界热烈展开时，运用西方社会史中，封建、庄园、游闲阶级（leisure class）、武士（knighthood）等，来解释侠之起源与性质的活动，也开始兴起了。

当时在理论上分成两大派，一是"新思潮"派，一是"新革命"派。后者以陶希圣为代表，一九三〇年十月，他发表了《辩士与游侠》一书，对侠有了全新的诠释。

他认为中国社会中各阶层的知识分子和活动分子，共同的特色就是游闲，不事家人生产作业。其中，有产的知识分子，多以纯政治活动为职业，或为绅士，或为官僚；无产者活动分子，则是会党组织、绿林规矩这一类"打不平"的人。

这两类人，是在战国封建崩溃时期，从贵族和农奴转变来的。——在封建时期，"士"是介乎贵族与农奴的中间阶级，他们独自耕种自己的耕地，不纳田租，只负担兵役义务，相当于欧洲的 knighthood。其后小农场与庄园解散，独立地主与自耕农崛起，他们的地位就松动游移了，或成为离世遁逃的遁士派，或成为不贪利禄的侠义派，或成为高谈理论的政论派，或成为残存贵族与新起游民及知识分子的寄生虫。此即所谓的游士。

而那些从农村封建剥削关系中被抛弃出来，又为商业都市所不能收容的游民，有许多是旧有武士阶级破落下来的，仍带有好勇斗狠、野心向上、组织活动的能力。他们憎恨富豪，却又仰赖富豪的慷慨施舍；也容易形成集团势力，而表现为英雄活动。刺客与食客，即是著名的两种现象。

等到极权国家（秦）兴起以后，即开始镇压游士与游侠。但潜伏的游民，终于颠覆了秦朝。而大地主豪商集权的统治（汉），终于也逼使游侠转为合法主义的富豪，并使之受到了摧折。

以上这一套讲法，其分析架构，纯粹是欧洲史式的，尤其受到当时马克思主义的影响，所以他会说游民"容易构成完全的或一半的消费共同团体"①。但这个分析架构和历史的解释，有它殊胜之处，那就是：它能间接补充如梁启超的讲法，并对儒与侠之所以分做一番说明，对儒与侠的起源提出了崭新的解释，能跟民初探问儒之起源的思想课题相结合。②所以一时之间，遂成为新的诠释典范。

抗战时期，顾颉刚发表《武士与文士之蜕化》一文，具体指出：我国古代的士，都是武士，至孔门犹然；其后门人弟子辗转相传，渐倾向

---

① 这类讨论，是当时的风气，读者宜参见郑学稼《社会史论战简史》（黎明文化，一九七八）。陶希圣后来也并不坚持这种对侠的解释，《西汉的客》一文，谓"战国至西汉所谓侠，是养客或结客人的名词"，解释即与此不同。
② 民初探问儒之起源的思想课题，另详胡适《说儒》（《史语所集刊》第四本第三分），冯友兰《原儒墨》（《清华学报》十卷二期）、《原儒墨补》（《清华学报》十卷四期），戴君仁《儒的来源推测》（《大陆杂志》三七卷十期），沈伯刚《儒墨之争平议》（《食货复刊》二卷十期）、《秦汉的儒》（《大陆杂志》三八卷九期），以及王尔敏《当代学者对于儒家起源之探讨及其时代意义》（《史料研究中心第十三次学术讨论会纪录》；收入《中国近代史论》，华世出版社）。

于内心之修养而不以习武为事，文士与武士才逐渐分途，文士名为儒，武士则为侠。汉既统一，诛族游侠，游侠乃衰，东汉后遂无闻矣。①

相同地，郭沫若认为"士"是由民间上升或贵族下降的，本属文武不分，其后则成为职业，许多人就来读书做士，而专门的武士，便成为士卒。至于任侠者，大抵出身商贾：商贾唯利是图即是市侩，富有正义感便成为任侠。这类人，"在古时依然是士的一部分"②。

另外，冯友兰的《中国哲学史补·原儒墨》，也以为在贵族政治崩溃前，没有"士"的阶级，盖士即是一种不治生产，而专以卖技艺才能为糊口之资的人，早先为贵族所专用，为在官者，故不自为阶级。其后流落民间，以卖技艺为生，其中文专家为儒、武专家为侠。③

这是一九四四年左右的研究成果，而这种研究，无论研究方法或意见，都已具有近似"定论"一般的地位，普遍延续到现在。如孙铁刚《中国古代的士和侠》（一九七三年台湾大学史研所博士论文）、李时铭《周士之性质及其历史》（一九七六年台湾政大中研所硕士论文）、叶洪生《近代中国武侠小说名著大系总编序》等，就都是把陶顾之说稍加综合整理而已。

在日本方面，宫崎市定于一九三四年发表了《关于游侠》（《游侠について》）一文，主张游侠源于春秋时代的士及庶民阶级，因为他们要立身扬名于世，必须学武艺立战功，此种剑客即是游侠的前身。其说亦与陶希圣等近似。

这一条诠释进路，基本上是参照了西洋封建时期的历史社会状况，

---

① 见顾氏《史林杂识初编》（中华书局，一九六三）页八五一九一；又，张荫麟《中国史纲上古篇》（正中书局，一九五一）第二章第六节，也有系统地解释士为武士说。
② 详郭氏《十批判书·古代研究的自我批判》第八节。
③ 见页23注②所引书。

把封建武士（knighthood）等同于周代的士；而战国是个封建崩溃的时期，于是儒与侠也就是封建崩溃后，士所蜕分出来的人物了。他们各家在有关井田、封建、庄园、命士卿士等士之性质一类问题上，尽管各有各的立场且争论激烈，但这种基本诠释系统倒是颇一致的。

当然这可以视为社会史大论战以后，一种中国近代史学的流行趋势。然而马克思对欧洲历史的解释，套用到中国上古史去，毕竟仍是扞格难通的，因此增渊龙夫提出了另一种解释，认为侠并不属于任何阶级，不过是具有某些理想的人。这是有意避开上述诠释路数的困难，而对侠采取较宽泛松动的解释。这种解释，也得到刘若愚的支持，他在 *The Chinese Knight-Errant* 一书中即采用这种说法。①

三 正义的神话

（一）具有道德使命感的侠

认为侠不属于某个特定的阶层，而只是指具有某种气质特色、某些理想的人，基本上是非常合理的。因为这样才能避免上述各种理解的错误与困难，在史书上也确实较有根据，例如：

> 张翰……有深才，善属文，而纵任不拘。（《晋书》卷九二《文苑·张翰传》）

> （周）嵩字仲智，狷直果侠，每以才气凌物。（同上卷六一《周浚传》附）

---

① 另详马幼垣《中国小说史集稿》（时报文化，一九八〇）所收《话本小说里的侠》一文，批注一、四。

刘胤……美姿容，善自任遇，交结时豪，名著海岱间。（同上卷八一《刘胤传》）

李业兴……性豪侠，重意气，人有急难，委之归命，便能容匿。（《魏书》卷八四《儒林·李业兴传》）

仗气爱奇、好游、善谑，有侠客豪士风。（《长洲县志》卷十四"张冲"条）

任与侠，都是形容其性格的用语，凡表现出这一类性格与行为的人，就称为侠。故李业兴是儒林经师，周嵩是官员，而他们共同的特征，则是矜豪傲慢，喜欢诋毁轻凌别人。至于《隋书》卷六三《刘权传》所说，"权少有侠气，重然诺，藏亡匿死，吏不敢过门"，当然也是侠的特征之一。

同理，游侠的游，可能主要来自他们"好交游"（《隋书》卷六四《麦铁杖传》），犹如说某人"志好宾游"（同上卷七八《艺术传》）或"幼顽凶，好与人群斗，所共游处，皆不逞之徒，相聚斗鸡，习放鹰狗"（同上卷八五《宇文智及传》）之游。故《隋书·王颁传》记王颁年数岁，值江陆陷，随诸兄入关；少好游侠，年二十尚不知书。其为游侠，即非仗剑去国，千里江湖者，而只是如宇文智及一样好与恶少无赖游处而已。

所以侠不代表某种阶级的人物或流品，它代表某一类有侠气的人。但问题是什么是侠气呢？是凶顽不逞还是急公好义？

根据辞典的解释[①]，"侠"是指好义勇为，能见不平而奋起者；是指除暴安良、济弱锄强的人物、形象或心理气质。刘若愚*The Chinese*

---

① 见《辞源》、《国语辞典》（商务国际公司版）。

*Knight-Errant*一书,亦持此说,认为侠是什么呢?侠就是"直接了当地自掌正义,匡正扶弱,不惜用武,不恤法律。另外,他们以博爱为心,甘为原则授命"①。

由这样的定义和认识方向来看侠,侠当然会成为中国历史上主持正义的象征,代表了勇敢、自我牺牲、慷慨、正直、为公义而战的美德。具有这类美德的人,也就成了大家赞佩向往的英雄了。

这些英雄们除了快意恩仇,飘然来去,饮烧酒,啖仇人首级心肝之外,刘若愚又归纳了八项他们的特征:

> 重仁义,锄强扶弱,不求报施。
> 主公道,能路见不平、拔刀相助。
> 放荡不羁(倾向个人自由),不拘小节,不矜细行。
> 个人性的忠贞,或士为知己者死。
> 重然诺、守信实,如藉少公虽不识郭解,却甘心为他守密自戕。
> 惜名誉,也就是司马迁所说的,"修行砥名,声施天下"。
> 慷慨轻财。
> 勇,包括体力与道德上的勇气。②

这八项,都涉及道德问题,而与其特殊的生活形态、行事方式关系不很大。甚至我们可以说,一切侠的行为与思想,都来自他特异而且气

---

① 刘若愚,*The Chinese Knight-Errant*, Chicago: The University of Chicago Press, 1967, pp. 2–3。
② 田毓英《西班牙骑士与中国侠》(台湾商务印书馆,一九八三)第八章论侠之美德,所归纳者与刘氏大同小异:守信用,已诺必践;所行必果;牺牲自我;济困扶危;不自夸自己的才分与本领;羞于赞美自己的德行;自己规定取舍予夺的标准;重视信诺的规则;名声远播,但并不自己寻找名声;不为他人的批评担心,却为义而自我牺牲;致力于修德行善;设法改善他们的行为与美名……其中田氏与刘氏对于侠是否重名誉,有严重的歧异。田氏认为西班牙的骑士才以荣誉为行侠动机,而中国道德观中的荣誉却是否定的,见其书第十三章。

息强烈的道德意志与力量。

这才是侠之所以被人崇拜的主要原因。依费希特（J. G. Fichte）的说法，如果理性意味着实践的理性、意味着道德意志，则它事实上只集中在少数伟大的人格上；借着他们，历史过程的真实意义，乃以充沛和无可比拟的力量显现出来。这些人，就是"英雄"了。①

托马斯·卡莱尔（Thomas Carlyle）则更进一步指出：英雄崇拜是人性中的一个基本天性，但所谓英雄崇拜，并不是崇拜什么名利权势或其他，而一直是意味着一种道德力量的崇拜。因此，所谓的英雄，固然具有人类所有创发与建构能力中罕见的强度，但他所有的能力中，道德力量永远列居首位，且扮演优越的角色。②

费希特和卡莱尔的整套理论，当然与我本人的哲学认知颇不相同。但是，英雄与英雄崇拜，实质上是一个道德问题，却不容置疑。一个人如果没有道德感或道德需求，又想逃避道德的教示，他当然不可能崇拜任何英雄，更不会感觉有什么样的人是值得社会期待的。相反地，每个人、每个时代或社会，皆各有其道德需求及道德问题，因此，他们所崇拜的英雄，就各个不同，或者是僧侣，或者是先知、诗人、君王或学者。

现在，我们的一般群众，包括知识分子和市井小民，都普遍以侠为英雄，以侠情侠骨为美德；那么，我们是不是也该问问：到底他们是由于有什么样的道德需求，以至于如此呢？

根据描述，侠是一个或一种行侠仗义、不畏权势的人物，常在国法及社会一般规范之外行动，以迅速、有效、有力的方式，完成济困扶

---

① 参费希特"Grundzüge des gegewärtigen Zeitalters"。见 *Popular Works*, II, 47f Lect, iii。
② 详卡莱尔《英雄与英雄崇拜》（何欣译，华欣，一九八一）；卡西尔（或译卡西勒，Cassirer）《国家的神话》（黄汉清、陈卫平译，成均出版社，一九八三）第十五章。

危、主持公道的任务，并使人兴起快意恩仇的美感和快感。因此，在社会和人性层面，侠通常被视为公义的维护者。在我所搜集到的材料中，底下这一段文字，把这个特征铺陈得最清楚：

> 人类自有社会活动以来，就很自然地有一套维持这种社会活动的准则、大众所认为最公平的准则产生，否则社会活动就会变成一种不可靠、不安全的活动。但人类的自私心一向很重，有些人一心想要别人的权利也变成他的权利，而自己的义务则推给别人去承担，这当然就是破坏了准则，造成了不公平。
>
> 在一个不完全公平、安全、可靠的社会里，除了破坏社会准则的人、无可奈何的受害者和不愿过分关心这种破坏活动的人之外，还有一种积极维持这个准则的人。这种人又分两类，一是本来即对维持社会准则负有责任的，一是本没有责任而仍决心要维持这个准则的人。前者是统治者，后者就是侠士。
>
> 统治者本应维持社会准则，但由于种种原因，它本身也变成恶霸后，这个准则就不公平不可靠了。侠士奋不顾身地与这些恶霸相抗，使不公平的立刻成为公平，替受害者争回应有的权利，并制裁破坏者，当然很令被害者欢迎；同时也使那些不敢过度关心的人，也感到一种莫名的喜悦。
>
> 所以侠士的行为是会和统治者的权利相冲突的，统治者当然也就要加以禁止、反对了。①

这段文字，出现在一本通俗刊物中，正显示了它代表一般人对侠约

---

① 孟诠编著《白话新编古典小说：豪侠传》（庄严出版社，一九八三）绪论部分。这种对侠的诠释，事实上也是有文献支持的，例如清末唐芸洲编次的《七剑十三侠》第一回，大致就是这种说法。见《章太炎文钞》卷三，页十二《代议然否论》。

定俗成的认定。这种认定，大部分当然还是参考综合了一般对侠的研究与描述，但同时也说明了我们喜爱或崇拜的原因。

可不是吗？在小霸王鱼肉乡里、强抢民女，令人义愤填膺却又无力反抗时，侠客适时出现，怒打小霸王、救回少女，谁不觉得快慰？在奸官富室坐拥权势和财富，而贫弱者嗷泣无依时，劫富济贫、惩奸治恶，谁不觉得社会公平的理想又仿佛重现了？

在这种意义之下，我们就会发现：侠之受人欢迎，在于人们在政治社会活动乃至一切人生里，存有公平的渴求、正义的向往。因此他们讴歌圣君、贤相、君子与侠士。其中，侠本不是应该为社会不公负实际责任的人，但他却自愿自居于正义和公道的维护者，当然他会更受人尊敬崇拜了。

换言之，由于内在正义和公道的道德需求，驱迫着我们，于是，在历史的进程中，我们觉察到那些能够体现、能够完成正义的伟大人格——侠。侠所带给我们的美感、快感、道德完成后的心理宽松感、不安解除后的安全感、对社会不公报复性的喜悦等，都环绕着这个中心。

因此，应该是说：因为我们有某种渴望，所以"发现"或"发明"了侠，而不是因为有侠，才激起我们的向往。

这一点非常重要，但很少被察觉到。请让我简单说明一下。

（二）我们为什么需要侠

我们对侠的认识，一般总是通过历史而来，由《史记》及戏曲小说中，我们窥探到侠的形象，共同参与了侠的行为，并进而认同了侠、理解了侠、崇拜侠。

但历史的理解，既是认识论也是存有论的，它必须建立在一个极深刻的基础上，也就是说，这个理解模式必然涉及我们的"在世存有"

(being in the world),而不只是科学式概念的客观认知。它是一种历史的遭遇(historical encounter),唤醒人存在此时此地的个人经验。①

照海德格尔说,人的在世存有,具有三种时间性的对外动向(Ekstasen),一是投向自己,是一种未来式的对外动向;二是回返(Zurück auf),是朝向过去的动向;三是"与周遭相遇"(Begegnenlassen von, oder seinbei),是现在式的对外动向。而与这三种动向有关联的,第一是境遇感(Befindlichkeit, state-of-mind),人必须回返到历史之流中,因过去种种遭际而有所感受,才有真实存在的可能。第二是了解(Verstehen, understanding),人的境遇感必有其了解,了解亦必有其境遇感。三是言说(Rede, discourse),人必须以语言说出自己的境遇感和对未来种种可能性的了解,才能与他人沟通。②

他的讲法,我们认为颇能与柯林伍德(R. G. Collingwood)论历史的理解相发明。③柯林伍德强调"历史即心智的自我认知",他说我们必须在几种条件下才可能认知某一思想的历史:一是思想必须用语言表现出来;二是史家必须能独立思考他正试图解释其外在表现的思想,譬如他想了解历史上某数学家所写下的记号,除非他在数学方面也有相同的造诣,足以恰切地思考该数学家所想的及纸上写着的符号表示的是什么,否则历史终不可解。④这种"重演",岂不是境遇感的"回返"吗?

由人之存在来看,人若想真实地存在,不能不通过对历史过去的感

---

① 参帕尔默《诠释学》(Richard E. Palmer, *Hermeneutics*, Evanston: Northwestern University Press, 1969)。
② 详 Martin Heidegger, *Being and Time*, tr. John Macquarie and Edward Robinson, New York: SGM, 1962, pp. 172–210。
③ 现象学是诠释学理论的基础,而胡塞尔(Husserl)现象学之知觉理论,本身也会发展成一种历史诠释性学问(historical-hermeneutic science),见蔡锦昌《吕格尔诠释学之研究》(台湾大学哲研所一九八五年硕士论文)页三三。
④ 见《柯灵乌自传》(陈明福译,故乡,一九八五)第十章。

受，否则其存在便无根据；但历史之理解与感受，又要有一个依据才能展开，这个依据就是人对他现在及未来存在的感受。这即是一个循环。人为什么会特别注意到历史中的侠？为什么会对侠之生命与社会意义，展开许多诠释？为什么会以"言说"（语言、行动、静默……）来表现对英雄的崇拜？为什么会模仿侠的语言与行为，作为他自己或团体的行为模式和存在方式？

凡此种种，难道不是因为他有存在的需求，感觉在此世此地之中，缺乏公平与正义的保障，故能"理解"历史，并在历史诸多内容中"发现"了侠；而这种历史的遭遇，又唤醒了他此时此地的个人经验，致使他以成为一个侠者自居吗？

要这样看，侠的理解以及崇拜，才是深刻而具有存在意义的问题，因为它同时涉及了存在之认识、道德之需求和对政治公道的盼望。但是，在这儿，我们也要警觉到类似历史哲学中对于柯林伍德"重演"（reenact）的批评。[1] 重演是必需的，但如果史家自己此时此地的个人经验太强烈太深刻了，他诠释循环的锁链，便不免被这种经验或企求带动，于是他所理解的历史，就几乎全部成为他的自我告白，而不再是个"自主的存有"了。

例如，侠，经常被理解为历史上一种急公好义、纾解人间不平的人物，如上文所说。这种理解，当然也合乎历史文献"证据"，如《醒世恒言》卷三十《李汧公穷邸遇侠客》结尾就说："从来恩怨要分明，将怨酬恩最不平；安得剑仙床下士，人间遍取不平人。"可是，也有不少完全相反的例证，可以证明侠根本不是什么正义公道的化身，而只是盗跖之在民间者，只是穿窬之雄。例如《酉阳杂俎》前集卷九有"盗侠"

---

[1] 参余英时《历史与思想》（联经，一九七九）所收《章实斋与柯灵乌的历史思想》一文，注一〇一。

一类，所载侠刺，多属盗匪，不仅不曾济弱锄强，甚至还祈盗跖冢、杀人食肉。《太平广记》所载侠客，大抵也是如此，故赵吉士《寄园寄所寄·焚麈寄》引《古隐方》劝人以不交豪侠客为座右铭。

至于唐牛僧孺《玄怪录》所记郭元振，虽曾义除恶兽，救了一名少女，但《旧唐书》本传却记载着他任通泉尉时，"任侠使气，前后掠卖所部千余人，以遗宾客，百姓苦之"，分明是一位贩卖人口的恶官。诸如此类，论中国侠义精神、崇拜侠客的人，几乎全不理会，照样在那里宣传侠是民间仗义的英雄，继续沉醉在劫富济贫、打抱不平的神话或想象里。

只有一种理由可以解释这种现象，那就是前文所说的，不管实际上侠是什么，人们只根据他自己的存在感受和道德盼望去"发明"侠、"制造"侠，才会漠视这么明显的文献记载。当然，也不是完全没有人注意到这些跟一般理解不同的侠客数据，但他们通常都用三种方式来处理：

第一种方式，是强调侠客的行为必然会跟统治者的利益相冲突，因此许多不利于一般理解之侠客形象的资料，都是反映统治阶级之利益与观点的。他们用这种说辞，抹煞所有不符合他自己对侠之认定的数据。但事实上，这种蛮横的做法，乃是意识形态的，而不是学术的。他们忘记了侠经常也是统治者。

第二种方式，是运用逻辑上不相干的谬误与论证法，说：凡是侠，都是仗义疏财、主持正义公道的。如果不这样，他就不够资格称为侠，即使文献上称他是大侠，其实也是不合格的。这是循环论证，犹如某甲云："凡基督徒必都是善良而正直的。"某乙反驳道："某丙是基督徒，但他就不善良不正直。"某甲立刻说："那他就不能算是个真正的基督徒。"讲了半天，除了说明某甲自己的"信仰"（基督徒都善良而正直）之外，有什么其他的意义吗？同理，论侠的人，也经常喜欢利用这种方式，来表示他的愚笨和他所坚持的信仰。他信仰侠一定是正义公道的。

第三种方式更为自由，他根本不管什么文献记载，完全照着他想象的侠的定义，依他对侠的信仰，随意漫衍，其论证方法为：（根据他的理解）侠是什么，某些人合乎这类特征，因此这些人都是侠；因为这些人都是侠，所以他们的行为特征，就是侠的特征，可以依此界定侠是什么。

这当然也是循环论证，但它不同于前者处，在于前者可以否定某些数据的证据力，这种方法却可以积极"证明"某些人是侠。经过他们证明的侠很多，包括：公孙接、田开疆、古冶子、孔子、子路、曹沫、豫让、聂政、荆轲、张良、陶侃等等。大概只要是他们喜欢的人，都可以列入侠榜；墨家之被视为侠客集团，也是此法的杰作。

经过这样处理之后，侠的形象就愈发明确巩固了。一般人很少有机会亲自进入历史文献，去接触广泛的资料，只能阅读这些充满了信仰与崇拜的描述与诠释，因此就更激起了他们对于侠的仰慕。关于侠的一切，遂逐渐笼罩在一团"正义的神话"之中了。

（三）历史、神话与迷思

所谓神话，一般泛指古老及原始社会中流传的一些传说和故事，主要是与神祇和英雄有关的事迹。但是，这些神话不只是原始时代的产物，它在每一个时代都有意义，而且这些意义，又构成了现代人认知的一部分或思考的形态。因此，在社会学的研究中，我们也常把这类现象，根据神话（myth）的译音，称为"迷思"或"谜思"、"秘思"。

为什么称为"迷思"或"谜思"呢？神话意涵之不确定，固然是其所以成谜的原因，但此类思想与概念经验知识相悖，也是其中一个重要因素。最早，神话之形成，目的就不在于呈现世界本来面目的客观形象，而只是说明人对于他自己生活的了解。因此，到底它所陈述的事件是事实还是假想，是象征还是记录，都不太要紧，它表现的乃是人类的宗教经验或精神经验。

根据这些经验，人类构建了一套神话的文字符号系统，以征示他的世界观（weltanschauung）。但这种神话的世界观，并不是运用理性的方法或认识论的方法，而是原始人凭其直觉经验而来的。因此，神话意识中，现实和表象往往不分，人所经验的一切事物，都被当作真实的、活生生的个体（an individual substance），有属于他自己的意志和个性。

例如死亡，是人所经验到的事，但在神话意识中，则出现为死神及其他各种足以象征死亡的符号。这些符号，构成了神话的内容。同理，人的愿望、焦虑、战争、迫害、饥饿、挫折的理想，都常出现在神话中。这些经验，包括个人的经验和社会集体的经验，通过神话，可以具体化（objectification）；而神话的符号，也因为可以显示人类的这些感觉经验，所以具有符号意义（symbolic significance）。[1]

神话的基本性质如此，故人只要采用神话式的思考跟处理，把真实的事物，附上抽象意义，迷思就出现了。比如只要有人举出过去的轶事（例如罗马缔造、法国大革命、三代圣王），当作引导人类目前活动的前例，则该轶事就丧失"历史性"，而成为一种理想、信仰。至于这则轶事到底在从前是否真的这样发生过，反而无关紧要了。

这就是卡西尔为什么会说任何事物都可以突然成为神圣的事物。因为只要用某种迷思的宗教眼光来看，它就变成神圣的了。它自成一个闭锁的世界，拥有一整套特殊的格调与气氛，跟日常的、经验的生活内

---

[1] 见 Henry Tudor《政治迷思》（*Political Myth*，叶振辉、翁瑞庭合译，幼狮，一九七八）页三三。

容，殊为不同。①

因此，总括地说，神话与迷思，有几点值得我们注意：第一，迷思虽以历史事实为材料，但本质上与历史事实无关，亦非真实历史之回忆或记录。第二，迷思基本上显示的是历史事件在宗教方面的意义，代表了迷思的制造者和传递者之信仰。第三，某一个说明或陈述之所以是迷思，并不在乎它已含多少事实的真实性，而是因这个说明被人信以为真。

既然如此，则第四：迷思是在某一特定地所产生的言辞，它有一种意义，而我们怎么知道它的意义呢？这就不能不回过来看迷思制造者的信仰到底是什么。同时，这种意义若能获得其他人士的认可与了解，则显然迷思制造者的意见或信仰，是与当时当地"意见气候"（the climate of opinion）相符的。许多迷思是社会集体心理的产物，原因也在此。

所以，第五：迷思是有功能和目的的。它的功能，在强化传说，使传

---

① 神话是古典学者、民俗学家、考古学家热衷研究的材料，十九世纪以后，其他各学科也开始关切它，如弗洛伊德（Freud）、荣格（Jung）发展出一套神话的心理学；卡西尔要求给神话一个主要的符号形式之地位；还有社会人类学家，从马林诺夫斯基（Malinowski）到列维-斯特劳斯（Levi-Strauss），都一直利用神话的研究，来阐明他们不同的观点。
当然其中任何一派关于神话或迷思的理论，都可以用来说明侠之崇拜的原因和内容。但本文并不如此处理，因为任何一派各有其理论的偏重点，不够周延完整，甚或彼此枘凿，采用某一家的讲法，都不免引起诘难。何况，各家都是对神话或迷思的解释，本文只想参考利用这些解释，来说明为什么一般人对侠的意见其实只是个迷思，自不须坚持某一派的论点。
但各派理论，各有其理论的范畴与认知的方式、结构系统，是否真能综合在一块儿？这当然需要小心处理，不过各派理论都针对神话而发，应该有它们的基本同一性，因此理论的综合应该是可能的。
这里，对迷思的解释及侠与迷思的关系，主要除参考弗洛伊德、荣格、卡西尔、马林诺夫斯基的专论之外，也利用到李达三《比较文学研究之新方向》（联经，一九七八）第七章、William Righter《神话与文学》（何文敬译，成文，一九七九）、格瑞伯斯坦（Sheldon N. Grebstein）编 *Perspectives in Contemporary Criticism* (New York: Harper and Row, 1968)及余英时《章实斋与柯灵乌的历史思想》。

说更有价值和威望；表达、强化并汇整社会群体的信念；维护且强化道德；确保仪式的有效；减轻社会紧张；并暗示大家应该依照某种方式去行动。

侠在历史上确有其人、确有其事，可是后世对侠的意见、诠释崇拜，却是个道道地地的迷思。每个人虽然都阅读古代有关侠士行为的记载与故事，但他们根本不管侠是否杀人放火、是否奸淫掳掠、是否卑鄙无耻，他们只根据他们的信仰，信以为真地认定了侠就是具有锄强扶弱、自掌正义之类特征的人。而为什么大家都如此有志金同地对侠怀抱着宗教性的虔诚信念呢？为什么与侠有关的事物，都自成一个特异的世界和格调，具有神圣的意义呢？

由侠情、侠骨、侠气、侠义、侠行所显示的意义来看，侠代表了正义与公道遭到破坏时，一种救济的巨大力量（所谓的豪）。而这一迷思之形成，当然也是由于社会心理及人性祈求正义与公道的需盼。侠之迷思，就在这一方面，满足了我们的需求，强化了道德与社会群体的信念，并教育我们成为一个"侠"。

了解了这些，对我们很有好处，因为迷思的内容必定因时而异，如果同一个故事有好几种不同的传说，我们就大致可以确定有一个urmyth存在（即起源的迷思），后来此迷思的各种说法，都是根据它改造的。侠最早只是指人能"放意自恣、不拘操行"，有"一日散百金之费"的豪气，喜欢结交朋友豢养门客；后来即根据这些，予以改造，忘记了侠客市义交友，可能只是为了劫掠或掘冢，而偏重在对他们气类结纳、豪放不羁的倾慕，于是侠遂也转变了。

试比较秦汉、南北朝、隋唐以及明清、民初各个时期对侠的看法，就可知道，侠并不是个固定的类型或人物。因为侠客崇拜本质上是个迷思，故每个时代都有不同的侠的面貌。这些面貌和性质，虽与侠客起源时的意义有关，却往往随着时代的心理需求而变异。

（四）侠：正义的迷思

不过，现在有个问题，侠之崇拜，固然已经成为一种迷思，表现了中国人神话式的向往，而与历史事实无关了，但这种迷思究竟因何而起？是一种什么样的迷思？

须知侠之崇拜所以会成为迷思，不同于整合迷思（integral myth）、国家迷思（state myth）、罗马缔造迷思（the Roman myth）、末世迷思（eschatological myth）、革命迷思（revolutionary myth）、自然迷思（nature myth）、科学迷思等等，它有特殊的内容。崇拜侠的人，并不是因为侠有什么值得仰慕之处而崇敬他，而是由于内在有某种道德的需求，才会将侠神话化，形成迷思。

这种道德的需求，可能即是人在政治社会方面对正义与公道的渴望。例如《醒世恒言》卷三十《李汧公穷邸遇侠客》中，记载士人房德被盗匪胁迫，要他做寨主，房德不肯，道：

"我乃读书之人，还要巴个出身日子，怎肯干这等犯法的勾当？"

众人道："秀才所言差矣！方今杨国忠为相，卖官鬻爵，有钱的，便做大官，除了钱时，就是李太白恁样高才，也受了他的恶气，不能得中。若非辨识番书，恐此时还是个白衣秀士哩。不是冒犯秀才说，看你身上这般光景，也不像有钱的，如何指望官做？不如从了我们，大碗酒大块肉，整套穿衣、论秤分金……"

无论是盗是侠，这些绿林好汉、英雄豪杰，总是把贪官污吏和势恶土豪视为攻击的对象，并作为自己存在的理由。换句话说，盗侠存在的合理化解释，就是贪官污吏之类人造成了人间的不公平。而侠要反对这种不公平，不但必须消除这些人，自己在行为模式上，也要追求"论秤分金"的生活形态。

在这段记载中，论秤分金和有钱就有官做，刚好是个明显的对比，那是两个不同的世界，这两个世界的冲突，几乎显示在任何一本侠义小说里。譬如《水浒传》第四回，形容鲁智深要"怒掣戒刀，砍世上逆子谗臣"，第十五回记吴用游说三阮劫取生辰纲，是"只为奸邪屈有才，天教恶曜下凡来"，而第十六回智取生辰纲时，作者更是一再提到人间的不公平：

> 那公子王孙，在凉亭上水阁中浸着浮瓜沉李，调冰雪藕避暑，尚兀自嫌热。怎知客人，为些微名薄利，又无枷锁拘缚，三伏内只得在那途路中行。……赤日炎炎似火烧，野田禾稻半枯焦；农夫心内如汤煮，楼上王孙把扇摇。

虽然侠义小说惯常叙述贪官恶吏如何"头上青天只恁欺，害人性命霸人妻，须知恶人千般计，要使英雄一命危"（《水浒传》第八回），而英雄侠士又如何反击，来消灭这些恶势力；但我们看这里所引的文字就可知道，王孙公子和行旅农夫的对照，根本不是贪官赃吏的问题，而是整个社会阶层体制造成的不平等，甚至可说是人生本质的不平等。侠与侠之崇拜的真正原因就在这里。至于奸官、邪吏、土豪、恶霸、小人、淫妇等等，都只不过是使这种社会普遍公平正义的问题更具体化的手段而已。侠义故事习惯用这些，来点出对社会不公不义的不满，以及追求公道的理想。侠之所以自居于"替天行道"的地位，或一般人之所以仰慕侠士，就来自这种对社会公道的需求。

公道，在人生哲学中的涵义，当然非常深邃复杂，但基本上与侠有关的公道问题，大抵都以政治社会为主要范畴。而在政治哲学里，公道却直接关系到政治义务的问题。

政治问题，是指人服从法律、遵守规则的问题。但人为什么要服从权威呢？除非服从具有道德的理由，否则权威就缺乏合理依据。一般来说，国家也是一个团体，可是像学校、俱乐部等团体虽也有其规范，然而我可以自行选择是否接受，如果我不喜欢，我可以不必参加。国家则不然，不论喜欢与否，我都是国家的一员，此所谓"君臣之义，无所逃于天地之间"。既在国家之内我不能做选择，很自然地我就会问：为何我必须遵守国家的规则？

这一问，当然可以有种种解释，例如说政治义务是建立在公民的同意或契约上，是建立在大多数人的意志上等等。但也有几种意见，与这种把政治义务偏重在人民本身的理论不同，着眼点在国家的目的，认为人们之所以在道德上要服从国家，是因为国家可以实现道德目标，而道德目标就是每个人实现道德义务的对象。譬如公道论，就认为人要服从国家法律，因为法律是维持公道或道德权利的；国家则是用以保护保障人民之公道的机构。只要国家能有效执行这一功能，我们即有义务支持并服从国家的法律。反之，若国家的作为不合公道，个人即没有义务服从国家，人民可以合法推翻不公道的统治者。①

英雄崇拜与侠之向往，之所以会成为迷思，主要就来自这种公道论的政治义务观。《花月痕》第一回说得好："直道在民，屠沽本英雄之小

---

① 在这方面，公道论既可以站在国家法律这一边，打击不公道，以维护国法；也可以因法律或执行法律者不公道而推翻这个法律系统。前者如《七剑十三侠》第一回说："世上有三等极恶之人，王法治他不得。第一等是贪官污吏，第二等是势恶土豪，第三等人是假仁假义、诡谋毒计、暗箭伤人……天下有这三等极恶之人，王法治他不得，幸亏有那异人、侠士、剑客之流去收拾他。"《水浒传》第十九回："酷吏赃官都杀尽，忠心报答赵官家。"……后者如《李汧公穷邸遇侠客》，盗匪们在批评杨国忠把持朝政、有钱便有官做之后，劝房德做寨主，"倘若有些气象时，据着个山寨，称孤道寡，也由得你"。侠义故事中，这两类思想是交糅在一块儿的，因为他们同属于公道论的两面，故不矛盾。

隐。"英雄之所以能广泛地散在民间，其实只是他们代表了大伙儿共同的心理，故云直道在民。

《水浒传》第三回，李卓吾总评说："陈眉公云：天上无雷霆，则人间无侠客，郑屠以虚钱实契而强占金翠莲为妾，此是势豪长技，若无提辖老拳，几昝天网之疏。"《二刻拍案惊奇》卷十二《硬勘案大儒争闲气，甘受刑侠女著芳名》，则说朱熹因有成见，勘错了案子，"晦翁问错了事，公议不平"；而朱熹却以为是民众刁顽，"慨然叹息道：'看此世界，直道终不可行。'遂弃官不做"。其后偶然发觉，幡然改悟，原书眉批便说："愈见奸民可恨，朱子未尝不公。"朱子、民众、批书人及作者，在这里不都显示了直道在民、共同向往公道世界的意义吗？

公道是社会道德的基础，没有这个基础，其余就崩溃，因此，整个法律系统，常被称为公道系统。[①]侠义故事，习惯性地与公案故事联结在一起，也暗示了他们之间的关系。譬如说侠之所以要违背国家法律，做出犯法的勾当，是因为主持社会秩序者贪赃枉法，不公道。清官、忠臣拨乱反正，洗刷不公道的阴霾，侠客自然就会与他结伴而行，侠义故事歌颂廉正官，也就是在明说公道之重要（一般论者不明此义，辄谓此为奴化之侠，大谬）。

也就是因为这种公道正义的政治义务观，大家把侠之反叛社会秩序，理解为对公道的维护和追求；把侠的本来面目掩盖了，而歌颂一个公道的化身。——这，就是侠义崇拜的社会心理与基础。

由这样而形成的正义迷思，已经把侠变成一个神圣而具有抽象意

[①] 详拉菲尔（D. D. Raphael）《政治哲学中的论题》（*Problems of Political Philosophy*，黄年等译，幼狮，一九七七）第四章。

义的东西了。我们赋予侠很多优美的品质,却淡忘了他们积存在历史黑暗面的秽恶;不断赞美他们对不公道秩序的反击,却无意追问这种反击是否出自盲目的非理性冲动;更不会想想在反击的过程中,由于侠之轻贱生命,枉杀了多少无辜良民,造成了多少不公道;至于社会秩序本身是否真的不公道,追求公道是否即必须打破如"王孙公子/农夫"这样的社会阶层划分,其"替天行道",是否只是代表了个人权利和社会整体利益之间的冲突,是任意扩张自己权利的借口,则更未曾追问。

假如这些,都不曾在我们的研究中出现,那么,截至目前,我们虽然已经有不少的侠之研究论著,但那都只能被称为正义的迷思,除显示他们对侠的"意底牢结"之外,恐怕不能称为学术研究。

这样断然否定了所有前人的研究成果,似乎不够厚道。但学术是残酷的,厚道云云,基本上只是"诉诸怜悯的谬误",不应溷迹于学术之研究之中。不过,我们对前辈的心血依然十分敬重,因为他们提供了我们一个反省的机会,让我们更清楚地了解什么叫做迷思,以及迷思在社会上造成的影响。

四 英雄的崇拜

(一)英雄的崇拜

正如前文所引《花月痕》第一回说:"直道在民,屠沽本英雄之小隐。"在侠义小说里,一般总称侠客豪杰为英雄。① 而这些英雄,本是在社会心理普遍追求向往正义的情况下,才被民间普遍崇仰的,所以他

---

① 如《水浒传》就通称英雄,文康《儿女英雄传》也以英雄称呼行侠者。其他则或称英雄,或称壮士。

们代表了一种正义天使的形象，专门纾人急难。①

然而，英雄崇拜本身也是个复杂的问题，我们可以说，由于人间的不公平，所以我们希望能出现英雄予以救济。但英雄的意义，远超过这些。每个民族，无论在远东、在非洲、在北欧，也无论是中世纪、是上古、是现代，英雄总在人群中出现。从《圣经》中的英雄参孙、波斯的英雄鲁斯丹、巴比伦的英雄吉尔伽美什，到美国漫画及电影中的超人，均是如此。对英雄本身的向往，是每个民族和时代的梦——英雄梦。

在这个梦里，英雄必定带着他超人的力量降生，很早就显出他与众不同的神力，如婴儿时期的赫拉克勒斯杀死两条巨蛇、年轻的亚瑟王抽出石中剑、哪吒打死龙王三太子等等。然后，他常常有一位强而有力的保护人、导师来帮助他，以使他能执行许多困难的任务。而且，他也常有一些能力也很不错的朋友，辅翼他，并补偿英雄所显露出来的弱点。他常获得宝马神矛等神兵利器，也保障了他在未来与邪恶势力搏斗时，能够成功。

然而，经过一连串胜利之后，超人的英雄终于也常常因为某些因素，例如天生的弱点、神的旨意，或骄傲不经心，而失败，并以"英雄式"的牺牲结束生命。注意，近代武侠小说也在重复此一模式。

但是，为什么每个人都崇拜英雄，都有点幻想自己就是英雄呢？为什么每个英雄故事，都不脱以上这样的模式？这不是渴望社会压抑获得补偿所能解释的，它必然有着更深刻的心理因素，深入到人存在之处境

---

① 《水浒传》有一段，就描写了这种心理。第十五回吴学究去游说阮氏兄弟劫生辰纲，谈起梁山泊已被强人占据了，打家劫舍，抢掳来往客人；吴用便问官府为何不去捉拿他们，阮小五答道："如今那官司，一处处动惮便害百姓。但一声下乡村来，倒先把好百姓家养的猪羊鸡鹅都吃尽了，又要盘缠打发他。如今也好教这伙人奈何。"又羡慕他们说："他们不怕天、不怕地、不怕官司，论秤分金银，异样穿细锦；成瓮吃酒、大块吃肉，如何不快活。"阮小二也说："如今该管官司，没甚分晓，一片胡涂。千万犯了弥天大罪的，倒都没事。"这种由现实社会不公而造成的心理不平衡，使得他们不由不羡慕起盗匪来了。互详本文第四节。

及意识发展的过程里去。

荣格曾解释英雄式神话的根本作用,是发展个体的自我意识。他认为,在每个人意识心灵中,都各有其阴邪面,其中含有邪恶、有害和破坏性的成分。而在人格成长的过程中,自我必然会跟阴邪面发生一些意识的冲突,与"黑色的禽兽"(bêtes noires)搏斗。在人从原始到意识的奋斗历程里,这种冲突,就常由原型英雄跟宇宙邪恶力量互相争抗来表现。所以,在个体的意识发展中,英雄意象即是显示自我征服潜意识心灵的象征。

由于自我终究必须冲出潜意识和不成熟的束缚,因此英雄便也必须跟巨龙、怪兽、奸臣、恶霸等格斗。而这种格斗,又是没有保障的。英雄虽然天姿神武,但也常被鲸鱼怪兽吞食、被奸臣陷害、为国捐躯。这就是英雄的祭仪,表现在这死亡与再生之间,自我以他自己做牺牲,强化了他自己的意识。①

这才是英雄之所以出现的心理因素。我们当然也不否认,英雄之创造与崇拜,可能还有其他原因,然而荣格此说,实在替我们找到了一条很好的解释途径。例如:英雄救美,是大部分英雄故事中很被强调的一环。这种救美的行动,通常都表现了英雄的气魄与勇力,能对抗邪恶,从水深火热的困局中救出弱女,令人敬佩;而此女又为美女,则更令人欣赏。但这些英雄不论后来是否与此美女结为鸳侣,在搭救的过程中,英雄必然是贞定刚正、毫无邪念的,充分表现出敬重守礼的美德。从话本小说《赵太祖千里送京娘》(《警世通言》卷廿一)、章回小说《粉妆楼》里《粉金

---

① 详卡尔・荣格等《人类及其象征——心灵世界探源》(黎惟东译,好时年,一九八三)第二章第二节、第三章。其中第二章出自汉德逊之手,第三章由费珠撰写,但全书之观念与架构,乃荣格所定,这些人也都是荣格派的健将,因此乃以荣格学说来概括。

刚千里送蛾眉》(第五一回)、《三国演义》里《美髯公千里走单骑》(第廿七回)护送二位皇嫂,到欧洲中古的骑士、现代漫画的超人,无不如此。

但是,另一方面,英雄也是憎厌女人的人,侠盗传统中有所谓"阴人不吉"的说法,而像《水浒传》那样的小说里,宋江何等英雄,但除了吃阎婆母女的亏,又曾被刘高老婆恩将仇报而陷身缧绁;第二好汉卢俊义,差点儿让妻子贾氏害死;史进与安道全被娼妓出卖;雷横被歌女白秀英害苦;潘金莲鸩死武大,武松若德行武功稍差,也会毁在她手里;同样,若不是石秀机警,潘巧云送杨雄一顶绿帽,还会害了他的命。宋江说得好:"但凡好汉,犯了'溜骨髓'三个字的,好生惹人耻笑。"(第卅二回)其他各种英雄故事里,英雄虽然不见得皆如《水浒》这样,其英雄也必然是不好女色、不放纵情欲的。①

这固然不出于同一原因,例如中古欧洲骑士那种不近女色,保持发乎情止乎礼的风范,主要是受到对圣母马利亚崇拜的影响。但是,同样地,十五世纪的盾牌上,也画着武士跪在心爱的女人前面,身后即是死亡。欧洲中古在崇拜女人的同时,也产生了对女巫的信仰和迫害。②

为什么会出现这么矛盾的现象呢?荣格解释说:女人即是阴性特质(Anima)的人格化,救出美女,暗示他已成功地解放了阴性特质,使自己得到安心。利用这个说法,我们也可以说,因为阴邪面必须被压抑或克服,唯有不被女色所迷惑,不被阴邪面所击倒,才能成为一位真正的英雄。③

---

① 详孙述宇《水浒传的来历、心态与艺术》(时报文化,一九八一)页三二、二九三—三二〇。又,明万历十八年,李卓吾醉游公安,宿于野庙,袁中郎兄弟往访,中道记其谈话,辑为《柞林纪谭》。此书卷一,即有"伯修问:《水浒传》人杀人取财事皆可,只不许好色"条。
② 俱见荣格等《人类及其象征》。骑士爱情观深受圣母崇拜之影响,另见本文第五节。
③ 这种解释,当然是荣格所未触及的,同时,也比孙述宇的解释合理。不一定是强人说给强人听的故事,才对女人刻意防范。

这一类英雄，当然并不仅限于侠。更符合这种英雄性质及受到英雄崇拜的，毋宁是像关公、岳飞、秦琼这些人。他们在我们的社会中，比任何侠客都更受欢迎、更受崇拜。一般侠义故事，也很少像描写这些英雄般地详述其出身、天赋、神矛宝马之类配备、朋友与教师之类辅助、失败死亡的悲壮历程等等。①

侠只部分吻合一个真正英雄的条件，他也是英雄，许多侠义故事，即径以英雄称呼侠士，如《儿女英雄传》；但毕竟不是一个民族心目中真正完美的英雄，没有像关公那样，天生神力，提青龙偃月刀、跨赤兔马，纵横天下，千里走单骑，过关斩将，义薄云天，而最后因骄傲而失败，死后复活，降神于玉泉山，这样一套完整的记录，自然激不起人们英雄的向往。

（二）存在的虚无

然而，侠终究还是被视为英雄的，他虽不完全吻合英雄的条件，可是，谁比他更像个英雄？侠是把英雄的某些特质，发挥到淋漓尽致的人。例如英雄必然具有超人的能力，侠也强调这一点，而且愈来愈夸张，由擅长拳勇而逐渐成为剑仙，充分展示他超人能力的一面，引起人们的好奇与惊叹。

其次，英雄必定要跟邪恶势力搏斗，侠客亦然。这种搏斗，充满了危险，随时可能会丧命，既紧张刺激，又能带来因罪恶消除后，道德得直的宽慰，也非常吸引读者。另外，侠与英雄一样，都面临一个死亡的仪式，但是侠客特别强调这一点，遂塑造了比一般英雄更壮烈更奇异的形象——"风萧萧兮易水寒，壮士一去兮不复还！"

---

① 这类有关英雄出身、辅翼、成长、死亡之描述，另详张火庆《由〈说岳全传〉看通俗小说天命与因果系统下的英雄造型》(收入龚鹏程、张火庆《中国小说史论丛》，学生书局，一九八四)。

那是一帧永恒的剧照,《战国策》写荆轲入秦,祖道易水时,"太子及宾客知其事者,皆白衣冠以送之。至易水之上,既祖取道,高渐离击筑,荆轲和而歌,为变徵之声,士皆垂泪涕泣。又前而歌曰:风萧萧兮易水寒,壮士一去兮不复还。复为羽声慷慨,士皆瞋目,发尽上指冠。于是荆轲就车而去,终已不顾"。

站在理性的角度看燕太子丹和荆轲,此举可谓大愚。①然而慷慨悲歌,足令后世掩袂流涕者,正是这昂扬激烈的情意生命之表现。这种表现,绝对不是道德理性所能规范的,它纯属感性生命的抒放。它面对死亡,也选择了死亡,借由死亡,来完成生命的价值。

这是侠客故事比一般英雄事迹更迷人的地方。他们不见得像大英雄那样,献身于理想或道德理性所规划出来的正义,有死无悔。他们只是随时表现出轻于一死的气概,"轻身一剑知"。死亡对他们来说,仿佛即是成就侠士形象的一道手续,一旦成为游侠,生命就不再紧紧握在手上,随时准备交付给死神,引刀一快。②

---

① 刘体仁所编《辟园史学四种之一:十七史说》卷一:"纵秦为轲所劫,允返诸侯侵地,能必始皇之如齐桓公乎?始皇既死,六国悉叛,以胡亥立赵高用事故也,假使祖龙被刺而先亡,扶苏嗣统而继位,能必其国中大乱而外兵得乘之以入乎?则虽生得秦君,犹其不济,况计不成而无所获乎?即制死嬴政抑无所裨,况彼得生而逞其毒乎?是又徒毙其身以供人一试者,非世所谓大愚者耶?"

② 这一点,《十七史说》也提到了,刘体仁认为刺客是"英雄埋没,中激而为下流之事";"奋激之气,时不能平,英爽之姿,更无可遏,乃不惜为杀人之事,以求自见之地。而杀人之中,义与不义,更急不暇别焉。君子读书至此,怜其才、哀其遇、略其迹、原其心,可也"。
又,李卓吾《焚书》卷五则云,"半山谓荆轲豢于燕,故为燕太子丹报秦。信斯言也,亦谓吕尚豢于周,故为周伐纣乎?相知在心,岂在豢也。半山之见丑矣。且荆轲亦何曾识燕丹哉?只无奈相知如田光者,荐之于先,又继以刎颈送于后耳。荆轲至是,虽欲不死,不可得矣。……丑哉宋儒之见,彼岂知英雄之心乎?盖古人贵成事,必杀身以成之,舍不得身,成不得事"。且谓何心隐有侠行,"人莫不畏死,公独不畏,而直欲搏一死以成名"(《焚书》卷三《何心隐论》)。其推扬侠者杀身轻死,虽异于刘体仁,而所论固可相发明。

这到底是一种什么样的生命形态？他们漂泊的属性，是否也呼应了这种生命，显示它在存在的基底上，含有某些奇特的内涵？

是的，在文学作品中、在历史上，侠似乎代表了一个飞扬跳脱的生命，以他的个体意志，遨游于社会秩序之外，并抛掷其生命。那么，他生命存在的基底究竟是什么呢？

当一个人意识到"我"是从一未知的深渊被投掷到这个世界的"这里"时，人便发现自己的存在彻底地被虚无所贯穿。这种为虚无所贯穿的存在基底，并不只是纯粹主观意识所把握到的，它尚有其客观的意义。因为在意识中呈现的虚无，并非对应于"实有"的消极概念，事实上它是一切存在的活动，包括意识活动的可能基础。这也就是说，虚无的意识不仅揭示人的存在的被命定性，同时开显世界为一种可能性，一种有待于我们存在活动来充填的可能性。我们因此可以说，游侠形态的存在基底，是为虚无所贯穿的一个可能的存在历程。

伴随着虚无性意识而来的是不安的心境。宇宙的流行与生命的发展，缺乏理性所提供的规律与格度，一切都是刹那无常，一切都是浮动不稳。对于完美或平安的企求，也没有现成的保障，因为就游侠的生命而言，上帝或良知只不过是一个虚概念罢了。因此，充盈于游侠生命的只是情意的、感性的激力。这样的生命是有限的。生命的有限性可从自然世界或自己的经验中体察得到，因为有限性展露在生命历程中是一种很明白的现象，生老病死，从存在到不存在，从刚强到腐败，在在都是显露出生命的有限。一般人在面对生命有限性的问题时，是以暧昧的宿命论信念轻易地将之解消，可是一个游侠形态的人，生命的有限感却是蛰伏于生命底处的基本性格之一，而且直接地影响到行为的取向。

虚无性的意识，不安的心境，生命的有限感，这些是游侠形态的存在基底，但不限于游侠形态所仅有，因为建立在这种存在基底的生命可以有不同的发展，如发展为道家形态或佛家形态。因此，我们要进一步地追问，如何从这种存在基底去构成游侠的独特形态？换言之，在生命历程中，游侠是采取何种的方式来完成自己？其价值取向是什么？这是诠释游侠生命形态的终极问题。

从游侠的历史传统里，发现一个共通的事实："死亡"是游侠所采用来完成生命价值的方式。死亡原是内存于生命之中，并不是相对于或外在于生命。惟有"我自己要死"时，死亡才呈现出真实的意义，而"他人"的死亡都是落在第二义以下。一般的人都有逃避死亡的倾向，甚者视死生为夜旦的思想，也是某种尝试逃避死亡的方式；但是游侠却选择死亡的方式，用意何在？

我们知道，躯体生命总会归于死亡，这是机械性的必然发展，非意志所可左右，因此人们无法从自然死亡中建立价值；然无论如何，死亡总是生命发展的极限，游侠便企图以意志的决断，透过死亡方式的抉择来解消生命的有限性，借此挺立其人生价值。

如前所述，虚无感、不安感、有限感构成游侠生命的存在基底，缺乏清明的道德理性来建构一个有秩序的价值世界，因此只能诉诸情意的激力，来开创另一种形态的价值世界。以情意的激力透过死亡的方式，才发现到自己是自由的，这自由便是游侠形态所要肯定的价值所在。这"朝向死亡的自由"并没有严肃的道德意味，而是情意性的抒发的自由。因此，我们可说，游侠生命所开创的是美感的价值世界，换言之，游侠的生命情调，就是美感的生命情调。

从历史的记载、小说或影剧的刻画中，游侠人物总是出现在苍茫的背景里，孤寂的身影、落寞的神色，我们所看到的竟是一幅绝为凄美的死亡意象。死亡就像是燃烧一般，短暂而热烈，一闪便消逝于天地之间。燃烧的光亮也许会照亮他人，但是对游侠而言，这是不重要的，因为燃烧的目的便在于燃烧自身，燃烧本身是价值所在，燃烧即是美。①

这个凄美的意象，便如此深深地撼动了被存在的虚无所包围的人、每一个人。在虚无、不安、有限的生命历程里，他发现了侠，希望仰赖他作为虚无人世的依靠，视侠为英雄，为现世虚枉与不公的救星。可是他依靠的，不是一颗烛照清明世界的星星，而只是一团依偎着死亡的火焰，悲壮的美感，攫住了他。虚无而空洞的心灵，在这悲剧性的美感中，也仿佛得到了净化，反而激扬起个体劲气昂昂的生命，让你也奔向那团熊熊烈火，一块儿做死亡的高歌。

（三）浪漫的遨游

死亡的燃烧，是虚无的人生中，寻求超越虚无和有限的一种途径。而游侠，不但在投向死亡的旅途中，显示了这层意义，旅游，本身就是一种企图超越的象征。

在神话或梦境中，孤独的旅程往往象征超越的解脱；现实生活里，每个人也都喜欢从密封的生活模式中，借旅游来做些改变，借旅游而获得从固定情境中解脱出来的自由；至于冒险，更给人一种解脱、冲出定限生活的意象，表现了超越的特征，令人向往。②

---

① 见林镇国《死亡与燃烧——谈游侠的生命情调》(《鹅湖月刊》一九七六年三期，页十七——十九)。
② 另详荣格等《人类及其象征》页一七八——一八九。

而游侠，就吻合了这些心理期盼。他们"负剑远行游"的形象，跟"握君手，执杯酒，意气相倾死何有"（鲍照《代雉朝飞》）的悲剧美感，重叠堆积，成了一幅醉人的侠客图。他们的生涯，永远是在风尘、在江湖、在马嘶、在霜雪中，所谓"黄昏风雨黑如磐，别我不知何处去"（贯休《侠客》），充满了神秘、魅异，而又带有浓厚的漂泊性格。千山独行，浪迹天下，把人类能够借由遨游而获得的自由，发挥得淋漓尽致。

因此，谛观游侠的生涯，即仿佛在进行一场象征超越解脱的梦。在这个梦里，人们借着侠客的远游，把自己从僵硬、封闭而且有局限的生活情境中释放出来，同他一道展开一趟漂泊天地的旅程。不论这个旅程是否有所追寻（如英雄追寻母题所显示的种种情况），旅游本身，就已经使人感到自由了；何况侠的冒险生涯，又如此新异多姿，他们"乘我大宛马，抚我繁弱弓。长剑横九野，高冠拂玄穹。慷慨成素霓，啸咤起清风。震响骇八荒，奋威曜四戎。濯鳞沧海畔，驰骋大漠中"（张华《壮士篇》），当然就更让人觉得好奇了。

但是，正如侠之奔向死亡，是源于内在虚无感的趋迫；侠的远游，又何尝不是来自存在虚无的体会呢？

所谓"仗剑去国"，是将自己有限的生命，投向一个辽阔而不可知的世界里去。在那个世界，也许有可以达成的理想，也许有值得追求的目标。但一切都不重要，重要的，是自己不能不粉碎既已拥有的一切、截断一切已有的牵绊，把自己孤独地抛掷出去；并且，永无休止地进行一场没有终结的流浪。

流浪者的故事里，没有香花，也没有烛火，有的只是偶尔一闪的剑光和永远寂寞的声音。他本是在存在虚无感的压迫之下，为了冲破个体有限性，才把自己投向孤独的旅途。但现在，他却又因旅游，而永远拥抱着孤独。他的自由，变成了毫无着落的虚无；他的超越，形成了难以排遣的寂寞。于是，他，他开始寻求"知己"了。

鲍溶《壮士行》："砂鸿嗥天末，横剑别妻子……山河不足重，重在遇知己。"① 求知己，是侠客行中几乎唯一的"目的"。但知己何在？流浪的结果，只能让人体会世态炎凉和自我的孤寂，很难获得与他人相互感通的契机。即使偶尔有此知己，侠客也迅速投向死亡，以死来报答知己之恩——因为知己一旦出现，即意味孤独的旅程业已结束，侠客孤独漂泊的生命也走到了尽头。

这样的生命，这样的结局，其实正是人之存在普遍的虚无之感。因此，对于这种远游，我们无不寄予深刻的向往；而其寂寞，也正是我们存在的感受，当然会令人兴起同情的忧戚与悸动。

所以说，侠，如果是英雄，那么，他是种很特殊的英雄。而这种英雄之所以会出现，其实是因为有了英雄的创造者。每个人都是英雄的塑造者，在我们的意识底层、在我们的存在感受中，逼出了"侠"。侠本来不是这样的英雄。例如前面所说的，游侠之游，多半是指他好宾客交游的意思；但是，在我们的英雄企求中，侠却扮演了一个超越的象征的角色；游，变成了浪迹天涯、流离于社会体制之外的意义。

其实大部分文献都指出了侠客活动的区域多半很狭小，横行州里、坐地分赃或剽掠行商，远比负剑远游常见。而远游也不是为了自我生命的解脱或超越，而是为了广为结交。但是，这些，都在人们英雄崇拜、超越孤独和存在虚无之感中，被部分转化了。侠，变成了两种人，一种是实际存在着的活动的人，一种则是象征。

---

① 《水浒传》第廿九回李卓吾批："磨剑问不平，士为知己死，武松打蒋门神一则，纯是意气用事。"

这种象征，其实即是内在有成为浪漫主义英雄的企图，外现出来而已。生命在空无中流荡，造成了焦虑与不安，想借着旅行或流浪来表现超越的企图；并希望借着这种超越，重新发现自我，抓住世界，反对集体价值。因此他习惯于把自己抛掷在旷野无人之处，独自做着生命原始力量的发泄，沉浸在这种自我放逐和奴役的气氛与行动中，使自己获得满足，同时，又幻想会因此而受到原来社会英雄式的欢迎，欢迎他回归："斩得名王献桂宫，封侯起第一日中。"（张籍《少年行》）①

这是人们在存在感受中深切的渴望，可是在现实中却很难真正办到。很少人真有勇气挣开社会伦理结构、斩断一切牵绊、逃离集体价值与体制，让自己去流浪。生命力也僵在固定的生存格局里，无法发舒发泄。平淡的生活，更不可能忽然成就什么伟大的事功，来表示自己存在的意义。所以他必须寄望于一种人，这种人是漂泊的英雄，是个人生命力原始的展露，这种人象征了他内在的愿望，于是，他为"他"鼓掌。这个他，据说就是侠。

为什么把侠看成这样的英雄呢？因为在我们既有的社会体制里，只有侠，才有资格逸离社会常规，不顾社会集体价值，"身在法令外，纵逸常不禁"（张华《博陵王宫侠曲》）。当然只好以他来赋予我们浪漫的想象，塑造他成为浪漫的漂泊英雄了。

五　历史研究的方法

（一）历史诠释的辩证

通过以上的论述和辨析，读者可能会觉得我似乎有点夹缠，似乎

---

① 参龚鹏程《少年游》（时报文化，一九八四）页八二——四九《论孤独》。

我一直想告诉读者：你们对侠的认识、理解和感情都搞错啦，真正的侠不是那个样子。但是，我一方面要解释历史上真正活动过的侠是什么面貌，另一方面又要描述在历史上一般人所认为的（历史上的）侠是什么——例如汉朝人认为的侠、清末人认为的侠、民初人认为古代的侠、现代人认为的侠；以及汉朝人认为古代的侠、清末人认为古代的侠、民初人认为古代的侠等等——同时，我更要追探为什么会有这样的侠和这种对侠的理解。这是好几个层面及性质各不相同的问题，何以夹缠到一块儿呢？

不错，这些问题各有不同的性质与层次，但为什么会纠缠成一团呢？这其实正涉及了"历史是什么"、"人如何认知历史"等根本问题。这些问题，我试图分两点来说明：

（1）假若我们把历史上实际发生过的事，称为历史的实在体（reality），则各个史家对这一实在体的描述，就是所谓的"历史"。换言之，真正的历史事相是什么，早已渺焉不可知；所能知者，只是史家对于它的描述与解释。然而，众所周知，一颗红苹果，由三位作家来描述，绝不会全然相同。观察者对历史事件的理解与关切，在能力和注意面上，都不一样，观察的角度亦复相异，描述能力和习惯更是不同。所以，同时代或不同时代的各个史家，对同一件历史事实，必然会有不同的陈述与了解。而这种理解，正与他个人存在的感受、时代的召唤、关注的问题息息相关。此即克罗齐（Croce）所云"一切历史都是现代史"所蕴涵的精义。

由此，我们便可知道：我们很难知晓历史实际的状况究竟是什么。"七月七日长生殿，夜半无人私语时"，既无人得知，后世亦无从悬想，只能仰赖史家的遗著（含有浓厚想象性描述的遗著），来勾勒历史的相貌。

其次，各个时代的史家，虽然已从遗著中得知了"历史"，但他们也并不只是复诵或抄录旧文便已满足，他们必然也会在诵读遗著以理解历史的同时，掺入自己的感受和关注（若不如此，他们也无法了解历史）。所以，每个时代的史家，对于历史的理解与诠释，均不相同。一个历史事件，绝不只是静态的、固定的，而是动态的、发展的。历史之所以能对现代人有意义，其原因即在此。

而同样地，任何一件"历史事实"，都相对地会出现关于此一事实"诠释的历史"。例如侠，相对于历史上真正的侠的历史事实，从《韩非子》、《吕氏春秋》、《史记》、《汉书》、《汉纪》……一直到章炳麟、梁启超、陶希圣等等，就成了侠的诠释史。仔细观察这一诠释史，我们自会发现每一时期甚或每一史家，对侠的诠析，都有他特殊的理论背景及意义关怀，时代感受在支配他、在影响他。

而这样的诠释，本质上是不等于历史事实的。但你也不能说他一定违背了历史事实，因为观察者所见之车祸，虽未必定为车祸之真相，却总是对车祸的一种理解；而且这一观察或理解若是由观察者的存在感受所唤起，则更可能深入或开展了"历史真实"某一方面或层面的蕴涵与意义。我们的工作，虽然是想要探询历史事实，可是实际上，我们亦不能不通过这一诠释的脉络，来掌握所谓的"历史事实"。

所谓不能不通过的意思有二：一是指延续、推衍或引申，一是指反对、修正或弃绝。历史的诠释与研究，即在这两种情形之下，不断地被推动着前进。只是，什么时候该延续与推衍，什么时候该修正与弃绝呢？简单的说法，是说，在诠释与历史事实对证时，如果不吻合了，就应该修正。但，如前所述，历史事实本不可知，我们怎么能拿它来检证诠释是否偏差？何况，历史事实若已知道，又何必诠释？因此，这其实不干历史事实的事，而是诠释与诠释之间辩证的发展。我们衡量一个历史诠释是否可信，根据两种判断标准，一是查考"历史的证据"，一是检验其推论之强弱。

任何一个历史诠释，都必须根据诠释者所选择及判断过的证据（注意：这些证据，没有一条是自明的、属于历史之事实的，包括考古资料在内）。而我们检查时，首先就应该看看这些证据是否足以支持其诠释；有关证据的理解，是否有明显的错误或仍有包含其他理解的可能。然后，再以其他诠释者（包括自己）所提出的证据，与他的互相对勘，看看他的诠释是否足以包容这些证据、有没有蓄意扭曲或忽略某些证据，而这些证据如果加入其诠释系统中时，会不会迫使其诠释必须扩大、缩小或修正。

至于推论之强弱，主要是指史家对历史"证据"的解释而说。史家面对材料，他用他的眼光及他所关切的问题来处理数据，构成解释。我们看着他的解释，即必须找出他所关心的问题，并用问题来"质问"他，看他的推论、他的解答是否周密，其有效性及推论的强度又如何。拿其他史家和自己来跟他比，则更能厘清问题与问题之间的相关性和变异性，对推论的强弱及涵盖度，也较能掌握。[1]

（2）诠释的历史，经过这样的辩证发展，会形成一条清晰如渠道的脉络。但是，关于这一诠释史的性质，我们仍不免要稍加说明。

如果站在"实在论"（realism）的立场说，这些不同的诠释者，乃是针对一个共同的对象，做了不同的解说。依其年代与顺序把这些解说排

---

[1] 这种讲法，与余英时征引"典范"（paradigm）来解释学术史发展的讲法并不相同。典范近乎怀特海（A. N. Whitehead）所说的"基本假定"（fundamental assumptions）或柯林伍德所说的"绝对前提"（absolute presuppositions）。而且典范间牵涉到不可共量性（incommensurability）的问题，典范的基本构成要素，是一个公设系统的模型。此处所说，并不涉及这些问题。详库恩（或译孔恩，Thomas Kuhn）《科学革命的结构》（王道还编译，允晨，一九八五）。

列下来,即成为历史的解释史了。研究历史的人,他的任务就是问:譬如,关于侠的性质,章太炎和梁任公不同,到底谁的正确?或者,更精确点说,"梁启超对侠是怎么说的",是一个诠释史的问题;"它是否正确",则是另一个问题。研究诠释之发展与变迁时,可以完全不处理它的真伪,而只问:"它说了什么?"①

但事实上,你若真正去研究他们说了些什么,你就会晓得司马迁所说的侠,跟章炳麟、梁启超乃至顾颉刚、郭沫若,好像并不是同一种人。这种差别,犹如柏拉图的《理想国》和霍布斯的《利维坦》(*Leviathan*),虽同样关心政治,但他们所提出的政治理论并不相同。而这种不同,你不能说他们都是针对"国家的性质"提出的不同解释,应该说是两人所认为的"国家"根本不是同一回事。柏拉图的"国家",指的是古希腊的城邦,霍布斯则指的是十七世纪君主专制体制下的国家。两人的理论,就是在分别说明这两样东西。侠也是一样,在史书里、在民间、在文学作品中、在别有怀抱的思想家手上,"侠"这个字词,指的常常不是同一个东西。②

因此,我们不做侠的研究则已,要做,就要:(1)仔细弄清楚各个诠释史说了些什么、为什么如此说。(2)他说什么时,是针对什么来说,跟其他人有何不同。(3)城邦与君主专制政体下的国家之所以不同,是因为经过了历史的演变;而其同,也是因为二者可透过历史过程的追溯而互相关联。所以,我们必须注意到,诠释时之所以会出现甲所说的侠与乙所说的侠并不是同一回事的情形,正与历史的过程有关。

以侠来说,唐朝以前,对侠的看法虽然也颇有差距,但毕竟谈的仍

---

① 见《柯灵乌自传》第七章《哲学史》。
② 例如田毓英《西班牙骑士与中国侠》;崔奉源《中国古典短篇侠义小说研究》(台湾政大中研所硕士论文,联经,一九八六)。

是城邦式的"国家";唐末以后就不同了,某些人笔下,侠乃接近古义,某些人笔下,则蜕变为专制政体下的"国家"了。就历史之关联来说,他们说的当然都是侠,无奈却是不同的侠。我们在上一节,曾征引不少小说戏曲的材料与史籍对勘,不知者以为夹缠,其实是有深意的。

事实上,目前研究侠的文献,虽已汗牛充栋,以此处所谈方法论的思考来检查,则可说没有一部或一篇是合格的。在证据和推论上,也有不少弱点,可供指摘。

(二)证据与推论的检讨

郭沫若《十批判书·古代研究的自我批判》一文,曾说:

> 学者差不多普遍地有认任侠出于墨家的倾向,但那是不大正确的。司马迁很同情游侠,曾为侠士们立传,除掉把延陵、孟尝、春申、平原、信陵,都认为是豪侠之外,而他说"闾巷之侠,儒墨皆排摈不载",可见侠固非儒,然亦非墨。墨家的行谊有些近于任侠是实在的,但儒家里面有漆雕氏之儒,"不色挠,不目逃,行曲则违于臧获,行直则怒于诸侯"(《韩非子·显学篇》),而却为墨家所反对,谓"漆雕刑残,辱莫大焉"(《非儒篇》)。汉初甚至有道家而"尚任侠"的人,最明显的如张良如田叔,隐僻一点的如黄石公如乐巨公都是。足见任侠出于墨,实在是富于盖然性的揣测,而缺乏事实上的根据。主要是由于墨家的基本立场隐晦了,我们只看见他们在"摩顶放踵"或"赴刃蹈火",而忽略了他们是在为谁如此。最好是平心静气地把《非儒篇》来研究一下,在那里面,墨家非毁儒者都是以帮忙私家——所谓"乱臣贼子"为根据的,那么墨家自己岂不是明显地站在公室一方面的吗?这种立场,和任侠的态

度，根本相反。因此，我很诚恳地请求研究古代思想的朋友们，应该从这项数据上来重新加以考虑。

所谓从数据上重新考虑，指的就是历史的证据问题。主张侠出于儒或出于墨的先生们，不是穿凿附会，牵引有限的史料，做想当然尔的草率推论；就是对侠和侠义精神另有解释，征引儒墨，只不过是强六经以注我罢了。如章炳麟、梁启超，这种倾向都很明显，故有浓厚托古改制的意味。

我们当然不否认某些儒者"性豪侠"或"任侠行"，前引《魏书·儒林传》的李业兴，就是这一类人。但某些儒者性豪侠，是否即足以证明侠出于儒或儒侠一源、儒与侠为一体之两面如近人所云云呢？这根本是推论上的跳跃、逻辑上的谬误。何况，孔子、子路，或许有"士损己而益所为"的倾向，然而其是否为侠，是要从学说内容、整体行为上去考虑的，不能仅因性格勇决果毅或有一两件较豪壮的事迹，便说他们是侠，这样侠的定义及认定，就太广泛了。弄到后来，像《懒残》、《错斩崔宁》竟然都可以视为侠义小说，而陶侃、杨业、刘基，乃至今天的拾荒老人王贯英等，一切我们喜欢的人，也都可以被视为侠士。这哪里是研究的态度呢？

再者，儒与墨，不论其来源是否为一种身份或职业，儒墨是以其学术主张为内容的。儒可能起于教书匠，可能本是司徒之官，可能是祭司，但儒之所以为儒，却不因他是教书匠或祭司，而在于他的学术内涵。墨家亦然，故能成为九流十家之一。侠则不然，信陵、春申等四豪，究竟有什么学术立场及学术内容？"罗睺年十五，善骑射，好鹰狗，任侠放荡，收聚亡命。"（《隋书·周罗睺传》）"若思有风仪，性闲爽，少好游侠，不拘操性。"（《晋书·戴若思传》）"河平中，王尊为京兆尹，捕击豪侠，杀章及箭张回、酒市赵君都、贾子光，皆长安名豪，报仇怨、养刺客者也。"（《汉书·游侠传》）这些侠，有什么共同的思想渊源和学术主张吗？若没有，则他们与儒或墨，基本性质即不相同，焉能并为一谈？①

另外，在证据上，由于先秦及秦汉间有关侠的文献记载甚少，因此论者除了恢拓其想象之外，便是缘夤附会《史记》的资料，推衍出侠源于儒的结论，以季次原宪为侠。

其实前人早已指出太史公在写游侠时，主意在儒，而以儒侠相提，是借客形主、上下相应，如以闾巷之儒，照闾巷之侠之类。刘辰翁说得好："缓急者，人之所时有也，更自蔼然叩其意，本不取季次原宪等，盖其言有何功业，而志之不倦。却借他说游侠之所为，有过之者而不见称。"换言之，太史公写游侠，基本立场，是抱着一份历史的同情，认为游侠行虽不轨于正义，但其行为，"盖亦有足多者"。这是恶之而不没其善的写法，与他对儒的态度和评价迥然不同。举季次原宪等，只是一种对照，径据此而言儒侠一源，实在谬以千里。何况，《游侠列传》中明确地提到：古布衣之侠、孟尝春申之徒、闾巷之侠，"儒墨皆排摈不载"；又说"鲁人皆以儒教，而朱家用侠闻"；"轵有儒生侍使者坐，客誉郭解，生曰：'郭解专以奸犯公法，何谓贤？'解客闻，杀此生，断其舌"。这些，都证明了把儒与侠牵连在一起，除了心理上的满足之外，毫无历史根据。同理，"儒墨皆排摈不载"的侠，当然更不可能属于墨者集团了。

---

① 墨者非侠，侠不以学术思想为号召，另详钱穆《释侠》（收入《中国学术思想史论丛》二，东大，一九七七）。然钱氏又云："四公子卿相侠者所养之中，亦未尝绝无所闻于儒墨诸家之流风余韵者，故谓侠之出于儒墨则可。"此与其定义（凡侠皆有所养，而所养者皆非侠）自相矛盾。

儒侠一源，还有另一种说法，那就是从封建解体和士的蜕变，来说明儒与侠都是从封建社会中"士"的阶层，分化演变而成的。

这一讲法，基本上有一前提，即：春秋以前的周代社会，乃是一个类似欧洲中古封建庄园的社会。把周朝"封建亲戚以蕃屏周"的封建制度，等同于西欧中古的feudalism（英文）、féodalité（法文）、Lehnswesen或Feudalismus（德文），实在是一件因翻译语词而生的误解。

周代封建之与西欧封建不同，基本上在于西周封建的骨干在于封建亲戚，诸侯对天子，有事天下之大宗的意味；欧洲封建领主（lord）和陪臣（vassal）的关系则是人为的，基本骨架是社会性的。而陪臣从领主处，获得租地（beneficium）后，农人承租其地也要行臣属礼（homage），宣誓输诚尽忠（fealty），形成一种封建庄园（英文作manor，法文作seigneurie）的经济剥削关系。因此这种关系所强调的，是土地享有权及其所附属的权利义务。

它有几个基本观念，一是凡有领土的人都有权统治别人。二是一切政府都以契约为依据，统治者必须同意依照人为的与神圣的法律，公正地来统治；被统治者必须宣誓服从。三是以有限主权之理想为根据，反对绝对的权威。换言之，封建政治重法治而不重人治，统治者无权制定法律，法律是风格及上帝意志的产物。这与周朝氏族封建的土地制度、基本精神及运作法则，显然差别很大。①

第四，西欧的封建，虽然东西南北英法德西等各个不同，但大体都承"因"于日耳曼氏族社会晚期的随从（comitatus）、罗马衰微时的主

---

① 参《云五社会科学大辞典·社会学》（商务印书馆）页一二〇"封建制度"条及所引书；刘岱《中国文化新论·序论》（联经，一九八一）页四三一四五；布尔顿等《西洋文化史》（刘景辉译，学生书局，一九八一）第五章第四节；王任光《西洋中古史》（台湾编译馆，一九八一）第六章。

客保护关系（patrocinium-commendation）和日耳曼人入侵时的土地授与（precarium-beneficium）；而八世纪西班牙伊斯兰教北伐，十世纪中叶以前匈牙利人的西掠，及稍早北蛮骚扰，则是封建制不同的"缘"。

故法国史家布洛赫《封建社会》（Marc Bloch, *La societe feodale*）即以外族对西欧的侵凌为封建的起因。反之，周之封建，乃是东向鬻商成功后，向外扩张的结果，两者性质及起源亦复迥异。①

第五，据韦伯（Max Weber）的分析，封建制可以区分为基于采邑的采邑或西方封建制（feudalism），以及另一种基于俸禄的俸禄封建制（prebend feudalism）。而有关采邑的问题，韦伯认为是基于纯粹个人关系，当领主或封臣死亡，此种关系即告消失，采邑必须归还；而归还之采邑，领主也必须在一定期内再授予具有相同身份的封臣。受邑者的生活形态即属于骑士身份团体，维持此一效忠契约义务的法律基础，就是骑士身份的荣誉。采邑，亦被视为维持骑士身份团体成员生活的基金。至于封建领主，也常会发展出官僚系统，来保持其权力以对抗封臣。②

这种采邑，跟周代的分封诸侯完全不同。诸侯之封，不基于个人契约关系，其契约亦非"兄弟式的关系"。韦伯虽认为秦始皇以前的古代中国封建制，至少有部分是采邑的结构，但其实西周奠基于血族姻亲关系的封建结构，无论如何是不能与欧洲中古封建相提并论的。③

---

① 详杜正胜《周代城邦》（联经，一九七九）页——一〇；侯外庐《中国古代社会史论》第五章。
② 见《韦伯选集Ⅲ·支配的类型》（康乐编译，允晨，一九九五）页九———〇五《封建制度》及页二一八—二三一的译注。
③ 关于这个问题的讨论，详许倬云《西周史》（联经，一九八四）第五章，尤其是页一六五——七三。

不过一九三一年左右，大家对中西封建并无深刻的认识，故习惯做此比附，如张荫麟《中国史纲·上古篇》页廿八说："周代的社会无疑地是个封建社会，而且在中国史里，只有周代的社会可以说是封建的社会。"即是其中一例。

但到一九三四年，郭沫若写《古代研究的自我批判》时，便开始追问："封建社会是由奴隶社会蜕化出来的阶段，生产者已经不再是奴隶，而是解放了的工农，重要的生产工具，以农业而言便是土地，已正式分割，归为私有，而且剥削者的地主阶层出现，在工业方面则是脱离了官家的豢养，而成立了行帮企业。建立在这层面上的国家是靠着地主和工商业者所献纳的税收所维持着。周代，尤其是西周经济情形究竟是不是这样的呢？"而在这种追问之下，大家乃逐渐发现周代的土地制度不是庄园制，周代亦不是封建社会。因此，即使是主张游侠与辩士皆出于封建庄园解体的陶希圣，后来也不认为周代是庄园社会了。

当时既不是封建社会，士与武士骑士便很难牵合附会得上了。传统的说法认为骑士的起源，与铁锤查理（Charles Martel）于公元七三二年普瓦图（Poitou）击败西班牙穆斯林有关。当时法兰克（Franks）军队以步兵为主力，穆斯林则组织了骑兵，铁锤查理虽击败穆斯林，却无法追及敌寇，乃决定建立骑兵。然当时西欧因日耳曼南徙而趋残破，经济衰退，货币奇缺，养不起大型马队，只好授土于人，以换取骑士服役（military services）。骑士向领主行臣属礼，建立领主与封臣的对待关系，继日耳曼氏族社会末期"随从"（comitatus）与主人的非血缘结合，进一步宣告了氏族纽带（clanship）的死亡。且自有骑士以后，氏族成员之富者，因可以支付昂贵的骑士费用而上升为武士，贫者即沦落为纯粹的农人。于是原先亦兵亦农的氏族自由人阶级分化为：有专事作战而食于人的骑士和勤于陇亩专事食人的农奴。故整体地看，西欧封建骑士兴起后，亲亲之义的氏族便消失了；后天臣属的契约关系展开后，先天血缘连锁的氏族社会功能也就不见了。这与周代封建亲戚的意义，实是完全相反。①

至于士与骑士的主要分别，在于士娴熟六艺，骑士则粗鄙无文。德国的强盗骑士（Raubritter）及十四世纪的国际掠夺团（Compagnies）、十五世纪中叶的"剥皮圈"（Écorchés），固无论矣。一般骑士不能读，读写有僧侣教士；不能唱，歌咏有吟唱诗人。而据这些行吟诗人的描述，骑士们的动作主要表现在打仗和冒险方面（诸如杀虎屠龙降伏巨人之类），陪衬以恋爱事件，此尤非周朝士之所为。②

依瑞典学者贝佐拉（Reto R. Bezzola）的讲法，骑士对贵妇的崇拜和爱，起于十一世纪时，欧洲天主教开始提倡男人对女人的爱慕，以取代人类对于神的敬爱，认为爱优秀的女人犹如爱神，以致形成了新的恋爱伦理学与心理学。这种爱慕，配合了骑士所属的封建阶级，使得骑士恋爱的感情和封建的归属意识相结合，而越趋牢固。

他们的恋爱对象，多是庄园领主夫人、朝廷贵妇或其他较高阶级的已婚妇女。借着对她们的忠诚，既能提高骑士的社会人格；又因女方地位身份都比自己高，且是已婚，骑士便须遵守各种规范仪节，并尽量抑制肉体的欲望，而致力于提升自我的灵魂，所以也能提高骑士的道德人

---

① 另详钱穆《释侠》；以及森木芳树《欧洲古典庄园制度的解体过程》、松尾展成《欧洲封建的危机之经济的基础》、三宫玄之《欧洲领主制的危机与半封建土地所有的形成》、吉冈昭彦《西欧地主制度——由绝对王制，到市民革命》（收入《西洋经济史论集》第一辑，周宪文编译，台银经济研究室）；松田智雄《欧洲封建制度的经济基础》、秦玄龙《欧洲古典庄园的成立》、《欧洲庄园制度的崩溃过程》（同上，第二辑）；杨宽《古史新探》页五一一五四。
② 见傅东华《文学手册》页廿三《略述表现骑士风度的中世纪文学》、田毓英《西班牙骑士与中国侠》。

格。同时，十一世纪后流行的圣母信仰，又助长了骑士恋母情结式的贵妇崇拜，如抒情诗人吉罗·利吉亚的作品里所说的贵妇人，据说就是圣母马利亚。这种宗教及社会背景，皆为周代的"士"所无，士与贵妇更少瓜葛。①

士既不是类似西方的武士，则其蜕化便无所谓武士文士之分。士，"问士之子长幼？长则曰能耕矣；幼则曰能负薪、未能负薪"（《礼记·少仪》），本为耕农，亦非不事耕种之欧洲武士可比。谓周士由武士变为文士，不若谓其由耕农转习儒业也。《韩非子·外储说左上》云：赵襄王使王登为中牟令，"一日而见二中大夫，予之田宅。中牟之人弃其田耘，卖宅圃而随文学者，邑之半"，殆可见其真相。②由是观之，侠不起于士之由武士蜕变为文士武士之分，岂非彰彰甚明？

（三）文化史的处理方法

这不但是我们在上面所说，在证据和推论上出现弱点的历史研究，也充分证明了研究者在理解过往之史实时，对自己所使用的诠释模型，缺乏反省。

而目前我们亟须进行的工作，就是一方面勾勒历来对侠之理解的诠

---

① 见龚鹏程《评田毓英著〈西班牙骑士与中国侠〉》（《文讯月刊》五期；收入本书）、荣格等《人类及其象征》页二三八。

② 士的涵义及起源，见杨树达《释士》（收入《积微居小学述林》卷三，大通，页七二），余英时《古代知识阶层的兴起与发展》（收入《中国知识阶层史论（古代篇）》，联经，页一——〇八），龚鹏程《文学散步》页七六—七九、一五〇——五五，屈万里《殷虚文字甲编考释》页四四四，徐复观《两汉思想史》卷一页八七，吕光珠《先秦典籍中的士》（台湾大学史研所硕士论文，一九六七），李时铭《周士之性质及其历史》（台湾政大中研所论文，一九七六）。
按：士是否本为农耕人，诚然不能只根据《礼记·少仪》来证明，但士训事，事之涵义甚广，孔子尝为委吏乘田，则不论士在殷周前期是否起于耕农，士职事，地位在大夫与庶人之间，则与武士本身属于封建地主不职事的情况刚好相反。

释史，说明其认知之原因与内涵，如上文所述者；另一方面，在这样的理解与检析、质问、重建过去史实的陈述和解答之中，透过对比，查考并发现历史的证据，而发展出我们自己的推论。这个推论，当然不能保证它必然吻合历史真相，但在历史证据和推论效力方面，显然可以避免从前对侠之诠释的错误及扭曲，而发现侠这样的人在历史隧道中活动的状况。

这条隧道中特别重要，也特别有魅力的一段，就是唐朝。掌握了这一段，对侠的来龙与去脉，就会比较清楚了。

为什么这样说呢？研究侠的人，大抵都对唐代的侠甚感兴趣，尤其是从所谓的汉代"侠风消熸"之后，唐朝是个最能让人感受到侠情的时代；胡代文化的融合，似乎也提供了唐代游侠风气一个新的生命来源；而李白、虬髯客、黄衫客及昆仑奴之类剑侠传奇，更把这样一个时代渲染得有声有色。因此讨论侠的人注意到这个时代，乃是非常正常的事。但，我们的理由却并不是如此，而是通过整个对中国历史文化发展之分期的看法。

研究中国史的人都知道，唐中叶安史乱后，社会结构即逐渐变形，宋统一以后，便产生了一个新的社会。而这个阶段的改变，并不是普通的改变，乃是历史上"划时代"的大变动。在日本，京都学派之所以成立，东京学派（或所谓"历史研究会学派"）之所以形成，主要的学说，就都建立在究明此一变动的真相上。前者认为八至十世纪的变迁，是中国中世社会的结束，近世社会的开始；后者则主张宋以前是中国古代社会的结束，中世社会的开始。①

京都学派自一九一〇年以后，内藤湖南即根据以下几方面的分析，将唐宋社会变迁的面貌大致勾勒出来了：

---

① 有关这一争论，请参高明士《战后日本的中国史研究》（东升，一九八二）页一七一一一六《日本对中国史研究的新发展》。

一、贵族政治衰微，君主独裁代兴，国家权力及政治责任皆归于君主一人。

二、君主由贵族阶级之共有物，变成全体臣民之公有物，君主地位较贵族政治时代稳定。

三、君主权力的确定与加强。唐朝以前，政治乃是君主与贵族的协议体。

四、人民地位之变化。贵族时期，人民辖于贵族；隋唐之际，人民从贵族手中解放而直辖于国家，成为国家之佃客。中叶后，代以两税法，人民居住权在制度上获得自由，地租亦改以钱纳，此是人民从奴隶佃客的地位获得解放。王安石新法，更确立人民土地私有制，低利贷款及自由处分其土地收获物的权利，又将差役改成雇役。此皆可见人民与君主之关系，已变得直接、相对了。

五、官吏任用，已由贵族左右的九品中正，开放成为科举制度。

六、朋党性质之变化。唐代朋党是贵族的权力斗争，宋以后则为政治上主义之不同而互争。

七、经济上的变化。唐是实物经济的时代，物价多用绢布来表示。宋改用铜钱与纸币，货币经济兴盛。

八、文化性质的变化。经学自中唐以后，一变汉晋师法，专以己意说经。文学亦力改六朝以来风气，贵族式文学，变而为庶民式文学，其他音乐艺术等，亦皆如此。①

内藤这些分析，引起后来许多热烈的讨论，发表的相关论文不计其数。但基本上，无论是否同意宋以后的中国社会即如内藤所说，是近世

---

① 详内藤虎次郎《中国近世史》（弘文堂，一九四七；另收入《内藤湖南全集》卷十，筑摩书房，一九六九）、《概括的唐宋时代观》（《全集》卷八）。

的起点，大家都承认唐宋之间，确曾发生了极大的社会变迁。其中最显著的变动，是贵族没落与科举官僚代兴；而大土地的耕作形态，也已由部曲制转变为佃户制。

反之，汉魏之际的社会变革，便不如唐宋那么明确而无争论了。东京学派即主张从战国至隋唐都属于"古代"，例如前田直典就认为战国至唐，推进历史之动力为豪族，耕作其大土地者，主要依赖奴隶，此即古代奴隶制社会经济生产形态的特征。①

西嶋定生认为秦汉统一国家形成的特点有四：（1）皇帝支配的出现；（2）从封建制度到郡县制的转型；（3）官僚制之中央集权机构的完成；（4）"个别人身之支配"的采用。而晚至隋唐时代，国家权力之支配原理，基本上仍与秦汉殊无二致，故由秦汉迄唐，国家权力的结构，实有一贯的特质，而与宋以后的国家结构不同。

其次，由生产关系看，秦汉时代非奴隶制社会，其社会基本生产关系，不赖奴隶承担，而是由小农民；魏晋南北朝，此风不改。至隋唐，基本生产者依然是均田法实施下的小农民，入宋始转为佃户。由生产力之发展看，我国农业生产力显著发展，是在唐末五代之际，江南水田农业的开发，不仅超过了华北的陆地农业，也使整个中国农业生产诸关系的结构产生了变化。商业资本导入农村，商品手工业开始出现，而与隋唐以前迥然异趣。②

---

① 见前田直典《元朝史の研究》（东京大学出版会，一九七三）所收《東アツアに於ける古代の終末》一文。
② 见西嶋定生《古代国家の権力構造》（一九五〇年度历史学研究会大会报告权力论文；收入《国家権力の諸段階》，岩波书店，一九五〇）、《古代末期の諸問題》（《歷史學研究》一九五四年一六九期）、《貴族制社会と均田法の生成—魏晋南北朝、隋唐時代の諸問題—》（收入《戰後における社会経済史学の発達》，有斐阁，一九五五）、《中國古代社会の構造的特質に関する問題点—中国史の時代区分論争に寄せこ—》（收入西嶋定生与铃木俊编《中国史の時代区分》，东京大学出版会，一九五七）及《中国古代帝国の形成と構造》（同上，一九六一）等。

同样以生产关系的转变来说明秦汉迄隋唐为同一"时代格"的，还有堀敏一、仁井田升等人。堀敏一认为秦汉与隋唐共同的特征，是专制君主对小农民做一元的统治体制，这种支配力，随着均田制崩溃而消失，乃使中国社会由古代跨入近世。①

木村正雄认为中国古代专制主义的基本统治体制，在于人头的支配，是以人民劳动力为基准的"齐民制"，秦汉的赋制、魏晋之户调、北魏隋唐的均田制和租庸调制，都是典型的齐民制特征，两税法实施后，这种以土地所有与户等为基准的体制也结束了，演变成地主佃户制。②

仁井田升则认为古代社会是奴隶制，中世为封建制。所谓奴隶社会，是指以奴隶制生产作为生产关系之基轴，奴隶为大地主所有，无居住移转的自由，对主人做无报酬、无定量、无限制的劳动。而这种特征正是汉唐所共有的。③

诸如此类，不论他们的说法是否正确，似乎都显示了：汉魏间如果确曾有社会变迁，其变迁亦不如唐宋那么剧烈。这一点，与我个人对中国文化史分期的意见适相符合。④

我们认为，在中国历史的发展历程上，殷周之际、春秋战国、汉末、中唐、明末，都是社会大变动的阶段，但汉末与明末的变动幅度稍小，因为汉末之变，主要仍是延续两汉的发展；明末则变端虽起，却未

---

① 见堀敏一《唐帝国の崩壊—その歴史的意義—》（收入《古代史講座》卷十，学生社，一九六四）。
② 见木村正雄《中国の古代専制主義とその基礎》（《歴史学研究》一九五八年二一七期）、《中国古代帝国の形成—特にその成立基礎条件—》（不昧堂书店，一九六五）。
③ 见仁井田升《中国法制史研究—奴隷農民法と家族村落法—》（东京大学东洋文化研究所，一九八〇年补订版）。
④ 见龚鹏程《察于时变：中国文化史的分期》（《孔孟学报》五十期；收入《思想与文化》，业强，一九八六）。我分期的依据理论，与上述各家均不相同。

完成，要拖到鸦片战争以后才开始剧变。因此，就整个中国历史来说，中唐之变，正如叶燮所说，是："贞元元和，为古今诗运关键。后人论诗，胸无成识，谓为中唐；不知此'中'也者，乃古今百代之'中'，而非有唐之所独。后此千百年，莫不从是以为断。"（《百家唐诗序》）

换言之，唐以前的文化和唐以后的文化，大体上是我国文化的两大类型，唐代位居中间承递变化的关键期，地位自然格外重要。以侠来说，唐以前之侠及侠义精神，与唐以后的侠及侠义精神，其不同，实即类似清末民国之前与之后。如果不辨明这些差异，不理解唐代侠者的面貌，则不仅对于侠如何转变、为何转变茫然不晓；对唐以后的侠及侠义精神究竟是怎么回事，恐怕也很难予以掌握；至于用宋元明清乃至民国以来的侠义观念去捕捉早期侠者的姿影，那就更是缘木求鱼的事了。

例如，以"除暴安良、主持正义"这样的现代字典意义和侠客崇拜去看早期历史的侠，除非真是心有蓬塞（如目前大多数人那样），否则即不免震骇失措。[①]如《汉书·何并传》载："阳翟轻侠赵季、李款，多畜宾客，以气力渔食闾里，至奸人妇女，持吏长短，纵横郡中。"《唐诗纪事》载："刘叉，节士也，少放肆为侠行，因酒杀人亡命。"（卷三五）"崔涯与张祜，失意游侠江淮。"（卷五二）被酒杀人，任意攫金，显然与所谓正义公理云云毫不相干，只是生命的放肆；失意科场而游侠，也是对生命的苟且；至于鱼肉乡里，奸淫妇女，更是无从讳饰的恶行。此而为侠，岂不是与所谓"代表正义、道德、公理、匡正扶弱"的侠客神话相去甚远吗？一向相信侠就是仗剑主持人间正义的读者，面对这些文

[①] 以下所举的例子，在我之前，大家不可能没有看过，但看过这些记载，而仍坚信侠即是正义的主持者，或根据这些资料而断言侠即是正义的英雄，依然不少。为什么会这样呢？"心有蓬塞"的历史认知方式，其实是个很有趣的问题，参本文第一节。

献，必然会困惑不已。而这些困惑与错愕，正是由对侠之性质与流变不甚清楚所致。我们已有许多论文或通俗介绍，根据这些并不准确的意见、神话或崇拜，做了繁复而美丽的推论，令人歆动。但梦中说梦，终归是窅幻无根的。

准斯而论，疏通辨明唐代侠者的性质与活动，不特直接有助于对唐史的理解，于整个中国侠义传之研究，亦能提纲挈领，得其环中之妙。详见下文。

汉代的游侠

侠，本指一种行为样态，凡是靠着豪气与共患难的方式，和人交结而形成势力者，都可称为侠。因此，侠是中性的，可能好也可能坏。有些王公巨臣，喜欢任侠，不过行为稍有豪气而已，交交朋友，吃喝玩乐一番，自不可能做什么大坏事；但有些人结交了一堆狗党狐朋，却可能交友借躯报仇、攻剽杀伐、作奸犯科。

侠也未必游动。例如《史记·外戚世家》"窦太后从昆弟子窦婴，任侠自喜"，《留侯世家》说张良"居下邳，为任侠"，这些侠就都是不流动的，属于地方或地位上的一方势力。史载季布之弟季心"气盖关中，遇人恭谨，为任侠，方数千里，士皆争为之死"；灌夫"好任侠，诸所与交通，无非豪桀大猾。家累数千万，陂池田园，宗族宾客为权利，横于颍川"，则竟如今日之地方派系大佬或角头老大了。

游动的侠，则可以荆轲为例。《史记》说荆轲祖先原是齐人，荆轲徙于卫，故卫人叫他卫卿；又游之燕，燕人叫他荆卿。"尝游过榆次，与盖聂论剑。游于邯郸，鲁勾践与荆轲博。既之燕，爱燕之狗屠及善击筑者高渐离。……荆轲虽游于酒人，然其人深沉好书。其所游诸侯，尽与其贤豪长者相结。"一段记载里，游字数见，荆轲盖即为侠剌之游者。

但游侠之游，也未必仅指身体行动上的旅行游历流动，如荆轲这样。例如《货殖列传》说种代石北之地，人民矜懻忮、好气、任侠、为奸、不事农商，中山地薄人众，民俗懁急仰机利而食。"丈夫相聚游戏，悲歌慷慨。起则相随椎剽，休则掘冢作巧奸冶。多美物，为倡优。女子则鼓鸣瑟，跕屣，游媚富贵，入后宫，遍诸侯。"这些侠的行为，是游戏的，如女子之"游媚"一样。不事农商，无定职，不治生，故曰游戏。游侠的游，即表示这样一种生活样态。

当然，游戏者，也可能更强化了他们的游动性，就像女人游媚，而其结果则是散入各地诸侯之后宫那样。游戏者相随椎剽、掘冢作巧奸冶，一旦事发，即不得不游窜他处。所以司马迁又说闾巷少年任侠并兼，"篡逐幽隐，不避法禁"。还有一种游闲公子，饰冠剑、连车骑，"弋射渔猎，犯晨夜，冒霜雪，驰陂谷"。而其他的游戏之人，则"博戏驰逐，斗鸡走狗，作色相矜"。

此游戏游闲之人，游就是他们的行为特质，也与其生命特质有关。由这个角度说，凡侠都可说是游的，侠，就是游侠。司马迁写《游侠列传》，"游侠"成为一个词，大抵即采此观点。《索隐》说："游侠，谓轻死重气，如荆轲豫让之辈也。游，从也，行也。"我以为并不正确。

游侠大盛于战国，汉初仍其旧。汉初著名者有张良、朱家、王孟、田仲、王公、剧孟、郭解、郑庄、汲黯、灌夫、季布、季心等。汉朝政府对这些游侠，基本上采取镇压政策，如汉初"济南瞷氏、陈周庸亦以豪闻，景帝闻之，使使尽诛此属"。文帝时，把郭解的父亲杀了。武帝时，则把郭解也杀了。

然而，侠风并未稍戢。《史记》对这件事的叙述非常有趣，它刚讲了景帝诛除游侠，立刻接着说："其后，代诸白、梁韩无辟、阳翟薛况、陕韩孺纷纷复出焉。"这种叙述，简直是说景帝越杀，游侠越多了。同样地，他在记录了武帝族诛郭解后，也立刻说："自是以后，为侠者极众。"

"众"到什么地步呢？首先，皇帝家里就有不少游侠。除了前文所引窦太后的从昆弟子窦婴之外，如孝宣帝本身就"喜游侠，斗鸡走马，具知闾里奸邪、吏治得失"，平帝从舅卫子伯也"游侠，宾客甚盛"。

公卿大臣为游侠者也很多，汲黯、灌夫之外，如《酷吏列传》的宁成，景帝时好黄老的郑庄，昭帝时任京兆掾的杜建，成帝时的侍中王林卿等。

地方豪杰之为侠者，那就更多了。《史记》说其间可分成两等，一等如"关中长安樊中子、槐里赵王孙、长陵高公子、西河郭翁中、太原鲁翁孺、临淮儿长卿、东阳陈君孺，虽为侠而恂恂有退让君子之风"。另一等，则如"北道姚氏，西道诸杜，南道仇景，东道赵他、羽公子，南阳赵调之徒，此盗跖居民间者耳"。

但不管其层次如何，游侠之多，可以概见。班固《汉书·游侠传》云：

> 自魏其、武安、淮南之后，天子切齿，卫、霍改节。然郡国豪桀处处各有，京师亲戚冠盖相望。……长安炽盛，街闾各有豪侠。……河平中，王尊为京兆尹，捕击豪侠，杀（万）章及箭张回、酒市赵君都、贾子光，皆长安名豪，报仇怨、养刺客者也。……自哀平间，郡国处处有豪桀。

天子切齿而豪侠居然日众，其盛况恐怕是后世难以想象的。但我们要补充的是：此所谓游侠之盛，可能还不只是说具体可指的一位位游侠很多，而更应注意游侠的普遍性。

游侠的任侠行，如《汉书·地理志》云长安之风俗："其世家则好礼文，富人则商贾为利，豪桀则游侠通奸。"显然并不是豪桀（杰）中有一些人任侠，而是豪桀一般都游侠。这在西汉尚未形成风气，当时乃是游侠交通豪桀，或豪桀结纳游侠，如灌夫"诸所与交通，无非豪桀大猾"，或"永始、元延间，上怠于政，贵戚骄恣，红阳长仲兄弟交通轻侠，藏匿亡命"。到了西汉末年，豪侠乃结合成一个名词："豪侠"。既表示游侠皆有豪气，又可以说明豪桀大抵即为侠。如《后汉书·逸民列传》"戴良尚侠气，食客尝三四百人，时人为之语曰：关东大豪戴子高"，大豪与大侠往往即为同义词。

不但豪桀一般来说都是侠，武也成为民间普遍的风气，故《后汉书·党锢传》说："及汉祖仗剑，武夫勃兴，宪令宽赊，文简礼阔，绪余四豪之烈，人怀凌上之心，轻死重气，怨惠必仇，令行私庭，权移匹庶，任侠之方，成其俗矣。"侠风成为民俗，任侠已成了流行。

然而，这里便有个问题应先讨论。据《后汉书·党锢传》的讲法，任侠成风只是汉初的风气，后来经历任皇帝提倡经学儒术之后，天下风气就逐渐由"武"转而偏向"文"了。荀悦《汉纪》卷二二也是这么说的。此皆不确实。为什么呢？

第一，说汉代帝王为了戢止民间游侠之风，而挫折豪侠、提倡经学儒术，是不错的。但在戢止侠风方面，《汉书》、《史记》的记载，均已说明这个政策并无效果。不仅为侠者益众，地方性豪侠、都邑游侠少年更是汉代国家公权力的大挑战。在京城中，侠以武犯禁的情况，可以《汉书·酷吏传》所述这一段来示例：

> 永始、元延间，上怠于政，贵戚骄恣，红阳长仲兄弟交通轻侠，藏匿亡命。而北地大豪浩商等报怨，杀义渠长妻子六人，往来长安中。……长安中奸猾寖多，闾里少年群辈杀吏，受赇报仇。相与探丸为弹，得赤丸者斫武吏，得黑丸者斫文吏，白者主治丧。城中薄暮尘起，剽劫行者，死伤横道，枹鼓不绝。

这难道不是武夫勃兴、游侠成风吗？在京城帝都，能无忌惮至此，现在一般黑社会，不良少年帮派火并，或出租车呼啸街头械斗，也未必比得上。因为当时"长安吏，车数百辆……皆通行饮食群盗"，可见其声势。汉乐府诗《少年行》、《结客少年场行》之类作品，即发生于此一时代场景中。后来虽经酷吏尹赏强力镇压，但也只是"郡国亡命散走，各归其处"而已。足证不只是京师才有那么多侠，郡国各处亦皆颇多亡命游侠。

第二，在提倡儒术方面，汉代确实是有成绩的，将侠风转化为儒行，也不乏实例。如眭弘"少时好侠，斗鸡走马，长乃变节，从嬴公受《春秋》"(《汉书》卷七五)；段颎"少便习弓马，尚游侠，轻财贿。长乃折节好古学"(《后汉书》卷六五)；袁术"少以侠气闻，数与诸公子飞鹰走狗，后颇折节"(同上卷七五)；王涣"少好侠，尚气力，数通剽轻少年，晚而改节，敦儒学"(同上卷一〇六)。

但我们也应注意，文与武、儒与侠之间，亦非截然对立。游士与游侠，在许多方面其实都是有同构型的。《汉书·游侠传》说当时大侠"其名闻州郡者，霸陵杜君敖、池阳韩幼孺、马领绣君宾、西河漕中叔，皆有谦退之风"，此即侠而有儒风。相反地，《后汉纪》卷一说祭遵"常为亭长所侵辱，遵结客杀亭长，县中称其儒而有勇也"。

儒对侠的态度也很复杂，例如马援，曾有信诫其侄儿勿学杜季良之豪侠，但他对杜氏毕竟仍是"爱之重之"。而且马援曾受《齐诗》，可算得上是个儒者。后"亡命北地，以畜牧为事。……故人宾客多从之。转安定、天水、陇西数郡，豪杰望风而至"(《后汉纪》卷四)，本身就多与豪侠来往。

儒侠混淆的情形，并不只是这项特例。清人赵翼《廿二史札记》卷五说得很清楚：

> 自战国豫让、聂政、荆轲、侯嬴之徒，以意气相尚，一意孤行，能为人所不敢为，世竞慕之。其后贯高、田叔、朱家、郭解辈，徇人刻己，然诺不欺，以立名节。驯至东汉，其风益盛。……其大概有数端：是时郡吏之于太守，本有君臣名分，为掾吏者，往往周旋于死生患难之间……又有以让爵为高者……又有轻生报雠者……盖其时轻生尚气，已成风俗，故志节之士，好为苛难，务欲绝出流辈，以成卓特之行，而不自知其非也。然举世以此相尚，故国家缓急之际，尚有可恃以撑拄倾危。

也就是说，侠有儒风，儒则既与侠多所来往，本身亦有侠行。当时人批评三游，以游侠与士之游说、游行者并举，可谓良有以也。前文所述儒生之"交道"，重视朋友交谊的伦理，更是侠的基本精神所在。

除了侠与文儒的关系之外，另一个值得注意的现象，则是侠与宗教方士的关联。

据《后汉纪》卷一所载，光武帝与邓晨游宛时，"穰人蔡少公，道术之士也，言刘秀当为天子"。而光武帝刘秀实即为一游侠，故该书又载其兄弟"不事产业，倾身以结豪杰，豪杰以此归之"。另据《东观汉记·光武帝纪》说帝"高才好学，然亦喜游侠，斗鸡走马，具知闾里奸邪、吏治得失"。这位游侠出身，后来又提倡儒术的皇帝，本身也就是对谶纬最热心的提倡者。

与光武帝同时的隗嚣，也是如此。其"季父崔，豪侠能得众情"，后起事失败，隗嚣继之，聘平陵之人方望为军师，方望劝他："宜急立汉高庙，称臣奉祠，所谓神道设教，求助民神者也。"这或许只是政治策略。但同时又有王昌者，"明星历，以为河北有天子气，素与赵缪王子林善，豪侠于赵，欲因此起兵"，此即是侠而兼为方士者矣。又如楚王英,"好游侠,交通宾客,晚节喜黄老,修浮屠祠",后来被诬告说他造图书,准备谋反。

这些事例,都显示了相同的结构:游侠,运用或结合星历谶纬神道之术以起事。

汉末的黄巾之乱,就是这个结构下的产物,《后汉纪》卷廿五:"张角等诳耀百姓,天下惑之,襁负至者数十万人。(杨)赐时居司徒,谓刘陶曰:'……今欲切敕刺史、二千石,采别流民,咸遣护送各归本郡,以孤弱其党……'"可见黄巾起事时,依附者俱为游民。方士与游侠一旦相与结合,并招徕游民,往往即会构成政权的动荡,难怪要"天子切齿"了。

而此结构,并不起于汉末。典型之例,即是淮南王刘安。刘安"招江淮之儒墨",这些都是游士。又修神仙黄白之术,集合了一批方士。另据《汉书·游侠传》云"淮南皆招宾客以千数",足证彼亦广征游侠。但如此仍不足以起事,又"伪为丞相御史请书,徙郡国豪桀任侠及有耐罪以上,赦令除其罪,产五十万以上者,皆徙其家属朔方之郡,益发甲卒,急其会",以制造游民。于是游儒、方士、游侠、游民四者相合,而形成一个对抗现世王权的集团。后世所谓"农民起义",除一小部分生于抗粮抗租的零星冲突之外,大体均依此结构与模式运作。古天下实罕见有所谓农民起义之事,占大多数的,其实是游民、游士、游侠,他们像水一样,对王城帝国所做的冲击,"潮打空城寂寞回",一波又一波。

唐代的侠与剑侠

唐代侠者的面目,其实不像一般人所想象的那么鲜明。它之所以难以掌握,依我们看,至少有几方面的因素:一是成见误人太深,一是数据本身的证据力有问题,一是唐时代侠者本身的形态并不统一。

正如前文所述,根据一般人的意见,侠,代表正义、公理、道德,是除暴安良、济弱锄强的人物、形象或心理气质。《辞源》的解释,就是如此。刘若愚 *The Chinese Knight-Errant* 一书,也将侠定义为:"直接了当地自掌正义,匡正扶弱,不惜用武,不恤法律。另外,他们以博爱为心,甘为原则授命。"① 正因为我们对侠的一般看法大抵如此,所以多数的人,对侠都不免有些神话式的向往。如李卓吾《焚书》卷四"昆仑奴":"忠臣侠忠,则扶颠持危,九死不悔。侠士侠义,则临难自奋,之死靡他"云云。

然而,以这样的意见、这样的向往,来理解唐代的侠,恐怕要困惑而失望了。譬如《唐诗纪事》载:"崔涯与张祜,失意游侠江淮。"(卷五二)失意闹场而任侠,乃是对生命的苟且。此而为侠,显然与前述定义

---

① 刘若愚 *The Chinese Knight-Errant*。

相去甚远。①至于"坊正张和,大侠也。幽房闺稚,无不知之"(《酉阳杂俎》续集卷三),这一类大侠,更是专以窥伺人家闺女为事的穿窬之雄;对于向往侠客仗剑荡决人间不平的读者而言,面对这些文献,必然会错愕不已。

其次,唐人对于侠的记载和描写,以诗歌和杂俎笔记为两大宗。杂俎笔记所录,固然是采诸委巷杂谈,其事未必可信,但多少仍可反映侠的一般状况。诗歌便不然了。试检《全唐诗》一过,即会发现:唐人歌咏侠与游侠者,几乎全属乐府古题,如《缓歌行》、《宝剑篇》、《游侠篇》、《侠客行》、《游猎篇》、《壮士行》、《结客少年场行》、《少年子》、《少年乐歌行》、《(汉宫、长安、邯郸、渭城)少年行》等。

这些乐府歌辞,在唐人一般的做法中,虽实有以旧题写时事的现象,但大多却仍只是拟意或拟古,不尽属当时实事。例如李白《白马篇》就是拟曹植(胡震亨云:曹植《齐瑟行》言人当立功名边塞,自拟为《白马篇》,诗义同),而张籍的《少年行》云"遥闻虏到平陵下,不待诏书行上马,斩得名王献桂宫,封侯起第一日中"、郑锡的《邯郸少年行》云"见说秦兵至,甘心赴国仇"、虞世南的《结客少年场行》云

---

① 因为他们本身就是对生命的苟且,所以也常遭遇到极为可笑的骗局。《桂苑丛谈》"崔张自称侠"条:"一夕有非常人装饰甚武,腰剑手囊,贮一物流血于外,入门谓曰:'此非张侠士居耶?'曰:'然。'张揖客甚谨。既座,客曰:'有一仇人,十年莫得,今夜获之,喜不可已。'指其囊曰:'此其首也。'问张曰:'有酒否?'张命酒饮之。客曰:'此去三数里有一义士,余欲报之,则平生恩仇毕矣。闻公义气,可假余十万缗,立欲酬之,是余愿矣。此后赴汤蹈火、为鸡为狗,无所惮。'张……乃倾囊烛下,筹其缣素中品之物量而与之。客曰:'快哉!无所恨也!'乃留囊首而去,期以却回。五鼓绝声,东曦既驾,杳无踪迹;张虑以囊首彰露,且非已为,客既不来,计将安出?遣家人欲埋之。开囊出之,乃豕首也。……豪侠之气自此而丧矣。"另外,有关刘叉,清阙名《静居绪言》谓其"武王亦至明,宁哀首阳饥"可为喷饭,捉金作贼,犹以诔墓之语掩饰,尤不足道,另详《全唐文纪事》页四二四;张祜另详《唐音癸签》卷二五。

"少年重一顾，长驱背陇头"，皆与隋唐以后实际状况不符。① 许多学者却据此说唐代侠者的意识状态和行为，以为唐代侠者常游侠于边塞，为国家民族之大生命奋斗，实在错得非常离谱。②

另外，唐朝侠者的面貌，并不一致。像伪段成式《剑侠传》里所记载的，多是身怀绝技、以武犯禁的人物；但是，如前举《酉阳杂俎》所载坊正张和，我们就看不出他有什么武功，李颀所后悔的任侠行为，也只是呼朋唤友、相与豪游而已。③ 这种差别，犹如韩非和司马迁所叙述的——《韩非子·五蠹篇》尝谓："侠以武犯禁"，"犯禁者诛，而群侠以私剑养"，"废敬上畏法之民，而养游侠私剑之属"，"明主之国……无私剑之捍"，这种侠，似乎包含剑客；司马迁《史记·游侠列传》里的侠却不尽如此，他以孟尝、信陵、春申、平原四大公子为侠，而闾巷之侠也只是修行砥名，不必身怀武技。④ 根据《史记》、《淮南子》及《汉纪》诸书所载，似乎秦汉之游侠多属后者，魏晋南北朝亦然。唐代基本上延续承袭的，是魏晋南北朝的历史与文化，而初盛唐的文化意识，又常含有汉代的影子，因此，唐代的侠，其实就是魏晋南北朝的侠。⑤

许多学者不明了这层原委，不是把唐代的侠视为唐朝特殊国势和种

---

① 参本书第一章第二节。又，铃木修次《唐代における擬魏晋六朝詩の風潮》（《日本中国学会報》）。
② 这类论文，可参陈晓林《侠气峥嵘盖九州》（收入《青青子衿》，时报文化，一九七三）、唐文标《剑侠千年已矣！——古侠的历史意义》（《中华文化复兴月刊》九卷五期）等。
③ 李颀《缓歌行》："小来托身攀贵游，倾财破产无所忧。暮拟经过石渠署，朝将出入铜龙楼。结交杜陵轻薄子，谓言可生复可死。一沉一浮会有时，弃我翻然如脱屣。……早知今日读书是，悔作从来任侠非。"
④ 韩非所说的侠，当然也与中唐以后的剑侠不甚相同，此处幸勿拘泥，我们只是借来做个比喻而已。
⑤ 唐代文化意识，常以汉代为投射对象，另详龚鹏程《孔颖达周易正义研究》（台湾师大国研所硕士论文，一九七九）第二章，尤其是页三一、五九。

族融合的产物，就是把剑侠当作唐代侠者的同义词或主要内容。①他们不知道剑侠（私剑捍禁之侠）在唐代侠者之中，是一种特殊的流品，行迹诡秘、持术怪异，与其他的侠也未必有什么往来。我们研究唐代的侠与剑侠，就是想要说明唐代在游侠传统中这种沿袭性与独特性。

在我们看来，打破以上各种疑团和障雾之后，唐代侠与剑侠这个论题，在思想史上就变得异常重要了。它不仅显示了汉魏南北朝到隋唐之间，一个社会性的问题；也具体呈现了中唐社会变迁中某种特殊的时代状况。而整个侠义传统，到了唐代，更是一个关键时期，我们在前面所提到过的那种对于侠的意见和向往，与其说来自《史记》的《游侠列传》、《刺客列传》，毋宁说是从唐代中叶以后逐渐转变而形成的；它对宋元明清诸朝的武侠文学，也有极深刻的影响；使得并无思想内涵与背景的侠，寖假成为我国民氓向往憧憬的对象。②

这样的课题、这样的处理方式，从前倒还没有人尝试过。我愿为前人补憾，试着来谈一谈。

一　侠的性质、渊源与发展

日人盐谷温仲曾将唐人小说分为四类，一是别传，二是剑侠，三是艳情，四是神怪。③其中剑侠类如《虬髯客传》、《红线传》、《无双传》，

---

① 譬如柯锦彦《唐人剑侠传奇及其政治社会之关系》（台湾高师院国研所硕士论文，一九八二）就曾认为唐代因胡汉民族大融合，而产生了创新的文化，乃能使侠气盛行于社会，使游侠得到最佳的发展契机。见其书第二章。在讨论唐文化时，许多学者不暇深考其原委本末，就胡乱把各种文化现象和思想问题，归因于胡汉融合，这只是其中之一例而已。
② 侠并无学术思想背景，见钱穆《释侠》（收入《中国学术思想史论丛》二，页三六七一三七二）。
③ 参岑仲勉《隋唐史》页六一八。

是描写武侠故事的。葛贤宁则将这些作品归为侠义类。①无论这些作品是侠义还是剑侠类，它们都与"少年游侠好经过，浑身装束皆绮罗，兰蕙相随喧妓女，风光去处满笙歌"（李白诗）的侠客形象，大异其趣。

这种游侠，其性质与渊源，皆当上溯于秦汉之际。秦汉之间的游侠，与游说、游行一样，都是在封建政体崩溃解体时，社会秩序失序状况中冒起的特异生命，企图在此失序的状态中谋求本身的利益，所以司马迁说游侠"何知仁义，已向其利为有德"②。

为了达成这种目的，游侠必须运用一些手段，例如包庇、施舍、代办事务等等，来建立起个人的声誉，所以《史记·游侠列传》说：

> 古布衣之侠，靡得而闻已！近世延陵、孟尝、春申、平原、信陵之徒，皆因王者亲属，藉于有土卿相之富厚，招天下贤者，显名诸侯。……至于闾巷之侠，修行砥名，声施天下，莫不称贤，是为难耳。然儒墨皆排摈不载！

据太公史说，我们可以知道侠不同于剑士刺客。武士和刺客，是庄子《说剑篇》所说"剑士夹门而客"的客或士；故曹沫、聂政、荆轲等人，只能入《刺客列传》，而不入《游侠列传》。游侠乃是豢养刺客的大豪，《韩非子·六反篇》说："行剑攻杀，暴傲之民也，而世尊之曰磏勇之士；活贼匿奸，当死之民也，而世尊之曰任誉之士。"也是把刺客和游侠分开来的。这是第一点值得注意之处。③

---

① 葛氏《中国小说史》（中华文化事业出版委员会，一九五六）。
② 封建未解体以前，是否有游侠不可知，太史公尝云古布衣之侠皆湮没无闻，所以现在我们所有对侠之起源与性质的讨论，大多仍只能就封建崩溃的情势来理解。
③ 另参钱穆《释侠》。

其次，有布衣闾里之侠，也有王亲贵戚之侠，可见侠与阶级无关，它更不能代表平民社会势力。我们有许多学者坚称侠是低贱的被压迫而反抗的阶级，或由农村封建关系中游离出来的游民，这都与事实不符。① 另外，由于这些侠，也都是儒墨排摈不载的人物，所以许多学者以为：侠乃儒之一支或墨者之徒，大概也都是胡说。②

这些侠，既都以能养士为成就名誉的条件，所以不仅春申、平原如此，汉代的匹夫之侠也是如此。孟尝君之薛，收纳任侠奸人达六万家，"朱家用侠闻，所藏活豪士以百数，其余庸人不可胜言"，数目都极惊人。

据《淮南子·泛论训》所记："北楚有任侠者，其子孙数谏而止之，不听也。县有贼，大搜其庐，事果发觉，夜惊而走。追道及之，其所施德者皆为之战，得免而遂返。语其子曰：'汝数止吾为侠，会有难，果赖而免身。'"可以知道，任侠者所以施德厚庇，是有条件的：希望缓急之际，可以得到助力。

然而，侠又何以会有急缓之际呢？这就牵涉到侠的行为目的了。大抵侠是以养士闻名，士往归之，如水之就下，自然逐渐形成一个集团；这个集团，因首领的关系，可能成为一股政治力量，鸡鸣狗盗，而求在政治上有所作为，如孟尝、春申之类；但它也可能并无政治欲求，不期望能在政治上有多大的发展和作为，因此，这一群侠者，一群鸡鸣狗盗之徒的组合，自然就只好以作奸犯科为事了，《淮南子》所载县有

---

① 见陈登原《东汉之士气》(《教育杂志》廿四卷二期)、陶希圣《辩士与游侠》(商务印书馆，一九七一)。

② 章炳麟《儒侠》(收入《检论》)及梁启超《中国之武士道》一书，皆主张儒与侠关系密切，漆雕氏之儒，为后世游侠之祖。至于主张侠出自墨家，在民初更是一种流行的意见。大抵清末以来，国事积弱，学者志士遂不期而然地想在固有传统中找到武力的因子，予以发扬；民初热衷讨论侠，并附会各种学派，主要原因，本是如此。我们现在讨论问题，即应把这些因素和谬见先予廓清。另详本书第一章第二节。

贼而大搜侠者之庐，其真相即是如此。《史记》对这个问题，也说得很清楚，书中提到郭解"厚施而薄望"，少年所为，则是：（1）以躯借交报仇，（2）藏命作奸，（3）剽攻不休，（4）铸钱，（5）掘冢，（6）居间解仇。①

这些事，皆由侠者主持，但侠不一定出面，所以侠本人倒不一定有勇力武功。这一点很重要，也是游侠的基本特征。像"后世称游侠者，以四豪为首"（《汉书·游侠传》）的信陵平原诸公子，就没有勇武，朱家也没有，大侠剧孟则只是好赌博。只有师事朱家的楚田仲"喜剑"，郭解也能亲自杀人；至于陈遵，除了邀聚朋辈喝酒外，别无所长。②但是，不管他们是否擅长技击，他们都"拥有"武力，因为他们有"客"。

原涉任侠，而"刺客如云"（同上）；有人箕踞视郭解，郭解的刺客就要杀他。刺客，即是侠的爪牙，锐利得紧。这些客，包括宾客、门客、食客、刺客，各有不同的用途。侠与客相联结，便构成了一个"任侠"的活动。

《史记》说：灌夫"好任侠"，"食客日数十百人"。《游侠列传》又载："轵有儒生侍使者坐，客誉郭解，生曰：'郭解专以奸犯公法，何谓贤？'解客闻，杀此生，断其舌。"叙述这种活动，真是鲜血淋漓。侠不仅鱼肉乡里，亦且"以武犯禁"。

侠者以武犯禁，出自儒生之口，比出自韩非之口，更有意义。因为许多学者把侠，视为地方及社会势力跟统一集权政治势力争抗的问题；

---

① 除此之外，可能还包括与官府的勾结等。例如郭解"以匹夫之细，窃生杀之权"，可以指挥尉吏，决定谁当徭役。而像张敞、赵广汉及酷吏王温等，也都曾倚豪侠为耳目。详《汉书补注》卷六七、卷九〇。
② 后世之所谓侠，仍是如此，例如宋江号称及时雨，意指其能赡人之急，但他本人却不见得有多高明的拳勇。杨联陞主张近代杜月笙是侠（见《清华学报》新七卷一期），大约也是基于这个因素。

认为侠是秦汉政治权势所嫉视的对象,因此才受到摧残。①他们忽略了几桩明显的事实:从《史记》、《汉书》所载的游侠人物中,我们看不到有因生活压力无法支撑而铤身走险的例子,也看不见政治压力下奋起的所谓伟大侠者,反而是他们那些隐匿在黑暗中的刺客之剑,为人间和百姓带来了许多恐惧。即使侠者遭到压抑,也谈不上是摧残。

其次,汉代的游侠风气一直很盛,最主要的原因,就是侠不是地方或社会势力而已,它早已与名公巨卿结合了,握有政治上实际的权力,如早期的四公子,汉代的陈遵(河内都尉)、楼护(息乡侯)等都是。故《汉书·游侠传》云:"列国公子,魏有信陵、赵有平原、齐有孟尝、楚有春申,皆藉王公之势,竞为游侠。鸡鸣狗盗,无不宾礼。"所谓藉王公之势,如《后汉书·章帝八王传》所载:桓帝弟蠡吾侯悝为渤海王,"中常侍郑飒、中黄门董腾并任侠轻剽,数与悝交通",即其一例。

复次,侠的行为,不仅法家视为邦国之蠹,儒墨也不表赞同,一般人更是把朱家郭解一类人物,视为暴豪之徒而共笑之。因此,侠基本上不见容于任何一个秩序性的社会,所以它是"游"。无论这个社会是封建宗法、统一集权或民主法治,均是如此。

再者,侠与其客,要不是睚眦杀人、铸钱掘冢,就是交通权门,因此,他们实际上也不是地方或社会秩序的代表,而只是"盗跖居民间者"。不仅《汉书》曾说城西万章、箭张回、酒市赵君都、贾子光,"皆长安名豪,报仇怨、养刺客者也"(《游侠传》),直到唐代,侠与盗也还是并称或互用的。

---

① 把游侠与豪杰看成社会秩序的领导者,如许倬云《西汉政权与社会势力的交互作用》(收入《求古编》,联经,一九八二,页四五三—四八二)、增渊龙夫《中国古代の社会と国家》(弘文堂,一九五七)等皆是。

从这些地方来看，由阶级和权力关系来观察侠士，并不很恰当。侠之所以为侠，在于他们特殊的行为方式，也就是《史记》、《汉书》所说，他们能"放意自恣，不拘操行"，"专以振施贫穷，赴人之急为务"，有"一日散百金之费"的豪气。唯有这样，游侠才能收养人心、藏匿亡命。冯谖之"市义"，已经为此种行为做了最好的批注。《陈书·周敷传》："性豪侠，轻财重士，乡党少年任气者咸归之。"也是如此。

因为游侠之义，只是市义而成的，故《史》、《汉》皆不以义称，只说它是"感概"，是"感意气而立节概"。换句话说，侠与客，乃是以意气相感、相交结，此即后世之所谓结义。唐人有时称游侠为"节士"、"义士"，原因也在于此。它与仁义礼义之义，渺不相涉。故原涉以豪杰为侠，虽然烜赫到"郡国诸豪及长安五陵诸为气节者，皆归慕之"，人家还是要讥讽他："子本吏二千石之世，结发自修，以行丧推财礼让为名，正复仇取仇，犹不失仁义，何故遂自放纵为轻侠之徒乎？"

原涉的回答很好，他把自己譬喻为寡妇，"不幸一为盗贼所污，遂行淫失；知其非礼，然不能自还"。原涉能自觉到侠存在的非理性层面及其局限，不愧为大侠；一般人并不能有此自觉，尤其是少年，反而常以此生命之原始冲动自喜。

少年人血气方刚，戒之在斗。而侠却提供了一个博、斗、放恣的条件，使得原始偾烈的生命冲力，不但不能敛才就范，反更昂扬喷激，少年自然要趋之若鹜了。所谓"少年慕其行，亦辄为报仇"。这些少年，就是《汉书》所说"长安五陵诸为气节者"一类人物，也是诗歌《结客少年场行》、《少年行》、《少年乐》、《少年子》及《轻薄篇》所讽咏的对象。

要了解汉代这些少年趋于游侠的情形，必须先明了当时的豪杰。汉初曾数度徙迁豪杰，除高帝时所徙的六国王族之外，武帝元朔元年徙郡国豪杰及赀三百万以上者于茂陵,太始元年又徙郡国豪杰吏民于茂陵云陵。①这些豪杰,都是地方上的强宗豪右。他们"田宅逾制,以强凌弱,以众暴寡",固属一般现象;而更严重的是"豪强大家,得管山海之利,采铁石鼓铸,煮海为盐,一家聚众,或至千余人……成奸伪之业,遂朋党之权"(《盐铁论·复古篇》)。这样,就成为侠了。

《史记·灌夫传》云:

> 灌夫为人刚直使酒,不好面谀。……好任侠,已然诺。诸所与交通,无非豪桀大猾。家累数千万,食客日数十百人,陂池田园,宗族宾客为权利,横于颍川。

所指即此事。考《汉书·食货志》所载,当时豪强并田之风甚炽,农民耕豪民之田,见税十五。故贫者不能自给,往往自卖为奴。如《史记·栾布传》说栾布穷困,赁佣于齐,为酒人保,其后则为人卖,为奴于燕,为家主报仇。其他不为奴婢而依附豪杰为食客者,当亦不少。而豪杰即以此为任侠的凭借,所以说陂池、田园、宗族、宾客,都是他们倚以行权谋利的资产。《史记》叙游侠,说"符离人王孟亦以侠称江淮之间;是时济南瞷氏、陈周庸亦以豪闻",豪侠互用兼举,原因也在于此。②

然而,豪杰与侠究竟不是完全相符的。徙豪杰于茂陵时,郭解家贫不中赀,就是一例。季布为气任侠,也曾被贩为奴。其他如彭越贫困而

---

① 高帝所徙王族有十余万人。文景募民徙陵的人数则颇不一定,时多时少,且并未用强迫手段。武帝初亦然。太始元年始有意识且半强迫性地迁徙"天下豪杰兼并之家乱众之民,内实京师、外销奸猾"。因此茂陵一县的人口,多达廿七万七千二百七十七人。
② 《汉书·地理志》:"(诸陵)五方杂厝,风俗不纯。其世家则好礼文,富人则商贾为利,豪杰则游侠通奸。"

去之巨野中为盗,制箭张回、酒市赵君都,恐怕也非富豪。①至于《淮阴侯列传》所载淮阴屠中少年,更显然是市井无赖。因此,所谓豪侠,应该是指其行为有豪气,不一定指豪宗巨室。

虽然如此,豪富巨室子弟,却是任侠行为最大的支持者。他们货财富厚,脱手千金,也比较够资格藏活亡命、赈施贫穷。市井泼皮,则多半是依附他们而活动的力量。所以《史记》载游侠事,屡言少年,"剧孟行大类朱家而好博,多少年之戏","少年闻之,益慕解之行";《汉书·叙传》亦自言其先祖班孺为任侠、班伯素贵年少。②足见长安五陵间的无赖少年,几乎已成为游侠活动的中坚分子,所谓"洛阳轻薄子,长安游侠儿,宜城溢渠碗,中山浮羽卮"(昭明太子《将进酒》),"车轮鸣凤毂,箭服耀鱼文。五陵多任侠,轻骑自连群。少年多重气,谁识故将军"(隋何妥《长安道》),气焰之高,约略可想。③《乐府诗集》卷六六释杂曲歌辞《结客少年场行》云:

> 《后汉书》:"祭遵尝为部吏所侵,结客杀人。"曹植《结客篇》曰:"结客少年场,报怨洛北邙。"《乐府广题》:"汉长安少年杀吏,受财报仇。相与探丸为弹,探得赤丸斫武吏,探得黑丸杀文吏。尹赏为长安令,尽捕之。长安中为之歌曰:何处求子死,桓东少年场;生时谅不谨,枯骨复何葬。按:结客少年场,言少年时结任侠之客,为游乐之场,终而无成,故作此曲也。"

---

① 见《史记》之《季布传》、《彭越传》、《游侠列传》。
② 许多学者认为司马迁和班固对游侠的态度不同,误。班固本人家世即与游侠颇有关系,对游侠的批评也仍依循《史记》的理路。
③ 《汉书·游侠传》:"郡国诸豪及长安五陵诸为气节者,皆归慕之。"颜师古注:"五陵谓长陵、安陵、阳陵、茂陵、平陵也。"

这些"骊马金络头,锦带佩吴钩"、"千金纵博家仍富"的轻薄少年,其实就是恶少。他们斗鸡走马、杀人纵博,当然会引来社会秩序力和政治权势的反扑,以致身死名僇。

但是,压抑,并不是对付任侠少年最好的办法,因为藏匿亡命,本是侠者的职分,压力太大时,游侠也可以"追兵一日至,负剑远行游"。何况,在心理上,侠更是以抗拒这些压力来作为个人荣耀的标记。所以压抑和捕杀,并不能解决这种少年斗狠的问题。譬如治川,一味堵抑,有时反而会酿激成更大的祸害;应该浚导宣泄一番,让他们燃烧在体内的原始盲昧冲动,发挥到另一个方面去,才不会造成社会的瘫痪。这个浚导宣泄的策略,就是鼓励游侠及少年到边塞去建功立业!

梁刘孝威《结客少年场行》诗说:"少年本六郡,遨游遍五都。插腰铜匕首,障日锦涂苏……千金募恶少,一麾擒骨都。"庾信则说:"结客少年场,春风满路香……今年喜夫婿,新拜羽林郎。"这些歌咏,和唐人王维《少年行》"出身仕汉羽林郎,初随骠骑战渔阳,孰知不向边庭苦,纵死犹闻侠骨香"、卢思道《从军行》"朔方烽火照甘泉,长安飞将出祁连,犀渠玉剑良家子,白马金羁侠少年"之类,都是就汉代这一类政策而说的。①

原来,汉初本采征兵制,力役与军役同,至武帝时改采募兵制。所募精兵,首者为期门,其次为羽林。二军所选,多关西六郡(陇西、天水、安定、北地、上郡、西河)良家子之强健勇武者,成为职业军人。但因为兵战连年,这批人又不敷需要了,所以便再征募其他人民、

---

① 梁戴暠《度关山》:"博陵轻侠皆无位,幽州重气本多豪。"萧子显《从军行》:"左角明王侵汉边,轻薄良家恶少年,纵横向沮泽,凌厉取山田。"虞世南诗:"侠客吸龙剑,恶少缦胡衣。"诸诗也都可为汉代这一政策做批注。学者常误以为其中所咏为唐人事,不知唐初是征兵制,根本与诗中所述无关。

罪囚和地方恶少：元狩四年攻匈奴，发兵十万骑，人民乐从者有四万骑，步卒数十万，中亦有乐从者；元鼎五年攻南越及西南夷，也发天下罪囚，令夜郎兵和江淮以南楼船，共十万余人；元封二年攻朝鲜，亦募天下死罪；元封六年讨益州，赦京师亡命；太初元年，征大宛，发天下谪民、恶少十万余；天汉四年伐匈奴，骑六万、步卒七万，皆天下流民及勇敢士。——这些数目极为惊人；似乎愈到后来，愈仰仗流民恶少及勇士作为战斗的主力，所以才会有上文所举梁刘孝威那样的诗作。①

这个政策之所以能成功，主要的原因，在于游侠的本质中含有若干原始盲昧的成分，它并无确定的目标与价值，所以能够很轻易地将游侠的活动转移方向。唐李益诗"讵驰游侠窟，非结少年场，一旦承嘉惠，轻命重恩光……边地多阴风，草木自凄凉"(《从军有苦乐行》)，就指出了游侠很容易把皇室的嘉惠眷顾，作为他们效死的理由，从游侠窟少年场转赴阴风凄凉的边疆。

然而，这一政策在实际战争效果上，成效不彰。因为这些游少虽然争狠斗胜，能横行乡曲，在战场上，却抵不过有节制有训练有作战经验的正规军。而且一个流氓分子所组成的集团，在管理和战斗力的发挥上，都有困难。加上侠少本身所持，只是一种浪漫的战争观，既向往于"若使三边定，当封万户侯"(隋孔绍安《结客少年场行》)，又以为狙

---

① 唐卢照邻《刘生》诗："刘生气不平，把剑欲专征，报恩为豪侠，死难在横行。"刘生，就是汉代这一政策中的典型人物。乐府横吹曲辞，有《刘生》，《乐府解题》云："刘生不知何代人，齐梁以来为《刘生》辞者，皆称其任侠豪放，周游五陵三秦之地，或云抱剑专征、为符节官，所未详也。"《古今乐录》云："梁鼓角横吹曲，有《东平刘生歌》，疑即此刘生也。"按：梁元帝《刘生》云："任侠有刘生，然诺重西京，扶风好惊座，长安恒借名，榴花聊夜饮，竹叶解朝酲，结交李都尉，遨游佳丽城。"则刘生显然是汉人。

杀单于就像刺击仇人一样,可以一击而中,立刻起第封侯。因此,他们必然的结局,乃是极为凄凉的。不是埋骨边庭,就是在戍屯之处终老,或者长年转战、徒抱乡愁。唐王翰的《饮马长城窟行》,把他们拿来和秦代征役筑长城的役夫做对照,说"回来饮马长城窟,长城道旁多白骨",真是深刻极了。①

不过,失之东隅,收之桑榆的是:它在战争上未必有效,对侠客意识的提升转化,却有很大影响。游侠本是背公死党、勇于私斗而怠于公战的人物,现在却让他们把意识内容转换为"报国仇";把结交宾客的行为,转化成在边庭上"横行徇知己,负羽远征戍"(卢照邻《结客少年场行》)。于是侠的世界开阔了,侠的精神提升了,虽然汉人对此,本身并无自觉,也未在意识上予以开展,却已成为唐人精神上可贵的资粮。我们之所以在前面引了那么多六朝及唐人对这一现象的歌吟,就是要说明这种边城游侠儿的形象和生命情调,确实在后世激起了热烈的反响,引发了新的侠义传统。②

但倘若我们竟因此而以为游侠风气经孝文孝武之翦除和泄导之后,即已日趋消歇,如一般史学家所说,则我们又大错了。《史记》说得很明白:诛死郭解,"自是以后,为侠者极众"。班固也说长安炽盛,街间

---

① 阮籍诗说:"少年学击刺,妙伎过曲城,英风截云霓,超世发奇声,挥剑临沙漠,饮马九野坰,旗帜何翩翩,但闻金鼓鸣,军旅令人悲,烈烈有哀情,念我平常时,悔恨从此生。"(《咏怀》之六一)黄侃云:"言少年任侠,有轻死之心,及至临军旅,闻金鼓而悔恨立生,则知怀生恶死,有生之所大期,客气虚憍,焉足恃乎?"

② 参王维《陇头吟》:"长安少年游侠客,夜上戍楼看太白。陇头明月向临关,陇上行人夜吹笛。关西老将不胜愁,驻马听之双泪流。身经大小百余战,麾下偏裨万户侯。苏武才为典属国,节旄空尽海西头。"贯休《战城南歌行》:"万里桑干旁,茫茫古蕃壤,将军貌憔悴,抚剑悲年长,胡兵尚陵逼,久任亦非强,邯郸少年辈,个个有伎俩,拖枪半夜去,雪片大如掌。"

各有豪侠。《后汉书》卷四九引王符《潜夫论·浮侈篇》云:"今人奢衣服、事口舌,而习调欺。或以谋奸合任为业,或以游博持掩为事。"合任就是相合为任侠。当时游侠风气之盛,略可想见。所以《三国志·魏志·武帝纪》谓曹操少机警有权数而任侠放荡,注引《曹瞒传》云:"太祖少好飞鹰走狗,游荡无度。"这种游荡无度、飞鹰走狗的恶少,确实仍是与西汉相同的。①

不过除了这一类型之外,游侠还有许多不同的面相。譬如以谋奸合任为业的,是一种,如"北道姚氏,西道诸杜,南道仇景,东道赵他、羽公子,南道赵调"之流,都是盗跖居民间者。②至于恂恂有君子退让之风的关中长安樊中子、槐里赵王孙、长陵高公子、西河郭翁中、太原鲁翁孺、临淮儿长卿、东阳陈君孺等人,其实就像后来的陈遵一样,与名士并无不同。以结交气类、朋从宾客为事,行修砥名,声施天下,而成为东汉整个气节名教的中坚分子。并且因名士标榜,招来了党锢之祸。

早期的游士和游侠,性质虽然近似,文武却不相同,所秉持的理念:一是价值与思想,一是力量。《盐铁论·晁错篇》:"向者淮南衡山修文学,招四方游士,山东儒墨咸聚于江淮之间。"最能表示游士与受儒墨排摈的游侠之间的歧异。

---

① 后汉亦有类似的运用,《后汉书·刘陶传》:"陶举孝廉,除顺阳长,县多奸猾,陶到官,宣募吏民有气力勇猛,能以死易生者,不拘亡命奸藏。于是剽轻剑客之徒过晏等十余人,皆来应募。陶责其先过,要以后效,使各结所厚少年,得数百人,皆严兵待命,于是覆按奸轨,所发若神。"似乎效果还不坏。又汉代利用游侠罪犯从军的政策,及它在战争上的效益问题,另参雷海宗《中国文化与中国的兵》(青年书店,一九八〇)页二九—四四。
② 这些街间间的豪侠,据昭明太子《相逢狭路间》所称:"京华有曲巷,曲曲不通舆;道逢一侠客,缘路问君居。"可知侠正是街间间的地头蛇一类人物。沈约也有类似的诗,所谓"道逢轻薄子,伫立问君家",皆从汉人《长安有狭斜行》"长安有狭斜,狭斜不容车,适逢两少年,挟毂问君家"化出。

但是游侠风气及其行为既炽盛于两汉，他们的行为模式已经深入社会，知识分子自然也濡染了许多游侠的气习；游侠中又有恂恂退让如君子的典型，二者相浃，遂使东汉之所谓名士，实质上与游侠毫无不同。① 不仅 "是时三府掾属专尚交游，以不肯视事为高"（《后汉书·陈宠传》），且《后汉书·申屠蟠传》说 "太尉黄琼辟，不就。及琼卒，归葬江夏，四方名豪会帐下者六七千人"，又说 "先是京师游士汝南范滂等，攻讦朝政……太学生争慕其风，以为文学将兴"，不仅标出游士的名号，这段文字与《史记》叙郭解及少年争慕的情形也如出一辙。游士、名豪，即所谓名士，所以太学生和名士本身，其实也就是 "结任侠之客" 的人。

《翟酺传》："（酺）四世传诗，酺好老子，尤善图纬、天文、历算，以报舅仇，当徙日南，亡于长安。"《张禹传》："父歆，初以报仇逃亡，后仕为淮阳相。"《郭太传》："陈留左原为郡诸生，犯法见斥，后更怀忿，结客欲报诸生。"《党锢列传》序："乡人为之谣曰：天下规矩房伯武，因师获印周仲进。二家宾客互相讥揣，遂各树朋党，渐成尤隙，由是甘陵有南北部党人之议。"《袁绍传》："绍壮健好交结，大将军梁冀以下莫不善之……绍有姿貌威容，爱士养名。既累世台司，宾客所归；加倾心折节，莫不争赴其庭。"诸此等等，都是证例。故《廿二史札记》卷五讨论东汉尚名节时，即曾很正确地把这种气节名士之风，归因于游侠与刺客：

---

① 荀悦《汉纪》谓世有三游，一曰游侠、二曰游说、三曰游行。立气势、作威福、结私交以立强于世者，谓之游侠；饰辨辞、设诈谋、驰逐于天下以要时势者，谓之游说；色取仁以合时好，连党类、立虚誉以为权利者，谓之游行。若勉强分析，东汉的名士，即使不是游侠，也是游行。但参见《史记·灌夫传》就可知道两者实质上并无不同。《后汉书·王符传》云和安以后，"世务游宦，当涂者更相荐引"，亦游行之类也。

> 自战国豫让、聂政、荆轲、侯嬴之徒，以意气相尚，一意孤行，能为人所不敢为，世竞慕之。其后贯高、田叔、朱家、郭解辈，徇人刻己，然诺不欺，以立名节。驯至东汉，其风益盛。盖当时荐举征辟，必采名誉，故凡可以得名者，必全力赴之，好为苟难，遂成风俗。

在这种风俗底下，不仅党祸起时，张俭亡命困迫，望门投止，士大夫能破家相容，发挥了侠者藏匿亡命的传统；复仇也有了经学作依据（如苏谦为李昌案罪死于狱中，谦子不韦与宾客掘地道至昌寝室，杀其妾与子，又掘昌父墓，取其头以祭父；董子张父为人所杀，其友郅恽"将客遮仇人，取其头以示子张"），而成为一种社会规范。桓谭所说："私结怨仇，子孙相报，后忿深前，至于灭户殄业，而俗称豪健。"指的就是这个儒风与侠气交织，弦歌与刀光互映的时代。①

名士，自然是这个时代的代表。不过在葛洪等人看来，名士接物之狂傲、居心之忌刻、交友之势利、立身之无行，真是"朱家郭解之乱世，曾不若是也"②。魏晋南朝的名士，不但继承了这个传统，而且加上了门第的力量与地位，遂使得名士和贵游侠客两种形态结合为一了。所以，他们既是知识分子，也是持政阶层，更是破坏秩序性社会的恶少或盗匪。

例如《晋书·戴渊传》载："渊少好游侠，不拘操行。遇陆机赴洛，船装甚盛，遂与其徒掠之。"《石崇传》："崇颖悟有才气，而任侠无行检，在荆州，劫远使商客，致富不赀。"《祖逖传》："逖轻财好侠，慷慨

---

① 参惠栋《周礼古义》；李源澄《秦汉史》（商务印书馆）页一九三、一五〇一一五四。
② 另详吕思勉《两晋南北朝史》第十八章，尤其是页九八六一九九二。

有节尚。""宾客义徒,皆暴桀勇士。时扬土大饥,此辈多为盗窃,攻剽富室。或为吏所绳,遽辄拥护救解之。"①祖逖并未亲自主持剽劫,他的徒众也只是在饥荒时才做盗窃,石崇却是现职的荆州刺史,以这种身份来干一票,自不免教人骇异,但依侠的作风来看,这却是很自然的,唐代的郭元振也是如此。

像石崇这样的侠,晋代也很多,如裴启《语林》载:"宁朔将军何迈,素豪侠,好聚敛士,出入游侠者塞路";"晋李阳大侠,士庶无不倾心,为幽州刺史。当之职,盛暑,一日诣数百家别。宾客常填门"。其中李阳是京师大侠,又见《晋书·王衍传》。他们大多拥有私人武力,甚至互相并伐,例如《陈书·熊昙朗传》说,朗在侯景之乱时,聚少年据丰城县为栅,桀黠劫盗多附之;梁元帝任命为巴山太守,而朗却劫掠邻县,缚卖居民。又,京兆杜洪以豪族凌张琚,琚以勇侠侮杜洪,其后杜洪鼓动司马勋诱杀张琚,琚弟走池阳,又合兵攻勋,见《晋书·济南惠王遂传》。这种情形,在北方亦复相同。

从汉末董卓"少尝游羌中,尽与豪帅相结……由是以健侠知名"以来,北方之侠就多是驰骋于边庭的恶少。如齐之阿伽郎君,周之李局士,或为宗室或为驸马,而皆聚盗任侠,横行京畿。《北齐书·毕义云传》:"义云少粗侠,家在兖州北境,常劫掠行旅,州里患之。"《高乾传》:"少时轻侠,数犯公法。""(东方老)初以豪侠之名,结轻险之徒,共为贼盗。"《李元忠传》:"元忠族叔景遗,少雄武有胆力,好结聚亡命,共为劫盗,乡里每患之。"《北史·毕众敬传》:"众敬少好弓马射

---

① 《后汉书·光武帝纪》:"莽末,天下连岁旱蝗。地皇三年,南阳饥荒,诸家宾客,多为小盗。"大抵侠客有偶尔劫掠者,亦有以劫掠为事业者,自汉已然。全祖望《经史问答》卷十说:"游侠至于宣元以后,日衰日陋,及至巨君之时,遂已一无可称矣。"并不正确。

猎，交结轻裹，常于疆境盗掠为业。"①

这些侠，多半像汉代一样，是世业；其宾客与宗族往往也都是侠盗集团中的一分子，因此根基稳固，不畏征讨。如李元忠兄被囚于州狱，元忠就率众劫狱，州军追讨，竟不能制。《魏书·李安世传》也载："广平人李波，宗族强盛，残掠生民。刺史薛道攜亲往讨之。波率其宗族拒战，大破攜军；遂为逋逃之薮，公私成患。百姓为之语曰：'李波小妹字雍容，褰裙逐马如卷蓬，左射右射必叠双。妇女尚如此，男子那可逢？'"这位雍容和汉代的秦女休一样，皆是后世女侠之祖。②

汉魏南北朝期间，侠之性质及发展的概况，大抵如此。但除此之外，还有另一系统潜滋暗长，至唐代而蔚为巨观。那就是与宗教结合的游侠。

考《后汉书·楚王英传》，可知这位我国最早祀奉佛教的贵族，本身就是游侠："英少时好游侠，交通宾客；晚节更喜黄老学，为浮屠斋戒祭祀。"其后五斗米道的首领张陵，学道于鹤鸣山中，造作符书以惑百姓；其孙张鲁自号师君，来学者名为祭酒，各领部众，起"义舍"于路，悬置米食以给行旅（见《刘焉传》）。所谓义舍，可能和祖逖义徒一样，都是游侠意识底下的产物。后世无论是个别的游侠或草莽聚义的群众，往往与宗教有所牵连，这一渊源实是不容忽视的。③

---

① 《洛阳伽蓝记》卷四："市中有退酤、治觞二里，里内之人多酝酒为业。河东人刘白堕善能酿酒……饮之香美而醉，经月不醒。……永熙年中，南青州刺史毛鸿宾，赍酒之蕃，逢路贼，盗饮之即醉，皆被擒获。……游侠语曰：'不畏张弓拔刀，唯畏白堕春醪。'"盗贼就是游侠，甚为明显。
柯锦彦论文《唐人剑侠传奇及其政治社会之关系》说魏晋南北朝是游侠行为的中衰期，"遍寻史传"，只找到了两个例子，甚可笑。历来讨论游侠的学者，对于魏晋南北朝侠风，多不甚了解，主要原因是他们都只在《渊鉴类函·游侠类》所收的文献里穿梭，那当然是不够的。
② 秦女休，事具左延年诗中。年十四五，为宗行报仇者也，李白亦为之作《秦女休行》（《李白集》卷五）。
③ 侠，亦称义侠，见《太平广记》卷一九五。结游侠之客，谓之结义。

二 唐代的侠

（一）游侠少年的类型

唐代的历史，是汉末魏晋南北朝文化的总结。因此，游侠的形态与活动，也仍承继着以往的历史。既有边塞游侠[1]、横行于州郡山寨之间的盗贼，也有贵游子弟和街间恶少。

据《隋书·沈光传》"光独踞弛，交通轻侠，为京师恶少年所朋附"和《新唐书·高仁厚传》"先是京师有不肖子，皆着叠带帽持梃剽闾里，号闲子。京兆尹始亲视事，辄杀尤者以怖其余。窦澣治京兆，至杀数十百人，稍稍惮戢。巢入京师，人多避居宝鸡，闲子掠之，吏不能制。仁厚素知状，下约入邑间纵击；军入，闲子聚观嗤侮，于是杀数千人"这些记载看来，从隋到唐末，京城恶少游侠的声势，一直很盛。[2]但从文献上分析，这些京师无赖侠少，基本上有两类，一是地痞流氓，一种则是豪贵少年。

我们看晋张华的《轻薄篇》，描写洛阳侠少，已经是肥马轻裘、驰逐为乐了。唐代经济发展和生活风气之奢靡浮华，又远胜于晋，少年豪贵游侠的生活，当然愈发难以描摹了：

> 新丰美酒斗十千，咸阳游侠多少年，相逢意气为君饮，系马高

---

[1] 李白《行行游且猎篇》："边城儿，生年不读一字书，但知游猎跨轻趫，胡马秋肥宜白草，骑来蹑影何矜骄。金鞭拂雪挥鸣鞘，半酣呼鹰出远郊。弓弯满月不虚发，双鹘迸落连飞髇。海边观者皆辟易，猛气英风振沙碛。儒林不及游侠人，白首下帷复何益！"（《李白集》卷五）

[2] 《旧唐书·王处存传》："黄巢据京师，处存选骁卒五千以白练为号，夜入京，贼已遁，军人皆释兵争据宅第，坊市少年多带白号劫掠。贼侦知之，自灞上复袭京师，市人以为王师，欢呼迎之。处存为贼所迫，收军还营；贼怒，召集两市丁壮七八万，杀之，血流成渠。"

楼垂柳边。(王维《少年行》)

　　二十便封侯,名居第一流,绿鬟深小院,清管下高楼,醉把金船掷,闲敲玉镫游;带盘红鼹鼠,袍研紫犀牛,锦袋归调箭,罗鞋起拨球,眼前长贵盛,那信世间愁。(张祜《少年乐》)

　　锦衣鲜华手擎鹘,闲行气貌多轻忽。稼穑艰难总不知,五帝三皇是何物! (贯休《少年行》)

　　日高春睡足,帖马赏年华,倒插银鱼袋,行随金犊车,还携新市酒,远醉曲江花,几度归侵夜,金吾送到家。(李廓《长安少年行》)

　　这些贵盛少年,最烜赫的自然是王孙公子。例如太宗时,皇太子承乾好声色,漫游无度,与群小亵狎,又命户奴数十百人习使乐,学胡人椎髻,剪彩为舞衣,寻橦跳剑,昼夜不绝(《旧唐书》卷七六)。高宗时,江王元祥、滕王元婴、蒋王恽、虢王凤,皆横暴逸游,元婴尤甚。屡出畋游,以弹弹人,以为笑乐,又或凝寒方甚时,以雪埋人为乐。且"赵孝文趋走小人,张四又倡优贱隶,王亲与博性,极为轻脱"(同上卷六四)。

　　这些王者的行径如此,虽不能径称之为游侠,但至少可以让我们了解在这种环境成长的王孙贵介,嗜好游侠,其来有自。像唐高宗所指斥的张四又赵孝文一类趋走小人,李益在《汉宫少年行》里就曾详细刻画过,说他们:"上宫警夜营八屯,冬冬街鼓朝朱轩。玉阶霜仗拥未合,少年排入铜龙门。暗闻弦管九天上,宫漏沉沉清吹繁。才明走马绝驰道,呼鹰挟弹通缭垣。玉笼金锁养黄口,探雏取卵伴王孙。分曹六博快一掷,迎欢先意笑语喧。巧为柔媚学优孟,儒衣嬉戏冠沐猿。晚来香街经柳市,行过倡市宿桃根。相逢酒杯一言失,回朱点白闻至尊。金张许史伺颜色,王侯将相莫敢论。"

诗人这种感觉是有事实作根据的,杜牧《樊川集·唐故岐阳公主墓志铭》载:"贞元时,德宗行姑息之政。王武俊、王士真、张孝忠子联为国婿。宪宗初宠于頔,来朝,以其子配以长女。皆挟恩配势,聚少侠狗马为事。日截驰道,纵击平人,豪取民物,官不敢问。戚里相尚,不以为穷弱。"正其事也。

气焰较他们稍次一级的,当是王公亲贵的子弟。隋末大乱,本多游侠;唐初起事时,也多借游侠之力。史称刘文静之囚,太宗入禁所视之,文静曰:"今太原百姓避盗贼者皆入城。文静为令数年,知其豪杰;一夕啸集,可得十万人。"便是明显的例子。而其中他所倚仗的重要主力,乃是原先由李密统领的一支。李密亡命时,曾匿于大侠王季才家,及起事,则任城大侠徐师仁从之,故称雄于一时。所以李密所部,根本就是一个侠盗集团。其帐下大将如徐勣,年十七时,即曾从韦城大盗翟让劫公私船取物。①因此唐初开国功臣,多半与侠义有关,其子弟受此濡染,殆属必然。秦韬玉《贵公子行》所谓"斗鸡走狗家世事,抱来皆佩黄金鱼",就是说他们的侠义传统。②

至于郑愔《少年行》:"颍川豪横客,咸阳轻薄儿,田窦方贵幸,赵李新相知,轩盖终朝集,笙竽此夜吹,黄金盈箧笥,白日忽西驰。"贯休《少年行》:"自拳五色毬,迸入他人宅,却捉苍头奴,玉鞭打一百。"则是说他们的生活和气焰。后世小说中经常出现的小霸王,或强夺民

---

① 刘肃《大唐新语》卷七:"李绩少与乡人翟让聚为群盗,以李密为主。"
② 《廿二史札记》卷二十,有"名父之子多败德"条,谓唐代名公大臣子孙多"败德堕其家声,不可解也",原因当在于此。另外,据张齐贤《洛阳缙绅旧闻记》所载白万州遇剑客事,云:"贵家子闻异人奇士,素所尚。"可见到唐末五代,这种风气还很浓厚。

女、欺压百姓的贵介公子，都应该从这里追探渊源。

诗人韦应物，据说少年时也是这一类人物。《容斋随笔》一笔云："韦苏州集中，有《逢杨开府诗》云：'少事武皇帝，无赖恃恩私。身作里中横，家藏亡命儿。朝持樗蒲局，暮窃东邻姬。司隶不敢捕，立在白玉墀。骊山风雪夜，长扬羽猎时。一字却不识，饮酒肆顽痴。……'此诗盖应物自叙其少年事也。"

较王公子弟又稍次一级的，是其他的任侠者或地方豪族少年。例如李白《君马黄》诗所描述的任侠者，是"君马黄，我马白，马色虽不同，人心本无隔。共作游冶盘，双行洛阳陌；长剑既照耀，高冠何艳赫。各有千金裘，俱为五侯客"①，与王公贵戚颇有来往，且在京城中活动。地方豪侠少年与他们不同，多半自成一类，与政要贵少分庭抗礼。《酉阳杂俎》前集卷十二所载：

> 太仆卿周皓……曰："某少年尝结豪族为花柳之游，竟蓄亡命，访城中名姬，如蝇袭膻，无不获者。时靖恭坊有姬，字夜来，稚齿巧笑，歌舞绝伦，贵公子破产迎之。余时与数辈富于财，更擅之。会一日，其母白皓曰：'某日夜来生日，岂可寂寞乎？'皓与往还，竞求珍宝，合钱数十万，会饮其家。……扃方合，忽觉击门声，皓不许开。良久，折关而入。有少年紫裘，骑从数十。大诟其母。母与夜来泣释，诸客将散。皓时血气方刚，且恃扛鼎，顾从者敌。因前让其怙势，攘臂殴之，踣于拳下，遂突出。时都亭驿有魏贞，有心义，好养私客。皓以情投之。贞乃藏于妻女间。时有司追捉急切，贞恐踪露，乃夜办装具。腰白金数挺，谓皓曰：'汴州周简老，义士

---

① 王琦注《李白集》，谓李白《少年行》"淮南少年游侠客，白日毬猎夜拥掷"者为伪作（卷六），是也。然作史料看，则仍可显现彼时游侠少年之生活。

也。复与郎君当家，今可依之，且宜谦恭不怠。'周简老，盖大侠之流。"

这段文字，不仅记载了豪族侠少的行为，也叙述了他们与贵介公子争风吃醋的状况。而其他地方性游侠，如都亭驿魏贞、汴州周简老之流的活动概况，也可由此窥其大略。①

以上这些贵游侠少，都是比较阔绰的，闾里恶少的势力也自不小。《酉阳杂俎》前集卷八载："上都街肆恶少，率髡而肤札，备众物形状，恃诸军，张拳强劫，至有以蛇集酒家、捉羊胛击人者。……时大宁坊力者张干，札左膊曰'生不怕京兆尹'，右膊曰'死不畏阎罗王'……又高陵县捉得镂身者宋元素，刺七十一处，左臂曰：'昔日以前家未贫，苦将钱物结交亲。如今失路寻知己，行尽关山无一人。'""李夷简，元和末在蜀。蜀市人赵高好斗，常入狱。满背镂毗沙门天王，吏欲杖背，见之辄止，恃此转为坊市患害。"②续集卷一："元初和，上都东市恶少李和子，父努眼。和子性忍，常攘狗及猫食之，为坊市之患。"这些记录，都能生动地刻画出这些闾里之侠的形貌。

这些剃头刺青的少年，除了气味粗俗之外，其行为实与贵游侠少无

---

① 唐代的地方大族，本以礼法门风见称于世。但六朝以来所谓华族巨室，与游侠的关系原本十分密切；中唐以后，望族在科举制度下，想凭借旧有的礼法门风及家族的社会地位，来持续声华，已经不太可能了，豪族子弟遭此巨变，遂有许多更朝轻薄的形态走去。《唐诗纪事》卷六六"卢注门族甲天下，因宦家于荆南举进士二十上不第"，这种门族子弟，跟"元和十一年岁在丙申，李逢吉下三十三人皆取寒素"、"德裕颇为寒素开路"（《唐摭言》）的情形比起来，贵族子弟转向浮薄行为的原因，实已不难想见。另详龚鹏程《唐宋族谱之变迁》（联合报国学文献馆主办第一届亚洲族谱学会议论文；收入《思想与文化》）。
② 《清异录》："自唐末无赖男子以札刺相高……至有以平生所历郡县，饮酒、蒲博之事，所交妇人姓名年齿行第坊巷形貌之详一一标表者，时人号为针史。"（卷下"肢体门"条）

大差异，都是纵博、射猎、饮酒、宿娼、报仇、凌人、挟弹、斗鸡、走马。所以他们之不同，只在气象，譬如李白的《少年行》是"五陵年少金市东，银鞍白马度春风，落花踏尽游何处，笑入胡姬酒肆中"，而杜甫的《少年行》就只是"马上谁家白面郎，临阶下马坐人床，不通姓字粗豪甚，指点银瓶索酒尝"了。①

不但如此，街间恶少可能还常夤缘于豪贵之门，贵游子弟也常与此辈厮混，故施肩吾诗云："醉骑白马走空衢，恶少皆称电不如，五凤街头闲勒辔，半垂衫袖揖金吾。"(《少年行》)②

（二）侠的行为与活动

游侠少年，是唐代游侠行为最重要的中坚分子。但整个游侠的状况，并不能以侠少年概括。因为根据上文所引《酉阳杂俎》前集卷十二看来，侠少平时与都亭驿之侠或汴州大侠，可能曾互通声气，但其活动畛域显然不同。《酉阳杂俎》续集卷三另载一段故事，也很能为我们提供一些讯息：

> 蜀郡有豪家子，富拟卓郑；蜀之名姝，无不毕致。每按图求丽，媒盈其门。常恨无可意者，或言："坊正张和，大侠也。幽房闺稚，无不知之，盍以诚投乎？"豪家子乃赍金篚锦，夜诣其居，具告所欲，张欣然许之。异日，谒豪家子，偕出西廊一舍，入废兰

---

① 这些无赖少年，可能与鬼道也颇有往来，《通鉴》卷二二〇："上(肃宗)尝不豫，卜云山川为祟，(王)玙请遣中使与女巫乘驿分祷天下名山大川。巫恃势，所过烦扰州县，干求受赃。黄州有巫，盛年美色，从无赖少年数十，为蠹尤大。"即其一例。
② 《乐府遗声》所收游侠廿一曲中，有《结袜子曲》、《结客少年场》、《少年子》、《少年行》。

若，有大象岿然。与豪家子升像之座，坊正引手扣佛乳，揭之，乳坏成穴如碗，即挺身入穴。……道行十数步，忽睹高门崇墉，状如州县。坊正叩门五六，有丸髻婉童启迎，拜曰："主人望翁来久矣。"有顷，主人出，紫衣贝带，侍者十余……豪家子因私于墙隅妓中年差暮者，遽就，谓曰："嗟乎！若何以至是？我辈早为所掠，醉其幻术，归路永绝；君若要归，第取我教。"……饮既阑，妓自持锸开东墙一穴，亦如佛乳，推豪家子于墙外，乃是长安东墙堵下。遂乞食，方达蜀。

侠之喜掠夺或奸淫妇女，亦可见诸《北梦琐言》卷四："浙西周宝侍中博陵崔夫人，乃乾符中时相之姐妹也。少为女道士，或云寡而冠帔，自幽独焉。大貌素以豪侠闻，知崔有容色，乃逾垣而窃之，宗族亦莫知其存殁。"而《酉阳杂俎》这段记载，除了说明游侠善于狡狯幻术、掠人妇女、诳诈钱财之外，还可以让我们知道，他们的活动，并不像豪侠少年那样单纯，只是精力和原始欲望的发泄。所以他们也未必即是豪侠少年。他们分布在各个阶层、各个角落；其身份和企图多半较为隐晦，不易为人所了解，只有游侠中人，才能互相清楚彼此的行径。像《剧谈录》所载田膨郎事，就是一个例子：田膨郎乃任侠者流，夜盗唐文宗白玉枕。文宗遍察不获，龙武二蕃将王敬弘怀疑是他的小仆所为；仆才告诉他是田膨郎所盗，并献计先打断田的左脚，让他不能奔逃。田被打伤，叹气说：我偷枕来，不怕他人，唯惧于尔（《太平广记》卷一九六引）。

虽然如此，唐代游侠的行为，我们大抵上还是可以归纳成几种类型。第一当然是行劫，这是游侠的老传统，《旧唐书·郭元振传》载元振"授通泉尉，任侠使气，前后掠卖所部千余人，以遗宾客，百姓苦之"。这位郭大侠,后来竟做到代国公。他曾作《古剑歌》云:"非直结交游侠子,亦曾亲近英雄人。"此诗又作《宝剑篇》,甚得武则天的赞赏。后来杜甫更有诗咏叹道:"壮公临事断,顾步涕横落,高咏《宝剑篇》……神交付冥漠。"(《过郭代公故宅》)牛僧孺《玄怪录》中,就有一篇是叙述他的故事。

诸如此类盗侠,文献上或称为盗,或称为侠,例如《唐语林》所载僧侠,那位僧人便自称"贫道盗也"(《广记》卷一九四引)。这种盗侠,唐代极多,如《旧唐书·张弘靖传》所云:"东部留守辟(靖)为从事。留守将令狐运逐贼出郊,其日,有劫转运绢于道者,(杜)亚以运豪家子,意其为之,乃令判官穆员及弘靖同鞫其事。"可见豪侠少年也常以劫掠来维持他们庞大的花费。

《通鉴》高宗永淳元年,以关中饥馑幸东都时,更因道上多草窃,监察御史魏元忠从狱中找到一名大盗,才能使车马钱粮无所损失。这不仅可以知道当时侠盗之多,其声势居然让皇帝也感到害怕,更是教人惊异。难怪后来王瑜入蜀,要师其故技,与盗赵徽相结而行了;可惜王瑜卒为所杀,全族少长百口殆尽。这可能是觊觎财货或言行冲突所致。但整体看来,唐代游侠巨盗,已经自成一个王法以外的世界,那就是绿林。

所谓绿林,乃是侠由私人气义交谊关系,发展为一组织关系。《唐诗纪事》卷五六载:"李汇征客游闽越,至循州,冒雨求宿。或指韦氏庄居。韦氏杖履迎宾,年八十余,自称曰野人韦思明。每与李生谈论,或诗或史,淹留累夕……论数十家之作,次第及李涉诗,主人酷称善。汇征遂吟……李生重咏《赠豪客诗》,韦叟愀然变色曰:'老身弱龄不肖,游浪江湖,交结奸徒,为不平事。后遇李涉博士,蒙简此诗,因而跧迹……李既云亡,不复再游秦楚;追悼今昔,或潸然持觞而酹,反袂而歌云：春雨潇潇江上村，绿林豪客夜知闻，他时不用相回避，世上如今半是君。'《唐音癸签》卷二九，谓无此事，曰："李涉井栏砂赠诗一事，或有之，至此盗归而改行，八十岁后遇李汇征，自署姓名为韦思明，备诵涉他诗，沥酒酹涉，则《云溪友议》所添蛇足也。唐人好为小说，或空造其事而全无影响，或影借其事而更加缘饰，即黄巢尚予一禅师号，为伪造一诗实之，况此小小夜劫乎？"

今按：其事为李涉否，并不重要，此类庄居豪客，可能是当时一种甚为普遍的情况，如李白《扶风豪士歌》所谓"扶风豪士天下奇，意气相倾山可移"者，李卓吾《焚书》谓其为坐地分赃："唐李涉《赠盗》诗曰：'相逢不用相回避，世上如今半是君。'刘伯温《咏梁山泊分赃台》诗云：'突兀高台累土成，人言暴客此分赢，饮泉清节今寥落，何但梁山独擅名？'《汉书》云：'吏皆虎而冠。'《史记》云：'此皆劫盗而不操戈矛者。'李卓吾曰：此皆操戈矛而不畏官兵捕盗者。"（卷五《李涉赠盗者》）故这里所谓世上如今半是君，当非虚语。

《通鉴》卷二三〇云，山南地薄民贫，自安史以来，盗贼攻剽；又云骆谷为盗所扼。卷二三一复载韩滉运米至行在，每艘船置五弩手以为防援，有寇则扣舷相警，始得安然运抵渭桥，则其猖狂可知。李公佐《谢小娥传》云："小娥嫁历阳侠士段居贞。居贞负气重义，交游豪俊；小娥父畜巨产，隐名商贾间，常与段婿同舟货，往来江湖。时小娥年十四，始及笄。父与夫俱为盗所杀，尽掠金帛。段之弟兄、谢之甥侄，与童仆辈数十，悉沉于江。"更是个活生生的例子（唐代江贼，另详杜牧《樊川集》卷十一《上李太尉论江贼书》）。

行劫不免要杀人，但杀人却未必定为剽劫。尤其侠客杀人，不一定要有什么理由，因为他们的"不平事"，乃是广义的"看不顺眼"；因此，"三杯弄宝刀，杀人如剪草"，"笑尽一杯酒，杀人都市中"，便成为他们行为的特征。①至于被侠所豢养的食客、死士、亡命、刺客，更有以杀人为职事者，所谓交友借躯报仇。韩偓《金銮密记》云武则天时，周黔府都督谢祐凶险忍毒，于平阁上卧，婢妾十余人同宿，夜不觉，刺客截祐首去；后曹王破，家簿录事，得祐头漆之，题谢祐字，以为秽器，方知王子令刺客杀之。

《通鉴》卷二三九元和十年："李师道素养刺客奸人数十人，厚资给之。其人说师道曰：'用兵所急，莫先粮储。今河阴院积江淮租赋，请潜往焚之。募东都恶少年数百，劫都市、焚宫阙，则朝廷未暇讨蔡，先自救腹心，此亦救蔡一奇也。'师道从之。自是所在盗贼窃发。""所养客说李师道曰：'天子所以锐意诛蔡者，元衡赞之也，请密往刺之。'……六月癸卯，元衡入朝……贼执元衡马行十余步而杀之，取其颅骨而去。"都是在政治斗争中活动的刺客。但有些刺客并不参与政治活动，例如《酉阳杂俎》前集卷九的卢生，善黄白之术，便自称："某，刺客也。……某师，仙也，令某等十人，索天下妄传黄白术者杀之。"

行劫、杀人以外，藏活亡命，也是游侠的重要条件。《广记》卷一九四引《独异志》云："有万年尉侯彝者，好尚心义，尝匿国贼。御史推鞫理穷，终不言贼所在。"我们只要回想上文所举周简老、魏贞一类侠客的行谊，就知道《广记》将侯彝归入豪侠类，甚有道理。对于所藏活者，他们不仅为之守密，且供养丰厚。如周简老，不但把表妹嫁给周皓，且赠金百余千，令游江淮。不如此，不足以表现其侠气。至于绿林，当然更是逋逃之薮了。

---

① 欧阳修尝与人行酒令，各作诗二句，皆须犯死罪者，一云"持刀哄寡妇，下海劫人船"，一云"月黑杀人夜，风高放火天"，欧云"酒粘衫袖重，花压帽檐偏"。一座不解，欧云："当此之时，凡死罪无不敢者。"这个故事，可以用来解释这里所提出的现象。

但是，藏活亡命不像行劫杀人可以获致厚利，也非恒有之事，故游侠的行为类型不应把它算计在内，反而是像《五代史》所记王建少时无赖，以屠牛盗驴贩私盐为事，里人谓之"贼王八"，这一类行为，才是游侠的行为模式之一。

有些家畜丰厚的游侠，不一定要打劫杀人，也不必贩卖私货，便只有在行为上"斗豪"，而构成侠客平时生活上一大特色。这种斗，小焉者例如赌博、斗鸡、走狗、射猎、争风；大焉者，则可以《朝野佥载》所述彭闼、高瓒之事为例。

唐贞观中，恒州有彭闼、高瓒二人斗豪。于时大酺，场上两朋竞胜：闼活捉一豚，从头刲至顶，放之地上仍走；瓒取猫儿从尾食之，肠肚俱尽，仍鸣唤不止。闼于是乎帖然心伏。

沈亚之《冯燕传》所云"燕少以意气任侠，专为击球斗鸡戏"，殆亦此类。韩愈的从兄弟韩开封，亦然。韩愈撰《四门博士周况妻韩氏墓志铭》云开封"卓越豪纵，喜酒色狗马"，大抵可以看作唐代游侠一般的生活通相。在这种情形下，杀人行劫也是可以理解的。

《唐人说荟》卷五引张鷟《耳目记》，甚至记载一则惨事，云：

> 隋末，深州诸葛昂，性豪侠。渤海高瓒闻而造之，为设鸡豚而已。瓒小其用，明日大设，屈昂数十人，烹猪羊等长八尺，薄饼阔丈余，裹馅粗如庭柱，盘作酒杯行巡，自作金刚舞以送之。昂至后日，屈瓒所僚客数百人，大设，车行酒，马行炙，挫碓斩脍，硙辁蒜齑，唱夜叉歌狮子舞。瓒明日，复烹一奴子十余岁，呈其头颅手足，座客皆喉而吐之。昂后日报设，先令美妾行酒，妾无故笑，昂叱下，须臾蒸此妾坐银盘，仍饰以脂粉，衣以锦绣，遂擘腿肉以啖。瓒诸人皆掩目。昂于奶房间撮肥肉食之，尽饱而止。瓒羞之，夜遁而去。

其野蛮残酷的斗豪行为，简直不可思议。然而，这就是侠的传统。

李翱《题燕太子丹传后》云："燕丹之心，苟可以报秦，虽举燕国而不顾，况美人哉！"即指《燕丹子》中，有一段与诸葛昂类似的行为："太子为置酒华阳之台，酒中，太子出美人能琴者。荆轲曰：好手琴者。太子即进之。轲曰：'爱其手耳。'太子即断其手，盛以玉盘奉之。"此固非斗豪，然其草菅人命，则无二致。

（三）侠与知识阶层的关系

总括以上所述，唐代的侠，基本上似乎仍保留着汉魏南北朝游侠的传统，无论在意识、行为、分布上，与汉魏南北朝之侠，并无太大差异。这当然是因为唐代的历史性格使然。但是，唐代虽是汉魏南北朝整个历史与文化的总结，却也是开展宋元明文化的枢纽转变期，因此唐代的侠，也确实有几点值得特别注意的地方。譬如所谓贵游少年之中，便有强宗豪右出身和世勋亲贵出身的差别；熟悉唐史的人都知道：由姓望地望而来的社会地位，和由政治权力关系而来的地位，两者积不相容。《酉阳杂俎》所载周皓和紫裘少年的冲突，很微妙地暗示了这个问题。

其次，街肆恶少的势力，膨胀得极为厉害。坊正亭驿，乃是地方上的领袖或安宁监督者，但其本身却可能是游侠。这种情形，在汉代固然也有，但汉代集中于京师，唐则遍及诸城市。这也必然与唐代城市发达、市民阶层兴起有关。

须知侠本非农耕务实之士，而是都市社会的产物，因为都市中冒险的机会较多，对声色欲望的刺激，也远胜于农村。春秋战国时期，商业都市渐次形成，邯郸、咸阳，便成为游侠集中之地；汉之都市，益具规模，故侠少也麇集于其中，所谓"长安炽盛，街间各有游侠"。

到了唐代，街肆恶少的势力，日趋膨胀，当然更是理所必致的了。

《剧谈录》尝谓"京师多任侠之徒"(《广记》卷一九六引),骆宾王诗"倡家桃李自芳菲,京华游侠任轻肥",卢照邻诗"长安重游侠,洛阳富财雄",皆指此而说。①

然而,最重要的犹不在此,而在于知识分子的态度和行为。

和东汉一样,游侠和士的关系极为密切。士的行为通常是以侠为典范、为楷模的。但是他们对剃头刺青的街坊无赖并无好感,只一意想效仿贵游子弟的风流倜傥。可惜裘马轻肥、千金一博的场面,又多半非寻常士子所能负担,故李白"羞逐长安社中儿,赤鸡白狗赌黎栗。弹剑作歌奏苦声,曳裾王门不称情"(《行路难》之二)、孟郊"自叹方拙身,忽随轻薄伦"(《灞上轻薄行》)之类嗟叹,乃是必然的结局。李颀说得好:"小来托身攀贵游,倾财破产无所忧。暮拟经过石渠署,朝将出入铜龙楼。结交杜陵轻薄子,谓言可生复可死。一沉一浮会有时,弃我翻然如脱屣。……早知今日读书是,悔作从来任侠非。"(《缓歌行》)他们对于任侠行为,真是又羡嫉又悔叹哪!

话虽如此,知识分子而为侠者,依然不少。《北梦琐言》载:"唐进士赵中行家于温州,以豪侠为事。"即是一例。这是游侠风气下,知识分子第一种表现形态:成为游侠。

第二,知识分子也许不成为真正的侠,但在整个游侠风气浸润之中,士也长期保持着"游"的心态。这一点极为重要,因为唐代已经统一南北,政治上根本丧失了春秋战国那种游士游说的局势和条件,但是唐代士人,仍以干谒和游行作为主要进身方式。像陈子昂和李白,便是初期以游侠行为干谒"诸侯"的典型,以致形成后来投卷的风气和奔走藩镇的流弊。

---

① 唐代都市商业的发展和市民阶层的兴起,详龚鹏程《江西诗社宗派研究》(文史哲,一九八四)第二卷。

任华《告辞京尹贾大夫书》云：

> 昔侯嬴邀信陵君车骑过屠门、王生命廷尉结袜，仆所以邀明公枉车骑过陋巷者，窃见天下有识士，品藻当世人物，或以君恃才傲物；仆故以国士报君，欲浇君恃才傲物之过而补君之阙。乃踌躇不我顾，意者耻从卖醪博徒游乎？昔平原君斩美人头、造躄者门，宾客由是复来。今君犹惜马蹄不我顾，仆恐君之门客，于是乎解体。（《全唐文》卷三七六）①

通篇以侠客之道相砥砺，勉人以侠，而自居食客，讲得再明白不过了。与杜牧《上宰相求湖州》三启，口吻颇为类似（见《樊川集》卷十六）。唐代文士之衣食及名声，多是仰赖这种方式而来，韩愈《与李翱书》云："仆在京城八九年，无所取资，日求于人，以度时月。"李观《与吏部奚员外书》云："昨者有《放歌行》一篇，拟动李令公徼数金之恩；不知宰相贵盛，出处有节，扫门之事不可复迹；俯仰吟惋，未知其由。"（《全唐文》卷五三二）概属前者。

袁参《上中书令姚公元崇书》云："参将自托于君以重君，请以车轨所至、马首所向，掩君之短、称君之长。若使君遭不测之祸，参请伏死一剑以白君冤；若使君因缘谤书，卒至免逐，则参以三寸之舌，抗义犯颜，解于阙廷；朝廷之士议欲侵君，则参请以直辞先挫其口，眦血次污其衣；使君千秋万岁后，门阑卒有饥寒之虞，参请解裘推哺，终身奉之。参于君非有食客之旧、门生之恩，然行年已半春秋，金尽裘敝、唇

---

① 另参《唐摭言》卷二"恚恨"条、卷四"师友"条"毛杰《与卢藏用书》"一段、卷六"公荐"条"王泠然上书"一段、卷七"知己"条"李翱《感知己赋序》"一段。

腐齿落，不得成名；独念非君无足依，故敢以五利求市于君。"（同上卷三九六）此类，属诸后者。

从他们的说辞中，我们可以发现无论是干谒游说的方式、讲议的内容、彼此关系的处理，完全是游侠式的，不动之以言辞，则威之以利刃，三寸舌和三尺剑，实在难以厘分。他们从战国游侠那里得到历史的经验，从汉末名士那里得到行为的榜样，从当代侠者报恩仇和求知己的行为中，得到鼓舞和滋润，所以精神意态，愈来愈有纵横策士的气息了。

从李白"十五好剑术，遍干诸侯"，"喜纵横术，击剑，为任侠"开始，知识分子为侠客行，便与纵横脱不了干系。李白读书匡山时，他的老师赵蕤，就是一位"善为纵横学，著书号《长短经》"的人（《唐诗纪事》卷十八）。韩愈《与凤翔邢尚书书》，沈钦韩也说它"颇似苏张诡靡之说"[1]；三上宰相书，张子韶更曾评论为："乃复自比为盗贼管库，且云大其声而疾呼矣，略不知耻，何哉？"至于那位托身游侠的孟郊，《答韩愈李观别因献张徐州诗》，更是说："祢衡投刺游，王粲吟诗谒。高情无遗照，明抱开晓月。在土不埋冤，有仇皆为雪……欲识丈夫心，曾向孤剑说。"不仅如此，连韩愈那样尚须干求乞人的人物，也还有人来请他做信陵君，可见游侠养士的向往，对当时知识分子的精神、思想、行为，有多么大的影响力。

通过这样的影响力，唐代士人自然表现出一种纵横市利的面貌，无所谓廉耻与价值。此处不留爷，自有留爷处，游走于朝廷和诸藩镇之间，《通鉴》卷二三〇载德宗对他们的批评："近有卑官自山北来者，率非良士；有邢建者，论说贼势，语最张皇，察其事情，颇似窥觇。"实

---

[1] 马其昶《韩昌黎文集校注》卷三引沈钦韩《韩集补注》说。

在非常中肯。

以韩愈为例,他自己在《顺宗实录》中,说李实恃宠强愎、紊法蠹政、聚敛征求,且陵轹公卿、毙踣百姓,故遭贬谪时,市里欢呼。但他在上书李实时,却不如此说,而谀之曰:"所见公卿大臣不可胜数,未见有赤心事上、忧国如家,如阁下者。老奸宿赃,销缩摧沮,魂亡魄丧,影灭迹绝。""谨献所为文两卷凡十五篇,非敢以为文也,以为谒见之资也。进退惟命,愈恐惧再拜。"①

在这里,还有什么道德理性可说?还有什么价值意义存在?然而,这就是唐代知识人最真实的一面,侠气纵横的结果。故《唐诗纪事》卷五八云:"自贞元后,唐文甚振,以文学科第为一时之荣。及其弊也,士子豪气骂吻,游诸侯门,诸侯望而畏之。……当时诸侯争取誉于文士,此盖外重内轻之芽蘖。……其后如李山甫辈,以一名第之得失,至挟方镇,劫宰辅,则又有甚焉者矣。"②

而且,假若根据《云麓漫钞》所载:"《西京杂记》:京兆有古生尝学纵横,揣摩弄矢摇丸樗蒲之术,为都掾吏,四十余年。善訑谩二千石,随以谐谑,皆握其权要而得其欢心。"则似乎纵横之学从汉朝以后,便包括许多杂技谐谑,以及结要当道的技术了。唐人之所谓学纵横者,

---

① 见韩愈《上李尚书书》(文集卷三)。
② 《唐诗纪事》卷四七:"李播以郎中典蕲州,有李生携诗谒之。播曰:此吾未第时行卷也。李曰:顷于京师书肆百钱得此,游江淮间二十余年矣,欲幸见惠。播遂与之,因问何往?曰:江陵谒表丈卢尚书。播曰:公又错也,卢是某亲表丈。李惭悚失次,进曰:诚若郎中之言,与荆南表丈,一时乞取。再拜而出。"卷五一:"杨衡初隐庐山,有盗其文登第者。衡因诣阙,亦登第。见其人,盛怒曰:一一鹤声飞上天在否?答曰:此句知兄最惜,不敢偷。衡笑曰:犹可恕也。"唐人投卷风气之恶滥,简直难以殚述,像此类冒袭他人作品的情形,只是其中一端。所以到了后来,因投文而得赏识的情形也逐渐减少了,同上书卷五四引李昭象诗"投文得仕而今少",所谓今,指咸通年间,即是一例。

盖即如此(《云麓漫钞》把它跟参军戏结合起来讨论,也可能对有关戏剧之起源问题,提供另一条线索)。

这些纵横射利、干进取名的知识分子,彼此之间,自然也像游侠一样,有气类之感,且喜标榜,例如竹溪六逸、饮中八仙、大历十才子之类,《唐摭言》卷四:"卢江何长师、赵郡李华、范阳卢东美,少与韩衢为友,江淮间号曰四夔。"卷二:"合肥李郎中群,始与杨衡、符载等同居庐山,号山中四友。"卷三:"南院主事郑容,中书门下张良佐,并士参为三绝。"卷九:"咸通中,自云翔辈凡十人,今所记者有八,皆交通中贵,号芳林十哲。"《通鉴》卷二三六云:"大抵叔文依伾,伾依忠言,忠言依牛昭容,转相交结。""外党则韩泰、柳宗元等,谋议唱和,日夜汲汲如狂,互相推奖,曰伊、曰周、曰管、曰葛,偶然自得,谓天下无人;荣辱进退,生于造次,惟其所欲,不拘程序。""于是叔文及其党十余家之门,昼夜车马如市。"唐代的朋党,便是这样形成的。当时士大夫赞美刘三复之能将李德裕榇归葬洛中,而斥白敏中之以怨报德,原因也在于此。

另外,《通鉴》卷二三五又云:"初,阳城自处士征为谏议大夫,……人皆想望风采。……而城方与二弟及客日夜痛饮,人莫能窥其际,皆以为虚得名耳,前进士河南韩愈作《争臣论》以讥之,城亦不以屑意。有欲造城而问者,城揣知其意,辄强与酒;客或时先醉仆席上,城或时先醉卧客怀中,不能听客语。"其行为殆与汉之陈遵无异,且也有客。

这种宾客、门客,是唐代重要的习气。袁参所谓食客之旧,任华所谓君之门客,概属此类。李观《与房武支使书》:"足下诚肯彻重味于膳夫,抽月俸于公府,实数子之囊,备二京之粮,则公之德声日播千里,鲁卫之客争趋其门。"(《全唐文》卷五三三)更可以看出居上位者以衣食市恩、揽宾客以自固的情形。

《通鉴》卷二一九云："房琯喜宾客，好谈论，多引拔知名之士。"卷二二〇又云："房琯既失职，颇怏怏，多称疾不朝，而宾客朝夕盈门，其党为之扬言于朝云：琯有文武才，宜大用。"足证此风不自中唐以后藩镇始，而应从游侠传统中寻求根源。因为他与游侠拥结徒众宾客的情形，是完全一样的。《酉阳杂俎》说"都亭驿有魏贞，有心义，好养私客"，即属此一原理。

如果说纵横游说，代表唐朝知识分子向上位者的活动；朋党交结、标榜揄扬，代表平列的活动；豢养私客，就是对下的活动。而这一切活动，则都是浸润在游侠风气中逐渐成形的。

第三，唐代知识分子行为既然深受游侠风气的影响，则唐代的侠风当然也就是唐代的士风了。唐代士风之坏，夙有定评。①但是士人的豪侈浮华、斗鸡、走马、宿娼，不正是游侠的行为吗？《开元天宝遗事》云："长安在平康坊，妓女所居之地，京都侠少萃集于此，兼每年新进士以红笺名纸游谒其中，时人谓此坊为风流薮泽。"《唐诗纪事》卷六四："陆龟蒙居震泽之南，巨积庄产，有斗鸭一栏。"《唐摭言》卷三："曲江大会比为下第举人，其筵席简率……尔来渐加侈靡，皆为上列所据。向之下第举人，不复预矣。所以长安游手之民，自相鸠集，目之为'进士团'。"……都可以证明士风即由侠风而来。故士若不得意，即为游侠以沽誉，如崔涯、张祜之流；若得意，则仕进为大夫，如李白、郭元振等是。在这种情况下，像黄巢屡举进士不第，遂挺身为盗，也是不足为奇的。

---

① 唐代士风，参钱穆《纪唐文人干谒之风》（收入《中国文学讲演集》页一〇七）、台静农《论唐代士风与文学》（《文史哲学报》十四期）、龚鹏程《江西诗社宗派研究》第二卷。

第四，知识分子与侠的关系过于紧密，对侠本身的传承和发展，也必然会产生若干影响。原来的侠，有一部分便因此而转化为知识阶层中人，知识理性与原始侠情对扬激搏的结果，固然知识分子深染侠风，侠的理性化行为成分也相对地增加了。韩愈《送董邵南序》说："燕赵古称多感慨悲歌之士，董生举进士，连不得志于有司，怀抱利器，郁郁适兹土，吾知其必有合也。董生勉乎哉！夫以子之不遇时，苟慕义强仁者皆爱惜焉，矧燕赵之士出乎其性情者哉。然吾尝闻风俗与化移易，吾恶知其今不异于古所云耶？聊以吾子之行卜之也。董生勉乎哉！吾因子有所感矣，为我吊望诸君之墓，而观于其市，复有昔时屠狗者乎？为我谢曰：'明天子在上，可以出而仕矣。'"最能表现当时知识分子企图使侠客趋向理性化行为的倾向。

这种企图，使得侠的本质开始转化，到了宋代，原始气力盲昧的侠风，乃逐渐为理性价值的公众侠义所取代，侠义内容及其精神，也从私人利害意气感激，变成公众集体之价值正义；除暴安良的侠客形象，与唐代以前那种"积恶凶暴，好游侠"（《后汉书·郎𫖮传》）的狰狞面貌，迥然不同。

当然，另外也有一部分侠者拒绝这样的转化，不愿意为社会、为国家贡献出力量，而笃意于原有侠义的传承。重私人之间的然诺恩仇，甚于公众的利益和秩序；保持着眦睚杀人、亡命作奸的传统，其原始性质遂也因此而愈发增强了，逐渐趋向神秘化，而成为剑侠。

三　唐代的剑侠

（一）剑侠的行为特征

剑侠，在唐代并无固定的名称。或称剑客，如《通鉴》卷二五四"宰相有遣剑客来刺公者，今夕至矣"；或称侠刺，如《上清传》云"卿交通节将，蓄养侠刺"。又或通称为刺客。①他们和一般的侠并不相同，其活动亦不相涉，且多异能奇术，非常人所能知。我尝试归纳他们的行为特征，稍做说明。其中有些行为，对于我们辨识唐代的游侠，也有若干帮助。

1. 飞天夜叉术

《酉阳杂俎》前集卷九《盗侠》："或言刺客，飞天夜叉术也。韩晋公在浙西时，瓦官寺因商人无遮斋，众中有一少年请弄阁，乃投盖而上，单练鬘履膜皮，猿挂乌跂，捷若神鬼。"②这种飞天夜叉术，类似后世之所谓轻功。同卷又载盗僧之子飞飞与韦生搏斗时，"跳在梁上，循壁虚蹑，捷若狝猱"，也是此术。《太平广记》卷一九三引《原化记》述车中女子事，亦云女子座中诸后生，"有于壁上行者，亦有手撮椽子行者，轻捷之戏，各呈数般，状如飞鸟"。其他如裴铏《传奇》载昆仑奴磨勒，能"负生与姬，而飞出峻垣十余重"，"持匕首，飞出高垣，瞥若翅翎，疾同鹰隼，攒矢如雨，莫能中之，顷刻之间，不知所向"；聂隐娘"能飞，使刺鹰隼，无不中"；《剧谈录》载三鬟女子能"疾若飞鸟"，上下慈恩塔；《集异记》载贾人妻"挈囊逾垣而去，身如飞鸟"；《北梦琐言》谓齐己于滞山松下遇一僧"于头指甲下抽出两口剑，跳跃凌空而去"等皆是。

---

① 此处并不是说侠刺、剑客、刺客，就是剑侠；只是说剑侠并无固定名称，而且可能属诸侠刺、剑客、刺客而已。
② 夜叉，为梵语，捷疾鬼也。《维摩经》注："什曰：夜叉有三种，一在地，二在虚空，三天夜叉也。"南北朝时，有以夜叉为名者，如北魏元叉即是。罗振玉《松翁近稿跋》："传称叉字伯俊小字夜叉，传中载咸阳王禧子树《在梁遗公卿百僚书》有元叉本名夜叉、弟罗实名罗刹语。"赵万里《汉魏南北朝墓志集释》亦云："《魏书》、《北史》及近出《元玕墓志》俱作叉，乃小字夜叉之省，著其初名。"以夜叉、罗刹为名，殆与当时佛教背景有关。又，唐张读《宣室志》卷三，记江南吴生之妻为夜叉，亦可参看。

按：据《广记》卷四十所引《北梦琐言》逸文所载，"唐乾宁中，云安县汉城宫道士杨云外，常以酒自晦，而行止异常，前进士钱若愚甚敬之……虔诚敛衽而白之曰：师丈，小子凡鄙，神仙之事，虽聆其说，果有之乎？杨曰：有之，我即其人也。若示以飞空蹑虚、履水蹈火，即日有千万人就我，不亦烦亵乎？因腾跃上升，冉冉在空中。"剑侠之飞腾虚蹑，可能就是唐代方术的一种，与杨云外之飞空蹑虚相似。但是血肉之躯，梁上疾行、循壁虚蹑，固然甚为可能；飞若鹰隼，却难以想象。据我们的看法，其中应当掺杂了若干障眼法或辅助器材。

这种器材，最主要的就是绳索。《原化记》所述崔慎思故事，曾说"忽见其妇自屋而下，以白练缠身"（《广记》卷一九四引）；记车中女子也说："仰望，忽见一物如鸟飞下，觉至身边，乃人也。听其声，则向所遇女子也。以绢重系此人胸膊讫，绢一头系女人身。女人耸身腾上，飞出宫城，去门数十里乃下。"（同上卷一九三引）

他们之所以能飞腾，仰赖布帛绳索，殆无疑义。绳技，本是唐代最流行的游艺活动，封演《闻见记》卷六说："绳技，先引长绳两端属地，埋辘轳以系之；辘轳内数丈，立柱，绳之直如弦。然后伎女以绳端蹑足而上，往来倏忽之间，望之如仙。"这些踏索戏耍的妙龄少女，经常在索上跳丸击剑，故刘言史《观绳伎》诗说："两边丸剑渐相迎，侧步交身何轻盈。"

《原化记》所载那两位女子的绳技，应该就是从这里演变出来的。因为若只是寻常绳技，人所习见，不足惊讶，但绳技若能玩到这种地步，就出神入化了："囚曰：'众人绳伎，各系两头，然后于其上行立周旋。某只消一条绳，粗细如指，五十尺，不用系着，抛向空中，腾掷反复无所不为矣。'官大惊悦。明日，吏领至戏场，此人捧一围绳计百尺余，置诸地……后乃抛高二十余丈，仰空不见端绪。此人随绳运手，寻身足离地，抛绳虚空，其势如鸟，旁飞远扬，望空而去。"（《广记》一

九三引《原化记》）

这个故事,《广记》收入豪侠类,非常正确。剑侠之虚空飞躍,大抵如此。这套技术,至宋犹有存者,王铚《默记》云晏元献守颍州时,有歧路人献技,即是此艺。可是它飞空而去,不知所在以后,晏殊却认为是妖术,闭门大索,终于发现这个"妖人"幻化为马柱而捕获了。可见此术亦非别有神奇,只是加上了一些障眼法(所谓幻术)。我也曾听友人王三庆说,他在南京夫子庙前,即看过这样的表演。旧版《大侠》更曾收录过一张照片,是一位印度术士卡拉奇在一九五三年一月间表演的绳技,空绳直立上升。足证其术至今尚有存者。

从绳技的来源看,它结合着若干幻术,也是非常自然的事,因为绳技起于东汉,《晋书·乐志》说:"后汉天子受朝贺,舍利从西来,戏于殿前。""以两大绳两柱头,相去数丈,两倡女对舞,行于绳上。"这位舍利,就是擅于幻术的胡人。《汉官典职仪式选用》:"天子临德阳殿受朝贺,舍利从西来,戏于殿前,激水化成比目鱼;又化黄龙八丈;又踏局曲身,藏形于斗中。"①

---

① 吞刀吐火与跳丸弄剑,同属汉魏南北朝以来社会上流行的技艺。《搜神记》:"晋永嘉中,有天竺胡人,来渡江南。其人有数术,能断舌复续,吐火,所在人士聚共观视。"《法苑珠林》卷四引王玄策《西国行传》:"婆栗阇国王为汉人设五女戏。其五女传弄三刀,加至十刀;又作绳伎,腾虚绳上,着履而掷,手弄三仗刀楯枪等,种种关伎,杂诸幻术,截舌抽肠等,不可具述。"《太平御览》卷七三七引崔鸿《北凉录》:"元(玄)始十四年七月,西域贡吞刀吐火秘幻奇伎。"《抱朴子·辨问篇》:"使之跳丸弄剑、逾锋投狭、履绍登幢、摘盘缘案。"《魏书·乐志》:"(天兴)六年冬诏太乐总章鼓吹,增修杂伎,造五兵、角抵、麒麟、凤皇、仙人、长蛇、白象、白虎及诸畏兽、鱼龙、辟邪、鹿马、仙车、高絙百尺、长趫、缘橦、跳丸、五案,以备百戏,大飨设之殿庭,如汉晋之旧也。"《洛阳伽蓝记》卷一:"吞刀吐火,腾骧一面;彩幢上索,诡谲不常";"飞空幻惑,世所未睹;异端奇术,总萃其中"。这些记载,不仅可让我们明了此类技艺在唐代的渊源,也可以推勘幻术和绳技的关联。服部克彦《続北魏洛陽の社会と文化》(密涅瓦书房[シネルヴァ書房],一九六八)第二部"文化编"第一章《北魏洛陽における宮廷百戲とその芸能》对此也略有讨论。

2. 幻　术

踏局曲身、藏形于斗中的幻术，其实也正是剑侠所擅长的。譬如裴铏《传奇》里叙述的聂隐娘，便充满了各种幻术：剪纸可以化作墨白二驴；隐娘可以化为蠛蠓，潜入人之腹中；又能与精精儿化作红白二幡搏斗。所以宋罗烨《醉翁谈录·甲集·小说开辟章》，叙录宋代话本，即将《聂隐娘》一篇著于妖术类。后人因其幻怪太甚，颇疑其事。

如王梦鸥《唐人小说校释》以为："唐世刺客，颇宣传于元和之世，如《集异记》之崔慎思、《原化记》之贾人妻，皆以女流为刺客，其断取人头，来去如风。此说既行，而后出转精，降至晚唐，宜有《聂隐娘》篇集其大成也。因其情节诡异，《广陵妖乱志》曾用以充吕用之之诈术，又因其能缘饰以史事，使沈作喆竟信'唐时犹有侠客游于世'（见《沈氏寓简》卷九），岂非文人撰述之效乎？"[①]他基本上不肯相信唐代真有类似贾人妻、聂隐娘之类的剑侠，认为是因文人故弄狡狯而使后人误以为真有其事。

但，这一类剑侠的叙述，并不全属文人小说幻构，要全盘否认其事，根本不甚可能；而且像贾人妻、崔慎思等事，在唐代的社会条件下，也如上文所分析，其技艺乃是非常可能的，不全属虚构的幻想，诸如聂隐娘之类幻术，更是如此。《酉阳杂俎》续集卷三，曾说坊正大侠张和，素以幻术掠人。可见侠客使用幻术，在唐并非罕见事。

同书前集卷九，又载韦行规少时游京西，店前老人戒止夜行，韦不听，果然天黑时，有人草泽中跟踪他，韦不断射箭，虽射中，而盗不退。后来韦生退返店中，老人正在箍桶，出示桶板一版，昨夜韦所射的

[①] 王梦鸥《唐人小说校释》（正中书局，一九八三）上册，页三〇三。又其书页二八九亦云："聂隐娘之后，又接以红线，其行事诡异，颇有别于以膂力角胜之徒；岂非当时茌弱书生欲托道术以文其所短，乃作此奇幻之谈乎？"王氏这种看法，我完全无法同意。

箭，都着在板上。这也是幻术之一。

《汉书·张骞传》载，大宛诸国，"以大鸟卵及犁鞬眩人献于汉"，颜师古注："眩读与幻同，即今吞刀、吐火、植瓜、种树、屠人、截马之术皆是也。"更可证明幻术在唐甚为流行，剑侠只不过运用得较为巧妙而已。这是因为他们与僧道术士关系密切的缘故。譬如聂隐娘剪纸化作黑白双驴，就跟《酉阳杂俎》前集卷五所载得如幻三昧的梵僧难陀，以三支筇杖幻作三位尼姑相似。①

3. 神行术

读《水浒》者，无不知有神行太保；读唐人小说，也无不对妙手空空儿和红线夜行千里的神技魂移目骇。历史上确实有能够日行千里的奇人，如《旧五代史》说杨行密每日能行三百里，《金史·额尔古纳传》谓其"善驰驿，日能行千里。天会八年，从宗翰在燕，闻余睹反，宗翰令驰驿往探；额尔古纳黎明走天德，及至，天未曛也"。

唐人所记载的剑侠，技艺之神，又在杨行密、额尔古纳之上，如妙手空空儿"才未逾一更，已千里矣"，红线"夜漏三时，往返七百里"；《剧谈录》载田膨郎"勇力过人，且善超越，苟非便折其足，虽千兵万骑，亦将奔走"，小仆"南军去左广，往复三十余里，入夜且无行伍，既而倏忽往来"（《广记》卷一九六）；《三水小牍》载卢龙塞人李龟寿刺杀白敏中，被发现，"明日诘旦，有妇人至门，服装单急，曳履而抱持

---

① 《旧唐书·音乐志》："大抵散乐杂戏多幻术。幻术皆出西域，天竺尤甚。……能自断手足，刳剔肠胃。"张鷟《朝野佥载》："河南立德坊及南市西坊，皆有胡祆神庙，每岁商胡祈福，烹猪杀羊，琵琶鼓笛，酣歌醉舞。酬神之后，募一胡为祆主，看者施钱并与之，其祆主取一横刀，利如霜雪，吹毛不过，以刀刺腹，刃出于背，仍乱扰肠肚流血。食顷，喷水咒之，平复如故。此盖西域幻法也。"又《后汉书·陈禅传》："永宁元年，西南夷掸国王献乐及幻人能吐火，自支解，易牛马头。"都指出了幻术和西域、西南夷、天竺的关系。

褴褛,请于阍曰:幸为我呼李龟寿。龟寿出,乃其妻也,且曰:讶君稍迟,昨夜半自蓟来相寻"(同上)。白敏中所居在西京永宁里,蓟在范阳节度使治,半夜而至,显然也是神行术。为什么说是术,而不是说轻功超纵之技呢?

因为根据我们理解,像杨行密、额尔古纳的驰驿,固然纯凭体力技能,唐代剑侠的神行,却只是当时的一种怪术。《酉阳杂俎》前集卷五曾载一事云:"元和末,监城脚力张俨,递牒入京。至宋州,遇一人,因求为伴。其入朝宿郑州,因谓张曰:'君受我料理,可倍行数日。'乃掘二小坑,深五六寸,令张背立,垂踵坑口,针其两足。张初不知痛,又自膝下至骭,再三捋之,黑血满坑中。张大觉举足轻捷,才午至汴,复要于陕州宿,张辞力不能。又曰:'君可暂卸膝盖骨,且无所苦,当日行八百里。'张惧,辞之。其人亦不强,乃曰:'我有事,需暮及陕。'遂去,行如飞,顷刻不见。"

所谓剑侠,可能都施行过这类手术,因此行踪飘忽,给人"黄昏风雨黑如磐,别我不知何处去"(贯休《侠客》诗)的感觉。俞樾《茶香室续钞》卷廿一引明沈德符语谓:"万历初,蒲坂张凤磐相公家有一仆,陈姓,善走,一日能八百里。盖跻捷天赋,非有他术。近日吴中有一顾姓者,得异人传授,一日夜可千里。为忌者夺其囊中一小铁船去。夺者又不得其秘咒,亦无所用之。"所讲的情况,与唐代相同。

但善于神行者,未必定是剑侠,如前举田膨郎故事中的小仆就是,王敬弘问他:"我闻世有侠士,汝莫是否?"他答:"非有此事,但能行耳。"这话应该不假,因为它符合当时术士的行为。

4. 用 药

聂隐娘故事中,曾两次出现一种化骨药水:"白日刺其人于都市,人莫能见；以首入囊返主人舍，以药化之为水","精精儿已毙，拽出于堂之下，以药化为水，毛发不存矣"。这种药物，并非纯然虚构的。《酉阳杂俎》前集卷七说："王玄策俘中天竺王阿罗那顺以谐阙，兼得术士那罗迩婆，言寿二百岁。""言婆罗门国有药名畔茶佉水，出大山中石臼内。有七种色，或冷或热，能消草木金铁，人手入则消烂。"这种无机酸，又见《新唐书·西域传》。欧洲在六百年后也有记载。聂隐娘的师傅是尼姑，可能即得自中天竺。①

5. 断人首级

剑侠杀人，必割首级以去。王梦鸥认为这是从盗杀武元衡，批其颅骨以去而获得的灵感。② 我们则认为这是侠刺杀人的惯例，刺杀武元衡的盗侠，也不过循例行事而已。何以能如此断定呢？我们有两方面的证据，一是时代的证据，一是游侠行为的证据。

以时代来看，描述断人首级的事，除了《聂隐娘》、《虬髯客传》之外，还可见诸《集异记》所载《贾人妻》，《原化记》所载《崔慎思》、《义侠》，《北梦琐言》卷八《荆十三娘》。另外，沈亚之《冯燕传》里的冯燕，虽非剑侠而只是"以意气任侠"者，杀人也是"断其颈，遂持巾而去"。至于《甘泽谣》所载《红线传》，夜盗田承嗣金盒，更是要让田惊怖："某之首领，系在恩私。"

---

① 薛调《无双传》中的古押衙，也曾用药，但其药得自茅山道士，且非化骨药，而是"服之者立死，三日却活"的药术。古押衙应是游侠之类，与聂隐娘那样的剑侠不太一样；而茅山道士这类药术，也易使人想到剑侠何以多与僧道有关。宋吴淑《江淮异人录》专叙侠客、术士、道流等异人，其中"洪州书生"条云：成幼文洪州遇一书生，能于重门锁闭中失其所在，又能以药化人头为水，"谓成曰：无以奉报，愿以此术授君。成曰：某非方外之士，不敢奉教"。其所记唐人事也，侠为方外之士，足堪论定。另见页129注①。
② 王梦鸥《唐人小说校释》页二六五—二六六。

诸如此类，《虬髯客传》、《红线传》、《聂隐娘》皆晚出，沈亚之则恰好是元和十年盗杀武元衡时的进士，崔涯、张祜遇侠大概也在文宗开成前后。只有贾人妻和崔慎思故事时代较早。贾人妻，《广记》卷一九六注出《集异记》。而薛用弱《集异记》一书，晁公武《郡斋读书志》谓其"集隋唐间谈论之事"，是其书所录，多属当代异闻。

其中《贾人妻》一篇，李肇《国史补》也有相同的记载，并指实该女子为贞元时人。《广记》卷一九四引《原化记·崔慎思》一样，事迹与贾人妻完全相同，而也说其事在贞元中；另外《全唐文》卷七一八有崔蠡《义激》一文，记妇人复仇事与上述二文同，且云："蜀妇在长安凡三年，来于贞元廿年，嫁于二十一年。"这三桩记载，可能是同一故事的传闻异辞，也可能不是，但毫无例外地都揭明了事情发生于贞元年间。

其次，李白《东海有勇妇》诗，又指陈了另一类似的故事："东海有勇妇，何惭苏子卿。学剑越处子，超腾若流星。捐躯报夫仇，万死不顾生。""十步两跃跃，三呼一交兵。斩首掉国门，蹴踏五脏行。豁此伉俪愤，粲然大义明。北海李使君，飞章奏天庭。"诗大抵作于天宝三载十月李白游李邕北海郡时，其中也提到断人首级事。足见侠士杀人，本以断人首领为当然，初不待武元衡被杀始能知之也。①

事实上，杀人截头，以为征信，自秦汉以来皆然。但剑侠之所以为剑侠，又在于能够啖此仇人首级或心肝。《虬髯客传》云：虬髯"开革囊，取一人头并心肝，却头囊中，以匕首切心肝共食之"。宋初张齐贤《洛阳缙绅旧闻记》中曾载白万州遇剑客事，与之相似："从兄廷让，为亲事都将，不履行检，屡游行于廛市之中。忽有客谓廷让曰：剑侠尝闻之乎？……黄须于床上取一短剑出匣，以手簸弄讫，以指弹剑，铿然有

---

① 这首诗的系年，依据黄锡珪《李太白编年诗集目录》(学海，一九八〇年与黄氏《李白年谱》合刊)。

声……曰：此剑凡杀五十七人，皆惜财轻侮人者，取首级煮食之，味如猪羊头尔。"这位剑客，虽然跟张祜所遇到的剑侠一样，是诈伪诳人的；但必然是唐末五代间，剑侠烹人头而食之的风气极盛，才能以此行诈，否则诈亦何用？①

这种食人心肝或头颅的风气，非唐以前所有，而是当时特殊的侠行，其中亦有若干禁忌观念存在。《酉阳杂俎》前集卷九："李廓在颍州，获火光贼七人。前后杀人，必食其肉。狱具，廓问食人之故，其首言：'某受教于巨盗，食人肉者夜入，人家必昏沉，或有魇不悟者，故不得不食。'"这巨盗，大约即是剑侠，因为剑侠即是盗，同书（《盗侠》）一篇便是很好的证例。

6. 剑　术

正如上面所述，剑侠是环裹在一个幻术禁咒氛围里的人物，他们之所谓剑术，也是如此。这套剑术，与行军击刺或斐旻舞剑之类不同，而是一种与原始神秘信仰和法术思想相结合的巫术，主要是用匕首或短剑。

例如《酉阳杂俎》前集卷九云卢生自称："'某，刺客也，如不得，舅将死于此。'因怀中探乌韦囊，出匕首，刃势如偃月，执火前熨斗削之如札。"②据卢生所说，其师为仙，令索天下妄传黄白术者杀之，后来又能转眼间"忽失所在"。则他是个术士，殆无疑义。

又《兰陵老人》故事中，京兆尹黎乾想学剑术，老人也说："尹骨相无道气，非可遽授。"据李绰《尚书故实》说"凡学道术者，皆须有剑

---

① 《儒林外史》有《侠客虚设人头会》一回，即采此故事。《水浒》人物惯喝人心醒酒汤，大概也是从这里得到的灵感。
② 宋长白《柳亭诗话》："剑具稍短，佩于胁下者，谓之腰品。陇西韦景珍常衣玉篆袍，佩玉鞘儿腰品，酣饮酒肆。李太白识之，有诗曰：玉剑谁家子，西秦豪侠儿。谓景珍也。见陶谷《清异录》。"亦侠者佩短剑之例。

镜随身",是一种道术士的传统。而这类削铁如泥的宝剑,也只有道术之士才擅长制造。《北齐书·方伎传》云:道士綦母怀文"以道术事高祖……造宿铁刀,其法烧生铁,精以重柔锻,数宿则成钢,以柔铁为刀脊,浴以五牲之溺,淬以五牲之脂,斩甲过三十札"。

　　假如我们知道六朝隋唐间道士烧丹,是我国化学的发轫,则对他们炼钢技术如此精到,便不会惊讶难信了。事实上,如《神仙传》卷四所载孙博,"晚乃好道,治墨子之术","能引镜为刀、屈刀为镜",也必须如此理解,才能知道这时候道术早与工艺技能结合了。那些引剑变化的幻术,也是在这种原理之下创造出来的。①

　　引剑变化的幻术,可以《酉阳杂俎》前集卷九所载店前老人为例。老人不但曾把桶板一片,幻作盗匪,又让韦生"见空中有电光相逐如鞠杖,势渐逼树杪,觉物纷纷坠其前,韦视之,乃木札也。韦惊惧,投弓矢,仰空乞命,拜数十,电光渐高而灭,风雷亦息",据老人自言,这即是剑术。此种剑术,无论是从《吴越春秋》的处女或《庄子》的《说

---

① 另参李丰楙《六朝镜剑传说与道教法术思想》(收入《中国古典小说研究专集2》,联经,一九八〇,页一一二八)、胡菊人《炼钢的先驱》(收入《李约瑟与中国科学》,时报文化,一九八九,页一七〇一一七四)。此种剑术,后世犹有传者,如陈眉公《太平清话》下:"传云:天遯剑术,遯法之最高志者。乃《九国志》云:侠客剑术,皆鬼为阴物,神仙清静事异于此。"《小说证证》卷七引《蟲言》"秀水王仲瞿先生,天才横溢,又善剑术,能放掌心雷……及奇遁幻变之术"等皆是。又,据《列子·汤问》云:"周穆王大征西戎,西戎献锟铻之剑……其剑长尺有咫,炼钢赤刀,用之切玉,如切泥焉。"则似此造剑术,与西域也有关系,而沈曾植《海日楼札丛》卷五则以为:"《好吉祥最胜根本大教王经》有成就剑法,云:'持明者,用华铁作剑,长三十二指,巧妙利刃。持明者执此剑往山顶上,如前依法作大供养,及随力作护摩。以手持剑,持诵大明,至剑出光明。行人得持明天,剑有烟焰,得隐身法;剑若暖热,得降龙法,寿命一百岁。若法得成,能杀魔冤,能破军阵,能杀千人。于法生碍,定不成就。'又有圣剑成就法。又云'若欲成就剑法,及入河苏罗窟,当作众宝像,身高八指'云云。按:唐小说所记剑侠诸事,大抵在肃代德宪之世,其时密宗方昌,颇疑是其别支,如此经剑法及他诸神通,以摄彼小说奇迹,固无不尽也。"

剑》来解释渊源，都是讲不通的。唯一的解释是：幻术加上镜和火药。

除此之外，《聂隐娘》又说尼为隐娘"开脑后，藏匕首而无所伤，用即抽之"。三寸长的羊角匕首如何藏在脑中，委实难以理解，但《北梦琐言》曾载"诗僧齐己于滞山松下，亲见一僧，于头指甲下抽出两口剑"，又有一夫妇"俄自臂间抽出两物，展而喝之，即两口剑。跃起，在寂头上盘旋交击"，后来又出现一位头陀僧，也是这类剑侠（《广记》卷一九六引），足证此亦非纯属妄谈。

我们怀疑他们与上面所述那种六朝隋唐间道术方士系统的法术不同，而是属于天竺所传幻术一类，唐王榮《吞刀吐火赋》曾说："原夫自天竺来时，当西京暇日，骋不测之神变，有非常之妙术。"剑侠藏剑于脑后臂间，可能就是吞刀术的演变，并加上一些搓腹取丸之类眩眼戏法而构成的。①

将神乎其技的剑术，做这样的解释，还有一个坚强的理由，那就是现存文献中，凡是展现剑术的场面，从来没有真正伤人的，更不用说杀人了。聂隐娘的剑术神奇无匹，但那纯粹是她自己说的，真正行事时，剑术便完全遁形不见。②其他则都是表演性质，像《酉阳杂俎》里的兰陵老人，"紫衣朱鬓，拥剑长短七口，舞于庭中，迭跃挥霍，换光电激"；实在像极了《列子》书里那位"宋有兰子，以技干宋元，宋元召而使见其技，以双枝长倍其身，属其胫，并趋并驰，弄七剑，迭而跃

---

① 讨论唐代剑侠者，对于剑侠之神技，大多从传统剑士及越女、袁公，《列子》含光、承影、宵练等记载中，寻其根源。然而，这样的讨论，其实并无意义。因为剑侠虽以剑术闻名，但所惯用的乃是匕首，所以他们近于刺客而远于剑士，即使用剑，也是短剑。以幻术的观点来看，当然匕首和短剑也远较长剑方便些。另参唐蒋防《幻戏志》（收入《笔记小说大观》三编第二册）。
② 萧登福《聂隐娘之浅探》曾批评聂隐娘先前自称"白日刺其人于都市，人莫能见"，而后来隐娘之刺人及精精儿、空空儿之刺刘却都以夜至，认为是一个疏漏（《今日中国》一九七四年四月三六期）。而这个疏漏的真正原因，可能就在这里。

之"。剑术而不能真正击刺,岂不证明了它们只是戏法和幻术吗! ①

(二)剑侠的神秘性格

从以上的分析,我们可以知道:剑侠乃是唐代,尤其是唐代中叶以后特殊的产物。当时的人,对于汉魏南北朝以来传统的侠和这种新兴的剑侠,尚未能有自觉的意识划分,而仅有些模糊的感觉,感觉他们并不是一样的;对于剑侠,也有些畏惧之情。《北梦琐言》卷八载进士赵中行以豪侠为事,偶至苏州旅舍支山禅院,遇女商荆十三娘,遂同归载扬州。其友人李正郎有一爱妓,被夺。荆知其事,即以囊盛妓,并杀妓之父母予李。赵是豪侠,荆十三娘则是剑侠者流,在这里也分得很清楚。

大抵豪侠与剑侠最大的不同处在于:豪侠鹜声华、立虚誉,修行砥名,声施天下;剑侠则身份隐晦,不为人知,平时则有多种身份作隐匿,如店前的箍桶老人、商人妇荆十三娘、仆佣昆仑奴、红线等。他们只在某一时机出现,并迅即隐没在历史的背后,光影寂灭,不知所向。因此,他们每每给人带来神秘诡异的感觉。杀人喋血、来去无踪,又擅长各种飞腾虚蹑、千里疾行、电光绕激、药水化骨之术,不纯属技击拳勇的范畴,更是让人惴惴不安。

另外,剑侠也多半独来独往,不以交友结纳见长。所以汉魏以来,游侠传统中所最重视的"友道",剑侠并不太重视。他们的"气义",别属一类,例如:聂隐娘和李龟寿,都是本衔某甲之命,往刺某乙,但行藏被某乙识破,于是他们便迅速"愿舍彼而就此,服公神明也"。这不仅非汉魏南北朝隋唐游侠交谊之道,设若荆轲、豫让等刺客,被识破行

---

① 南北朝间,有跳刀掷刀之戏,如《通典》卷一四六"梁有跳剑伎",《通鉴》卷八五注"今乡落悍民两手运双刀,坐作进退为击刺之势,掷刀空中,高一二丈,以手接之",《齐书·王敬则传》"景和使敬则跳刀,高与白虎幢等,如此五六接,无不中"等,所载皆是此戏。《洛阳伽蓝记》亦云有角抵掷刀之戏。

藏后，立刻伏地叩头，唯曰死罪，并愿以余生事奉秦王及赵襄子，也是令人难以想象的事。

何以剑侠的气义会这样呢？我们推测这恐怕仍与他们诡异的身份有关。豪侠、游侠及其刺客，以任侠行相交结，自然要对彼此交道负责为优先考虑。剑侠则不然，神秘性是他们生存的第一要件，神秘的面纱一旦揭去，行事不但难以成功，本身的安全更成问题，所以他们必须在行藏败露后，立刻乞求饶命，或者立刻遁去。剑侠现形，必是惊鸿一瞥，原因在此。

正因为如此，所以我们才知道：他们的独来独往，其实也并非全无徒众，而只是为了安全。他们也有师弟授受，也有徒党。车中女子、聂隐娘、盗僧、卢生等故事，都可证明这一点。透过他们这些师徒关系，我们更能发现他们跟佛道的关联，非比寻常。此一关系，非但如前文所述，与他们的幻术深具渊源；也指出了剑侠行事时的心理状态。

聂隐娘故事说尼令隐娘刺杀某大僚，至暝，持其首而归，尼大怒曰："何大晚如是？"隐娘云："见前人戏弄一儿可爱，未忍便下手。"尼叱曰："以后遇此辈，先断其所爱，然后决之。"这种断其所爱的行事方法，在《贾人妻》、《崔慎思》等故事中亦可看到；她们甚至能杀掉自己的孩子，以免将来惹动自己的思念，既断人所爱，也断己所爱。这种态度与心理，必须明了他们对"爱"的看法，才能理解。就像《杜子春》故事，爱，在唐代的佛道信仰中，乃是必须割除的毒瘤，"恩爱害道，譬如毒药"，他们本身是修习佛道之士，当然明白这层道理。①

---

① 参龚鹏程《唐传奇的性情与结构》(《古典文学》第三集，学生书局，一九八一）。又，幻术受佛道思想的影响，另一个证据见唐佚名所撰《无能子·纪见》第八："秦市幻人，有能烈镬膏而溺其手足者，烈镬不能坏而幻人笑容焉。无能子召而问之，幻人曰：'受术于师，术能却火之热，然而诀曰：视镬之烈，其心先忘其身，手足枯框也，既忘枯框手足，然后术从之，悸则术败，此吾所以得之。'无能子顾谓其徒曰：'小子志之，无心于身，幻人可以寒烈镬，况上德乎？'"这也是老庄的功夫运用之一。

四　从文化史看侠与剑侠

（一）侠的生命情调

　　唐代，在我国历史上，性格甚为特殊。一般对于这些特殊，多从文化交流的角度来观察。但是文化交流究竟只是添加了姿彩，还是变更了骨骼呢？换穿一套衣裳、改变一些化妆方式、唱支外国小曲儿，怕是与思想文化内容都无太大关系的。唐代文化，基本上是含纳了汉魏南北朝的文化内容，尤其是北朝的政治体系、南朝的文采风流，而在意识上以重开两汉盛世自居。①游侠，就是在这样一个文化社会环境中活动的。

　　我们如果了解汉代游侠的性质和变化历程，对唐代侠客的行迹，便不难于掌握。唐初，社会与文化，一仍南北朝之旧，侠士亦然。但到了中叶，经过整个社会大变迁之后，类似东汉末叶党锢游士与游侠的关系，也重新出现了。但继此而后，它并不再走上南北朝的形态，而分化成另一类新的剑侠，与传统游侠骈行于历史之中。

　　当然，除了唐代本身历史文化的渊源和性质之外，游侠传统本身的特性，也是使得它如此绵亘不绝的因素。事实上，像战国两汉那样的侠，到了宋代依然没有太大改变；若非唐代剑侠这种新异素质的加入，

---

① 另参柯锦彦《唐人剑侠传奇及其政治社会之关系》。按：唐人这种重开两汉盛世的意识，也表现在他们对游侠的态度上。譬如我们在前面所曾一再提到的汉代募任侠少年赴边之事，本来与唐是不相干的，唐代的兵制、局势，皆与汉不同。但是唐人在肯定汉代边城游侠儿的社会和生命意义之余，自然也会有各种模仿的行为。所以在府兵制逐渐废弃时，他们也尝试过类似汉朝的办法，《历代兵制》云："天宝之后，（府兵）稍复变废，应募者皆市井无赖，未尝习兵。承平日久，议者谓兵可稍减，是时民间挟兵者有禁，子弟为武官，父兄摈而不齿；猛将精兵，皆聚集西北边。"（卷六）这些市井无赖，其实也就是令狐楚《少年行》所说"未收天子河湟地，不拟回头望故乡"的少年游侠儿。但是，这样的游侠从军，在性质上跟汉人完全不同，也是非常明显的。唐人所描述的，也只是一种历史的向往，与当时这类事况无关；边塞诗及边塞意识，时代较早，当然就更无牵连了。

可能到清代也不会有什么变化的，为什么呢？

因为侠者虽然是国家社会团体秩序的叛逆者，强调个体意志及其行为之自由，但他们却仍有属于侠者的规范和准则。侠的伦理生活，是一方面让自己成为规范的给予者，另一方面又同时成为规范的服从者。这样的人，其实并不能追寻自我，而必须在某种形式的依据（formal source）或限制中求生存；生活在固定的形态模式中，无可逃脱。其伦理生活是非人性的，因此，他们的生活底层，是痛苦的、无奈的，所谓"人在江湖，身不由己"。他们的生活与行为，乃是为了完成这些规范，至于这些规范是否为人生的价值所在，并非他们所要问的。于是，像"报"、"义"等，侠者规范中所谓的价值，往往也只是必须如此、不得不如此、怕为人所笑而如此，故价值不成为可欲的善（any desired good），人生亦缺乏意义可言。整个行为的动力与方向，事实上，即是一种轻贱生命的表示①，以至于自我抛掷在时间和空间的漫游中，毫无希望与企盼（他们一直在说他们期待知己的出现，一直在强调人生是为寻找知己而活；然而，所谓知己，是个极茫然、极模糊的影子；什么样的人，才够资格称为知己，他们并不很清楚；找到知己以后，要做些什么事，更是不一定。至于知己，则往往只是跟自己喝酒喝得痛快的人罢了）。因此，他们是"永远的流浪者"；相对于伦理人世，他们永远是"游"侠、侠"客"。

这些流浪者，又称为无赖、流氓，而其出现，很少是独立个别的，

---

① 宋朝人常将侠客的生命形态，和柳宗元所描述的失足妇人"河间妇"，做有意义的比较。王楙《野客丛书》卷二十："客或讥原涉曰：'子本吏二千石之世，结发自修，以行丧推财礼让为名，正复雠取仇，犹不失仁义，何故遂自放纵为轻侠之徒乎？'涉应曰：'子独不见家人寡妇耶？始自约敕之时，意乃慕宋伯姬及陈孝妇，不幸一为盗贼所污，遂行淫佚。知其非礼，然不能自还，吾犹此矣。'仆谓此柳子厚《河间传》之意也。"俞文豹《吹剑录》、戴埴《鼠璞》卷下，都如此说。知其非礼，然不能自还，其言甚可哀也。

总是一个集团一个集团的。我们如果要了解侠，就必须了解他们这种集团的性质。

这种游侠集团，我们称它为无名群众集合体。所谓无名，并不是说它没有主名，而是指该集团可能只有一个个体的名字可考，其他人则都是没有面孔的。所谓群众，也并不是说他们是像苍蝇挤在腐肉上那样，因偶然的碰合而聚集；而是指个体因为互相吸引，并由一个或多个个体诱发某种行为模式，使大家聚合在一起，成为一种群众组织。

这种群众，据劳伦兹（Konrad Lorenz）的看法，应该是"社会"最基本最原始的形态。但是，侠客团体并不出现于上古，这又应如何解释呢？道理很简单，所谓原始，不一定指时间。侠客在性质上，乃是一种原始生命力的表现，人一旦投入这个组织之后，个人即消融于群体之中，个人的生活、价值、灾难与荣耀，皆由群体替代了。

譬如：杀人是不对的，但一个人如果是侠，一切杀人的罪过，就都由"侠"去承担，"侠"为我们担负了个人原始生命力的责任，并使行动的主人（我们），转移给匿名的形象（他们——侠）。侠客的行为，所以能够被当作美感欣赏的对象，原因就在这里。否则，纨绔逞豪、酗酒狎妓，有何值得讴颂之处？一个人如果杀人放火，确实让人憎恶发指，但如果是"侠客"所为，那么，因为他是侠，所以反而让人有种原始力量的舒畅感。这就是集团心灵的匿名作用。非人格性的原始生命力，能够使人在侠客中完全沦于匿名状态。他的标志就是侠，不是某甲或某乙。每个侠也都差不多，不论是汉或是唐。匿名作用，不但足以减轻人对自身原始生命驱力的责任所应负的重担，同时还可借之满足原始生命力的要求。每个人体内都燃烧着这种要求，因此观看侠客的行动，使人有了一种满足的藉替感。

然而，对侠客本身来说，在这种匿名的情况下，原始生命力是非人格性的，无法整合于个人之内，故而他既无法发展出独特而且个人化的生命潜力，又极感孤独孤立。他的生命永远在不安全的状态中。"将自我委身于非人格性的原始生命力之后，我们将会进入一种同样是非人格性的匿名状态，于此，暴力便萌芽出来。"①

暴力与攻击，是侠客行为的重要特征。这种行为，通常我们认为他是建立在"报"的行为规范上；其实，真正合乎理性交换原则的"报"，并不常见。②与其说侠士的行为，建立在"报"的基准上，不如说包括"报"在内的暴力行动，基本上乃是一种非理性的情绪（irrational passions）。因此睚眦杀人，或劫掠杀人，便成为侠的一般特征。③

这种特征是非常奇异的，因为通常攻击性行动，多发生在生存竞争及困境中的反扑里，侠却不是。他们的亡命，常常是自己刻意造成的，因杀人而亡命，很少是因亡命而杀人。而且杀人的理由，亦往往只在于

---

① 见罗洛·梅（Roll May）《爱与意志》（蔡伸章译，志文，一九七六）页二〇五—二〇八。
② 关于"报"的分析，在当时也是个令人瞩目的问题，如韩愈《复仇状》、柳宗元《驳复仇议》，应该是企图为复仇之类行为寻得一个理性化和合理化的解释。但是他们把问题集中到伦理和经传上，显然也有意避开类似侠者那种毫无限制的报之行为；因为事实上侠者之报，很难在理性基础上被讨论。另外，关于"报"，参杨联陞《报：中国社会关系的一个基础》（收入《中国思想与制度论集》，联经，一九七九，页三四九—三七二）、文崇一《报恩与复仇：交换行为的分析》（收入《社会及行为科学研究的中国化》，"中研院"民族学研究所，一九八二，页三一一—三四四）。
③ 《唐国史补》曾记载李勉为开封府尉时，曾开脱一名囚犯，后来李罢官北去，遇此囚犯，反欲害李，幸得侠客相救，并将忘恩负义的囚犯杀死，大快人心，明冯梦龙《醒世恒言》中《李汧公穷邸遇侠客》一回所本即此。读者见此类记载，恐即不免要怀疑我们此处所云非理性情绪之说。然此处所谓非理性的情绪，并不是说他的行为结果必然是违背理性的，而只是说：在侠客的非理性情绪中，含杂了若干原始盲昧的成分，使得他的行为并无确定之目标与价值，可以杀人而表现一正义行为，也可以杀人而表现为一不道德之行为，但实际上，他并不是为了正义而杀人，也不是为了不道德而杀人，只是情绪而已（所谓"意气"），只是由此不根据理性及价值肯定的情绪发展出来的暴力而已。

不如此不足以显示自己是个侠。这显然是因为他内在价值匮乏之后，必须找到自我追寻认同（identity with oneself）的方式。他必须时常提防旁人是否看他不顺眼、怀疑别人是不是看不起他，时常以"经验自己"的方法，证明"我就是我所做的"。

正因为如此，所以侠其实是最自私自利的。他的目的是自我，而不是别人、国家或社会。例如他可以为了表现自己、丰盈自己，而杀人劫掠；为了表示自己是讲义气的好汉，不肯泄露同伴的行迹等等，充分显示了一个"自利与道德冲突"的情况。通常我们也把这种行为视为侠客的道德，并予以歌颂；然而，那是因为原始生命面对虚伪诈饰的社会时，仍有他可爱的一面而说的；真就道德原理来看，对自己的爱、追求个人的幸福，就不可能是一种美德了。

康德曾就伦理原则讨论过这个问题，他承认人不能放弃追求幸福，在某种情况下，它甚至是一种责任；但追求个人幸福是最主观的，它所带来的东西，也将埋葬道德的高尚性。道德原则的实现，只有在大群体中才能完成，也唯有完成了它，才有个人的幸福可言。①

传统儒者讲究人饥己饥、人溺己溺，博施而济众；墨家讲摩顶放踵；佛家讲地狱不空、誓不成佛。无论在实际行为上能否达成，但是在道德原则的掌握上，都不曾漠视群体利益和人性价值，也不会因自我形象的坚持而不顾道德原则。只有侠才是这样。在文献中，我们确实不易发现侠有什么裨益公利的言论和行动，他一切行为，皆来自自我，如有人能肯定他这个自我的存在，他便视为知己；否则就是遭到了侮辱，非报复不可。

这样的自我，其实是极脆弱极虚幻的。所以游侠经常在自我追寻肯定的过程中，抛掷自我，把自己交付给那些赏饭吃或赏脸看的人。"壮

---

① 详弗洛姆《为自己而活》（陈秋坤译，大地，一九八一）第四章《人性伦理的问题》，尤其是页一二八——二九。

士徇知己,轻生一剑知",他们确实是这样轻贱生命哩!在他们非理性的原始生命中,情绪鼓荡而带动的原始盲动力量,最终也必以杀死自己作为结局。这倒不是因为死亡的燃烧特别绚烂,而是因为攻击力发展到无可替代时,必然会戕害自身。①

所谓攻击力的替代,是将杀人或无故殴人这一类暴力,重导(redirect)到另一个替代物或方向上去。例如汉代号召游侠去从军就是。在平时,游侠的斗鸡、走狗、射猎或赌博,也都有这种性质。这些仪式化了的攻击行动,有时也表现在侠的"斗豪"上。通过这类活动,可以提供侠者自身虚荣的满足。而自尊虚荣的满足,正是侠客所以存在的凭借。明白了这一点,我们就可以知道侠为什么总是在斗鸡、走狗、射猎及赌博了。②

当然,侠客的攻击行为替代,并不止于此,性攻击也是其中重要一项。侠士的标志之一,即是奸淫妇女,前文所举《酉阳杂俎》坊正张和事和《北梦琐言》崔夫人事,均是明证,青楼妓馆也是侠士麇集之地。

本来,性及生物欲求(ousia biological strivings)就是侠士生活的内容和目标,但侠对性的看法稍微有点特殊,他们似乎承认性与爱并非同一件事,女人对他来说,只能是种商品,不必有什么纠缠,也不必有什

---

① 林镇国《死亡与燃烧——谈游侠的生命情调》(《鹅湖月刊》三十期)一文,以为死亡是游侠用来完成生命价值的方式,通过死亡来获得生命的自由。这个看法并不准确。游侠本身乃是个生命自我流失的历程,他不断在"求知己",并将自己交付给知己或求知己的活动,然而,莫逆于心、相悦以解的知己,原不待外向追求,游侠不能理解人生孤独的本质,故为孤独虚无所震撼,而他在生命底层又无任何价值和意义可以肯定,于是不得不向外去寻求慰藉。

但是,生命愈向外去干求,自我就愈向内萎缩;萎缩的结果,则是空虚与幻灭的感伤。大凡游侠,无论他是折节读书,是杀人亡命,是殉身知己,是感伤不遇,其结局都是如此。在游侠的过程中,他已经磋伤了自己,所以杀人和自杀,都成为生命中的必然;感伤不遇,则只是慢性自杀者的哀叹;折节向善,却成为对游侠生命的否定。而这一切,都可总称之为丧失自我的悲哀。

② 比武,也是另一种仪式化了的攻击行动。另详罗洛·梅《爱与意志》页二三七—二三九。

么义务的负担,玩物享受过后,就应该丢弃到一边,由其他新鲜的事来取代。唐人乐府诗中的侠,充分证明了这一特色。

一如贯休《轻薄篇》所谓:"绣林锦野,春态相压。谁家少年,马蹄蹋蹋。斗鸡走狗夜不归,一掷赌却如花妾。惟云不颠不狂,其名不彰。悲夫!"历来,我们都不易从有关侠士的记载中看到什么缠绵悱恻的爱情,只发现了许多宿娼的记录,主要原因就是侠并不能真正去认识与他相对的那个女人,考虑她的存在价值和人格尊严,只是把她当作表现自我征服力及发泄欲望的对象而已。①

(二)侠义传统在唐代的演变

春秋时期,礼崩乐坏之后,原始生命冒起,在历史舞台上,以侠客的姿态出现了。从汉迄唐,中间颇有点曲折,但基本性质并没有什么改变。直到唐代中叶,历史大转型的痕迹,也刻镂在侠士身上,侠遂开始以较新的面貌与世人相见了,那就是剑侠。

我们在前面说过,中唐知识阶层与游侠特殊而深厚的关系,使得侠在意识上有了一点改变。例如他们全面肯定汉代用游侠无赖远征的政策,鼓励游侠"报国仇"(虽然对于报国仇的结果,他们也觉得感伤),

---

① 尤有甚者,是侠客的豪情,往往表现在对女人生命的轻贱上。以崔涯、张祜的事为例,崔涯《侠士诗》说"一朝若遇有心人,出门便与妻子别",张祜也有爱妾换马诗。男人与女人的纠葛,乃是人类最缠绵的牵系,但若作为一个侠客,他即必须漠视另一个与他相对的生命体,斩断任何牵系(无论情感或伦理的牵系),而让自我永远漂泊。今人谓传奇中有红线、聂隐娘一类故事,便代表唐朝女性地位甚高,或侠尊重女性,实在太可笑了。传奇作品盛于中唐以后,而唐朝前后期的妇女地位是不同的,北朝女性地位甚高,"大历以前,士大夫妻多悍妒者"(《酉阳杂俎》前集卷八),大历后则渐不然。而就侠的传统看,他们对女性的轻贱也是证据确凿的。康骈《剧谈录》则刻画了一个凶悍的女侠形象:"张季弘逢恶新妇"条载张自负武勇,要替一老妪管教其新妇,但这位新妇向他申诉时,"每言一事,引手于季弘所坐石上,以中指画之,随手作痕,深可数寸",把张氏吓得神骇汗落。

就为日后宋江之期望招安、明清侠义小说之协助官府破案，埋下了伏笔。自此以后，侠客愈来愈像"学成文武略，卖与帝王家"的士了。

然而，有些拒绝增强理性化行为的游侠，也开始因此而朝原始性方面增强，慢慢形成唐代较特殊的一种游侠，我们称之为剑侠。换言之，剑侠与游侠，并不是截然不同的两类，唐代除了沿循传统的游侠之外，还有把游侠原始盲昧力量发展到淋漓尽致，且因唐代特殊社会背景而兴起的剑侠。

剑侠兴起的背景很复杂。第一，当然是汉末六朝以来源远流长的道术传统和佛教法术。所谓道术传统，有些即是民间流传的"墨子术"，如《北梦琐言》卷十八载："杨千郎者，魏州贱民，自言得墨子术于妇翁，能役使阴物，帽下召食物果实之类。"而自汉末以来，如于吉、左慈等等，亦常以道术衒世，南北朝间，如《高僧传》所载佛图澄、鸠摩罗什诸神通也极多，《洛阳伽蓝记》卷四更说："沙门好胡法者，皆就（昙）摩罗受持之，戒行真苦，难可揄扬。秘咒神验，阎浮所无。咒枯树能生枝叶、咒人变为驴马，见之莫不忻怖。"可见西域来华传法诸僧，多半是具有这种神奇异能的。六朝间志怪风气及作品，特别兴盛，当然更是跟这种社会事例有密切的关系。①

---

① 按：后世剑仙剑侠小说所说的剑术，乃是道术，其说本于《真龙虎九仙经》。此经相传为唐罗介远、叶法善注。历来论侠者，不娴道术，故不知其渊源之所从来，今特录出，以供参考：

"炼精华为剑，巡游四天下，能报恩与冤，是名为烈士。

"罗公曰：列仙侠有九等不同。第一天侠，第二仙侠，第三灵侠，第四风侠，第五水侠，第六火侠，第七气侠，第八鬼侠，第九遇剑侠。第一天侠，本天仙奉上帝赐剑也；第二仙侠，已修上真升天之行，又复炼黑为锤为剑；第三灵侠，已是地仙，镇居山岳，及炼就剑匕，万里闻有不平之事，飞剑立至，谓之灵侠；第四风侠，亦是地仙，炼得剑匕，修之间断，未通极灵，知有不平通风处，身剑一时俱至也；第五水侠，本是水仙炼成，号曰水侠，无水不可飞腾也；第六火侠，修之自焚起，亦号火光三昧，炼匕剑成了，身欲飞腾，须化火一团，（转下页）

不过，到了隋唐之间，情形便有了点改变，因为政府的主要意识导向已经开始倾向儒家，尤其是唐初，太宗明白表示佛老皆无益于国家，"三教讲论"时也以儒生居首。这跟北朝崇佛、南朝盛道的情况很不相同。① 其次，佛家和道教本身也有了改变。道教努力于制度仪式的建立，以符合国教的形象，并不太重视法术变化，且鄙之为左道；佛家则大乘佛学兴起，完全舍弃法术神通而注重义理的探求及理论体系的完成。我们不能说汉末以来源远流长的佛道方术，至此而断绝，但是至少它已不像汉魏南北朝那样盛行、那样活动在历史舞台灯火辉煌之处，则是可以确定的。

正因为如此，所以它就幽暗神秘了起来，如磷磷鬼火，偶尔闪耀在社会的某一个角落，为剑侠的兴起及其性质，做了一点先导性的诠释。

第二，在中唐的哲学突破活动中，谲怪灵异的风气又炽烈了起来。求仙、问卜、参禅的风气，伴随着人对生命有限的恐惧而来，上焉者乞灵于服食丹鼎，下焉者争趋于道法诡习，柳宗元《与吕道州温论〈非《国语》〉书》说："近世之言理道者众矣，率由大中而出者咸无焉。其

（接上页）乘而来往，故号火侠也；第七气侠，唯学定息气，便将精华炼剑，剑成如气仗而往来，号曰气剑也；第八鬼侠，人不见其形，本修神仙，水墨形、水墨剑也，出入往来如气不殊；第九遇剑侠者，或因遇于宝剑，亦得随意东西变现也。"叶公曰：侠剑者，先收精华，后起心火，肺为风炉，肝木为炭，脾为黄泥，肾为日月精罡也。肾为水脾，土为泥模，身为炉，一息气中，为法息成剑之气也。磨之于胆也。心为火，再烧精华内淬。又胆上磨九度了，一度一度磨时，肝血染着，故曰耶溪铁打，即精华也。师子胆磨雨水金妆，即心火烧时，肺为火炼金熔，滴在剑上也。蛟龙血洗磨时，肝血染着也。若铸金锤，又则不同，每咽日月华，纳归肺脏，肺缘属金，故号金锤也。又金锤出，准前是黄金本。肺应白，何得却黄本？肺脏是脾之子，肺主涕，若吞日月华，纳归肺一十二月满，举心火下，火铸之，火克金，故一时熔下脾为土为模也。号子投母，乃随母之象。脾黄气起，拒火之力，方成金锤。凡铸剑就者，即为列仙也。烈士游四天下宇宙之中，折平处众，不得非为也。有人遇者，传得金锤匕剑，皆有神通也。"

① 详龚鹏程《孔颖达周易正义研究》第二章。

言本儒术，则迂回茫洋而不知其适；或切于事，则苛峭刻核，不能从容，卒泥乎大道；甚至好怪而妄言，推天引神，以为灵奇，恍惚若化，而终不可逐。"指的就是这种迥异于初盛唐的情况。①

所谓推天引神以为灵奇，落到社会行为上，就是谲怪灵异的风气，例如《琅琊代醉编》引《三水小牍》说：桂林有韩生，嗜酒，自云有道术，能收贮月光。这类道术之士，经常以士人的身份出现，《酉阳杂俎》前集卷五"诡习"和"怪术"两类中，就有许多这一型的秀才，像能指挥蝇虎作战的王固，能令笻杖击人的李秀才，续集卷一的柳成，续集卷四的张芬中丞等都是。这些人，又被称为"术士"。据《酉阳杂俎》说，他们都是"望酒旗、玩变场者"，大概也是幻术的性质。剑侠的兴起，和他们必然脱不了关系。

第三，在这种社会风气之下，又有若干西域胡人挟技东来，更增添了若干神秘之感。例如《酉阳杂俎》前集卷五得如幻三昧的梵僧，与剑侠深具关联的僧和尼，或昆仑奴等都是。唐人说部所载昆仑奴较著名者有三：一见沈既济《陶岘传》，云奴名摩诃，善游水而勇捷；一见裴铏《传奇》的《周邯传》，亦云其善入水，如履平地；一见同书《昆仑奴传》，云奴名磨勒，能负人逾垣，飞若鹰隼。

这些昆仑奴，并不来自西域，可能是来自中南半岛及印度洋马来群岛等地，卖至中国为奴。②摩诃磨勒，可能是通称，不一定是他们的真名，故《宋史》卷四九〇《大食传》说："太平兴国二年，遣使蒲思那、副使摩诃末、判官蒲啰等贡方物。其从者目深体黑，谓之昆仑奴。"根据《唐会要》卷七五所载，有昆仑海寇，《大越史记》引《越史通鉴纲

---

① 详龚鹏程《唐传奇的性情与结构》一文及《江西诗社宗派研究》一书第二卷。
② 详方豪《中西交通史》（中华文化事业，一九六八）第二册第九章"唐宋时代来华之黑人"、瞿宣颖《中国社会史料丛钞》甲集中册（商务印书馆，一九七二）页三七七。

目》也曾记载唐代宗大历二年"海宝来自昆仑、阇婆",日本僧人迦叶波注《南海寄归内法传》更说,"堀伦、骨伦、昆仑,盖一地异名也,其人不知礼义,惟事盗寇",可见昆仑与海盗的关系,异常密切。可能昆仑奴磨勒,就是改邪归正的海寇。

总之,从以上这些社会背景中成长出来的剑侠,又刚好碰上了原有的游侠形态开始转变时期,遂占据了整个历史空间,成为游侠传统转型期间,过渡性的特殊人物。

(三)侠与剑术、藩镇的关系

最后,我们想附带澄清两个问题,一是剑侠与剑术的关系,二是剑侠与藩镇的关系。

早期的侠,并不强调剑术技击,而强调气义交游。像张良、陈遵,甚至未必能勇武。剑技搏斗,是刺客的事,但如荆轲那样的刺客,也是"惜哉剑术疏",可见侠与剑术的关系,十分松远。真正开始讲究剑术,并强调剑在侠士生命中的意义,是在唐代;而其中最重要的人物,则是李白。

李白传世的一千多首诗中,至少有一百首提到了剑。这些诗篇,大量用剑来表达传统游侠所最重视的交道,例如"知音不易得,抚剑增感慨"(《赠从弟宣州长史昭》),"长剑一杯酒,男儿方寸心,洛阳因剧孟,托宿话胸襟"(《赠崔侍御》),剑本身除了象征自己之外,还可以象征侠情交道,如剧孟之侠,如五侯之客。这一点是前人所罕曾运用的,剑的意义当然也因此而提升了。

但李白更突出之处,是他把剑又赋予人间功业追求和拯救苍生的意义,一再宣称要"万里横戈探虎穴,三杯拔剑舞龙泉"(《送羽林陶将军》),"抚剑夜长啸,雄心日千里,誓欲斩鲸鲵,澄清洛阳水"(《赠张相镐》之二）。这种精神，当然也是来自战国游侠门客风气所带来的向往，所以他在《上安州裴长史书》中，便说："愿君侯惠以大遇，洞开心颜，终乎前恩，再辱英盼，白必能使精诚动天，长虹贯日，直度易水，不以为寒。"在这种情形之下，他不知不觉已经把侠义精神和剑的价值意义，做了一点转化。

换言之，在盛唐，像李白这样，统合了知识分子拯济天下和游侠市利沽誉两种形态的人，实是孤明先发，对中唐侠义传统的理性化，做了先导。而剑，就是这个先导的主要见证。传统游侠对于剑，当然也有荡抉不平的看法，但所谓不平，乃是个人的荣辱恩怨，很少有宇宙、国家和社会的大同情在；李白却是"扣剑悲吟空咄嗟，梁陈白骨乱如麻"（《金陵歌送别范宣》）的人物。游侠要到这种人物出现，才能开始成为人间正义的象征；剑术也要到这个时候，才开始在游侠的生命中重要了起来。①

李白为什么如此重视剑和剑术呢？可能与他的道教信仰有关。六朝道士，皆以剑为主要法器。李白诗所云"闭剑琉璃匣，炼丹紫翠房，身佩豁落图，腰垂虎鞶囊"（《留别曹南群官之江南》），以及贞观年间，大侠张公弼和云台观道士刘法师，在华山莲花峰斗法的事例，很可以让我们联想到：侠与道士之间的关系，可能就是剑术发展过程中的一个关键。但是，李白本人是人间创业性格极浓厚的热血性子，所谓剑术当然会转向正义公益的意义。后来的剑侠便不如此，反而愈发神秘谲异。他们的行迹，我们上文述之甚详，便不再多谈了。

然而，像李白这种孤明先发的人物，活在盛唐，其实本身就不可避

---

① 参吕兴昌《李白诗研究》（台湾大学中研所硕士论文，一九七三）。本书特别提到李白的龙泉意识，这种意识关涉到：（1）侠气的迸放与交道的重视，（2）济世拯物与功成身退的操持，（3）功业无成的焦急，（4）友谊落空的失望，（5）怀才不遇的苦闷，（6）时间消逝的逼迫，（7）长安的向往等层面。对于侠义精神转向的理解，颇有帮助。

免地是一出悲剧，终不免于"叹我万里游，飘飖三十春，空谈帝王略，紫绶不挂身"（《门有车马客行》）。因为他要以剑术遍干诸侯，在当时根本缺乏这样的环境，所以最终只好以永王璘一事，作为他纵横的结局。大历以后，唐代的政局大变，藩镇形同割据，战国游士的局面，又恍若重现；于是像李白这样的游侠、游士或游侠兼游士，自然就开始活跃了。①

在讨论游侠和藩镇关系或藩镇与剑侠小说关系的著作中，历来大家对于这个问题的理解，几乎总是：因为藩镇肆虐，互相攻伐，私养刺客，所以剑侠之风大炽，并影响到文学作品。这个观点，是极为粗糙荒诞的。

《唐国史补》说得很明白："天下未有甲兵时，常多刺客。"我们必须了解刺客跟侠的依存关系，刺客并不因藩镇而存在，只要有养士之侠，就有被养的剑士。因此，在相关文献里，除了聂隐娘故事，真正与藩镇豢养刺客相仇有点关系之外，没有任何小说处理这个情况，大多数仍只着重个别侠迹的记录。换言之，是藩镇利用侠刺人物，而不是侠刺因藩镇而产生，也不保证因此而炽盛。武则天时，刺客杀都督谢祐，其时又何尝有什么藩镇之祸呢？②

其次，论者只关心藩镇与侠刺的关系，而对藩镇与文士的关系，多所忽略，也让人感到遗憾。③须知藩镇与文士的关系中，还蕴涵了侠和

---

① 《唐音癸签》卷二五"谈丛"："太白永王璘一事，论者不失之刻，即曲为之讳，失之诬。惟蔡宽夫之说为衷，其言云：太白非从人为乱者，盖其学本从纵横，以气侠自任，当中原扰攘时，欲藉之以立奇功耳。"
② 《通鉴》卷二〇三高宗永淳元年，"黔州都督谢祐希天后意，逼零陵王明令自杀，上深惜之。黔府官属皆坐免官。祐后寝于平阁，与婢妾十余人共处，夜，失其首。垂拱中，明子零陵王俊、黎国公杰为天后所杀，有司籍其家，得祐首，漆为秽器，题云谢祐，乃知明子使刺客取之也"。
③ 另外，文士奔走藩镇的风气，可能也有经济上的因素。唐中叶以后，士人多薄京官而重外任，《陔余丛考》卷十七："是时州刺史月俸千缗，方镇所取无艺，而京官禄薄。自方镇入为八座，至谓罢权。薛邕由左丞贬歙州刺史，家人恨降谪之晚；崔祐甫任吏部员外郎，至求为洪州别驾；其节度使府宾佐有所忤者，荐为郎官。"

文士的关系在，复杂异常。例如《唐诗纪事》卷五四"王智兴"条说：

> 智兴为徐州节度……（张祜）乃献诗曰："十年受命镇方隅，孝节忠规两有余；谁信将坛嘉政外，李陵章句右军书。"左右曰："书生谄辞耳。"智兴叱曰："有人道我恶，汝辈又肯（如此说）否？"

张祜，就是一位谄媚藩镇，并且后来又游侠江淮的文士。这种类型的文侠之士，正如与李白交好的崔宗之所形容的："袖有匕首剑，怀中茂陵书。"（《赠李十二白》）从开元之间，即开始有了这类活动，《唐诗纪事》卷二三云："李林甫当开元末，权等人主，幽并人尉迟匡，耿概士也。以频年不第，投书李林甫，皆击刺之说。"即是明显的例证。他们本身就是士子，但也很可能同时也是侠刺。所以这是在整个游侠传统中濡染成长的知识分子，儒与侠难以析分。早期的岑参，已经是"边城寂无事，抚剑空徘徊；幸得趋幕中，托身厕群才"（《登北庭北楼，呈幕中诸公》）了，后来这类游走诸侯幕府的儒侠，愈来愈多。

《唐诗纪事》卷五八曾感叹说：

> 自贞元后，唐文甚振，以文学科第为一时之荣。及其弊也，士子豪气骂吻，游诸侯门，诸侯望而畏之。如刘鲁风、姚岩杰、柳棠、平曾之徒，其文皆不足取。余故载之者，以见当时诸侯争取誉于文士，此盖外重内轻之芽蘖。如李益者，一时文宗，犹曰：感恩知有地，不上望京楼。其后如李山甫辈，以一名第之失，至挟方镇，劫宰辅，则又有甚焉者矣。

这个见解是很深刻的。当时这些文士，除了本身可能是侠刺之外，也可能发生跟纯粹的侠刺争宠的局面，例如费冠卿《酬范中丞见惠》诗说："花宫柳陌正从行，紫袂金鞍问姓名。战国方须礼干木，康时何必重侯嬴。捧将束帛山僮喜，传示银钩邑客惊。直为云泥相去远，一言知己杀身轻。"诗虽昌言侯嬴不足贵，可是他自己仍然强调为知己舍命的侠义精神。而这种精神，在唐代游士干谒时，正是被不断强调的。侠与士，逐渐混合而成"侠士"一词，其求知己、重私义、轻公理，大抵相同。士之好标榜，亦犹侠之结客。

不但如此，游侠传统中最重视的交道与结客行为，唐士也很风行，所以标榜朋辈和结交诗友，成为唐代文风中极为突出的一面。但是"举人皆饰名求称，摇荡主司，谈毁失实"（《唐诗纪事》卷十七），侠士的气义，也往往只是徒托虚语。

崔国辅有《杂诗》云："逢着平乐儿，论交鞍马前，与酤一斗酒，恰用十千钱。后余在关内，作事多迍邅，何肯相救援？徒闻《宝剑篇》。"《酉阳杂俎》前集卷八亦载高陵县曾捉到一名满身刺青的流氓宋元素，左臂刺着一首诗说："昔日以前家未贫，苦将钱物结交亲。如今失路寻知己，行尽关山无一人。"这两首诗，对唐代的侠义精神，可算刻画入微了。

由《诗品》到《点将录》：
侠与文士的一种关系

三国时，魏刘邵曾认为"仲尼不试，无所援升，犹序门人，以为四科；泛论众材，以辨三等"，所以他也"敢依圣训，志序人物"，撰成《人物志》三卷，分别流品，研析人物。

在文学的世界里，也不断有人尝试着将文学家分别流品，以说明文学发展、观察文学现象、评价作家成就、标举学习楷模、讨论作家之间的关系等等。这样的活动，起源可能很早，形态也可能很多，且是文学批评的基础工作，因此并没有什么特别值得讨论之处。但在我国的文学史上，这种活动却似乎有点特殊，因为除了用时代、地域及偶然聚合关系（如前七子、后七子、闽中几子之类）来类秩作家之外，我们也发展出了一些特别的形式架构，以这些架构联系作家、志序人物。

我所指的，是钟嵘的《诗品》，以上中下三品论秩作家；张为《诗人主客图》，以主客关系，评骘诗人；吕本中《江西诗社宗派图》，以宗族阀阅与社集观念，叙次宗派；舒位《乾嘉诗坛点将录》，以水浒一百零八好汉比拟文士。

这些东西，不但迄今并无人综括系统地讨论，且对《宗派图》充满误解，《点将录》更是从来没有人研究过。我因研究侠的问题，而发现侠跟知识阶层文士有密切的关联，很愿意借着说明诗人评骘活动怎样借用了英雄榜的过程，来点明这一有趣的现象。

而且这样的秩次布勒，事实上也出现在有关书法、绘画、棋弈等各种艺术门类的讨论中（在武侠世界中，同样有人会运用这种方式来秩序侠客的位置，如古龙所描述的百晓生《兵器谱》，司马翎所叙述的居太史《封爵金榜》等都是），因此它可能显示了中国美学与艺术批评的某些特质，而在文学批评史上，它也代表了我们观察或掌握文学现象的重要方法。

这一批评方式，跟一般性的作家评述，大不相同。就像评论人物，起源甚早，但无论其内容、意义或批评方法，都不能跟《人物志》所代表的那种人物品鉴相提并论。这些诗家人物志，也是我国文评里一个值得深入探讨的问题。

一　人物才性的铨量

不过，这个问题真正的开端，不能从《人物志》讲起，而应上溯于《汉书·古今人表》。舒位《乾嘉诗坛点将录》序说："登坛而选将才，亦修史而列人表。……爰仿东林姓氏之录，演为江西宗派之图。"最能显示这种渊源关系。

儒家孔孟荀皆曾论及观人的问题，《尚书·虞书》有"知人则哲"之语，《逸周书·官人解》、《大戴礼记·文王官人篇》，对观人任官亦有专论。但《汉书·古今人表》跟这些可能都没有什么关系，它应该是由汉代人性论思考所开展出来的。

汉儒自董仲舒以下，以阴阳言性。阴气重的，易趋为恶；阳气重的，易于为善；故人性宜有品级之分。恰巧孔子又有上智下愚的讲法，于是即因孔子之说而论性有三品。如董仲舒说人有圣人之性、中民之性、斗筲之性，王充也说性三品。荀悦《申鉴》则更推之为九品，说：

"或问天命人事，曰：有三品焉，上下不移，其中则人事存焉尔。""或曰：善恶皆性也，则法教何施？曰：性虽善，待教而成；性虽恶，待法而消。唯上智与下愚不移，其次善恶交争，于是教扶其善，法抑其恶，得施之九品。"（《杂言下》）①

这样的分品论人，与儒家设官分职、观人以察情伪的旧义，实不相同。而班固论人，既原本气性，认为"人函天地阴阳之气，有喜怒哀乐之情"（《礼乐志》序），当然也就会在这样一种人性论思考之下，试着以三品九等来区分人物，进行判断。②

此一判断，甚为复杂。因为班固自称他的《古今人表》是自有书契以来，凡经传所称、先民可得而闻者，一概叙列，以究极经传，继世相次，总备古今之要略。而他的理论根据则是：

> 孔子曰："若圣与仁，则吾岂敢。"又曰："何事于仁？必也圣乎！""未知，焉得仁？""生而知之者上也，学而知之者次也，困而学之又其次也，困而不学，民斯下矣。"又曰："中人以上，可以语上也；唯上智与下愚不移。"传曰：譬如尧、禹、舜、稷、高与之为善则行，鲧、讙、兜欲与之为恶则诛；可与为善，不可与为恶，是谓上智。桀、纣，龙逢、比干欲之为善则诛，于莘、崇侯与之为恶则行；可与为恶

---

① 参唐君毅《中国哲学原论·原性篇》（新亚研究所）页一二二—一二三。颜承繁《人物志在人性学上之价值》（台湾师大国研所硕士论文，一九七八）页十六、贾元圆《六朝人物品鉴与文学批评》（东吴大学中研所硕士论文，一九八五）均承唐氏说。但谓董仲舒之人性理论，是从为政施教的立场而来，受儒者传统的设官分职态度所影响。这当然是不对的。儒家的人性论，并不只为完成礼化政制、设官分职的目标，先秦不是，汉朝也不是。
② 从前的研究者并未注意到班固的人性论立场，所以多以为《古今人表》是针对历史人物之行为表现予以归纳，讨论的是现象世界层面的善恶及人物之历史评价。其实班固所论乃人之才性问题。

> 不可与为善，足谓下愚。齐桓公，管仲相之则霸，竖貂辅之则乱；可与为善可与为恶，是谓中人。——因兹以列九等之序。

九等的阶序地位，是对古今人物进行一次总的价值判断，而这一价值判断，所根据的其实是气禀才性之异，以及因此气禀才性而形成的善恶趋向，因此它同时也是才性品评与道德判断。也唯有在这样的判断中，它脱离了作为历史判断时所必须倚赖的时空条件，能够把古今人物一体平铺在这样的人性论思考架构中，总括论断。换句话说，班固虽然把这篇《古今人表》放在《汉书》里，它的性质与意义却非仅历史所能涵盖，所论人物不限于汉代，而是"直接就个体的生命人格，整合地，如其为人地来品鉴之"①。

这样的品鉴，依牟宗三说，乃是一种"全幅人性的了悟"。但他认为此种全幅人性的了悟之学，系我中国学问之核心，而此种学问，可分为两方面进行，一是先秦的人性善恶问题，由道德之善恶观念来论人性；二是《人物志》所代表之才性名理，由美学的观点来对人之才性或情性的种种姿态做品鉴的论述。前者是道德的，后者是美学的。②

此一说法，可能是采用了康德对美学与道德的区分。但依此区分，却不免使他跳过《古今人表》的问题。须知《古今人表》与《人物志》都是才性的品鉴，班固以第一等为圣人，刘劭也以至德纯粹者为圣人，不能强说一是道德的，一是美学的；而应该说：在顺气言性的系统中，虽然讲性成命定，讲天才生知，但即气即理，五行气性流行，在人则为

---

① 杨慎就是因为不了解这个道理，所以批评班固"作《汉书》记汉事也"，"上古群佐，非刘氏之臣，乃总古今以作人表，既以乖其名，复自乱其体，名义谬矣"（《古今人表论》，出《古今文钞》卷四"论辩类"）。
② 见牟宗三《才性与玄理》（学生书局，一九八〇）第二章。

仁义礼智信。①

依其为仁义礼智信说，是道德的②；然若依此仁义礼智信诸才质所偏，而论人的差别相或特殊性，则又同时也可以开出一美学境界。道德与美学，在这里不是截然二之的，人性善恶问题与才性名理也不是不相干的；《汉书·古今人表》同时是道德的，但也是品鉴的。③

至于《人物志》也不像牟氏所说，即属于艺术境界的品鉴，反而是这本书想以德、法、术三者建立一套人物才性的品类系统，以观人、释争。故《隋志》将之列入形名家。这形名，是指汉末名理征核之学，如王符《潜夫论》所说："有号者则必称于典，名理者必效于实，则官无废职、位无非人。"要求循名责实，考核能力，因人授官。

刘氏自序云："聪明之所贵，莫贵乎知人。""知人诚智，则众材得

---

① 《人物志·材理篇》："天地气化，盈虚损益，道之理也。"即气即道，即道即理。又《九征篇》："凡有血气者，莫不含元一以为质"，"禀阴阳以立性"，"体五行而著形"。依气化之理而言，不能说顺气言性即无道德义，只是材质主义（materialism），只是经验的实然的。牟宗三一定要把"元一"解释为"普遍的质素底子"，实在甚为牵强。
《才性与玄理》页四九云："此元一非后来朱子所谓太极，盖朱子言太极是理，而此元一当是气是质。"不但没有正视刘劭所说"道之理"的问题，也不晓得汉末人亦尝言太极之理。李日华《紫桃轩杂缀》卷三载："太极之理，人知本于《易》，而发明于周元公，以为元公之说与伏羲画卦同功。然考东汉张遐则已先之矣。遐字子远，余干人，尝侍其师徐穉，过陈蕃。时郭泰、吴炳在座。穉曰：此张遐也，知《易》义。蕃问。遐对曰：《易》无定体，强名曰太极。太者至大之谓，极者至要之谓。盖言以理至大至要，在混沌之中，一动而生阴阳。阴阳者气也，所谓理生气，而气寓夫理者是也。蕃顾炳曰：若何？炳良久曰：遐得之矣。观遐之言甚精切，不曰动生阳、静生阴，而曰一动而生阴阳，更自有理会处。宋人好抹杀前古，而伸其所宗，若此类者，不能为拈出。"遐尝著《太极说》及《五经通义》，诸葛瞻、陆逊都是他的门人，刘劭对其言论亦不陌生，我们能说汉人之气化宇宙论并未于气化流行处提出一创造性原理吗？
② 《尚书·洪范》疏："天深定下民，与之五常之性。"《甘誓》疏："五行在人为仁义礼智信。"
③ 颜承繁说《古今人表》是在善恶观念下，就人之才德表现及其对社会政治之功用价值来定人的品类，误。

其序，而庶绩之业兴矣。是以圣人……躬南面，则援俊逸辅相之材，皆所以达众善而成天功也。""是以敢依圣训，志序人物。"分明正是就这个意义而说。故《材能篇》又谓："人材不同，能各有异"，"量能授官，不可不审也"。①

他以五行论性情，大抵也与《意林》评孔融"金性太多，木性不足，背阴向阳，雄俾孤立"相似，代表当时品题人物、循名责实的风气。乃形名之学，如徐干《中论》"长形立而名之曰长，短形立而名之曰短"一类，非美学之赏鉴，彰彰甚明。

因此，从《古今人表》开启了人物品鉴以来，顺着东汉政局的发展，月旦人物、综核名实之学兴起，反而将这种品鉴逆推回最早期的观人任官那条路去，美学艺术境界的品题并未真正展开。②

而所以会如此，除了东汉政局学风使然以外，更本质性的原因，可能还在于全幅人性了悟，很难不全幅考虑人性的善恶道德与心智等问题，并不能单独欣赏其艺术境界，而抛开道德宗教之境界与智性之境界

---

① 这个问题当注意汤用彤《读人物志》一文及吕思勉《燕石札记》中讨论的魏晋法术之学（商务印书馆，页一三二——四三；另收入《读史札记》）与考绩人才办法（《读史札记》页八三八一八五三）。
② 所谓美学境界的品题并未真正展开，是说当时品题人物，虽多美学艺术境界之趣味与用语，但基本上并不能脱离其门阀品第的社会结构，来独立地对人物做一品题；又不能真正评论才性，而不涉及任事职官之考虑。因此其品题人物，于理论层面，固然才性名理，谈之甚玄；可是针对人物的品评，却多半仍从"流品"上说。如《人物志·流业篇》谓人流之业十有二类：有清节家、法家、术家、国体、器能、臧否、伎俩、智意、文章、儒学、口辨、雄杰。傅玄品才也分为九类：德行、理才、政才、学才、武才、农才、工才、商才、辨才。这与《世说》分为德行、言语、政事、文学、方正、雅量、夙慧、豪爽、巧艺、任诞、俭啬各类一样，既不是赏鉴人物外显的神采风姿，也不是征验人物内蕴的情性，而是类别才能之所宜。这样的品人方式，除此外，如陆景《典语》、石崇《许巢论》等，亦往往如此。所以我们并不以为在对人的品评方面，美学艺术境界的品题业已真正展开，此中仍然夹缠甚多。

等领域。同时，落到具体人物及其存在情境上的评断品题，也不太能够直接就个体的生命人格予以评判，而必须牵连其存在的历史情境来综合判断，这中间当然就会产生一些差距。如魏张晏批评班固，"老子玄默，仲尼所师，虽不在圣，要为大贤。文伯之母，达于礼典，动为圣人所叹，言为后世所则，而在第四。田单以即墨孤城，复强齐之大；鲁连之博通，忽于荣利；蔺子申威秦王，退让廉颇，乃在第五"云云，就是如此。①

这是人物品鉴的困难，而要解消这样的困难，恐怕只有将对现实世界的个体生命人格之品鉴，转为对艺术世界的个体生命人格进行品第了。

二 艺术境界的品题

钟嵘《诗品》做的正是这样的工作。他批评陆机、李充等人"只谈文体，而不显优劣"，选诗选文，亦无品第；所以就优劣而分三品以校论诗人，序说：

> 昔九品论人、七略裁士，校以宾实，诚多未值。至若诗之为技，较尔可知，以类推之，殆均博弈。

这一段话，注家都指出前两句讲的是《汉书》的《古今人表》和《艺文志》，但没有人真正搞清楚钟嵘为何引此为说。②

---

① 见《汉书·古今人表》序颜师古注引张晏语。
② 包括我在写《江西诗社宗派研究》时，亦含糊略过，未及注意。廖蔚卿《六朝文论》页二五四则说九品论人之出处有二，一是《古今人表》，一是九品官人法。其实钟嵘在此并未涉及九品中正制度的问题。又，各家注解，于"校以宾实，诚多未值"，皆仅引《庄子·逍遥游》"名者实之宾"语，而未想到这跟汉魏之际形名综核宾实的学问有关，可能是造成此句不得确解的主要原因。另参页153注②。

论者甚或从陈群九品官人法上去推敲，说钟嵘此处指的是九品官人法，而且是因钟嵘出身寒微，所以故意运用这种六朝政治风俗上区分人物等第的方法，去批评只有贵族才能评论的诗和诗人，以报复沈约拒其求誉之宿憾。①

这当然不对。钟嵘是反省自《古今人表》以来的人物品鉴，发现这些东西"校以宾实，诚多未值"，在形名的考虑下，似乎都有问题。因此，他不可能再倒回去走上官人法的老路，而是重新从棋品中觉察到方向。

当时沈约有《棋品》、萧衍有《围棋品》、范汪有《围棋九品序录》、褚思庄有《永明棋品》、柳恽有《天监棋品》、袁遵有《棋后九品序》等。评棋而分九品，可能也仿自《古今人表》；但评棋与评人实不尽相同。棋力高下，确实较尔可知，冯元仲《弈旦评》曾说林符卿自称："四海之内，不知几人称帝，几人称王，非徒胜我者不可得，即论敌手，阒其无人。"此等狂语，是否真切，一试便知。故为人固不可如此说，论艺则不妨如此自诩。技艺巧能，自有高下，诗与棋，应该都是一样的。

这种优劣品第，显然是以艺术品为范围，以艺术世界中的风格为观览察鉴的对象。它跟《古今人表》一样，略以世代先后为次，凡所品评，不录存者，有历史判断的意味；以气化流行、动物感人、摇荡性情说诗，肯定天才，也同属才性一路讲法。②但它只是在文学世界里"论兹月旦，类彼汝南"（简文帝《与湘东王书》），而不是面对具体的人物；只评价诗艺优劣，而未尝涉及道德善恶与智性高下。因此它是个纯粹的美学判断，是对艺术风格的品鉴。

钟嵘的这种品鉴，与沈约《棋品》一类书，共同代表了一个新的转

---

① 见廖蔚卿《六朝文论》页二五四—二五五。
② 钟嵘《诗品·序》："词既失高，则宜加事义，虽谢天才，且表学问。""天才"一词，六朝人屡言之，如《颜氏家训·文章篇》云"必乏天才，勿强操笔"，即其一例。

变。它意味着艺术创作领域已经开始独立于自然界和社会体制之外,自成一个世界。①沈约推阐四声,定为条例,又评棋品,即是这种肯定艺术世界、想替艺术世界立法、制定上下阶序位差关系的活动。②钟嵘对声律的看法,不同于沈约,但他希望借此品第,辨彰清浊,掎摭病利,却也是一次新的尝试,所以他说这三品升降,"差非定制,方申变裁"。这样的尝试,我们应视为齐梁间一种新的艺术批评活动,与谢赫《古画品录》、庚肩吾《书品》一样,显示了艺术人格的独立性,以及针对艺术表现做全幅人格观照之可能。③

从这一方面看,我们才能晓得为什么钟嵘在品第优劣的同时,必须溯论体源。

在缘情的系统里,从个人生命之内涵说,人的情性志气、才具资禀,都是与生俱来的,诗既被承认是"缘情"的人的生命表征及完成形态之一,它当然就是个人性情、才质、志气的表现。这样一来,便又走到风格与人格合一的老路上去了。如《文心雕龙·体性篇》说"表里必符",又说:"贾生俊发,故文洁而体清。长卿傲诞,故理侈而辞溢。子云沉寂,故志隐而味深。子政简易,故趣昭而事博……"

---

① 当时如魏五斗米教经典《正一法文天师教戒科经》说人可因所修功德之厚薄,而成上中下三品神仙;上清派经典《紫阳真人内传》也分药有数种、仙有数品;《抱朴子》所引古道经及《太清观天经》之类,也有三品神仙之说。这都是把神仙世界自成一类,故有仙品。艺术之自成一世界,亦类乎此。
② 《文心雕龙·总术篇》也用弈棋论文学创作。似乎棋是当时讨论艺术者所认为的艺术标准型。其所以如此,班固说得很好:"夫博悬于投,不专在行,优者有不遇,劣者有侥幸,踦拿相凌、气势力争,虽有雌雄,未足以为平也。至于弈则不然;高下相推,人有等级,若孔氏之门,回赐相服;循名责实,谋以计策。若唐虞之朝,考功黜陟,器用有常。"(《弈旨》)这段话,就是钟嵘《诗品·序》的注脚。另参页151注②。
③ 《书品》的问题,详龚鹏程《文化、文学与美学》(时报文化,一九八八)所收《书品:书法艺术的品鉴》一文。

其人如何，故其文如何，这是一种必然的符应关系，风格与人格于焉合一。我们当然可以说这里的这个人格，不是道德人格，而是自然情性的才性人格，因此二者可因同为审美判断而合一。①

但风格与人格的纠缠，毕竟是问题重重的，钟嵘在此，便截断众流，只是论诗。从序文一开头说"气之动物，物之感人，故摇荡性情，形诸舞咏"以后，笔不旁涉，专从诗的表现上说，但论风格，不及人格。②故一人之创作，遂不详其体性，而要从风格上去考其体源，例如他评李陵，云："陵，名家子，有殊才，生命不谐，声颓身丧。使陵不遭辛苦，其文亦何能至此。"正是大可就其体性与遭际立论的例子，他却将之纳入体源的考虑，说陵诗"源出于《楚辞》，文多凄怆，怨者之流"。由此，我们可发现他实在煞费苦心，体源论与分品评诗，也不是并行的两种方法。二者本属一体，正因为分品评骘，类似古今之人表、汝南之月旦，以人物为品第，所以要用体源论来界定。他讨论的"人物"，其实并不是具体的现实世界人物，而只是作品中显现的艺术风格。这便使得整部《诗品》成为一风格论的作者思考，而不是作者论。

他在许多地方，虽然也讨论到天才的问题，如评陆机"才高词赡"、"张公叹其才大"、"陆才如海"，评潘岳"潘才如江"，评谢灵运"兴多才高"，评颜延之"经纶文雅才"，评鲍照"才秀人微"。③但此所谓才，

---

① 参颜昆阳《论魏晋南北朝文质观念及其所衍生诸问题》（学生书局，一九八七）第四节。
② 这可以从他论陶渊明处见之。卷中虽云"每观其文，想见人德"，却仍说"世叹其质直"。因为陶诗文体省净，殆无长语。至于说陶"笃意真古"，也不是从他自号羲皇上人的胸襟志意那一方面说，而应是如他评应璩所云："善作古语，指事殷勤，雅意深笃。"所以下文接着说陶"辞兴婉惬"，并以陶诗源出应璩。
③ 《诗品》论才，不指天生质性，而指作诗的能力，如卷下云："惠休淫靡，情过其才。"才即专指文才而言，故序又云："嵘今所录……凡百二十人，预此宗流者，便称才子。"

皆不是体性论的讲法,不是某人才性如何,故其诗亦如何。他是因潘诗烂若舒锦,无处不佳,所以叹其才大如江;因陆文披沙拣金,往往见宝,故赞其才大如海。① 这样子,他才能避免从作品风格以逆断作者主体人格,或顺作者才性以规定作品风格表现等危险,且可因此而划清道德与审美之间的纠葛,确定艺术世界的独立性。

此一独立世界,钟嵘有段生动的描述:

> 嗟乎,陈思之于文章也,譬人伦之有周孔、鳞羽之有龙凤、音乐之有琴笙、女工之有黼黻。俾尔怀铅吮墨者,抱篇章而景慕,映余晖以自烛。故孔氏之门如用诗,则公干升堂,思王入室,景阳、潘、陆,自可坐廊庑之间矣。(卷上《曹植》)

自然世界的龙凤、道德人文世界的周孔,和艺术世界的琴笙黼黻陈思王诗,并列于此。从此,诗人乃可以因其诗之造诣高下,形成一个诗社会的阶序地位。钟嵘不但用三品品诗,又用了升堂入室的譬喻来说明这种阶序关系。他将诗人群视为一"社会团体"的想法,在此表露无遗。②

三品的划分,类似社会阶层化(social stratification),讨论到该团体中的权威与社会声望问题,所谓"怀铅吮墨者,抱篇章而景慕,映余晖

---

① 当然《诗品》中也偶尔会有不纯粹处,例如卷上评谢灵运:"其源出于陈思,杂有景阳之体,故尚巧似,而逸荡过之,颇以繁芜为累。"是由文体源流上说其繁富的原因,但下文又说:"嵘谓若人兴多才高,寓目辄书,内无乏思,外无遗物,其繁富宜哉。"则又是从人之体性来解释了。但大体看来,钟嵘仍以文体风格之讨论为主,如卷中谓沈约"详其文体,察其余论,固知宪章鲍明远也,所以不闲于经纶,而长于清怨",此即不从体性上说也。这个立场,可能也影响到他对文质问题的讨论。
② 参龚鹏程《论诗文之法》(《古典文学》第九集;另收入《文化、文学与美学》)第三节第一项。

以自烛"；讨论到诗人的阶序地位，所谓升堂入室坐廊庑间等；更讨论到诗人之间的社会关系，这就是体源论所探讨的了，如评魏文"源出于李陵，颇有仲宣之体则"，谓郭璞"宪章潘岳，文体相辉"，说鲍照"得景阳之诙诡，含茂先之靡嫚"等等均是如此。①

而社会阶层化的标准，可能就是他评陈思王所说的"情兼雅怨，体被文质"。雅与怨，谓诗人之情；文与质，谓诗歌之体。出于《风》、《雅》者雅，出于《楚辞》者怨，体源论以《风》、《雅》、《楚辞》为三大系，正是兼雅与怨，指文情。②文谓藻缋华采，质谓文体省净、殆无长语；前者或有伤直致之奇，后者或至雕润恨少，皆指文体。③依据这个标准，偏文偏质、偏雅偏怨者，各个降格序列，而以陈思王为王者矣。

三　诗人的族群社会

宋叶梦得《石林诗话》曾说："魏晋间诗人，大抵专攻一体，如侍宴、从军之类。故后来相与祖习者，亦因其所长取之耳，谢灵运拟邺

---

① 社会阶层化，参《云五社会科学大辞典·社会学》页一〇三"社会阶层化"条。
② 钟嵘论体，皆指文体，如云曹丕"颇有仲宣之体则"、张华"其体华艳"、张协"文体华净"、郭璞"宪章潘岳，文体相辉"、袁宏"虽文体未遒，而鲜明紧健"，皆就文字表现之风貌而说，不涉及内容问题。雅怨之情才指内容，如论班婕妤"怨深文绮"、左思"文典以怨"等均是。
③ 钟嵘说王粲"文秀而质羸，在曹刘之间，别构一体"；陆机"尚规矩、贵绮错，有伤直致之奇"（按：贵上有不字，疑衍），文多质少；谓刘桢"气过其文，雕润恨少"；陶潜"文质省净，殆无长语"，"世叹其质直"，质多文少；文质皆就其艺术形象的语言表现而说。且凡偏于质直者，多以古形容之，如"曹公古直"、"元瑜、坚石七君诗，并平典，不失古体"、"张景云虽谢文体，颇有古意"、"欣泰、子真，并希古胜文"，文质之辨，似即有古今之争，而钟嵘云"体被文质"者，亦意在辩证融合此一问题欤？六朝崇古趋新与文质的争论，详颜昆阳《论魏晋南北朝文质观念及其所衍生诸问题》，但颜文未论及钟嵘，是一缺漏。而廖蔚卿说"体被文质"是指内容与形式调和，文指文饰，质谓感情意象，则大谬矣（见《六朝文论》页二六七）。

中七子与江淹杂拟是也。梁钟嵘作《诗品》，皆云某人出于某人，亦如此。"这显然误解了《诗品》体源论的意义。体源论之体，非文类意义，而是风格意义，其云某人出于某人，乃谓某人诗风属于某风格；他虽然也曾举出某人宪章某人、祖袭某人，但这些都是放在风格论里讨论的。这样的架构，跟张为《诗人主客图》有同有异。

张为《诗人主客图》，性质至今仍不很清楚。《四库提要》卷一九五《唐诗纪事》云："张为之书，藉此编以见梗概，犹可考其孰为主，孰为客，孰为及门，孰为升堂，孰为入室，则其辑录之功，亦不可没也。"张氏原书，实不可见，藉诸家记载间存梗概，故论者亦往往仅能模糊影响而谈。

如《四库提要》因有一"图"字，而谓其为摘句之始，就是误把《主客图》跟诗句图混为一谈了。诗句图主要是摘取秀句评赏，《主客图》则是针对作家关系的系联，两者性质根本不同。且《主客图》往往在评述作者风格时列举全诗，像他评白居易就选录了《秦中吟》第二首，《寓意诗》第一、第二首，《读史诗》第四首等，与摘句赏论，亦不相侔。

陈振孙《直斋书录解题》和清李怀民《重订中晚唐诗主客图》等又都说张为此图，乃宋人诗派说之所本。但《主客图》跟诗派之说也是不同的。它基本上是作家的分类，以一位主要作家代表一种风格；然后在每一风格之下，又分为入室、升堂、及门等数等。自序云：

若主人门下处其客者，以法度一则也。

- 广大教化主：白居易。上入室杨乘。入室张祜、羊士谔、元稹。升堂卢仝、顾况、沈亚之。及门费冠卿、皇甫松、殷尧藩、施肩吾、周元范、况元膺、徐凝、朱可名、陈标、童翰卿。

- 高古奥逸主：孟云卿。上入室韦应物。入室李贺、杜牧、李馀、刘猛、李涉、胡幽正（贞）。升堂李观、贾驰、李宣古、曹邺、刘驾、孟迟。及门陈润、韦楚老。
- 清奇雅正主：李益。上入室苏郁。入室刘畋、僧清塞（周贺）、卢休、于鹄、杨洵美、张籍、杨巨源、杨敬之、僧无可、姚合。升堂方干、马戴、任蕃、贾岛、厉元、项斯、薛寿。及门僧良义、潘诚、于武陵、詹雄、卫准、僧志定、喻凫、朱庆馀。
- 清奇僻苦主：孟郊。上入室陈陶、周朴。及门刘得仁、李溟。
- 博解宏拔主：鲍溶。上入室李群玉。入室司马退之、张为。
- 瑰奇美丽主：武元衡。上入室刘禹锡。入室赵嘏、长孙佐辅、曹唐。升堂卢频、陈羽、许浑、张萧远。及门张陵、章孝标、雍陶、周祚、袁不约。（《全唐文》卷八一七）

广大教化、高古奥逸、清奇雅正、清奇僻苦、博解宏拔、瑰奇美丽代表六类风格，而每种风格以一人为主，其余风调相近者，归并于其门下。同门未必相识，甚至未必同时。也有些年辈在前而依风格判断则入厕门客之列者，如顾况列入白居易门下即是。每一门，除一人为主以外，分上入室、入室、升堂、及门四种客。[1]

这样的主客排列，不仅显示了诗歌的判断，每一风格中也如《诗品》，有等第之差别。但它跟《诗品》不同处，可能在于《诗品》溯论体源，以《诗·国风》、《诗·小雅》和《楚辞》为三大风格类型，它则以作者来替指风格。其次，它主客的比拟，虽然极像《诗品》论陈思王

---

[1] 罗根泽曾批评它："孟云卿可以高古奥逸主，而韦应物反算是他的上入室，李贺、杜牧更只算是他的入室弟子。不惟高下倒置，亦且时代倒置。"（《晚唐五代文学批评史》第四章，文史哲，一九八三）就是不明白它的性质所致。

那一段，但它用以秩序诗家的主客关系架构，却可能不再来自六朝人物品鉴的哲学，而是唐代盛行的主客风气。

如本书《唐代的侠与剑侠》一章所说，唐代科举，干谒之风气极盛，游士复兴，刺史且可自辟掾督，因此文人奔走，往往以战国诸公子与门客关系为喻。如李观《与房武支使书》说："足下诚肯彻重味于膳夫，抽月俸于公府，实数子之囊，备二京之粮，则公之德声日播千里，鲁卫之客争趋其门。"（《全唐文》卷五三三）任华《告辞京尹贾大夫书》说："昔平原君斩美人头、造蹩者门，宾客由是复来。今君犹惜马蹄不我顾，仆恐君之门客，于是乎解体。"（同上卷三七六）……莫不如此。以致形成"诸侯争取誉于文士"（《唐诗纪事》卷五八）的现象。

根据这种普遍的社会现象，张为大概也把诗人比拟为一个个集团。主客，客就是宾客、门客。客有数等，也是战国诸公子养士之常例。这一区分，升堂入室云云，固近似《诗品》，但主客的架构，却非钟嵘所有。因此它与《诗品》的主要差别，就在于它兼用了作者论与风格论，并直接将诗人风格关系类拟于人事社会结构。然而诗社会的阶序地位与诗人权威关系，却显得更为严密了。

事实上，将诗人类拟为仙、圣、天子，在唐朝即已有之，但同类型的活动，可能可以陶弘景的《真灵位业图》为嚆矢。《真灵位业图》是依人间朝廷的组织，按仙家等级之尊卑，叙为九阶，各有仙衔职称，序说："搜访人纲，定朝班之品序；研综天经，测真灵之阶业。"这所谓人纲，就是人伦社会的组织结构。既然陶弘景能根据人纲，定仙家之朝班品序，张为又为什么不能也据主客关系，列诗人之社会组织。①

宋吕本中《江西诗社宗派图》，大抵也是类似这样的工程，但它比

---

① 以上俱详龚鹏程《江西诗社宗派研究》第四卷第二章。又王梦鸥有《唐〈诗人主客图〉试析》（收入《传统文学论衡》，时报文化，一九八七，页二〇四—二一五）可参看。

《主客图》复杂得多。杨万里《江西宗派诗序》曾解释它的名义,说:

> 大抵公侯之家有阀阅。岂惟公侯哉?诗家亦然。窭人子崛起委巷,一旦纤以银黄,缨以端委,视之,言公侯也、貌公侯也。公侯则公侯乎尔,遇王谢子弟,公侯乎?江西之诗、世俗之作,知味者当能别之矣。昔者诗人之诗,其来遥遥也。然唐云李杜,宋言苏黄,将四家之外,举无其人乎?门固有阀,业固有承也。

以诗家类拟于人群社会组织之公侯阀阅。诗的宗派,就像门阀宗族一样,李杜苏黄,犹如王谢高门,自与其他寒人流品不同。吕本中确实有这样的宗族意识吗?有的。《挥麈录》卷二说:"本朝一家为宰执者,吕氏最盛。""吕文穆相太宗,犹子文靖参真宗政事、相仁宗,文靖子惠穆为英宗副枢、为神宗枢使,次子正献为神宗知枢、相哲宗,正献孙舜徒为太上皇右丞。相继执七朝政,真盛事也。"本中即好问子,乔木世家,蝉联珪组,不仅蔚为中原文献之所归,自吕公著以下,被列入《宋元学案》的,就有七世二十二人之多,是宋朝最著名的望族。吕本中家世如此,又恰好碰上宗族意识勃兴的时代,援用了宗族结构来讨论诗人关系,毋宁是极为自然的。①

《江西诗社宗派图》原图当然已不可得见,但据《陵阳先生室中语》说:"《宗派图》本作一卷,连书诸人姓字。后丰城邑官开石,遂如禅门宗派,高下分为数等,初不尔也。"《艇斋诗话》也说:"东莱作《江西宗派图》,本无诠次,后人妄以为有高下,非也。"可见其图应是仿宗族派分的结构而作。

---

① 宋代宗族意识勃兴,详龚鹏程《唐宋族谱之变迁》、《宋代的族谱与理学》(均收入《思想与文化》)二文及《江西诗社宗派研究》页二一五—二二〇。

族有所宗，宗黄山谷；族内有派，陈后山、徐俯、韩驹等二十五人，就是一宗所传之派，支分派衍，其族即有此二十五派。故《童蒙诗训》说："近世欲学诗，则莫若先考江西诸派。"杨万里又曾把这个图，称为"谱"，大概也就是因为它类似一张诗人族谱吧！

谱里所显示的，是宗与派的关系，各派是平行的，不像父子祖孙有世次高下的纵行关系，所以说诸人排名本无高下。后人因对此图之性质不甚了解，故或疑其"如佛氏传心，推次甲乙"，而于诸人排名高下，多所揣测；或谓派中人籍贯不一，不得同属江西；或以为二十五人同归一派。其实都是误解。①

我在《江西诗社宗派研究》中曾举出宋李元纲的《圣门事业图》、理宗淳祐五年曹士冕的《法帖谱系》和元吴镇的《文湖州竹派》来说明。《文湖州竹派》也是一卷，也载有廿五人，画竹皆宗文与可；也是连书诸人姓字而无世次关系。《法帖谱系》二卷，以淳化法帖为历代法帖之祖，以绍兴监帖、大观太清楼帖、庆历长沙帖、澧阳帖、鼎帖、绛本旧帖为派，绘之成图，也与《宗派图》相仿，只是多了派下的传承而已。

吕本中的图，今虽不可得见，但想来大体是差不多的。当时普遍运用这种宗族观念来讨论艺术、联系作家，恐怕跟社会宗族组织、族群

---

① 详龚鹏程《江西诗社宗派研究》页二六四—二七九。又，谢思炜《吕本中与江西宗派图》(《文学遗产》一九八五年三月) 一文，引孙觌《与曾瑞伯书》谓徐师川尝诟骂吕舜徒，故居仁撰图，贬之于祖可如璧下，亦是误解《宗派图》体制之例，故谢氏谓其说尤为荒谬，是也。然谢氏又将《宗派图》断于政和元年左右作，云此图乃政和间，欲标榜正人端士以与绍述集团对抗而作者。此甚不然。洪刍"纵欲忘君，所谓悖逆秽恶，有不可言者"(《朱文公文集》卷八一)，徐俯晚年借阄寺以进身，"倒行逆施"(《尧山堂外纪》)，都未见得即是端士。且谢氏误读孙觌文，谓《宗派图》于建炎中即已流行。其实孙氏是说："元祐中豫章黄鲁直独以诗鸣。至靖康建炎间，鲁直之甥徐师川、二洪驹父玉皆以诗人进居从官大臣之列，一时学士向慕，作为江西宗派。"殊难据以作证《宗派图》于建炎间已流行，况谢氏又上推至政和元年耶！

意识都很有关系,像吕本中,除了以宗派联属诗人以外,也写了《童蒙训》三卷、《师友渊源录》五卷。这渊源之义,即不同于钟嵘。因前者有鼻祖云扔、宗派源流之意,后者则仅如挚虞所谓"文章流别"耳。①所以前者可以有源流正不正的判断,源流之正,即是正统。

不仅李元纲《圣门事业图》曾以"传道正统"论儒学传承,文章正统、元祐正宗、传诗正统之类讲法,也都普遍见于当时文献。②因此,《古今人表》和《诗品》之人物评价,是以三品区分等第,张为《主客图》犹存其遗意。

到了宋朝,则不再是高下三品之分了,源流正不正才是第一考虑。源流不正,如行邪道,不见如来,永远没有希望。南宋诗论,普遍谈到"识源流之正","学诗者以识为主,入门须正",杨万里也形容江西诗跟世俗之作是两种异质的东西。这些都可能与宗族的嫡庶之分有关,与当时人禽之辨、圣凡只在一线之间的哲学,大概也有点关系。

四 草泽英雄的美感

《江西诗社宗派图》的复杂处,尚不止于此。因为它除了宗派义之外,还牵涉到一个诗社的观念。

---

① 宋人论诗派,亦有用源流之义者,如狄遵度即是,详龚鹏程《江西诗社宗派研究》页十二。后人对江西诗社宗派,也常用这种意义去理解,所以误把宗派看成是水流之一派。如清张泰来《江西诗社宗派图录跋》:"诗派,人之性情也,性情不殊,系乎风土,而支派或分,十五国而下概可知矣。譬之水然,水虽一,其源流固自不同,江淮河汉皆派也,若舍派而言水,是凿井得泉而曰水尽在是。"宋荦序:"四渎百川之既分,分而溢,溢而溯其所由出,然后称派以别之。派者,盖一流之余也。居仁之名山谷,殆以一流小之、非尊之也。"都持这种看法,当然不能得江西之真相了。
② 详龚鹏程《江西诗社宗派研究》页四、二二七一二三四、三二七,《思想与文化》页三〇〇,《文讯月刊》廿三期页三四一"正宗"(《文学术语辞典》)。

会社，是一种契约关系的拟宗族组织。结社本系盟会，故当时辄名诗社或诗人雅契为诗盟，如东坡《答仲屯田次韵》诗"千里诗盟忽重寻"，吕本中《将发福唐》诗"相寻如有日，请盟吾此诗"、《别后寄舍弟》"惟昔交朋聚，相期文字盟"，《永州西亭》"说诗到雅颂，论文参诰盘，……此乐固可乐，此盟安得寒"之类均是。

　　周必大《跋杨廷秀赠族人复字道卿诗》也说："江西诗社，山谷实主夏盟，后四方人才如林。"所谓盟，据《礼记·曲礼》云，是杀生歃血誓于神。①宋人论诗盟常征引《左传》哀公十二年"（盟）若可寻也，亦可寒也"之说，显然有意将诗人之集会结社，比拟于春秋的会盟。诗人的领袖，犹如春秋时主盟的霸王，故社头又称之为盟主。像周必大，既说山谷主盟江西，又说"临川自晏元献公、王文公主文盟于本朝，由是诗人项背相望"（《周益公集·平园续稿·跋抚州邬虑诗》），即是这样的观念。

　　诗社盟会，既是契约关系，必有"约"，明田汝籽《刻〈月泉吟社诗〉序》说当时吟社诸公"约盟揭赏"，即指其事。依月泉吟社的社课来看，最前面列"蒲阳盟诗潜斋吴渭清翁"及其征诗之约，其次是"誓诗坛文"，再其次才是评诗标准。这大概是当日社集之通例。其中，所谓誓诗坛文的坛，本是指祭神的地方，朝会盟誓等事，亦多设坛为之，故孔子过故杏坛，曰："兹臧文仲盟誓之地也。"（《礼记·杂记》）宋人既为诗会，自宜登坛誓盟。②

　　由《江西诗社宗派图》到《乾嘉诗坛点将录》，这是个关键。

　　《点将录》并不起于乾嘉，明魏忠贤干儿王绍徽曾以东林诸君子比

---

① 不歃血为誓、歃血为盟，详章太炎《菁兰室札记》页三八。
② 以上俱详龚鹏程《江西诗社宗派研究》页九五——一〇三、二二一——二二七。又杜牧《赠赵嘏诗》即已有"今代风骚将，谁登李杜坛"之句，引见《唐诗纪事》卷五六。

拟梁山泊一百零八人，如称李三才为东林开山元帅托塔天王、叶向高为总兵都头领天魁星呼保义之类，造《东林点将录》。其性质犹如《元祐党籍碑》，以东林为盗魁也。①

至清中叶，"舒铁云孝廉、陈云伯大令，当时与二三名下士，以游戏三昧，效汝南月旦，取《水浒传》中一百八人，或揄扬才能，或借喻情性，或由技艺切其人，或因姓氏联其次"，撰成《乾嘉诗坛点将录》。

此书作者署名铁棒栾廷玉，一般认为即出自舒位（铁云）手。以沈德潜为托塔天王、袁枚为及时雨、毕沅为玉麒麟。比拟切人，颇为贴合，所以叶德辉重刊序说："始一展读，即足令人失笑。"②

然而叶序一开头就用了坛坫这个典，说："当其时海宇承平，公卿缙绅各以坛坫主盟，迭执牛耳。"这跟舒氏自序相同，自序谓其书乃"登坛而选将才"，"爱仿东林姓氏之录，演为江西宗派之图"。后来论者，也多从这里发挥，如韩崇题词"江湖姓氏记传闻，高筑词坛领冠军"，程庭鹭诗"从古文章有霸才，旧家坛坫孰雄恢"，蓝居中诗"两朝夸月旦，坛坫耀星辰"等。

表面上看，《点将录》与《宗派图》在形制上完全不同，但通过社集盟会这个观念，《点将录》确实是《宗派图》的延续。因为东林本来就是一个会社，其会约与月泉吟社盟约，正复相似。

而社会在宋朝，除了行商职业与宗教崇拜之社以外，也早就有了秘密结社，如《宋史》所载："章邱民聚党村落间，号霸王社。"（《曾巩传》）"扬州群不逞，为侠闾里，号亡命社。"（《石公弼传》）梁山泊，

---

① 《东林点将录》传本甚杂，作者亦多异说，详朱倓《东林点将录考异》(《文史学研究所月刊》二卷一期)。
② 《乾嘉诗坛点将录》，舒位集中不载，传本亦多不同。叶德辉曾重刊同治己巳巾箱本，又重刻武进庄氏旧藏足本，并予补订考证之，辑入《双楳景闇丛书》。

也可以看成是这样一个社会。他们歃血盟誓,登坛聚义,与诗家之盟誓诗坛,实无不同。借相喻拟,谁曰不宜?

除了比拟之外,《点将录》对每一人物也多少有点说明或评论。如智多星钱箨石,"远而望之幽、修、漏,熟而视之瘦、透、皱,不知者曰老学究",便深中肯綮。钱氏诗,用古文章法句调,古貌法言,世或目之为乡愿体;作诗好掉书袋,与翁方纲同有学究之讥;然自有其瘦透皱者在。① 这些评论,题为"玉垆三涧雪山房赞",可能也是舒位的手笔,是研究清朝中叶诗人的主要材料。难怪叶德辉说此书:"固月旦之公评,抑亦文苑之别传矣!"

然而,把诗人文士比为萑苻巨寇,毕竟仍是令人骇怪的。这其中当另有一观念为之中介,那就是"英雄"。

韩崇题词曰:"试看汉上英雄记,即是江西宗派图。"释祖观也说:"荒唐野史英雄记,标榜词坛党籍名。"樟园先生题:"苦将一代芬芳迹,谱入英雄草泽狂。"英雄,古无此词,有之,自汉末始。

《三国志·魏志·武帝纪》"方今收英雄时也",《蜀志·刘备传》"天下英雄,惟使君与操耳",《通鉴》献帝建安十三年"英雄无用武之地,故豫州遁逃至此",王粲亦著有《汉末英雄记》,而刘邵《人物志》则有《英雄篇》,说:

> 草之精秀者为英,兽之特群者为雄。……故人之文武茂异,取名于此。……是故聪明秀出谓之英,胆力过人谓之雄。此其大体之别名也。若校其分数,则牙则须。……各以二分,取彼一分,然后乃成。……何以论其然?夫聪明者,英之分也,不得雄之胆,则说不行。……胆力者,雄之分也,不得英之智,则事不立。……英雄

---

① 详钱锺书《谈艺录新编》页一七五——九五。

异名,……然皆偏至之才,人臣之任也。故英可以为相,……雄可以为将,……若一人之身兼有英雄,则能长世,……一人之身兼有英雄,乃能役英与雄;能役英与雄,故能成大业。

按:《人物志·九征篇》乃绪论,本论自《体别篇》迄《英雄篇》,以中庸兼至为贵,而以刚柔抗拘论偏材之体性,以人材之表现分别流业。流业有十二种,体性也有刚柔十二类,这十二类又可据智力文武区为英与雄两种偏至之才。若兼英雄之才,则应即是他所说中庸的圣人了。①

这是刘邵的看法。但脱离了才性论,英雄这一观念仍自有其意义。凡能表现一英气之风姿风力者皆可名为英雄,如宋苏丕试礼部不中,即拂衣去,曰:"此中最易短英雄之气。"这种英雄人物,以其气力英姿,亦辄能表现一美感。草泽英豪与文章秀士,虽文武殊途,然其飙举英发,同具一奋然崛起、相向争锋的雄杰之美,则无不同。舒位自序和各家题词,都用笔"阵"词"锋"来譬况文事,甚至说"作诗如作贼,横绝方能跻险绝",就是特意指出这种创造性的气魄大力,常能突越格套,而显一剽悍雄恣之美。②这一美感,与坛坫选将这个意象,亦相符合。故后人对《东林点将录》并无好感,对《乾嘉诗坛点将录》则颇能接受,且迭有仿作。③

---

① 牟宗三《才性与玄理》谓刘邵从才性来了解圣人,不知圣人是德性人格的成就,不是才性人格的表现,故对圣人不能有相应的理解(页六〇),甚是。但他批评《人物志》能以专章论英雄,却不能以专章论圣人,则显然不了解在刘邵的系统中,英雄与圣人非二事也,本不可能在《英雄篇》之外另辟《圣人篇》。
② 以偷盗喻诗之创作,早见于释皎然《诗式》。
③ 汪辟疆有《光宣诗坛点将录》,高拜石有斠注本,辑入《古春风楼琐记》;传闻香港亦有人撰《民国诗坛点将录》,未见。

五　艺术人格的掌握与整体诗坛的观点

从《诗品》、《主客图》、《宗派图》到《点将录》，逐渐形成了一个明确的评骘传统，那就是：它们各用不同的形制，逐步建立了一个以作者论为主的风格论批评，并拟构了作家之间的威权关系。

所谓风格，一是作者个性才情所展现的生命之姿，一是作品文辞所表现的艺术之姿，两者相互涵融而构成的完整形象。注意前者，当使风格论者重于文气；注意后者，则易使研究者趋于文体文类之探究。中国文评，自《典论·论文》以来，显然即有鲜明的文气论倾向，以作家为主的批评观点成为传统批评的主流。与西方自亚里士多德以降的诗学传统，侧重作品分析之批评观点，相映成趣。[①]《人物志》的文评，让我们更强而有力地证明了这一点。

但是，这里仍然有两个问题。第一，中国的风格论并不仅表现为文气一路，若以钟嵘的《诗品》为一典范的话，司空图的《二十四诗品》便刚好代表了另一种典型，它完全不涉及作者，只纯作风格的分品区分。

六朝才性论缘情感物的诗观，到了六朝末期和唐朝，似乎也正遭到了另一股力量的挑战与平衡，像永明体以迄唐人诗格、诗例、句图一类东西，即是注重作品形制之语言规范面和风格表现面的探讨，不太过问作者的才性，亦不以作者为品鉴的对象，所品者只在于诗。郭绍虞曾说钟嵘《诗品》"晦于宋以前而显于明以后"，晦于宋以前的原因，可能就在于此。[②]

但第二，虽然有这两条路线的争衡，钟嵘《诗品》终于显于宋明

[①] 参蔡英俊《六朝风格论之理论与实践》（台湾大学中研所硕士论文，一九八四）第一章。

[②] 六朝迄唐对诗歌创作法则体制的讨论，以及其与六朝缘情诗观的关系，详龚鹏程《论诗文之法》。

以后，中国文评终于仍以作家为主，这就不仅是文气论传统所能解释的了。可能的原因，是唐宋兴起的理学，使文学批评再次着重于个体生命人格的掌握，将对作品外形结构上的辨识和讨论，拉回到创作主体的了悟上。理学固然以道德人格之建立为主，但主体性的强调，的确会使得文学批评在审美意识的发展中，直接就作者人格的整体来了解。《江西诗社宗派图》的作者吕本中是位理学家，《乾嘉诗坛点将录》的直接仿拟对象，也恰好是《东林点将录》，均替这一现象做了个有趣的注脚。①

依这样的理解，我们当然会发现六朝与唐宋之后，虽然都讲主体，都认为风格即是人格，但唐宋以后并不从才性主体上去说作者之创作风格，因此《诗品》与《主客图》、《宗派图》、《点将录》均不相同。然而，这些人物品评，却共同表现了它们特殊的评鉴方式，这种特殊，一是评鉴的语言，一是评鉴的形式架构。

钟嵘《诗品》以具体意象拟喻作品风格的办法，一直发展到《点将录》中并得到进一步的推阐。《点将录》以九纹龙、美髯公、花和尚等小说人物来类拟诗人时，其本身便是一种拟象批评；我们对严学淦、姚椿、洪亮吉的了解，全靠我们对《水浒》人物九纹龙等人的了解。而这些人，又不是自然人，乃是小说艺术世界中创造的"典型"。

这些典型，若依康德在《崇高的分析》中所说，从艺术创造上看，乃是天才以其创造性想象力表达的"审美的意象"。所谓审美的意象，为理性观念的感性形象。就其为感性形象来说，它是个别的、具体的；就其显现出理性观念来说，它却有着普遍性与高度概括性。其中如花和尚或行者武松，更为"一种理性观念的最完满的感性形象显现"，以至于我们想到某种刚直或莽撞时，脑海中便常浮现出鲁智深和武松的形

---

① 江西诗社宗派与宋代理学的关系，详龚鹏程《江西诗社宗派研究》第四卷第二章。

象。而这个别具体的形象,所表达的,其实也很难明言,因为那包含了理性观念内容(如刚直或莽撞)以及其可能引起之无数有关的思致,故它不是逻辑概念,只是以有尽之言,达无穷之意。靠着读者的共同感觉力,在每个人心中凭自己的想象力来显现这一观念或意象。① 现在,《点将录》的作者,再用这些审美意象,作为拟喻。这事实上是比用自然景物做意象化喻示,如钟嵘之所为者,更加复杂,且也更纯粹地使这种批评成为美感的品鉴。②

同时,审美意象的高度概括性,使得它可以重复运用以批评另一批人,如乾嘉点将,以赵翼为天猛星霹雳火秦明,光宣点将则以范当世;乾嘉以洪稚存为鲁智深,光宣则以金和;乾嘉以黄仲则为武松,光宣则以黄遵宪。人不同,诗不同,然细细味之,确又皆有其似秦明、鲁智深与武松者在。早期如钟嵘式的拟象批评法,便不能如此,我们不能说谢灵运如芙蓉出水,李白或其他人亦如芙蓉出水,否则"芙蓉出水"一词即成滥套,丧失了风格描述意义。

其次,在这高度概括的审美意象运用中,《点将录》的赞词,仍是非逻辑概念的指述。赞之以歌谣,申之以咏叹,而不使用说明清晰的概念语句。如托塔天王沈归愚,"赞曰:卫武公、文中子,风雅有篇,隋唐无史。然而筑黄金台以延士者,则必请自隗始也。吁嗟乎!东溪村、曾头市";没遮拦许周生,"结客少年场,春风满路香";急先锋周箖云,"长枪大戟,震动一切"。赞语若指《水浒》中人,若指所拟诗家,语意

---

① 详朱光潜《西方美学史》第十二章第二节第四项"美的理想和审美的意象——典型问题"。这里所使用的"理性"一词,当然没有康德那么严格。
② 意象化喻示及拟象批评法,详蔡英俊《六朝风格论之理论与实践》第三章第四节;廖栋梁《论钟嵘的形象批评》(《古典文学》第八集)。这种批评法,论者多訾其含糊,但蔡英俊指出艺术鉴赏的主观性本质,与康德《判断力批判》言鉴赏原理是判断力一般的主观原理(上卷第卅五节),当能让人重新思考此一问题。

两可,并不直说许宗彦为如何人、何以似没遮拦。而"结客少年场,春风满路香"云云,亦仍为意象化喻示,有呼唤读者之美感,以对其诗风做一整体性感受的作用,却不能明示一客观概念与分析。

这样的批评方式,恐怕是跟人物品鉴所含"全幅人性的了悟"的性质,正相配合的。审美意象,以有尽表达无尽,借用拟譬之以迂回间接地走向整体的掌握,均显现了这类批评是穿透了言意之辨,紧扣住审美判断的特性,以掌握全幅艺术人格。依其不明确、不曾通过论证的规定来说,它是主观的;但依其以人类共同感觉力为根据说,则它又是客观的。钟嵘相信"诗之为技,较尔可知",蓝居中明言"苟能深悉录中人颠末者,读之未有不击节失笑也"(《点将录抄讫后记》),大抵即是这个道理。

而且,更诡异的,是经由这种最高度的不确定的理性概念,竟建构出明确的、稳定的诗人关系图表来。

图表的形式,无论是近乎九品裁官、类同宾主门客、拟于宗族社群或为英雄榜谱,均使风格与风格间的关系,形成了一种恍若社会组织的结构。而这个结构,事实上就是以审美判断构筑的诗人国度,因为无论《诗品》、《主客图》、《宗派图》和《点将录》,都是总包综摄的,而不只是分类区划地指当时某一小部分诗人。

换句话说,除了它们所显示的国家秩序外,并无与它们相对的另一个国家在。在这国家里,诗人以其诗,成就他的威权地位,某也升堂、某也入室、某也为宗、某也为派、某为掌管诗坛钱粮头领、某为步军冲锋挑战正头领,——秩列,若不可易。①

这文学威权的形成,本身即来自我们对文学现象的理解,总是要尝

---

① 诗人的威权,详龚鹏程《论诗文之法》。

试在纷纭复杂的文学状况中，以某一种有系统的组织方式、以知识的综摄，排比出一个足以理解及掌握的秩序，来显示我们的价值判断与经验认知。因此，审美判断固然是主观的，却由此外现为一客观化的活动，而又在客观之中包蕴了主观。

不止此也，作者在行使其审美判断或构筑他心目中诗人风格间的秩序时，他的秩序感，通常与他所存身的社会结构密不可分。那个实际规范着人际关系的社会制度与组织结构，可能跟他的秩序感有着共同的理念根源，也可能是他感受到秩序的最直接对象或来源。《诗品》之与九品官人法，《主客图》之与唐代主客关系，《宗派图》之与族群意识及宗族会社组织，无不可以具体地看出这样的关系。《点将录》所拟譬的，虽然不是实际的社会结构，却是个更典型的山寨组织，是组织更为严密的秘密社会。

这一点，或许是讨论此类批评时，另一个值得注意的有趣问题。因为在主客辩证的一体性之外，它同时指向创作者在社会结构（social context，指讨论文学的方式如何受到社会之制约）上的地位，以及彼此所构成的一体性，显示了作者个性与社会性的统一。而且，比较这些形式架构，我们当可发现：在这里面，诗人之间是从上中下三品的价值判断，逐渐演变成主宾门客、宗派承衍的关系，再变到统领从属的关系。威权的关系逐步明确而严格了。这到底是文学世界中威权形成之必然趋势，还是作者们受到现实政治环境之演变的影响结果，恐怕也是个值得探究的问题。

不过，从批评法则上来看，由《诗品》到《点将录》可能是有点必然性的。《诗品》中已有升堂入室的阶序地位之分，也有体源论的探索，以规定诗人间纵的关系。这样的做法，与《主客图》已甚接近。而《宗派图》论源流，不采河水分流之义，而用血统宗派义，遂使所谓体源论变成了文统论,在文学的世界中,乃有"统一王之法"的正宗正统涵义。统领之威权与统属的关系,事实上业已具备,《点将录》因之而有什么"诗坛都头领"、"掌管诗坛头领"、"参赞诗坛头领",实不足为奇。

因此,总结来说,由《诗品》到《点将录》,其特异的批评方式,是在中国哲学与社会发展中形成的。它一方面强烈显现了我们对艺术世界中个体生命人格的关注,另一方面也展露了我们对艺术世界之体制组织的思考,以及对作者价值评估问题的重视,达成了主观与客观、批评者个体性与社会性的一体统合,以照看整体风格、整个诗坛。

这种批评方法,在其他艺术门类中,也所在多有,如《书估》、《棋品》、《画品》、《文湖州竹派》、《法帖谱系》之类均是,只不过不像论诗时这么集中罢了。因此它大概也可以被看成是中国艺术批评的基本理则之一。但我们今天来讨论它,似乎更要想想:才性论和统宗一元论的哲学、亲族意识和威权统领意识,可能都已不再适用或存在于今日矣;今日之为文学批评时,可能发展出什么样的批评架构?

清代的侠义小说

一 说"逆流"

清代侠义小说,狭义地说,只指那些在书名上标明为侠义的小说,如《七侠五义》之属;广义地看,却应包含清朝所有涉及武侠的作品,如鲁迅即曾将文康的《儿女英雄传》视为侠义小说。我们认为后者这样的做法,比较恰当。因为儿女英雄类小说之中,也有《侠义风月传》、《侠义佳人》、《义勇四侠闺媛传》等书,理应合并讨论。

但不管如何,清代侠义小说在小说史上的评价一直不很高,虽然它们影响深远、风靡社会,甚至与戏曲、电影关系复杂,评论者仍然认为它们意识陈腐、语言粗糙,非优良之文学作品。例如范烟桥《中国小说史》说《施公案》"庸陋",又说《彭公案》续集"凌乱杂凑,不可卒读"。孟瑶也说:"所谓侠义小说这一流派,除小部分经过文人的润饰,而产生了文学价值以外,其余都是质量低劣的东西。"[①] 到叶洪生编《近代中

---

① 我们可以把清代这类小说分成几个系统:
　一、儿女英雄
《好逑传》,四卷十八回,又名《侠义风月传》,题"名教中人编次,游方外客批评"。
《儿女英雄传》,存四十一回,文康撰。　　　　　　　　　　（转下页）

国武侠小说名著大系》时，便直接斥之为中国武侠文学的"逆流"了。

（接上页）《还读我书室主人评儿女英雄传》，四十一回，董恂撰。
《续儿女英雄传》，三十二回，无名氏撰。
《兰花梦奇传》，六十八回。烟波散人序，云吟梅山人撰。
《侠义佳人》，存中集二十回，邵振华女士撰。
《争春园》，四十八回，无名氏撰，寄生序，寄生即《五美缘》作者。
《云钟雁三闹太平庄全传》，五十四回，无名氏撰，珠湖渔隐序。
《大明全传绣球缘》，四卷二十九回，无名氏撰。
《后唐奇书莲子瓶演义传》，四卷二十三回，无名氏撰。
《义勇四侠闺媛传》，又名《雪月梅》，十卷五十回，甘泉伯良氏撰。
二、水浒余波
《征四寇》，十卷，又名《水浒后传》、《荡平四大寇传》、《续水浒》，赏心居士序。
《水浒后传》，八卷四十回，陈忱撰，题古宋遗民著，雁宕山樵评。
《蔡奡评水浒传》，十卷四十回。
《别本后水浒》，云宋江转世杨么，卢俊义转世王魔，无名氏撰。
《荡寇志》，七十卷七十回，附结子一回，原名《结水浒》，俞万春撰。
三、侠义公案
《龙图耳录》，百二十回，又名《三侠五义》或《龙图公案》，无名氏抄录，石玉昆述。
《忠烈侠义传》，百二十回，又名《三侠五义》，题石玉昆述。
《忠烈小五义》，百二十回，无名氏撰。
《续小五义》，百二十四回，无名氏撰。
《正续小五义全传》，十五卷六十回，绣谷居士序。
《七侠五义》，百二十回，俞樾改订。
《施公案》，又名《施公奇闻》，八卷九十七回，又名《百断奇观》，无名氏撰。
《续施公案》，三十六卷一百回，又名《施公后案》、《清烈传》，无名氏撰。
《彭公案》，二三卷三四一回，题贪梦道人撰。
《续彭公案》，四卷八十回，无名氏撰。
《再续彭公案》，八十一回，无名氏撰。
四、演史异闻
《大汉三合明珠宝剑全传》，四十二回，无名氏撰。
《绿牡丹全传》，八卷六四回，又名《四望亭全传》，无名氏撰。
《新镌异说奇闻群英杰》，六卷三四回，附《范仲淹访察》，无名氏撰。
《永庆升平前传》，十二卷九七回，姜振名、哈辅源演说，郭广瑞记录、整理。
《永庆升平后传》，十二卷一百回，题贪梦道人撰。
《异说反唐演义传》，十四卷百四十回，又名《大唐中兴演义传》、《武则天改唐演义》，如莲居士序。

（转下页）

恶诟之来，自有其理由。一般的看法，是清代侠义小说的主题意

（接上页）《圣朝鼎盛万年青》，八集七十六回，无名氏撰。
《热血痕》，四卷四十回，李亮丞撰。
五、剑　侠
《七剑十三侠》，又名《七子十三生》，三集，百八十回，题唐芸洲编次。
《仙侠五花剑》，六卷三十回，题海上剑痴撰。
这几大系统，略依孙楷第《中国通俗小说书目》的分类而划分。就小说发展史的观点来看，其中颇有几点值得注意者：
第一，儿女英雄类，发源甚早，起自清初，迄于未造，均有作品。而侠客与美人在唐宋元明武侠文学中往往互为绝缘体，甚至侠客以女色为厉禁，偶逢此类题材，亦常写成《赵太祖千里送京娘》的禁欲故事。故清朝发展出儿女英雄小说，当系武侠文学的一大突破。这些小说，内容在才子佳人与武侠义勇之间，堪为民国以后受鸳鸯蝴蝶派影响而出现的侠骨柔情小说之先导，在武侠文学史上意义重大。
第二，侠义公案类小说，与公案小说如《包公案》不尽相同处，在于公案小说以警世、断案、侦探为旨趣；侠义公案小说则以清官断案和侠士江湖恩怨双线交错进行，前者转为后者之陪衬而已。绿林恩怨、豪侠行径之描述，远绍《水浒》，下开民初帮会技击小说，影响深远。由小说发展史上看，则此类当为公案小说的歧出或公案与朴刀杆棒的结合。
第三，演史异闻类，也是铁骑战争小说朝武侠小说转化的作品。早期的讲史系统，叙述战役平乱，均为马战，或布阵交锋；即使《水浒》写山寨出战，亦舍弃步战而让众英雄上马。可见讲史铁骑的系统较强，侠客技击在清朝之前，很难不被它消融。清朝则相反，如侠义公案与演史异闻类，均有朝武侠性格强化的迹象。事实上，讲史曾是小说史上最庞大的系统，可是入民国后，几乎销声匿迹；反而武侠小说大为风行。其中转折的关键，正在此处。
第四，陈晓林尝谓："这些名为侠义的通俗文学作品，大抵出于兼具绅吏身份的文人学士之手，故而常以表彰朝廷武功、削平草莽盗寇为内容主旨。"其实不然。侠义小说，大部分来自民间说唱，足见侠义小说在清朝可以算得上是全民关心和喜爱的文类。
也正因为如此，武侠小说要到了这个时候，才能成一个茁壮的文学系统或类型，跟唐人那几则单薄的盗侠传记杂俎、元明孤峰独立的《水浒传》比起来，我们就应晓得什么时候才可算是武侠小说的成熟期了。
第五，剑侠小说，唐人传奇虽尝略开其端，但宋元明各朝均无太多发展。清代则有飞仙入幻、练剑成丸的小说。民国初年武侠小说，如孙玉声《飞仙剑侠大观》、平江不肖生《江湖奇侠传》以至还珠楼主《蜀山剑侠传》等，皆承此洪流而为巨澜者。
一般认为清朝侠义小说除少数几本，如《儿女英雄传》、《七侠五义》结构紧密、行文优美外，其他各书皆属民间说唱或"书商迎合低级趣味而粗制滥造出来的东西"。像叶洪生说："《施公案》、《彭公案》等俱出于不学书贾之手。"（转下页）

识有问题。那里面不再是抗暴起义的英雄，替天行道；反而是为官府奔走，以"肃清奸邪"为职志的侍卫。它所表现的，也不再是脱于礼法皇纲之外的强人社会，反而是个名教森严的世界。所以，当女侠十三妹转变成一位想着五花封诰的官太太时，我们便觉得此类小说似乎已经背离了侠客的精神。

（接上页）孟瑶说："石玉昆讲唱的底本打动了文学修养较高的入迷道人的兴趣，乃于公余之暇，予以增删润饰，成了日后《三侠五义》。在《三侠五义》变成《七侠五义》的时候，俞曲园氏又以他的大手笔加入其中。这样，《七侠五义》自然变成一本非常出色的小说。至于中、下部的《忠烈侠义传》，因为没有受到文人的青睐，所以在行文上自不免给人一种粗率的感觉。"均是如此。

但这样的批评，可能并不公允。五四以后的小说评论者，一方面在理念上宣扬民间通俗文学，以打倒贵族山林文学；但他们作为一高级文化人，在文学的品位上却很难认同平民文学。所以这其中事实上存在着一种矛盾。早期的话本，因为本来就由民间来，谈起来并没有什么问题，可是明朝出现文人小说后评价就困难了。至今为止，那些职业编书人如罗贯中、熊大木、冯梦龙、天花藏主人等，不但年龄爵履仍然不太弄得清楚，其小说史的地位更是远不及吴承恩、董说、夏敬渠、吴敬梓、李汝珍和曹雪芹这些文人小说家（scholar novelist）。

对于明清小说，我们的批评家们所喜爱的，乃是脱离民间说唱传统，成为作者个人表达，属于一文人或知识分子情操、趣味及理念的作品。这些作品，文字当然远较民间说话传统"文"，趋近书写传统而远离说与唱的表演；其内容也当然远较民间文学传统"雅"，不那么粗俗，较接近文人的世界观。所以它们比较容易博得称赏。

当冯承基为《文人小说家与中国文化》一书写序时说："像《隋史遗文》那样，文人根据说话人的讲话，润色成书，那是最理想的。"我们就晓得孟瑶他们为什么鄙视民间说书与职业编书人所作的侠义小说，而推崇文字较优美的《儿女英雄传》和经过文人润饰成书的《七侠五义》了。

但即使是《儿女英雄传》和《七侠五义》也没什么地位，胡适说得很清楚："这五十年内的白话小说可分为南北两组，北方的评话小说、南方的讽刺小说。北方的评话小说，可算是民间的文学著书的人多半没有什么深刻的见解，也没什么浓挚的经验。他们有口才、有技术，但没有学问思想。他们的小说只能成为一种平民的消闲文学。《儿女英雄传》、《七侠五义》等书属于这一类。南方的讽刺小说便不同了，它们的著者多是文人，《官场现形记》、《老残游记》都属于这一类。"（《胡适文存》二集卷二《五十年来中国之文学》）文人小说的立场，他自己倒也并不讳言。

在叶洪生所编大系的序文中，陈晓林就说得很清楚：侠出于伟大的同情，武侠小说所强调的精神，基本上是一种向不公道的命运或体制抗争的精神，所以能广受民间欢迎；而清代的侠义公案小说，却并不向体制争抗，反而"常以表彰朝廷武功、削平草莽流寇为内容主旨"，故清之侠义小说，实已离了原始游侠精神。叶洪生则指出：侠义公案小说，"命意所指，莫非忠于朝廷、效力官府。凡此恰与替天行道的古游侠精神相反。这自是满清的怀柔政策成功，而汉人民族意识衰落的象征"。①

的确，从清代早期《侠义风月传》中所谓"恩爱反成侠义，风流化作纲常"（第五回）；到清末《七剑十三侠》里，描述诸飞仙剑侠们一齐下跪，口称"臣等乃世外闲民，特来见驾，愿吾皇万岁万万岁"（第一七九回）云云，都颇令受过五四新文化运动洗礼的现代文学批评家们恼火。所以叶洪生说清代侠义小说，乃"侠道精神之中衰与扭曲"。

孟瑶则批评《儿女英雄传》致命的失败，"是作者思想的陈腐，从而影响到主题意识的正确"，"于是全书泛滥着一股令人难耐的酸腐气"。她又说：清代侠义小说，"初期的作品都是由盗而侠，然后帮助一位清官办理奇案、打尽人间的抱不平，其精神还是可尊敬的。从《施公案》以后，则越来越接近于过分地歌功颂德，所谓英雄豪杰者，不过高级奴才而已"。

为什么会产生这种现象呢？鲁迅曾解释说：

> 清初，流寇悉平，遗民未忘旧君，遂渐念草泽英雄之为明宣力者，故陈忱作《后水浒传》，则使李俊去国而王于暹罗。历康熙至乾隆，百三十余年，威力广被，人民慑服，即士人亦无二心，故道光时俞万春作《结水浒传》，则使一百八人无一幸免。然此尚为僚

---

① 本文所引叶洪生、陈晓林二先生说，皆见《近代中国武侠小说名著大系》。

佐之见也。《三侠五义》为市井细民写心,乃似较有《水浒》余韵;然亦仅其外貌,而非精神。时去明亡已久远,说书之地又为北京,其先又屡平内乱,游民辄以从军得功名,归耀其乡里,亦甚动野人歆美。故凡侠义小说中之英雄,在民间每极粗豪,大有绿林结习;而终必为一大僚隶卒,供使令奔走以为宠荣。此盖非心悦诚服,乐为臣仆之时不办也。①

其后范烟桥又加上"文网严密"说,以为"清代武功彪炳,而又文网严密,故盗贼忠义之说,已不见容于社会,乃有侠义小说"。相反地,叶洪生则认为是清朝怀柔政策成功,故汉人民族意识衰落;只有到晚清鸦片战争以后,才会兴发振奋,故侠义公案式微而新武侠小说兴起。

以上这些批评与解释,均能言之成理,持之似亦有故。显然,论者是以"反抗者"来概括清朝以前的侠,而以抗议精神作为侠义传统,认为诸如《水浒传》之类小说,即体现此一精神者。而清朝侠义小说,虽以侠义为名,却貌似神离,令人失望。为了说明清代侠义小说为什么会形成这样"怪异"的现象,他们乃不得不寻找各种理由,予以说明。

然而,这些说明多半是不成立的。

例如鲁迅说清初遗老颇念草泽英雄,故陈忱作《后水浒》;其后则人无二心,乃有《结水浒》一书。但《后水浒》到底有多少代表性呢?清初如《好逑传》就已经充满了名教观念,与道光中定稿、光绪中出世的《儿女英雄传》一类作品,主题意识并无不同。②而金圣叹批的《水

---

① 鲁迅《中国小说史略》(人民文学,一九八二)第廿七篇。
② 参侯健《〈好逑传〉与〈克立丽萨〉两种社会价值的爱情故事》(收入《文学·思想·书》,皇冠,一九七九,页二〇四—一二二八)、《儿女英雄传试评》(收入《廿世纪文学》,众成,一九七六,页二〇〇—二一七)。

浒传》，固然完成付刊于崇祯末年，但又过了二十一年他才去世，死在顺治崩、康熙即位那一年，未尝不是明之遗民，未尝不能代表清朝初年人对《水浒传》的看法。可是他对《水浒》的批评，难道不是跟俞万春的《结水浒》一样，让一百零八好汉都无一幸免吗？

鲁迅说《三侠五义》系石玉昆在北京说唱，天子脚下说书，内容自然不可能有造反抗暴的意味，而只能成为替皇室奔走的英雄赞颂（石玉昆本是礼王府的说书人，见《老书馆见闻琐记》；他说唱《龙图公案》的情况，详周纯一《包龙图在北方鼓书中的文学意义》，《古典文学》第十三集，一九九二）。

但是，《绿牡丹》之说书盛于扬州，《群英杰》、《绣球缘》刊于广东，《荡寇志》刊于南京，《续施公案》刻于上海，《七剑十三侠》为姑苏人编，改订《七侠五义》的俞樾，当时也寓居吴门，《续施公案》书前文光主人序文更是声明："《施公案》一书，久已海内风行，南北书肆，各有翻刻。"则这是当时普遍的意识，还是说书之地近在北京使然，岂不甚为明显？

另外，范烟桥说清朝文网密察，故盗侠忠义云者不能见容于社会。然文网之密，无过雍乾二朝，道咸以后渐疏，何以文网渐疏之后，亦无忠义侠风？且汉人的民族意识勃兴于光绪朝，可是这些被斥为无抗争意识的侠义小说也正大盛于此时，如《儿女英雄传》于光绪间面世。《续儿女英雄传》刊于光绪廿四年，《兰花梦奇传》刊于光绪三十一年，《义勇四侠闺媛传》刊于光绪廿六年，《小五义传》刊于光绪十六年，《永庆升平前传》刊于光绪十八年，《仙侠五花剑》则根本就刻于宣统二年，怎么能说这是避文字狱的缘故呢？

至于叶洪生说，民国初年之武侠文学因激于时代之巨变，故肯定乱自上生，要替天行道，起而争抗革命，因而复兴了已被清代侠义小说扭曲的侠义精神，恐怕也大可商榷。因为民初与平江不肖生齐名的赵焕亭《奇侠精忠传》，仍是"取有清乾嘉间苗乱、回乱、教匪乱各事，以两杨侯、刘方伯等为之干，而附以当时草泽之奇人剑客"，为清朝大僚奔走尽忠。

后来郑证因写《鹰爪王》，在故事结尾的第一四四回《凌波去匪，多指尼港口护船帮》里，让鹰爪王说"民子王道隆叩谢大人天恩"，又让铁蓑道人表演威震天下的雷音剑法给帮带官兵观赏。这跟清代侠义小说又有什么区别？难道这时仍有文网，仍有清朝怀柔政策吗？诸如此等问题，在在显示了批评家只以简单的逻辑，扣到清代侠义小说头上，遂不免处处有隔也。

二 论"忠义"

鲁迅说清代侠义小说丧失了《水浒传》的精神。那么,《水浒》的精神是什么呢？简单地说，就是"官逼民反"——依五四时期人的看法。而清代侠义小说的发展，却刚好是循着对这所谓"水浒精神"的反省而来。

《水浒》一书，大行于晚明。晚明人论《水浒》，自以李卓吾为巨擘，他拈出"忠义"二字，来概括《水浒》的精神。李卓吾先生《批评忠义水浒传序》云："《水浒传》者，发愤之所作也。""敢问泄愤者谁乎？则前日啸聚水浒之强人也。欲不谓之忠义不可也。""水浒之众，皆大力大贤有忠有义之人……"认为水浒强人为忠义之人，写此书的施耐庵等也心存忠义；且其所以叙述这个强人故事，乃是为了泄愤。这真可谓夫子自道了，因为怀林在《批评水浒传述语》中即曾指出："盖和尚一肚皮不合时宜，而独《水浒传》足以发抒其愤懑，故评之为尤详。"

但不管如何，李卓吾这个忠义说，影响深远。如袁无涯《忠义水浒全书发凡》、大涤余人《刻忠义水浒传缘起》等，皆采用其忠义说，谓水浒强人所杀者，皆不忠不义之人。

为什么李卓吾这一种个人偏宕的泄愤言论，竟能引起这么多的回响呢？这当然就涉及了他们言说环境的时代问题了。一方面国事蜩螗，有心人不免诵秋风而思猛士，如钟惺《水浒传序》就说："噫！世无李逵、吴用，今哈赤猖獗辽东，每诵秋风思猛士，为之狂呼叫绝。安得张、韩、岳、刘五六辈，扫清辽蜀妖氛，翦灭此而后朝食也？"另一方面，晚明社会风气恶劣，士林虚矫之习气，业已令人无法忍受；水泊山寨中那原始生命力的发舒，遂成了人们另一种向往。

如五湖老人《忠义水浒全传序》说："试稽施、罗两君所著"，"以较今之伪道学、假名士、虚节侠，妆丑抹净，不羞暮夜泣而甘东郭餍者，万万迥别，而谓此辈可易及乎？兹余于梁山公明等，不胜神往其血性。总血性发忠义事，而其人足不朽"。"今天下何人不拟道学、不扮名士、不矜节侠？久之而借排解以润私橐，逞羽翼以翦善类，贤有司惑其公道，仁乡友信其义举，茫茫世界，竟成极龌龊极污蔑乾坤，此辈血性何往？而忠义何归？"言之至为痛切。所以崇祯年间即有将《三国演义》与《水浒》合刻为《英雄谱》者。称其为英雄，就是欣赏其有血性有真情："凡称丈夫，各有须眉；谁是男子，不具血性？"（熊飞《〈英雄谱〉弁言》）

在这种情况下，《水浒》之被称为忠义，可谓理所固然。但我们当注意，即使如此，他们也并不是主张造反有理，乱既由上作，英雄自可替天行道的。他们的重点在于招安。如李卓吾说："宋公明者，身居水浒之中，心在朝廷之上，一意招安，专图报国，卒至于犯大难成大功，服毒自缢，同死而不辞，则忠之烈也。"袁无涯也说："浒，水涯也，虚其辞也。盖明率土王臣，江非敢据有此泊也。"其他像大涤余人说："亦知水浒惟以招安为心，而名始传，其人忠义也。"陈枚说："卒之反邪归正，出谷登高，矢公宋室，为王前驱，功业烂然。""吾愿天下正气男子，当效群雄下半截。"顾苓说："三百年之后，高杰、李定国之徒，闻风兴起，始于盗贼，归于忠义。"等等，都持这种看法。英雄豪杰，卒归于道揆法守。

但彻底讴颂水浒英雄者，仍不是这一路，而是余象斗等人。余氏在《题水浒传叙》中揭出"水浒等于春秋之说"，云："尽心于为国之谓忠，事宜在济民之谓义。""宋德衰微，乾纲不振，官箴失措，下民咨咨，山谷嗷嗷。英雄豪杰，愤国治之不平，悯民庶之失所，乃崛起山东，乌合云从，据水浒之险以为依。""不知者曰：此民之贼也、国之蠹也。噫！不然也，彼盖强者锄之、弱者扶之、富者削之、贫者周之、冤曲者起而伸之、囚困者斧而出之。""玩之者当略彼之非，取其平济之是！"（《水浒志传评林》卷首）

其后刘子壮说："自古国家崇贿赂而不修廉节者，必有民患。"陈忱说："宋自绍圣以后，何人非贼子？高贤肥遯、奸佞比栉、宋江为盗跖之后身，横行江淮间，官军莫敢撄其锋。替天行道，即《春秋》之别名也。惜多假仁假义，而不保其终，有以也。"此类说法均可说是对《水浒》最高的尊崇了。

但也就在此时，已有人对于过分推崇《水浒》，颇不以为然，像与李卓吾关系那么密切的袁中道，都曾指出李氏愤世嫉俗的论点有其可笑之处，并提到"名教"观念的重要性。他说：

万历壬辰（一五九二）夏中，李龙湖方居武昌朱邸。予往访之，正命僧常志抄写此书，逐字批点。常志者，乃赵溦阳门下一书吏，后出家，礼无念为师，龙湖悦其善书，以为侍者。常称其有志,数加赞叹鼓舞之,使抄《水浒传》。每见龙湖称说水浒诸人为豪杰,且以鲁智深为真修行,而笑不吃狗肉诸长老为迂腐。一一作实法会。初尚恂恂不觉;久之,与其侪伍有小忿,遂欲放火烧屋。龙湖闻之大骇。微数之,即叹曰:"李老子,不如五台山智真长老远矣。智真长老能容鲁智深,老子独不能容我乎?"时时欲学智深行径。龙湖性褊多嗔,见其如此,恨甚,乃令人往麻路招杨凤里至右辖处,乞一邮符,押送之归湖上。道中见邮辛牵马少迟,怒目大骂曰:"汝有几颗头?"其可笑如此。后龙湖恶之甚,遂不能安于湖上,北走长安,竟流落不振以死。痴人前不能说梦,此其一征也。

今日偶见此书,诸处与昔无大异,稍有增加耳。大都此等书,是天地间一种闲花野草,即不可无,然过为尊荣,可以不必。往晤董太史思白,共说诸小说之佳者,思白曰:"近有一小说,名《金瓶梅》,极佳。"予私识之。……追忆思白言及此书曰:"决当焚之。"如今思之,不必焚、不必崇,置之而已。焚之亦自有存之者,非人之力所能消除。但《水浒传》,崇之则诲盗。此书诲淫。有名教之思者,何必务为新奇以惊愚而蠹俗乎!(《游居杮录》卷九)

这篇文章是个极重要的线索,可见在推崇《水浒》的同时,另一种注重名教的思想也在发轫。《水浒》越被推崇,这种思想的反扑也就越强烈。这里,我想举三个人为例,说明这种思想趋势。一是思想家王船山,二是批评家金圣叹,三是民间编书家天花藏主人。

这三位都生活于明清之交,但活动领域各不相同,可是他们对侠或《水浒》的态度却相当一致;皆尊朝廷、重名教而贬盗寇。船山在《读通鉴论》卷八严厉地批评"招安说",云:"胥吾民也,小不忍于守令之不若,称兵以抗君父,又从而抚之。胜则自帝自王而唯其意,败则卑词荐贿而且冒爵赏之加。一胜一败，皆有余地以自居，而不失其尊富，桀猾者何所忌而不盗也？南宋之谚曰：'欲得官，杀人放火受招安。'且逆计他日之官爵而冒以逞，劝之盗而孰能弗盗也？"

金圣叹也痛斥招安说。不仅在斩腰改窜的七十回里，用一个梦把一百零八好汉一一处决，以为天下太平之地；且把"孝义黑三郎宋江"批评为不忠不义不孝的罪魁，而认为《水浒传》的主题就在"奸厥渠魁"。他不承认所谓逼上梁山之说，特别点明是宋江百端设计，逼使秦明徐宁等人走投无路而进入水泊之后再说等候招安，以归顺朝廷施展抱负。认为那根本就是骗人的把戏，所谓赚人入伙而已。

第二序说："施耐庵传宋江，而题其书曰《水浒》，恶之至，迸之至，不与同中国也。而后世不知何等好乱之徒，乃谬加以忠义之目。呜呼！忠义而在《水浒》乎哉？""由今日之《忠义水浒》而言之，则直与宋江之赚入伙、吴用之说撞筹无以异也。无恶不归朝廷，无美不归绿林。已为盗者读之而自豪，未为盗者读之而为盗，呜呼！"

因此，他也仿《春秋》之志，要以百世不改的君子大法，严格地审判《水浒》，为宋江等人定罪，以"昭往戒，防未然，正人心、辅王化"（《宋史断》）。

这种强调君子之大法的礼法名教思想，与他批《西厢记》时，以"周公之礼尽在张矣"论张生，谓崔莺莺为深谙礼教，并抨击当时戏曲"类皆肆然蚤作狂荡无礼之言"，立场是一致的。

天花藏主人也是如此，他曾在《定情人》序中说："情定则由此收心正性，以合于圣贤之大道，不难矣。"他对《水浒》的批评不像金圣叹那么强烈，他一方面对晚明的"乱自上说"，颇能同情，认为强梁跋扈之源，在于朝廷腐败，故庙堂大奸大诈，则草野无法无天。但另一方面他又坚持：不管为什么而走险弄兵，盗就是盗，不能因廊庙有过失，所以盗就值得褒扬,"名教攸关,谁敢逾越?前所曰妖曰魔,作者之微意见矣"(《后水浒传》卷首题序)。①

三 辨"侠盗"

名教中人所撰,号称第二才子书的《侠义风月传》(又名《好逑传》),最足以代表这种思想趋势。此书描述女子水冰心及侠男铁中玉遇合的经过。水冰心以其机智,逃避了她叔父及一位癞蛤蟆想吃天鹅肉的过公子之纠缠,遇见侠士铁中玉。二人互相解救过对方的急难,也互相欣赏,但却总保持着礼法大防。后来两人家长替他们办了婚事,小姐竟然不愿与新郎同房。理由是从前的交往过程中,略有暧昧,怕人家借此攻击,有碍名誉。后来果然。于是天子下命检验,证明水冰心仍为处女,保全了两人的名声,并奉旨成婚,有情人终成眷属。

这本书,可说是《水浒传》与《西厢记》金批理想世界的呈现。水冰心和铁中玉两人,皆为忠臣,皆为孝子,皆秉圣人礼法之教。这种才子佳人,正是金圣叹所梦寐以求的。例如《西厢记·惊艳》总批中,金氏大骂:"我见近今填词之家,其于生旦出场第一引中,类皆肆然蚤作狂荡无礼之言:生必为狂且,旦必为倡女。夫然后愉快于心,以为情之所钟在于我辈也。"《好逑传》则宣称:"烈烈者真性,殷殷者柔情,调乎情与性,名与教方成。"(第十四回)

金圣叹杜撰《水浒》第七十回《忠义堂石碣受天文,梁山泊英雄惊恶梦》,并在总批中感叹:"后世乃复削去此节,盛夸招安,务令罪归朝

---

① 以上明人论《水浒》言论,皆见马蹄疾编《水浒资料汇编》(里仁书局,一九八〇年重印本)。天花藏主人,另参《明清小说论集》一、二册(春风文艺,一九八四、一九八五)中相关论述。

廷，而功归强盗，甚且至于哀然以忠义二字而冠其端，抑何其好犯上作乱，至于如是之甚也哉？"《好逑传》则强调："若要敦伦明理，毕竟归天子。圣明一察谗言止，节义始知有此。"（第十八回）其书合侠义与风月为一，其意义正与金圣叹批《水浒》和《西厢》相同哩！

在这样的工作中，作者名教中人遂成功地改塑了侠客的形象，据好德堂本前面维风老人的序说："于归之径，周行是正，直御为安。稍涉逶迤，而侠者则避之，义者则辞之，非以之子为不美而不动心，非以家室为不愿而不属意。所以然者，爱伦常甚于爱美色，重廉耻过于重婚姻。"侠不再是盗贼或具血气之勇的英雄，而是尊重并护卫礼法的人了。

顺着这个基调发展下来，清代侠义小说大抵表现为两类，一是如金圣叹、王船山那样，要"歼厥渠魁"；一是强调侠义与盗贼之别，侠士为了维护名教纲常及正义，即必须剿灭盗匪。

前者以原名《结水浒》的《荡寇志》为代表。俞万春在该书引言中批评宋江："杀人放火也叫忠义，打家劫舍也叫忠义，戕官拒捕、攻城陷邑也叫忠义。看官你想，这唤做什么说话？"因此他指出水浒中人并非忠义，反对招安，并归罪宋江。自称十三岁时就梦见一位仙姿绝代的女郎，来告诉他："余雷霆上将陈丽卿也，助国殄灭妖氛，化身凡三十六矣，子当为余作传。"后来则碰上嘉庆中叶的黎民之乱等事，其友半月老人说："（《水浒》）流传，凡斯世之敢行悖逆者，无不借梁山之鸱张跋扈为词，反自以为任侠而无所忌惮。其害人之术，以流毒于乡国天下者，殊非浅鲜。近世以来，盗贼蜂起，朝廷征讨不息，草野奔走流离，其由来已非一日。非由于拜盟结党之徒，托诸《水浒》一百八人以酿成之耶？"（《续序》）很能说明他著书的心情。

这种心情，固然有时代的刺激与切身遭遇的苦痛，但时代民变只是助缘，他的态度应属清初思潮一种合理的发展。因为有此想法的人很多，却未必皆曾身历民变。例如那位据说曾经上书洪秀全的天南遯叟王韬，与太平天国关系如此密切，也仍然批评"乡曲武豪放纵为任侠，小民鲜识，遂以犯上作乱之事视为寻常"，而昌言：

> 鄙意与其逆以遏之，不如顺以导之，世之读《水浒传》者，方且以宋江为义士，虽耐庵、圣叹大声疾呼，指为奸恶，弗顾也；而扬波煽焰者，又复自命为英雄，即正言以告之，弗信也。耐庵于《水浒传》终，结以一梦，明示以盗道无常，终为张叔夜所剪除。于是山阴忽来道人遂有《结水浒》之作，俾知一百八人者，丧身授首，明正典刑，无一漏网，今我以《水浒传》为前传，《结水浒》为后传，并刊以行世，俾世之阅之者，憬然以惧，废然以返，俾知强梁者不得其死，奸回者终必有报。即使飞扬跋扈，弄兵潢池，逆焰虽张，旋归澌灭，又何况区区一方之盗贼哉！（《第五才子书》卷首）

以王韬的身份来说这番话，可见这种思想乃是极为普遍的。必须是在这种意识底下，蔡元放才会评陈忱的《水浒后传》，扭转了陈忱书的主题。陈书因为伤心人别有怀抱，故高揭盗跖为典型，曰：

> 跖之日晡人肝，必弑逆之臣也，必枭獍之子也，必悖义之夫也，必淫荡之妇也。夫子志在《春秋》，仅以空言惧天下后世之乱臣贼子，未若跖之见于事实，而日显戮天下之乱臣贼子也，正所以辅行春秋。①

---

① 陈忱在《水浒后传·论略》中自承："《水浒》，愤书也。""愤大臣之覆悚，而许宋江之忠；愤群工之阴狡，而许宋江之义"，"《后传》为泄愤之书"。但他又指出："宋江，剧贼也"；"盗有道，特非君子之大道也，不可认真"。而特别写出李俊等人救驾之功。所以从大的思想趋势上说，仍是名教攸关之一想。

然而蔡元放评刻陈氏书，却认为此书是："人犹是前传之人，而其事则全非前传之事。"因为在《水浒》中，皆是绿林豪客、御人夺货之行；在《水浒后传》里，据他的看法，则是："开基世外、海国称王，并非有所损于宋室，而且救驾铭勋，爱君报国，立德而兼立功，……有廉顽立懦之风，足以开愚蒙而醒流俗。"（《评刻水浒后传序》）其批评意识，与俞万春和王韬显然如出一辙。

另一类型的侠义小说，虽仍以绿林豪侠为描述对象，但强调侠义与盗匪之不同。认为侠即须爱君报国，歼除寇匪，则与前者实际上没有什么两样。例如《绿牡丹》（又称《四望亭全传》或《龙潭鲍骆奇书》）便以骆宏勋和花碧莲的婚姻为线索，表达"为主尽忠，为友全义"的想法。其中第四十五回多胳膊余谦曾对接受圣旨、迎王保驾的大臣狄仁杰说：江河水寇鲍自安和旱地响马花振芳"二人皆当世之英雄，非江湖之真强盗也，所劫者皆是奸佞，所敬者咸系忠良，每恨生于无道之秋，不能吐志，常为之吁嗟长叹"①。这几句话，清楚地说明了整个《绿牡丹》以降，一系列如《七侠五义》、《施公案》、《彭公案》小说的基本性质。

侠与盗不同，侠虽或为盗为寇，但"身归绿林为寇，不劫买卖客商，单劫贪官污吏、势棍土豪。得到银子也不乱用，周济孝子贤孙"（《彭公案》第二八回），最后则往往救驾有功或御前献艺，而得钦赐黄马褂或其他，此则为侠。若终不改悔，便终只是盗，不会有好下场。小说的主要内容即在描述侠士与奸邪盗寇间的纠纷争斗，如《七侠五义》写御猫展昭与五鼠间的纠葛，《彭公案》写杨香武三盗九龙杯、欧阳德巧得珍珠衫，《施公案》写黄天霸与窦尔墩之类。

---

① 参蔡国梁《明清小说探幽》（浙江文艺，一九八五）页三三一—三六《侠义小说之新葩：绿牡丹》。

这即是所谓的"忠义"。他们的小说，表面上看起来，与《水浒》似不甚相同，但从小说理念的发展来分析，却可说是脉络一贯的。早先的忠义说，因肯定"水浒之众，皆大力大贤有忠有义之人"，而承认了若官逼民反，则豪杰自可起而替天行道。后来因此说流弊滋多，乃有注重名教的思潮，强调忠义不可伪托，盗贼终不可为，"深明盗贼忠义之辨"（《荡寇志》引言），而以爱君报国为忠义，是通过名教观念重建的忠义说。当时《三侠五义》又名《忠烈侠义传》，且出现了讴颂朝廷武功的《圣朝鼎盛万年青》、《永庆升平前后传》等，都显示了这一事实。此即思想之曲折，治史者理应深入掌握思想发展的脉络，方能对因思想转变而形成的小说现象有所理解。

四 存"意气"

不过，说忠义是替天行道，或主张忠义应救驾铭勋，就侠之本质来说，都只得其偏义。正因《水浒》之类小说所描写的侠客风范不全是打抱不平、不全是济弱扶倾，所以才会有那么多人痛恨此等强梁豪杰，建议将之明正典刑。但也因为盗寇之中亦不乏逼上梁山，并非以杀人越货为乐之辈，所以才要在盗寇与侠义之间，做一区分。且侠与统治阶层的关系，至为复杂，所以才会有关于"招安"的争辩。就这些问题来看，清代侠义小说是较能贴近侠之真相且引人深思的。

例如《彭公案》写黄三太做寿，濮大勇提起："咱们绿林的朋友，死走逃亡真个不少。也有遭了官司，身受重刑的，死于云阳法场之上；也有死于英雄之手。"显示绿林豪客或作案犯官或私斗死伤，皆为常事。然后他又激黄三太：在旷野荒郊劫镖车不足为奇，"倘得到北京天子脚底下，把当今万岁爷的物件，拿他一两件来；或在户部把那些银鞘劫了他的来，才是真英雄"。黄三太气往上冲，立即赴京师劫银，回来后夸口说劫点银两算什么，就是劫圣驾我也敢去。濮大勇说劫圣驾可不是闹着玩的，拜托你算了吧。黄三太一听，气又冲上来了，决定去劫驾。却不料南苑窜出一只老虎来，被黄三太飞镖打死，竟成了个打虎救驾之功，得了御赐黄马褂。谁知此事又惹恼了杨香武，径入大内，盗得九龙御杯，要让天下知道谁才是英雄。于是朝廷乃责成黄三太追回玉杯。追回后，康熙听杨香武谈盗杯缘由，心中不悦，又听他说起诸豪侠家中设立群雄会、招聚天下响马及避侠庄中分赃聚义厅之布置等事，立刻下谕，查抄避侠庄。"心中又想着要把黄三太、杨香武杀了，以免后患。"后来幸而杨香武演出三盗九龙杯，才获恩赦（见第廿六至三八回）。

这段情节，与《七侠五义》中南侠展昭于耀武楼献艺封官，被称为"御猫"后，激恼了锦毛鼠白玉堂，深入大内，盗得三宝；最后经"开封府恩相保贤豪"，才得"锦毛鼠龙楼封护卫"，异曲同工。他们在精神上并不自以为是有意识的抗议英雄，事实上亦无"向不公道的命运或体制争抗"的行动。坐地分赃，聚义劫财，乃是生计手段。刀头舔血、水旱剽掠，最后可能捉将官衙去，更可能损在道上朋友手中，这样的下场，他们原也非常清楚。至于他们处事的法则，本来就不根据天理与王法，自然也不太考虑是非利益，一任意气行事，往往就顾不得其他。

因此，绿林是个王法以外的世界，他们只依个人意气行事，不怕王法，都霸天周应龙说得好："你叫皇上发官兵来要九龙御杯，我在家中等候于他。"（《彭公案》第卅四回）倘使落入官司，就算是命，反正二十年后又是一条好汉！但他们也不主动去与王法抗争，对朝廷、法律以及执法者，仍保持着相当的尊重，只是道不同不相为谋罢了。后来有些人入了仕途，或与朝廷有了来往，如展昭、白玉堂及黄三太等，亦非立意要为朝廷效力、为主上尽忠，而常是意气感激所致。如黄三太本意是要争一口气、逞个英雄，前去劫驾；结果跳出一头猛虎，他是英雄，飞镖了得，怎能不打？于是弄成了个打虎救驾，得了钦赐的黄马褂，欢天喜地而去。不料这袭黄马褂一旦上身，他就从与礼法王权相忘于江湖的境况，掉入国法王权的体制内，不得不赴刑部投审，不得不领假寻赃，不得不戴罪见驾。

锦毛鼠白玉堂又何尝不是如此？他本来是着恼展昭的御猫之称，犯了他的名号，所以执意到皇宫内走走，管他"纵使斧钺加身，也不枉我白玉堂虚生一世"（第四十回）。其后蒋平激他不敢到京，又"气得他三尸神魂暴出、五陵豪气飞空，说：好病夫！你把白某看成何等样人？慢说是开封府，就是刀山箭林，也是要去走走的！"（第五七回）等到包公对他十分礼遇，并予保奏入朝之后，便"心平气和，惟有俯首谢恩"，成为四品护卫。

他们并不着眼于个体自由或公众利益，只顾肯定自我。如有人能肯定他的存在，他便视为知己，否则就是遭到侮辱，非报复不可。意气激昂，本是原始盲动的力量，并无理性与价值的判断，所以"吃软不吃硬"，所以可以劫驾也可以救驾。主政者自然非常清楚这一点，故能收为己用便用，否则便立予剿灭了事。他们跟统治者的关系并不是和谐的，其中有利益的交换，也须摸清侠客行事的法则。[1]

前文说过，清代侠义小说的理念，乃是忠义名教，可是这些侠客实际上却常是王法外的强梁，是血气之勇、意气之豪的好汉，他们并不服膺名教，并无理性与价值的判断。因此，要他们自动行侠仗义，自觉地扶持纲常名教，就往往不太可能。所以，在结构上，清官是必要的。侠客的原始盲动力量，必须要在清官所代表的清明道德理性精神控制、导

---

[1] 有关侠的生命情调，详龚鹏程《大侠》（锦冠，一九八七）页一七三——一七九。

引之下，敛才就范，才可以表现为理性。纵使是《儿女英雄传》，也有在青云山与西山说服十三妹的安学海，其他的就更不用说了。

这是一种卑之无甚高论的侠，较接近黑社会流氓的社会真实，是民间讲"气魄"的好汉，而非知识分子理想中的英雄。自唐代中叶以降，侠义精神在文人学者的意识中转化为济弱扶倾、主持正义，现在则重新回到它本来的意识中去。①原因很简单：清代侠义小说是民间文学，不是文人小说。

侠义小说的作者，在清代包括了旗人、女子、书商、专业编书人以及像俞樾这样的大儒。流通出版《续小五义》的潘伯寅则为京朝大老。②但它的基本形态是民间文学，大部分与说唱关系密切。如《龙图耳录》孙楷第藏抄本第十二回末，有抄者自记："此书于此毕矣，惜乎后文未能听记。"当时石玉昆在京师以唱单弦著名，此即其说唱之故事。另外，郭广瑞序《永庆升平前传》亦云："余少游四海，常听评词演《永庆升平》一书，国初以来，有此实事流传。咸丰年间有姜振名先生，乃评谈古今之人，尝演说此书，未能有人刊刻，流传于世。余长听哈辅源先生演说，熟记在心，闲暇之时，录成四卷。"又，《郎潜纪闻》说："少时即闻乡里父老言施世纶为清官，入都后，则闻盲词院曲，有演唱其政绩者。"此即《施公案》。

换句话说，各书皆与弹唱说演有关。或虽未正式弹唱说演，亦以说唱为写作模范，如文康的《儿女英雄传》就自称为"评话"，后来东海吾了翁重订，遂题为《儿女英雄传评话》。故鲁迅云清人侠义小说"正

---

① 侠义传统在唐代的转变，详龚鹏程《大侠》页一三八——一八〇。
② 《彭公案》的作者是贪梦道人，《永庆升平后传》亦然，此公应属职业编书人。另外，刊刻《忠烈小五义传》、《续小五义》的文光楼主人，也值得注意。《续施公案》光绪十九年文光主人序有"本铺"云云，似乎他不止印书而已，他这家书店也负责编写。

接宋人话本正脉,固平民文学之历七百年而再兴者"①。

这样的平民文学,在文字叙述方式上,重复、套用,都是常见的现象;文字本身的艺术效能,也不须那么讲究,不像文人小说注重文字水平和独创性。在主题意识方面,通常亦卑之无甚高论,只要满足一般世俗的想法与企盼即可。比如十三妹何玉凤想五花官诰、黄三太喜得黄马褂之类,正是一般人最寻常的想头。

知识分子虽不免亦有此想法,但常采取一种嘲讽或批评的态度,特别是五四以来文学弥漫着一股"知识分子感时忧国的精神",对于传统小说,自然也期待在其中具有这样的精神。所以,像《镜花缘》那样大力铺张褒扬中国文化理想和乐趣的小说,那样站在严格的传统道德立场颂扬女性德性与才华的作品,论者居然也能从中摘取一小段,而认为它是一部讽刺中国社会中妇女地位的小说。在不容易找到批判或讽刺当轴王权的清代侠义小说中,他们会感到失望,实在是不难理解的。但是,这种反抗传统、反抗体制、反抗权威,凡能反抗,就代表进步,否则便是陈腐、便是主题不正确的浪漫抗议观,其实只是属于文人的意识形态,用来讨论民间文学,并不妥当。

今天,我们要研究清代侠义小说,便应跳开这些旧有的批评窠臼,了解从明代到清代有关侠义精神的思考,并掌握它作为一民间文学的性

---

① 这种民间说评书传统,使得侠义小说在清朝形成了一个明确的文学类型,有其类属之延续性和统一性,例如主题颇为一致、彼此可能有继承关系、在美学效用上也有固定的写法等。在文学的类属学上说,同类作品必受别的作品之因袭、楷模、改变;《儿女英雄传》虽系文人寓寄理想之作,仍不能不受民间评话之影响,适可证明这个道理。其拟仿、续书现象,亦复类此。
另外,依古典理论,类型上的社会性区别,大体上是史诗与悲剧写皇室贵族;喜剧写中级人士,如城市中的中产阶级;讽刺与闹剧,则写小人物。侠义小说之主要角色,多是社会中的游民,本系小人物而竟写得成为大英雄,故在讽刺与闹剧之中,又能显其堂皇庄严之感,亦值得注意。但本文不及细论矣。

质,重新评析它的价值与内涵。毕竟,清代侠义小说实不如一般所认为的那样简单,它形成于一曲折且发展的忠义观中,混糅着忠义、争抗与名教思想。但它虽受一思潮所导引,却又在事实上暴露了侠的真面貌,体现了它作为一民间文学的特质,将侠的形象,从正义的英雄神话,转回到现实社会。必须经过这一层转化手续,才能完成"忠义",扶持名教纲常。

我们可以说,从唐朝塑造了侠义传统的新内容之后,这是一个新的转折点,导引了后来民国武侠文学的高峰。特别是《江湖奇侠传》等描写江湖恩怨、绿林事,以及姚民哀式帮会小说,或白羽《十二金钱镖》之类寻仇报复的故事,皆有清代侠义小说的套子在。而另一方面,正义英雄的知识分子理性侠义观,则继续在诗文中展露发皇,从龚定庵的"剑气箫心"、谭嗣同、章太炎的侠客思想,到南社诸子,再曲折地转回到民初武侠小说里去表现,它与民间侠义小说先分流而后合水的现象,也很值得注意。①

再者,我们既知清代侠义小说描写的乃是王法之外的强梁,我们便应同时注意到它与社会的关联。其一是它与武术发展的关系。②讲中国武术或武侠技艺的人,无不推源远古,什么越女剑、达摩易筋洗髓神功之类。然而事实上,我国武艺向以兵阵实战技术为主,步战本不如马战重要。长兵器,如弓弩、刀、枪,也较短兵器重要。

南宋华岳云:"军器三十有六,而弓为称首。武艺一十有八,而弓

---

① 龚定庵的问题,详龚鹏程《读诗隅记》(华正书局,一九八二)页二〇五—二二二《说龚定庵的侠骨幽情》。章太炎那种虚无主义的儒侠观,则详龚鹏程《大侠》页一四—二〇。另外,清末民初知识分子的侠客情怀,详龚鹏程《侠骨与柔情:近代知识分子的生命形态》,收入本书。
② 详林伯原《试论宋代武术的发展变化》(收入《武术科学探秘》,人民体育,一九九〇)。

为第一。"(《翠微北征录·弓制》)可以证明这种思想到宋朝尚未改变。故《梦粱录》及《西湖老人繁胜录》所载当时民间武术社团,除角抵、相扑之外,就以射箭为多,如锦标社、川弩社、射水弩社、川弩射弓社、射弓踏弩社等。

但武术从宋朝起,毕竟有了些新的发展,主要是战阵武技被用来作为游戏表演,形成武术体育化及表演化。而为了表演,长兵器、马上使用者,必须改为短兵器;且逐渐形成套子武艺(即拳套、套招对练之套式)。顺着这种套子武艺,才渐有明代出现的赵太福神郑卅六式、张飞神拳、王拳、童子拜观音神拳、二郎棒、五郎棒、杨家三十六路花枪之类。

《阵记》载当时剑法有"卞庄子之纷绞法、王聚之起落法、刘先生之顾应法、马明王之闪电法、马超之出手法,其五家之剑,庸或有传"。足见此时才逐渐形成流派家数,且由重视兵器长度与重量,转而重视技术。可是这时的技艺仍甚粗糙简单,《水浒传》描述武松之技,亦不过是"鸳鸯脚"、"连环腿",余则多为兵阵马战场面。

我国拳种真正作为武术流派的时代,是在明末清初。太极、八卦、形意三大拳派,约在乾隆至道光年间先后定形于北京。所谓少林武术,则主要也是乾隆年间升霄道人整理的宋代福居禅师所传《罗汉行功全谱》。因此,总括来说,这才是中国历史上真正的武艺时代,侠义小说所反映的,即是这样一个英雄好汉各练就一身武艺的时代,为后来技击小说开了先路,而不同于武技并未发达时期的小说描述,着重叙述英雄们的武打技巧。而且,它们的描述,也造就了后人对中国武术史的认知。

以少林武术为例,现在仍有许多拳派自认为属于南少林系统,谓其渊源,系由于白眉道人破了少林寺,杀死至善禅师,其徒洪熙官、方世玉、胡惠乾等逃出,乃流传洪拳等。可是事实上,这个故事乃是由《万年青》杜撰出来的。在这本小说以前,至善禅师与洪熙官等,均不见著录。小说本系因当时各派武技争雄,受其影响而构作情节,却又反过来影响了后人对武术史的认知,清代侠义小说中此类例证,殊不鲜觏。

此外,练武人常聚合成为会社。如咸同年间华北之乡团结为梅花拳会。光绪廿三年,山东冠县梨园屯发生教案,拳会即与教民抗争,形成仇教团体。至光绪廿四年,再改称为义和拳或义和团。清代这类会社,与武术之关系,其密切往往如此。

像理教,又称白帮,其创教者为康熙间的山东人杨来如,以十诫授徒,其中就包括"尚武"、"任侠"二诫。乾隆间捕获之白莲教徒"朱培卿能知铁布衫法术"。又天理教之林清党徒藏有金钟罩拳符咒。而金钟罩教后即衍为大刀会。

清代侠义小说所描述的绿林豪杰、帮会恩怨,事实上也就是当时的秘密会社之写照。至于剑侠之神奇武技,则多与当时各秘密教派之法术有关,如白莲教能"撒豆成兵,骑凳当马","擅遁甲术,呼风唤雨","得石函中宝书神剑,役鬼神,剪纸作人马相战斗",这种神幻奇技,与武术相结合,影响小说对剑侠剑仙的描述很大。自唐朝以来,久久沉寂之剑侠小说,遂得复苏而成巨观,要非无故。

要从这几个角度去讨论清代的侠义小说,我们才有可能超越旧式批评,为小说史及侠义传统之研究另辟新途。

英雄与美人：晚明晚清文化景观再探

一 崇拜英雄的社会

"中研院"文哲所办的"世变中的文学世界"系列研讨，要求我从文学想象与历史现实来再探晚明与晚清之文化景观，而且还希望涉及性别议题。但要做这种工作，兹事体大，实难措手，令我头疼不已。幸而晚明与晚清论者虽多，没谈过的东西其实还不少，拣选一个线头，也许就可以串起一大串相关的事务。因此也不妨随意说说，让我由当时人论侠客处谈起好了。

古代说侠客，多为贬词，中唐以降，始渐称扬侠义，然犹褒贬参半，明末却是个较为推崇侠客的时代。①万历十七年刻《水浒传》天都外臣汪道昆序，说宋江等人"啸聚山林，凭陵郡邑，虽掠金帛，而不据子女；唯翦婪墨，而不戕善良"，"有侠客之风，无暴客之恶，是亦有足嘉者"。推崇《水浒》诸人固多溢美，其观念中认为侠士与暴客不同，却是十分明显的。

余象斗也持同样的观点，谓宋江等人"盖强者锄之、弱者扶之、富

---

① 这个问题，俱详龚鹏程《大侠》一书及《廿四史侠客资料汇编》的序文。

者削之、贫者周之、冤曲者起而伸之、囚困者斧而出之。原其心，虽未必为仁者博施济众，按其行事之迹，可谓桓文仗义，并轨君子"（万历廿二年《水浒志传评林》卷首）。

在此稍早，已有沈璟撰《义侠记》传奇，叙武松事。吕天成序不唯推扬武松，且说："彼世之簪佩章缝、柔肠弱骨，见义而不能展其侠，慕侠而未必出于义，愧武松多矣。"容与堂刻本《忠义水浒传》李卓吾的批评，也引陈眉公"天上无雷霆，则人间无侠客"为鲁智深张目，说："郑屠以虚钱实契而强占金翠莲为妾，此是势豪长技。若无提辖老拳，几咎天网之疏。"（第三回）又说："郓哥堪与唐牛儿合做一小侠传。"（第廿五回）

《水浒传》的诠释与评价，在晚明是个复杂的问题或现象，因此，以上这类说法并不足以概括当时人对《水浒》的整体看法。但借由这一部分评述《水浒》之言论，却不难让吾人发现：在晚明，侠的形象已大抵正面化、高大正义化了。余象斗说侠客可以"并轨君子"，汪道昆说侠与暴客强盗不同，沈璟将侠与正义结合起来，李卓吾强调侠士可以平衡或矫正人间的不正义状态，他们都显示了这是一个鼓吹侠义、重塑侠客形象的新时代。①

在这个时代中，侠客崇拜的内涵之一，即是英雄崇拜。②

最明显的证例，就是熊飞把《水浒》与《三国》合刊的《英雄谱》了。英雄嵚崎历落，有血性、有肝胆的，遇喜成狂，遇悲成壮，胸怀荡旷，毛翮思奋，热血热肠，慷慨淋漓；其平正者，固然如关云长忠义传千古，与日月而争光；纵使为夜叉如李逵，"发愤于一剑，登人肉于刀

---

① 可见方汝浩《通俗奇侠禅真逸史》、凌濛初《二刻拍案惊奇》卷三九《神偷寄兴一枝梅，侠盗惯行三昧戏》之类。
② 侠客崇拜常以英雄崇拜为其部分内涵，但它并不尽同于英雄崇拜。在晚明，英雄崇拜可以让人不管英雄是否为盗匪，只要他能显英雄气魄，就可博得称许。对侠客则不然，除了应具有英雄肝胆之外，尚须符合正义的原则，才能获得推崇。

俎",也仍然与志士贞夫、烈女壮妇一般,其"逞奇于天地之间"的英雄性质,"寒烟凉月,凄风苦雨之下,焉必无英雄豪杰之士相与慷慨悲歌,以共吐其牢骚不平之气耶?"(杨明琅《英雄谱叙》)

《三国》人物与《水浒》人物,就是在这种态度中被并视为一类。不问其为忠荩抑或强梁,他们都彰显为一种英雄人格的典型。而英雄,据他们的分析,是:"英雄自有本色,何种何苗?何人能禁?何人能开?贞元会合,久属腐谈;星煞降生,尤为俗诨。""血歃专诸豫让,骨镂聂政荆轲,同声同气沛江河。""世上羞小节者,决非英雄。""子胥有言,日暮途远,吾故倒行而逆施耳。英雄岂乐反噬哉?仇怨迫之也。""胜场世所必争,英雄不多让人。"等等,这类《水浒》人物图赞的英雄人格观,又可见诸当时流行的《水浒叶子》。

《水浒叶子》酒牌在当时到底有多么流行,固然不易说明。但陈洪绶所画的《水浒叶子》,在明末清初最少就有四种刻本,故想必流传颇广。酒牌又是民间习用之物,也足以征见社会上对于这类人物的态度。陈老莲对《水浒》人物的评语亦不可能与社会公众态度相差太多。而其整体态度则是嗟赏的,说宋江"刀笔小吏,尔乃好义",解珍"赴义而毙,提携厥弟",董平"一笑倾城,风流万户"等等,固然是嗟赏;对史进"众人皆欲杀,我意独怜才",或说鲁智深"老僧好杀,昼夜一百八",也都是嗟赏的。

他们所欣赏咨嗟的这类英雄人物,生命多奇诡不恒,用儒家的话来讲,"皆不得乎中行",有狂者气象。故纵肆无端,叱咤呜喑,行为也往往显得偏激,人格近乎佚宕。或鸡鸣狗盗,小节颇不谨饬。或倒行逆施,动辄杀人放火。但欣赏他们的人不从社会道德上着眼,只从其血性迸发的这一面欣赏他们的真。五湖老人《忠义水浒全传序》说得好:"夫天地间真人不易得⋯⋯有真人而后一时有真面目⋯⋯虽然,其人不必尽皆文周孔孟也,即好勇斗狠之辈,皆含真气。"

据此,他认为《水浒》人物"较今日之伪道学、假名士、虚节侠,妆丑抹净,不羞暮夜泣而甘东郭餍者,万万迥别",故"余于《水浒》一编而深赏其血性"。

二 研究目光的转向

晚明时期有一股崇尚"真"的思潮,例如公安派讲真、真趣、真情、真人,是众所周知的事。阳明后学,如泰州学派,据称多狂者气象,其人多赤手搏龙蛇者,也是大家都熟知的事。因此,敏感的读者可能猜到我底下或许将要把他们关联起来说。

但是,不是的。我想谈的不是这些。我摘举这些事例出来,只是想提醒大家:

(1)侠义传统到晚明发生了变化,原先视如盗匪暴客的侠,在社会上普遍具有英雄人格的崇拜心态中,转化成为英雄。这些英雄,可能是正义的化身,可以矫治人间之不平。但他们纵使不正义也没有关系,一样可因其血性、因其真而获得社会的认同。这是一种非常特殊的时代氛围与社会心态,对侠客形象之再塑,也有决定性的影响,影响着此后几百年中国人对侠客的认识与态度,直到现在。

(2)这种英雄人格的企慕、侠客崇拜的态度,是过去论晚明思潮与文学者较少注目的课题。以往我们较常见的思路,是从"性理"与"情欲"的对比来展开论述,描述晚明如何挣脱理学及复古论的双重枷锁,从对情的尊扬与对欲的正视,达到文学及人性的双重解放。

这样讲对不对,姑不具论(大家都知道,我是反对的)。但如此谈晚明,必然较多关注到其中"儿女"的部分,而罕能注意到另一个"英雄"的层面。冯梦龙之情史、汤显祖之情教,以及"对爱情的向往与追求,成为晚明的风尚;有情人、情痴、情种等成为最时髦之用语;对女性的歌颂和品鉴著为专书"(见陈万益《冯梦龙情教说试论》的描述)之类,吸引了大部分研究者的目光,把晚明形容成一个温柔乡。此一乡中,风云气少、儿女情长,甚且由情而欲,为一人欲横流之世界。此乃一偏之见也,对情的讨论亦不通透。①

(3)关于晚明人的英雄侠客崇拜,可论之处甚多,由此人格态度而发展成的女性观,就很值得注意。

三 面对女性的英雄

英雄气魄,是男性化的特质。在英雄的世界中,自然看不起娘娘腔,也不需要柔婑婉约的莺声燕语。因此,英雄谱,如《三国演义》、《水浒传》中都是没有花前月下谈情说爱之场面的。女性角色极少,即或存在,亦为陪衬或牵针过线的性质,例如借貂蝉以写吕布如何与董卓反目,借解救弱女子以写鲁智深如何仗义之类。女子属于不存在、不重要、卑下而待拯救之地位。这是英雄人格取向中对女性的第一种态度。

对于男女情感的轻忽,则是第二种明显的态度。英雄,强调的是血性而非情感。英雄固非无情,但其情是指向大的社会、存处于大空间中的。其身手与襟抱,欲发用抒泄于天下,故不愿槁首老死于牖下,更不能系恋执缚于一妇人之手。倘若为了私人感情而误了"大事",则尤其不可饶恕。李卓吾评《水浒》,谓:"最可恨者董平那厮,只因一个女子,便来卖国负人。国家如有是人,真当寝皮食肉。"又赞美燕青不为

---

① 俱详龚鹏程《晚明思潮》一书,此处也不必多谈。

美色所动，能办成招安之事："燕青不承应李师师，是大圣人。风流少年，定以为滞货。"事实上，英雄与风流少年之不同，正在此处。①

　　同理，对于林教头刺配沧州道，李卓吾评亦惜其"儿女情深，英雄气短"；对于朱仝义释宋公明，则力赞其"美髯公义重如山，百计为公明商量躲避之策，实是情至"。足见英雄之情，重在朋友而轻于儿女。这样的情况，在现实中也是不难见到的，例如以写艳体诗著称的王次回，即有"丈夫意气矜然诺，不惜如花换干莫。自是荆卿侠气深，非关石尉欢情薄"（《栎园姨翁坐上预听名歌，并观二剑，即事呈咏》）之说，足征此亦为现实中存在的状况。②

　　对于男女之情表现淡漠，乃是轻视男女之情的价值与意义。英雄的这种观点若再强些，则不难发展出第三种态度：将男女之情的价值负面

---

① 周铨《英雄气短说》颇能代表这种英雄应大其情的态度，他说："或者曰：儿女情深，英雄气短，以言乎情，不可恃也。情溺则气损，气损则英雄之分亦亏。故夫人溺情不返，有至大杀而无余。甚矣，情之不可恃有如是也！周子曰：非也。夫天下无大存者，必不能大割；有大忘者，其始必有大不忍；故天下一情所聚也。情之所在，一往辄深：移以事君，事君忠；以交友，交友信；以处事，处事深。故《国风》许人好色，《易》称归妹见天地之心。凡所谓情，政非一节之称也，通于人道之大，发端儿女之间。古未有不深于情，能大其英雄之气者。以项王喑哑叱咤，为汉军所窘，则夜起帐中，慷慨为诗，与美人倚歌而和，泣数行下。汉高雄才谩骂，呼大将如小儿，及威加海内，病卧床席，召戚夫人与泣曰：若为我楚舞，吾为若楚歌。歌数阕，一恸欲绝。嗟夫！此其气力绝人，皆有拔山跨海之概，乃亦不能不失声儿女子之一蹙！他若如姬于魏信陵、夷光于范少伯、卓文君于司马相如，数君子者皆飘飘有凌云之致。乃一笑功成，五湖风月；与后之自著犊鼻，与佣保杂作，涤器于市，前后相映。呜呼！情之移人，一至是哉！余故谓惟儿女情深，乃不为英雄气短。尝观古来能读书善文章者，其始皆有不屑之事，后乃有不测之功。触白刃，死患难，一旦乘时大作，义不返顾，是岂所置之殊乎？竭情以往，亦举此以措云尔。余故曰：天下有大割者，必有所大存，盖不系于一节而言也。乃后世有拥阿娇，思贮金屋，曰吾情也，噫！乌足语此？"

② 吴梅村《圆圆曲》讲"妻子岂应关大计，英雄无奈是多情"，即是这类批判。上句犹如"红颜值得底事"，下句则感慨英雄通不过美人关终归是会失败贻祸的。这种评价与晚清有些不同，晚清很有些人主张英雄即该要多情。详后文。

化，女人不但不是可爱的或平等的交往对象，更有可能是可怕的。故与女人交往千万要小心，男女之情，亦可能使英雄陷入危险。

《水浒传》描写潘巧云、潘金莲、阎婆惜等"淫妇"的情节，遂因此而特受重视。李卓吾评："国有贼臣，家有贼妻，都贻祸不浅。""真有意为天下者，先从妻子处整顿一番如何？"好像只有贼妻才是可怕的，但一来对贼妻的惧恨是普遍的（如熊飞《英雄谱图赞》云："懿厥哲妇，为鸱为枭。""春秋时，鲁文公已为文姜所弑。孟子称乱臣贼子而不及贼妻者何？"），二来贼妻到处都是，所以男人不能不有所提防。

李卓吾评《水浒》云："描画淫妇人处，非导欲已也，亦可为大丈夫背后之眼，郑卫之诗俱然。"即是此意。金圣叹说《水浒》："借题描写妇人黑心，无幽不烛，无丑不备，暮年荡子读之咋舌，少年荡子读之收心，真是一篇绝妙针砭荡子文字。"也同样指出了它刻画出贼妇心肠与伎俩之贡献，足以作为英雄之教材，莫教英雄大丈夫着了小女子的毒手。

三则妻子不论其本身贼不贼，都可能让英雄遭难，林冲就是个例子。熊飞《英雄谱图赞》叹惜林冲："太史公曰：卫世子以妇见诛，抑且兄弟争死，何其悲也。豹子头异世同祸。其妻义不受辱，则义烈矣。"林冲之妻是个好女人，但林冲以妇被祸，适足以证明：对英雄而言，女人正是祸水。故同书另有一评语谓："陷井设于广厦，英雄何处逃藏？红颜值得底事？白虎几杀忠良。"

贼妻、淫妇、祸水之外，女性更可能具有妖魅性质。所以，这个时期忽然出现了一种"女仙小说"。

所谓女仙，实为妖人。冯梦龙《新平妖传》讲狐狸化成胡媚儿，与其母圣姑姑作乱之事。康熙四十年左右的吕熊《女仙外史》则写唐赛儿。另有作于顺康年间的《归莲梦》，描述女子白莲岸创立白莲教，以符箓神水起事，天意本"要她救世安民。不想……她思恋一书生，情欲日深，道行日减"，上天觉得她"多情好色"，所以让她灭亡了。

这些女性，已不再是六朝唐宋时期那种女仙真，而都具有法术或妖异性质，故能魅惑世人，造作反乱。此种女性形象及其小说出现于此时，是与英雄人格中对女性之敌视有关的。①

除此之外，英雄们还可能有第四种面对女性的态度，那就是希望女人也成为与他们一样的人，不要娘娘腔，只爱娘子军，美女佳人应转而成为英雄豪杰。《水浒》人物中的母夜叉孙二娘、一丈青扈三娘，乃因此而深受英雄之喜爱。

陈洪绶《水浒叶子》赞母夜叉能"杀人为市"，称扬一丈青"桃花马上石榴裙，锦撒英雄娘子军"，最能体现出这种心情。熊飞赞则说："母夜叉肝人之肉，登之刀俎，居为奇货，穷凶极恶，即粘没喝见之，亦应吐舌。中国所望吐气者，赖有此哉。"居然把做人肉包子的母夜叉看成是足以为民族争光、与胡虏斗狠的民族英雄。无怪乎李卓吾评要说："孙二娘、武二郎却好是一对敌手。觉得张青还不相配。"

如此配对，与五湖老人在"好勇斗狠之辈，皆含真气"以下，径以"天下有心汉、娘子军"当其人，意义其实是一样的。王次回寿曾太夫人诗说"彤管定应题女侠，青莲早已悟禅真，穷乡野老传歌颂，通国闺娃识典型"，则充分说明了男性期望女性认同这种新典型的心态。

四　女性的英雄形象

孙二娘或扈三娘并不仅存在《水浒》世界中。研究过性别问题的人都知道：男性将其性别意识投射在对女性的期待中，是一种极常见的现

---

① 六朝唐宋之女仙常与凡人谈恋爱，此处则不然。

象，因此，他们一方面在《水浒》这类书中找到了他们对女性角色期待的认同对象，另一方面也要自行创造新的、符合其理想的女性。这，就是女侠出现于这个时代历史舞台的逻辑了。

古无女侠，唐人传奇所载红线、聂隐娘、贾人妻之类，在唐宋文献中仅以"异人"视之，既未明标女侠一类，也无相关专著。有之，则自晚明始。

林保淳曾举万历四十年的周诗雅《增订剑侠传》、四十一年的徐广《二侠传》及其前后如邹之麟《女侠传》、冯梦龙《情史·情侠类》、秦淮寓客辑《绿窗女史》、许三阶《节侠记》等为说，认为侠女之称呼、著作，以及一种不同于剑侠幻化妖异的女侠类型，均起于万历中晚期。① 其说甚是。而事实上徐广《二侠传》凡例早就说过："古闻有男侠，而未闻以女侠。"女侠确实是晚明的新生事物。

与女侠同样诞生于晚明的，还有一批骁勇善战的女将。如嘉靖间熊大木的《北宋志传》与万历间的《杨家府演义》，描写杨门女将如穆桂英等，大破幽州、十二寡妇西征，女将们比男人更英武无敌，活脱呼应着《水浒传》中对一丈青扈三娘的那阕赞词："霜刀把雄兵乱砍，玉纤将猛将生拿。"她们是性别属雌的英雄，而非假扮男性的花木兰。

此即社会英雄人格追求中对女性形象的新塑造。参与这样工作的人很多，例如《石点头》第十二回《侯官县烈女歼仇》，讲"红颜侠女断头时"；《型世言》第七回《胡总制巧用华棣卿，王翠翘死报徐明山》，称王翠翘为义侠女子；《金云翘传》中亦予以渲染；《西湖二集》中则有卷十九的《侠女散财殉节》；《二刻拍案惊奇》卷十二《硬勘案大儒争闲气，甘受刑侠女著芳名》，又盛赞严蕊："君不见贯高当日白赵王，身无

---

① 见林保淳《中国古典小说中的女侠形象》(《中国文哲研究集刊》十一期)。

完肤犹自强。今日蛾眉亦能尔，千载同闻侠骨香。"凡此等等，无不可见其用心。

其中最有意思的，应是《拍案惊奇》卷四《程元玉店肆代偿钱，十一娘云冈纵谭侠》。本篇先说"有好事者类集它（剑侠之事迹）做《剑侠传》，又有专把女子类成一书做《侠女传》的"，所指虽与邹之麟《女侠传》未必为同一本书，但接着即把红线以下，这些女性剑侠的故事一一叙述一番，性质亦同于一部侠女传。但讲古的目的，却是要为侠重新定义。古之女剑侠或混于盗贼，故它要区别正邪，指出正路："这两个女子便都有些盗贼意思，不比前边这几个报仇雪耻、救难解危，方是修仙正路。"所以后面才举韦十一娘之故事为说。

这样的叙述，事实上乃是侠义精神的改造，将侠由报私仇、斗勇力的层次，转为成为公义的使者，所谓"双丸虽有术，一剑本无私"。侠不但不能是盗贼，"就是报仇，也论曲直"，"仇有几等，皆非私仇"。而此种刑杀守令、将帅、宰相、考官的事，似乎原本属于男性的工作，却已因此而转移到女侠身上来了。同时，女侠之女性特质也被封闭了，韦十一娘的师傅是位道姑，告诫她"切勿饮酒及淫色"。女侠不能动情、不能与男人性交，这与《归莲梦》说白莲岸因思恋一男子"多情好色"而败，是同一个意义。女侠实质上是无女性性征，也无女性情欲的。

不但如此，韦十一娘初从师习艺时，某夜"有一男子逾墙而入，貌绝美"，拥她求欢。她取剑与之斗，不胜，那人以剑逼她就范，韦十一娘死也不肯。那人才收剑称许她。"仔细一看，不是男子，原来就是赵道姑，作此试我的。"这段插曲，是本篇最形象化的一段。赵道姑不但封闭了女性的情欲，其性别意识上，其实也正是个男人。

五　相互宰制与解放

男人把他们对英雄人格的向往、对侠客的崇拜，投射到女性身上，期待女人也成为英雄侠士。女人当然也不乏将男人对她们的角色期待，拿来作为自己之性别意识的。

善于伺（男）人颜色的妓女们，对此最为敏锐，所以我们在晚明便忽然会看见一大批崇尚侠风的名妓。如马湘兰"性喜轻侠"、薛素素"以女侠自命"（均见《列朝诗集》），"李贞丽，李香君之假母，有豪侠气"、李香君"侠而慧"、李大娘"得侠妓声于莫愁桃叶间"、寇湄"归为女侠，筑园亭，结宾客，日与文人骚客相往还"（均见《板桥杂记》）等等。

当然，说崇尚侠风者以善伺男人颜色之妓女为最敏锐，语稍轻薄。但不可否认，崇尚侠气与英雄风姿的时代，确实提供了女性另一种不同于以往的形象，供其选择。以前，男人似乎只要女人文秀丽冶、柔媚婉娈就好了；若再加上一点贞节贤淑之品德，大抵即可登录于史传。现在，却喜欢女人有侠气、像英雄。

这种对女性的人格要求，会让女性得到新的启发、新的鼓舞。从女性主义的角度看，或许这样并不能称为女性的自主，因为女人仍是以男人对她的性别角色期待内化为自己的意识。但我们也不能不注意，在这种新的期待中，女性内在阴柔之外的质素，事实上却是得到了释放。女人也可以阳刚，也可以恢阔，也可以侠烈，也可以好勇斗狠，甚至杀人放火，或参与国政大事。

男性对女性意识的宰制，遂因此而促成了解放。女性单一的面目与姿式，乃丰富了起来。此明末清初之所以多奇女子也。

沈曾植《跋投笔集》云："明季固多奇女子。沈云英、毕著，武烈久著闻于世，黔有丁国祥，皖有黄夫人，浙海有阮姑娘。其事其人，皆卓荦可传。而黄、阮皆与柳如是通声气。蒙叟通海，盖若柳主之者。异哉！黄夫人，见《广阳杂记》，余别有考。阮姑娘，见《劫灰录》，云甲午正月，张名振兵至京口，参将阮姑娘殁于阵。"

按：阮姑娘事，又见钱牧斋《后秋兴》之三，伤其"娘子绣旗营垒倒"。彼为参将，与沈云英担任游击相同，均非掩饰性别、代爷出征之花木兰，而是不折不扣的娘子军，是杨门女将的现实版，为文学想象与社会现实提供了一个足资印诠的例证。

沈氏自称对黄夫人事迹别有考证，惜今已不传，唯牧斋有《六安黄夫人邓氏》诗咏其事，赞美娘子军："铙歌鼓吹竞芳辰，娘子军前喜气新，绣幰昔闻梁刺史，锦车今见汉夫人，须眉男子元无几，巾帼英雄自有真。还待麻姑擗麟脯，共临东海看扬尘。"事又见王葆心《蕲黄四十八砦纪事》二附《皖砦篇》。

牧斋对黄夫人、阮姑娘等奇女子如此欣赏，与他自己即拥有一位侠女河东君想必有密切的关系。他称黄夫人为英雄，亦以此称许柳如是。《书〈夏五集〉后示河东君》云："帽檐欹侧漉囊新，乞食吹箫笑此身，南国今年仍甲子，西台昔日亦庚寅。闻鸡伴侣知谁是，画虎英雄恐未真。诗卷丛残芒角在，绿窗剪烛与君论。"

南宋亡时，谢翱曾于庚寅岁至西台恸哭，牧斋既以之自比，当然有故国之思，甚或如陈寅恪所推论的恢复之谋。在谋划时，柳如是虽未必如陈寅恪所说，即"为暗中之主持人"，但必然是牧斋闻鸡起舞之伴侣。牧斋批评当时天下英雄均如画虎，未必为真英雄时，其心目中之英雄，自然就是这首诗所要示知的河东君了。

牧斋所来往者，本多豪侠，如陈寅恪《柳如是别传》即指出牧斋与严武伯交好，而武伯"纵横跌荡"，"眉宇轩轩，如燕赵间侠客壮士"。其实当时江湖上豪侠之士何止此二人？晚明乃侠气纵横之时代，游侠者不可胜数。牧斋所欣赏的黄宗羲，曾说："司马迁传《游侠》，……十年以前，余亦尝从事于此。"(《文定·前集》卷八《陆周明墓志铭》)

其弟黄泽望"临觞高谈，割臂痛哭"(同上《前乡进士泽望黄君圹志》)，其友人张元岵"未尝忘世，学双剑，学长枪，皆精其技"(同上卷七《张元岵先生墓志铭》)，魏子一"逆知天下大乱，访剑客奇才，而与之习射角艺，不尽其能不止"(同上卷六《翰林院庶吉士子一魏先生墓志铭》)，另有陆文虎，是游侠郭元振之类人物；王征南，是内家拳宗师。他又推崇"何心隐之游侠"(同上卷十《蒋氏三世传》)。

此外，《板桥杂记》也说"方密之、孙克咸并能屏风上行"，擅长轻功，曾假扮盗匪去恐吓其友人姜某。王次回《赠栎园》也有"奇文弱冠人传诵，侠窟骚坛争引重"之句。此皆万历崇祯间风气所染，遂成此一段异样景光也。过去论晚明史事者，但知才子佳人、偎红倚翠，于此实多懵然；对于女子之英烈刚侠，当然也就较难予发现了。

这种女性的刚烈气质，在诗的表现上也是有所反映的，如明末任侠为黄冠的傅青主《古意》云："乾坤即有郎，不可郎无妾，请郎腰下剑，看妾颈上血。""郎有万里行，不得随郎去，郎若封侯归，一盏醉侬墓。"诗用六朝乐府体。而自六朝以来，这类诗都是桃根桃叶、怜欢爱侬、回身就郎抱的，从来没有这么刚烈的态度。

这或许是男人对女人的期许，也或许正是当时女性的表现让男人有此感受，故形诸诗歌。牧斋与傅青主本人多侠行，此类诗也许不足为证，但本人并不任侠的吴梅村，事实上也有这样歌颂侠女之诗，如《临淮老伎行》即是。

此诗以"羊侃侍儿能走马，李波小妹解弯弓"来说明历史上的女人不尽为弱者，接着讲良乡妓女冬儿，如何在甲申国变之后，都督刘泽清想派人去北方打探消息，而"贼骑充斥，麾下将，无一人肯行"的情况下，毅然化装北上，"持匕首，间关数千里，穿贼垒而还"（陈维崧《妇人集》）。此类女子，非侠而何？男人如何能不歌颂之？

而最有趣的，是晚明的英雄向往，本有一部分是来自国势积弱之后的渴求，如饥者欲食、渴者欲饮，钟惺《水浒传序》云："噫！世无李逵、吴用，今哈赤猖獗辽东，每诵秋风思猛士，为之狂呼叫绝。安得张、韩、岳、刘五六辈，扫清辽蜀妖氛，翦灭此而后朝食也？"非常能显示这种心情。料想那些编书讲述杨门女将如何杀敌破辽的人，也有此种心情。

"辽"非契丹，实寓指辽东之事。寄望女将去破敌，则与熊飞赞扬母夜叉，说："宋家一朝壮气，尽淹没于诚正心意之争，士大夫谈兵色变，屈膝虏廷，况于巾帼妇人乎？母夜叉……穷凶极恶，即粘没喝见之，亦应吐舌。中国所望吐气者，赖有此哉。"心情适相符契。但借助女英雄来抗敌吐气，毕竟仍只是纸上之空想。孰料十年后，时局之变，居然真出现了一批女将女英雄们，在胡虏猖獗的时代中特显其英武侠烈，这真不能不令人感叹历史之奇了。[①]

六　理想人格的追求

明末清初的这一种文化景观，在清多有延续。如女将故事，乾隆间的《说唐后传》、《征西说唐三传》，嘉庆间的《五虎平西前传》、《五虎平南

[①] 李渔《笠翁偶集》是最有趣的例证。他一方面在声容部《习技第四》中批评当时女子："尽有专攻男技，不屑女红，鄙织纴为贱役，视针丝如寇仇"，他认为如此是不对的。但他这种记载却刚好泄露了一个时代的风尚。其次，赵吉士《寄园寄所寄》的《焚麈寄》所记"闺中异人"凡四十则，全都是女子而具有英雄豪烈气息的，而且他说："女主乎内，以声不越阃为贤，岂尚异哉？独自娲天补石以来，异者多矣。吾摘其近，以愧须眉。"可见也是有意提倡此种女英雄的。故其中除了娘子军、女将、女侠之外，还记"闺诗多有带英气者"，某某"亦有英雄气色"。非常值得参考。

后传》中有更多的发挥。此类女将甚且阵前招亲，自主择婿。侠义小说中也新开儿女英雄一类，合风月烟粉于侠义，合才子佳人于英雄，如《侠义风月传》、《儿女英雄传》、《侠义佳人》、《绣球缘》、《义勇四侠闺媛传》、《大明奇侠传》（或曰《云钟雁三闹太平庄全传》）、《续儿女英雄传》、《争春园》、《后唐奇书莲子瓶演义传》之类，代表了人们对阴阳调和、雌雄同体理想人格的向往，谓："有了英雄至性，才成就得儿女心肠；有了儿女真情，才做得出英雄事业。"（《儿女英雄传》缘起首回）而且此种理想人格并不是由男子来表现，而是体现于女儿身上的。天地灵气不钟于安公子，而钟于十三妹，以致十三妹极其美丽，且"这人天生的英雄气壮、儿女情深，是个脂粉队里的豪杰，侠烈场中的领袖"（第五回）。

此类雌雄同体之理想人格，似乎与明末英雄要求女侠禁欲无情不同。但事实上，在男人期待女人也应同时具有英雄人格之特质时，具有英雄气的俏佳人，不就是雌雄同体的了吗？冷月昏灯十三妹，英气勃勃脂粉兵，这就是明际之流风余韵呀！

其实雌雄同体之典型，也不必待水冰心、十三妹而后然，晚明那些侠妓即已具此风范了。风气所被，清代娼门中竟亦颇见侠踪。读者可能会记得，《花月痕》中的妓女是会舞剑的。在现实社会中，侠妓固然未尝绝迹，如个中生《吴门画舫续录》载王兰珍"词气倜傥，有豪侠好义之风"，珠泉居士《续板桥杂记》云张玉秀"以此侠妓之声振一时"，均为此类人士。其中又实有拳勇者，如《续板桥杂记》即曾说，徐二姬"幼工技击，不轻示人。余曾乘其薄醉，强一试之，矫若猿飞，疾同鸟落，腾跃半炊许，观者咸目眩神惊，姬一笑敛身，依然寻常旖旎也"。李斗《扬州画舫录》卷九另记了几则，录于下：

> 徐二官，字砚云，江阴人，身小神足，肌理白腻，善吹箫谐

谑，每一吐语，四座哗笑。住合欣园，拳勇绝伦。与官家子某至密。一日雨中，官家子招之，雨如注，舆不能行。因着男子服，跃马越敌台下，倒城坡而进。时人遂以飞仙称之。

曹三娘，金陵人，体丰肥，有肉金刚之称。闲居喜北人所弄石锁戏。有某公子者，扬州武生，自负拳捷。一日与三娘对面坐榻上，戏三娘曰："我欲打尔。"三娘曰："是好汉即来。"公子以手扑其乳，三娘一发手，公子跌于地。自是以能扑跌名。……

徐五庸以拳勇称，不受睚眦，凡里闬不平之事，五庸力争之，于是市井诸无赖惮其力，称之都老大。……徐晚年蓄一婢，名珠娘。吴门人，腰细善舞。教之拳。及五庸死，珠娘名噪一时，遇者咸谓青楼之侠。其乡人钱梅庵为之绘《珠娘拳式图》，江宁金虞廷、杜九烟、随敬堂皆有诗，吾乡黄秋平为之跋。

这些不都像十三妹吗？

另据屠绅《六合内外琐言》卷下载，"浙东滨海多盗。廉有年小妇练娘，一旦裹头出，求入角抵人党，其籍北方者，皆不纳。唯南部之雄，称俞氏者，考其能而进退之。练娘能以足承梯及巨缸，又能走长绳如平地。俞氏女弟么妹爱慕殊切，相结纳焉。练娘喜么妹能使双股剑，年十七而姿容绝佳"云云。练娘是捕头之妻，凭其技艺打入盗匪圈子里，终能侦破巨案。这类女子，与盗酋之妹一样，均武勇可观，不让十三妹。

凡此等等，再举下去，材料有的是。但仅此已可证明儿女与英雄合为一体且表现在女子身上，固然是一种理想，现实社会中却也不乏与相印合之实事。而当时之所以能出现这种事例，则是由于明末人对英雄人格之向往及将之投射于女子身上使然。清代中叶之社会状况虽与明末清初颇不相同，可是这种人格向往以及它对人行为之模塑力量并没有消失,仍在文学作品和具体生活中起着作用。

不过,无论这些作用有多大,清中叶与清末叶仍旧是不能比拟的。晚清与晚明,在侠客崇拜方面,有惊人的相似性,志士拔剑斫地,慷慨悲歌,震耀其侠气侠行,重新激扬《水浒》人物式的英雄肝胆,讲暗杀,行报仇,血性迸发,不嫌于倒行逆施,都与晚明甚为接近。女性在这个时候,也是以英雄自期、以豪侠自居的,秋瑾以"鉴湖女侠"自号,最能说明这一点。

南社诗人方荣杲又有诗云:"那知侠义出平康,羞煞邯郸击剑郎。""佳人自古说多情,况复箫心剑气横。"(《题〈红薇感旧记〉》)多情柔美的佳人,被向往侠士的男子视为兼具柔情与剑气侠气的表征,其心境与晚明殆亦无异。①

若要说它们之间有什么差别,那就是:明末清初所开启的这个传统,是以刚柔互济、雌雄同体、英雄儿女合为一体之理想人格赋予女子的。清末民初固然也依循着这个形态,如方荣杲诗所说的那样②,但另有一个新的处理方式出现,亦即男人自己来担当这个角色,认为具有侠骨的男人同时也是多情的。不但有忧国忧民的忧世之情,也有伤春悲秋的忧生之念,更有怜香惜玉的丰富男女感情,所以侠骨与柔情合为一体,而征现于男子身上。正如蔡寅称赞黄喃喃的,英雄们是"斗大黄金成底事?英雄侠骨美人心",具有英雄肝胆、美人心肠。

这样的英雄们,造就了清朝末年的中兴、维新与革命,也成就了无数歌诗、传奇、小说,其人格取向,与其社会事功及文学表现息息相关。好学深思、善于考古烛幽之士,宜于此赓所求索焉。

---

① 详龚鹏程《侠骨与柔情:近代知识分子的生命形态》一文,收入本书。
② 晚清虫天子编《香艳丛书》五集中收了《女盗侠传》、《女侠翠云娘传》、《女侠荆儿记》可参看。

侠骨与柔情：
近代知识分子的生命形态

一 士风/侠行

谭嗣同十八岁时，曾自题小影，填《望海潮》词云："拔剑欲高歌，有几根侠骨，禁得揉搓？"谭氏好任侠，对自己也有侠骨峥嵘的期许。这种期许，并不是谭嗣同个人特殊生命情调使然，而更应视为一种剧烈变迁社会中，知识分子常见的性格。[①]

例如汉代末期，社会与文化都面临着剧烈的变动，士风便往往表现为侠行，《廿二史札记》卷五就指出：

> 自战国豫让、聂政、荆轲、侯嬴之徒，以意气相尚，一意孤行，能为人所不敢为，世竞慕之。其后贯高、田叔、朱家、郭解辈，徇人刻己，然诺不欺，以立名节。驯至东汉，其风益盛。……其大概有数端：是时郡吏之于太守，本有君臣名分，为掾吏者，往往周旋于死生患难之间……又有以让爵为高者……又有轻生报雠者……盖其时轻生尚气，

[①] 有关侠、儒的不同，以及近代在重新诠释侠的活动中提出的儒侠、墨侠等问题，俱详龚鹏程《大侠》第一、六章。中唐社会变迁时期，知识分子对于侠义传统的变化，则详该书第八章。本文可算是该书一个补论，已详于该书者，皆不赘陈。

> 已成风俗，故志节之士，好为苟难，务欲绝出流辈，以成卓特之行，而不自知其非也。然举世以此相尚，故国家缓急之际，尚有可恃以撐拄倾危。

此等侠行，都是偏激的，因为他们本来就是被时代与社会所激扰的生命。但这一时代的侠，毕竟仍是消极的抗议者，他们只能以比一般人更刻苦更艰难的方式，去显示侠行的可贵；却不能积极地铲除社会的不义，以超越社会体制、打倒规范的行动，"绝出流辈"。这是由于那个时代的社会问题还不严重、文化变迁还不剧烈，晚清就不同了。

晚清社会文化变迁之巨，是人所共知的。在这个文恬武嬉、官贪民刁的时代，知识分子自觉对时代有责任，所以也就更向往正义之实现，也更期待英雄，或自己愿意成为拯救时代的英雄。对于各种现存的社会体制，更是力予批判，意欲"冲决网罗"，以获得个体的自由和群体的解放。

在这种存在的基础上，他们的性格往往就倾向于侠。如龚定庵说"陶潜诗喜说荆轲，想见停云发浩歌，吟到恩仇心事涌，江湖侠骨已无多"（《己亥杂诗》），他不但自认为侠，也以侠客视陶潜哩！深受定庵影响的《新民丛报》及革命党人，更常以侠士精神为号召，如秋瑾号"鉴湖女侠"，吴樾字"孟侠"，章太炎写《儒侠》篇，他的弟子黄侃也写过一篇《释侠》，他们均提倡复仇，赞扬侠以武犯禁。章氏《答张季鸾问政书》更谈及：

> 今日宜格外阐扬者，曰以儒兼侠。故鄙人近日独提倡《儒行》一篇。（《制言》月刊廿四期）

侠与儒是不一样的两种人，两种生命形态。儒者之学为己，侠客之行为人；儒者沉潜内敛，侠士激昂跳脱；儒者循义，侠则行多不轨于正义。但儒家学问中也有激昂抗烈的一面，如《儒行》所记载者，刚毅之行、勇决之操，即近于侠客。在这个困塞晦暗的时代，章太炎等人便特别把儒家这一面抉发出来，希望能够以儒兼侠，替时代开拓一个新的局面。

这种作为，跟谭嗣同说："墨有两派，一曰任侠，吾所谓仁也，在汉有党锢，在宋有永嘉，略得其一体。"（《仁学·自叙》）意义相同。不论其溯源于儒抑或墨，共同的主张即是统合士风与侠行。儒或墨，代表知识分子，在汉末、宋末，这些知识分子都曾因时局的刺激，而表现出与侠相似的生命气质。晚清自不例外。

当时维新一派，如梁启超撰有《中国之武士道》一书，鼓吹侠刺精神。杨度、蒋智由序，亦皆强调中国应该恢复侠风。谭嗣同更是"少好任侠"的人物，直到他因戊戌政变而死，都还留下了大刀王五的故事。革命派比维新派更激烈，主张暴力革命，所以也特别鼓励暗杀、复仇。[1]

---

[1] 侠的暴力倾向，是革命的内在动力之一。霍布斯鲍姆（Eric Hobsbawm）曾提到颠覆行为与革命的"暴力法则"。但不同的暴力行为，寓含有不同的暴力素质，有些是赤裸裸的私人肉体力量，有些则经过特殊的运作方式，形成公众的暴力。革命，通常就是要打破那控制肉体暴力使用的社会机制，即以个人暴力去反抗国家暴力。而吊诡的是，革命也常是以个人暴力去建立一个新的国家暴力。近代知识分子的侠客人格，导致暴力革命在中国历久不衰、普遍盛行，且从肉体层次提升到意识与意志层次，例如陈独秀在高揭文学革命大帜时说："改良中国文学当以白话为正宗之说，其是非甚明，必不容反对者有讨论之余地，必以吾辈所主张者为绝对之是，而不容他人之匡正也。"就是霸道、专横的暴力行为。这种态度，几乎已成近现代知识分子论事时的普遍现象。

这种现象告诉了我们：近代知识分子的侠客心态或革命态度，常跟他们自觉的言论、学说、价值自觉的方向，有背离或矛盾之处。所以政治立场上宣扬维新的，心境上却可能是向往革命及任侠，认同暴力颠覆的，高谈民主，而却有陈独秀式反民主之独霸、暴力倾向，也不在少数。五四后，理论上是推动科学、发展实证主义，但骨子里却绝对不像近代思想史的表面论述那么理性，反而是充满感性与激情的。故即使是科学，也弄成了"理性颠倒滥用"（the abuse of reason）的科学主义。通过侠、革命的心理分析，以及后文所将论证的唯情主义人生态度，我们将可看到跟一般近代史表面论述不同的东西。

那时不仅许多人以侠为名为号（如上举的秋瑾、吴樾），也有不少人以剑为名。像南社，柳亚子的书斋叫磨剑室、高旭的号叫钝剑、俞锷又字剑华、朱慕家号剑芒、傅钝根号君剑、王锐字剑丞，诸如此类，其心情恰好可以俞锷的一阕词来说明——"只怕雄心还未灭，遇冤魂骤把钢刀起，可酬得平生意"（《金缕曲·题与冯心侠合影小照》），希望能消弭人间的不平。①

这种儒侠合一的、经过转化改造后的侠客精神，可说普遍流布在那个时代的知识分子心中。撇开著名的任侠人物如章太炎、谭嗣同不谈，我们从整个《南社丛选》中去观察，将更能说明这个现象。

《南社丛选》中所录各诗，多伤同志之死难、哀生民之流离者，而其中即往往有直标侠义，以当鼓吹之作，如方荣杲《题〈红薇感旧记〉》提到"那知侠义出平康，羞煞邯郸击剑郎"，刘国钧《并游侠行》歌颂游侠"要遣功名到狗屠，男儿意气轻细作"，周亮《侠士行》亦云"手不斩仇人头，口不饮仇人血，侠士替天平不平，其情如山心如铁"，沈砺《吴中杂咏》则说"要离冢外五人冢，犹占吴门侠气多"。高旭又曾画《花前说剑图》，同社诸人吟咏殆遍，因为这是他们共同的心声，他自己题诗云："提三尺剑可灭虏，栽十万花堪一顾。人生如此差足奇，真风流亦真雄武。"也确是豪气干云。钱剑秋别有《秋灯剑影图》，柳亚子

---

① 本文在底下的讨论中，仍将采取这种选例取样以说明"普遍"状况的方式。但在方法上并非借部分之例来推证全体，而是反过来，于"普遍"现象中摘取例示，以供说明。至于这种"普遍"的认定，一方面是由于选例之外，已存有大量事实，给予我们"这是种普遍现象"的感觉；另一方面则是：某些人虽无具体的言论与行动，足以表示他也具有这种侠客人格，但是在清朝末年这样剧烈变动的时代，侠客人格的形成，却有一坚实与普遍的社会基础。也就是说，在那样的社会条件下，人们普遍相信，应该采取一些非常手段，否则不足以应付变局。"非常手段"之被认可，甚至被期待，正是侠客人格的社会心理学基础。

题云:"乱世天教重游侠,忍甘枯槁老荒邱?""我亦十年磨剑者,风尘何处访荆卿?"也把他们这一伙人共同的想法点出来了。郑叔容在给柳亚子的信上谈到整个南社的诗文时,他用"蹑扶风豪侠之景,歌旗亭杨柳之词"来形容,可见这个革命团体确实也给了大众一个激扬侠风的印象。这种印象,跟他们自己的自白,相当一致。①

---

① 所谓"乱世天教重游侠",除前页注所谈到的社会心理状况之外,也涉及知识分子之角色认同问题。面对社会问题时,既然亟思改革,知识分子必然会有程度不等的反体制精神。因为反体制,便向往那不为体制所束缚的原始生命形态及某些非理性的力量。同时,其反体制的行动及思想,在知识分子心中往往自认为并不是为了自己,而是为了他人(国家、某个团体、某一群人或某个人)。这就一方面自觉地负荷了他人的苦难,另一方面又要替这个苦难平反。前者表现为担当精神,后者表现为抗议精神。

而这种抗议,既是为弱者申冤,则其行动上也要凸显以个人一己之力,向某个强势体制抗争的悲剧意义。悲剧感、抗议精神、担当精神、反体制、具有原始血气、相信非理性手段之力量等等,这些东西加起来,那就是侠,或者说只能在历史上选择侠来作为认同的对象。但是这种侠客人格固然推动了改革、批判了社会不义,在政治活动中却蕴藏了高度的危险性。例如他们会迷恋原始生命之非理性力量,采取恐怖主义、暗杀、暴动,进而形成一种反智的倾向,诋斥温和改革、说理的方式或议会抗争。而同情弱小的态度,若结合了反智与非理性,又变成仇视知识分子(这一点也不奇怪,历来侠客诗中,讥嘲或反对儒生,乃是其常见的态度)。于是提倡侠客精神的知识分子,便走上自我毁灭的道路。

不仅如此,知识分子永不妥协的抗议精神,必将如侠客之"歼灭"敌人而后已。这就不可能落实民主,因为民主的精义正在妥协与宽容。反之,永不妥协的抗争,只能成为不断革命论。再者,反体制精神易将体制视为根本恶,以为一旦打倒了,即如侠客已将敌人杀死了,问题就解决了。这不但有简化政治社会思考的危险,亦有"毕其功于一役"立登快乐美善之城的天真乐观倾向。而把批判对象视为恶,以自己代表善与正义,更是近代知识分子权威人格的根源。

对以上的讨论,我再做个方法学上的补充。文化人类学中,文化与基本人格论、文化与个性论之研究皆历有年所,这些研究大抵都集中于探讨文化如何影响人格之形成。近来讨论中国人的国民性,亦属热门话题。但早在一九六一年,许烺光《心理人类学——研究文化和个性的方法》一书中,斯帕伊洛就建议心理人类学不应再注意处于特定文化体系中的个人,而应研究个性动力、人的欲求对于维持或改变整个社会文化体系所发挥的作用。 (转下页)

二 忧世/忧生

然而，南社诸君的诗文中，同时也存在着大量伤春悲秋、绸缪婉娈之词，这又将如何解释？是的，这些儒侠们固然能够意气昂扬地冲决网罗，所谓"五陵结客当年少，一剑横天喝月开"（俞锷《酬钝剑见枉六次前韵》），"宝刀斫地精神壮，健笔摩天意气凌"（同上《赠惕生》），显现出飞扬跋扈的气势。但整个时代的苦难，担在他们心头，他们在意气昂扬之中，当然会有苍凉哀伤之感。

这一方面是因为在"獐头鼠目尽贤臣，苍狗红羊几劫灰，赤凤宫中齐按曲"的时代，总不免"紫鸾镜里独伤神"（同上《再酬惕生和作》），知识分子会感到憔悴与焦虑。另一方面，他们又对时代未能忘情，不忍割舍、不能坐视，所以蒿目时艰，江湖满地，心境上便倍觉苍凉。谭嗣同的诗说："茫茫天地复何之？怅望西风泪欲丝，悲愤情深貂拌肉，功名心折豹留皮，一朝马革孤还日，绝胜牛衣对泣时。"对时代，悲伤到宁愿用自己的生命来涂染它，也不愿坐视。心境之沉痛，可想而知。俞锷的悲愤，不如谭嗣同，但他也要说："三爵后，拔剑蛟龙吼，气吞牛斗，看破碎山河，凄凉世事，付与捧天手。"（《摸鱼儿》）然天不可捧，所可掬者，但为作者独立天地之间的茫茫哀感而已。

这是一种对时代苦难之担当，所谓"诗人之忧世"，即《诗大序》

（接上页）这个建议质疑了长期以来视文化、个人为两个独立实体的理论框架，所以也未引起太大的反响。但这个建议是有意义的，我愿更进一步地主张：不止要讨论个性动力、人的欲求对社会体系之作用，亦将探索这个个性动力内含的文化因素，例如侠的欲求，成了近代知识分子对社会与文化的作用，而侠也即属于人对文化的认同之一。不过这并非两个实体间的互动或移动，而是人在做侠的角色认同时，侠既是文化与历史的，同时也是个人欲求的，历史文化中的侠也随着人的欲求有了转变。

所说："明乎得失之迹，伤人伦之废，哀刑政之苛。"然而，这种对于时代的忧戚，可能会使人追究到人生命本质的问题，例如从乱世中人命微贱的现象，反省体察到生命本身的飘忽与脆弱，于是，对一时一地社会的忧伤，便可能弥漫为对整个生命的感怅。此即从"诗人之忧世"，扩展到了"诗人之忧生"。①

在忧世的阶段，儒侠们孤傲不群、忧郁多思的性格，到他们昂扬澎湃的激情心态、辗转反复的思维方式，乃至一厢情愿的乌托邦式理想寄托，无不反映了自歌德（Goethe）的少年维特（Werther）以后所谓浪漫英雄的标记。其中含有类似普罗米修斯（Prometheus）为苍生献身、牺牲小我的叛逆勇气，代表了一种激情的心态。而到了诗人之忧生时，激情便开始沉淀了下来，直指生命中最深沉的悲苦，正面面对着死亡。

龚定庵《琴歌》曾自谓："之美一人，乐亦过人，哀亦过人。"哀乐无端且极强烈，正是激情心态的表现。但情莫大于死生，所谓"死生亦大矣"。《世说新语·伤逝篇》记载了一则钟情的故事：

> 王戎丧儿万子，山简往省之，王悲不自胜，简曰："孩抱中物，何至于此？"王曰："圣人忘其情，最下不及情；情之所钟，正在我辈。"简服其言，更为之恸。

山简本来是去劝慰王戎的，不料王戎的话，触动了山简，山简竟也哀恸不已。这是什么道理？原来，情在生命中的分量，正是由这种死亡

---

① 这两种区分是用王国维的说法，《人间词话》："'我瞻四方，蹙蹙靡所骋'，诗人之忧生也；'昨夜西风凋碧树，独上高楼，望尽天涯路'似之。'终日驰车走，不见所问津'，诗人之忧世也；'百草千花寒食路，香车系在谁家树'似之。"

阴影的反衬中才凸显出来的，王羲之在《兰亭集序》中一再嗟叹"死生亦大矣"，并质疑老庄之达观是："一死生为虚诞，齐彭殇为妄作，后之视今，亦犹今之视昔也，悲夫！"就是这个意思。①

清末忧时念乱的儒侠们，悲歌慷慨之中，其实就有这样的忧生之怀。像写出"壮士发上指，萧萧生悲风，一击聊快意，身死国亦从"（《哀朝鲜》）的古直，就有一首《忆亡友朝露，次残梦韵》。以朝露、残梦为名，即可以显示：在这个时代或这群儒侠之间，存有一种共同的视生命为虚幻且即将面临死亡之心理。

因此，在他们的诗文中，明显有着对岁序流逝的惊痛，对草木零落、生命死亡的哀戚。如刘国钧《饯春词》、沈宗畸《落花》十首、周实《痛哭四章》、庞树柏《雨中见桃花零落有感》、费砚《春愁秋怨词》、高旭《南社哀吟十二章章六句》、王德钟《落花篇》、费公直《海棠零落，作诗吊之》等等，这些春愁秋怨、落花哀吟，几乎要近于《红楼梦》里的黛玉葬花了。豪侠奇男子，亦作此颦卿捧心之态乎？

这是当然的。谭嗣同在《远遗堂集外文初编·自叙》中，描述自己是个"忧伤之中人"，对生命有一种"苍然之感"。大抵身在乱局之中，知识分子对于生命的脆弱，都能有所体会。而他们冲决网罗的豪情，又反过来不断地构成对生命本身的质疑；因为人的具体生命，其实是与社会不可分的，一再批判社会，撼动既存价值的结果，可能也就怀疑到个人存在的价值。这样就不免逐渐走向虚无。如章太炎最后成了一位虚无

---

① 参吕正惠《物色论与缘情说——中国抒情美学在六朝的开展》（收入《中国文学批评研讨会文集》，学生书局，一九八八）。他在这篇文章中论证了魏晋名士如何在面对死亡时发现了："情"成为界定人之自我不可或缺的内容，成为人之所以存在的依据，成为人之本质。这也是近代知识分子对"情"的态度。

主义者，倡言：无政府、无聚落、无人类、无众生、无世界。谭嗣同的《仁学》，亦归于虚空、无。①

他们对虚无的理解当然不会一样，但我们要指出的是：这种人生空虚之感，很自然地使得他们趋近于佛家、道家。道家以人生为蘧舍，说人生犹如幻梦。南社诸君子即常以梦蘧、幻庵、幻园、栩园、梦庐为名。而佛家超越人生，视人生为苦、为空的态度，更成为他们最好的滋润与伙伴。

晚清这些讲儒侠精神的人，多少都跟佛学有点关系。早期的龚定庵："吟罢江山气不灵，万千种话一灯青，忽然搁笔无言说，重礼天台七卷经。"跟天台宗渊源极深。章太炎、谭嗣同则精研唯识宗，梁启超也有佛学著述多种。杨度替梁氏《中国之武士道》撰序时，更曾主张侠道精神是参会儒佛之长而形成的。南社中人，也有许多取了佛家意味极浓的字号，什么影禅、定禅、佛子、宴佛、蜕僧、曼陀、一粟、恨佛、龙禅、天梵等等。还有根本就是和尚的苏曼殊、弘一大

---

① 这种虚无感，未必就成为虚无主义，但清末以来虚无主义思潮必然与这种虚无感有关。据学者的解说："无政府主义是小资产阶级的思潮。新文化运动中它成了在青年知识分子中较有影响的流派，并成为马克思主义哲学在中国传播的主要障碍之一。"（袁伟时《中国现代哲学史稿》上卷第三编第二章，中山大学，一九八七）
姑不论虚无主义是否为小资产阶级思想，为什么在新文化运动中，青年知识分子会同时接受虚无主义及激进的马克思主义？清末介绍来中国的虚无主义，事实上包括了巴枯宁（Bakunin）的破坏主义和暗杀，《苏报》则认为西方这些无政府主义，"造出了灿烂庄严之新政府"，可见中国人接受无政府思想，实在是与其激进态度不可分的。而且当时无政府主义者主张废除私有财产制、家庭与婚姻强制关系，建立无政府共产社会，刘师培甚至说："欲维持人类平等权，宁限制个人之自由权。"（《无政府主义的平等观》，《天义报》四期）这些都与后来马克思主义共产之发展颇有关系。换句话说，虚无感发而为政治态度，未必是消极的，反而可能非常激烈。侠客而有虚无感，虚无感可能表现为侠客，乃是一体之两面。

师。他们其中未必都深于佛家之义理，但却都是契合于那种生命空苦之感受的。①

三　侠骨/柔情

通过这样面对死亡的体会，儒侠于生命自有一种苍茫之感。俞锷题亚子《梦隐第二图》竟百感丛集、愁思万端，因复作《短歌行》以寄所谓"梦里图中俱无那，伤心一样可奈何！可奈何！拔剑为君歌短歌"，即指向这种百感交集的生命苍然之感。他另有一阕《倦寻芳》，小序云："甲寅春暮，访心侠于宁静庐，剪灯话雨，共欣无恙。偶翻书箧，得五年前误闻君死所作《金缕曲》挽词。蚀过半矣。各怆然久之，因嘱补填，以留纪念，盖不胜死生流转之感。"讲的也是这类心情。

无论是柳亚子《变雅楼三十年诗征序》的感慨：

> 铙吹之曲，变而为蒿里平陵。优昙之花，原于电光石火。白杜人间，黄垆地下，何处不可回车痛哭？

还是程善之《胡氏族谱序》的疑惑：

> 人生一世，岂不苍苍茫茫也哉？自顾此身，其来何所？其去奚穷？

---

① 张灏《烈士精神与批判意识》（联经，一九八八）特别讨论了谭嗣同的"宗教心灵的涌现"。但他主要是从传统儒家宇宙观失位后，对宇宙之茫然与困惑；以及谭嗣同的生平遭际（例如家庭生活不愉快、亲人去世）两方面来剖析。我则认为这种宗教意识既不必从传统儒家宇宙观之失位来解释，也未必与个人生命历程相关。因为无特殊遭遇而仍具此生命苦空之想者太多了，整个近现代知识分子心灵，普遍具有这种宗教意识。

总之,从现实上看,"客天涯无多侠骨,雄谈还健,此地从来逭逃薮,一霎风流云散"(俞锷《金缕曲》),叛逆的英雄不断地凋零死去;从道理上说,人生苦短、忧患实深。英雄们行走在人生道路上,也越来越觉得孤寂苍凉。

负荷时代苦难的担当精神和体会人生悲苦的宗教意识,本来是有些冲突的。因为宗教意识常在体会人生悲苦空虚之后,超越于人生之上,以解脱空苦。但这些侠儒们往往只是能知超越之理,却不能真正超越。无法以澄观之心,超越地抚平人世的激情。反而,他们太过浓挚的担当精神,除了负荷时代的苦难之外,也同时要负荷人生的苦难。所以,宗教意识所体味到的人生空虚感,不仅不能解脱他们在现实世界上的激切之情,还倒过来,强化了他们的担当与负荷,以至于他们的激情,从现实层面,透入了生命存在的本质。

现实中的苦难,可以获得改善,生命中的悲戚却永远无法逃脱。而他们的激情也永远不会减淡。甚至于,对这些侠客来说,可能唯一可以诠释他们生命的,就是一个"情"字。情之所钟,正在吾辈。他们几乎是唯情论的。龚定庵的诗:"情多处处有悲欢"、"梦中自怯才情减,醒又缠绵感岁华"(《己卯杂诗》),"情苗苗一丝"(《因忆》),"深情似海"(《百字令》)。深情、多情、钟情,正是这批儒侠们共同的写照。

柳亚子《周烈士实丹传》即特别指出:"余观烈士生平,盖缠绵悱恻,多情人也。"俞锷在《铁崖自槟岛来书》述荔丹近况及所在并新诗二章之际,也说:"痴情尚忆深情者,两袖长怀诗几篇。"其他如:

为谁歌哭为谁痴,自有闲愁自不知。(《岛南杂诗》)

南国吟残红豆句,使君何事也情痴。(《读楚伧〈菩萨蛮〉词率题两绝呈一厂、亚子并调楚伧》)

痴情作底抛心力，辛苦频裁血泪诗。(《重观血泪碑》)

撩情晨鹊噪庭柯，怅望西南两鬓皤。(《偶成》)

笑倚琼楼弄明月，风流天付与多情。(《天仙子·赠姚石子》)

怕天也缘情顿老，叹人间历历恩仇总未了。(《凄凉犯·观〈落花梦〉示楚伦并赠优游》)

朝暮愁者，也难解愁些甚底。情钟我辈，偏独消磨，月明千里。(《庆宫春》)

痴怨愁绝，总为情多。这种情，不仅指男女爱悦，而且是李商隐所谓"深知身在情长在，怅望江头江水声"的情，缠绵不可解于心。所以他们也最喜欢李商隐的诗，几乎人人都大作《落花》、《无题》、《有感》、《重有感》；李商隐的一些词汇，更是被他们反复撷拾套用。光就《南社俞剑华先生遗集》来检查，他就作过《无题》诗一百一十八首以上，李诗风靡的情况，可以想见。[1]

另外还有一些多情的自供，如陈蜕僧的《断肠》云"断肠情事断肠诗，比似春蚕宛转丝"，大似义山春蚕丝尽的口吻。又《原病》说："情愁积久都成病，病去情愁又别生。"对此缠绵多情的痛苦，他们未尝不晓得，但唯情论者就是要继续耽溺于这种情愁的折磨与煎熬之中，春蚕自缚、明烛自烧，总不能解脱。陈蜕僧固然自号蜕僧，固然也有《悟

---

[1] 关于晚清民初李商隐诗流行的情况，另详龚鹏程《论晚清诗——云起楼诗话摘抄》(《中国学术年刊》一九八九年二月十期)。

情》诗云:"此乡谁与号温柔?一到情深便是愁。"却也未尝开悟,仍然要说:"销魂还是有魂时,更不销魂事可知。佛说色空真浅义,最愁空处着相思。"(《最愁》)他们的情愁,非著于色相之中,亦未必有一对象,而根本就是他们生命的本身。所以是身在情在,于空虚著其相思,在本质上就是无法超脱的。

因此,侠士不是"其情如山心如铁",而是柔情款款,惯为伤春悲秋之词的多情种子。方荣杲《题〈红薇感旧记〉》称之为:"居士生来本逸才,才多更复种情胎。"

四 英雄/儿女

情胎情种,徒感流年于风雨、伤零落于芳华,固可在空处著其相思,但在人世现实存在的处境上,情不可能没有着落。所以从心境上看,多情可以是缠绵于生命之中的内在最幽深隐微的心绪;可是情的表现,却一定得具体显于某些对象上面。

这些情的表现对象,最重要的,乃是朋友和女子。柳亚子《余十眉〈寄心琐语〉序》说:五伦之中,君臣一伦应该取消,其余四伦,"彼父子兄弟,关于天性者靡论矣。若朋友夫妇之间,盖有难言者。夫朋友以义合,义乖则交绝。夫妇以爱合,爱疏而偶怨。苟非至情至性,孰能恒久不易?"父子兄弟是性,朋友夫妇才是情的遇合,所以他们要笃于朋友之情义、深于夫妇男女之情爱。

笃于朋友之义,是侠士本来的传统。[①]深于夫妇男女之爱则是新的内容。侠士原无夫妇之爱,更严男女之防。唐人小说《贾人妻》、《崔慎

[①] 谭嗣同即于五伦之中特别强调朋友一伦,近代政党组织中,互称同志的习惯,殆即为此伦之扩充。

思》都描写女侠径别其夫远遁,说"今既克矣(已报了仇),不可久留,请从此辞",然后便走了。其夫大悲,她又转回,说是要喂孩子吃奶,喂完后真的走了。其夫再仔细一看,原来已把孩子弄死。这样的故事,显示了侠的残酷无情,正如聂隐娘的尼姑师傅所教的:侠必须"先断其所爱",必须无情。明代小说《程元玉店肆代偿钱,十一娘云冈纵谭侠》甚至描述韦十一娘的道姑师傅除了告诫她"切勿饮酒及淫色"之外,还假扮一美貌男子来调戏她,进而逼奸,用来试探她是否真能不动情。

女侠如此,男侠亦然。《赵太祖千里送京娘》之中,赵匡胤千里迢迢把京娘送回家乡,小说不但描述京娘在一路上如何"欲要自荐",着力挑逗赵匡胤,而赵却丝毫不动心;直到送女还家,女方欲把京娘嫁他,他还义正严地大骂:"俺是个坐怀不乱的柳下惠,你岂可学纵欲败德的吴孟子,休得狂言,惹人笑话!"弄得京娘只好悬梁自尽。赵匡胤惭咎吗?不,这才显得出他大英雄不贪女色的本分哩!《水浒传》对女人的态度,众所周知,宋江说得好:"但凡好汉,犯了'溜骨髓'三个字的,好生惹人耻笑。"(第卅二回)①

可是到了晚清,这无情禁欲的侠士形象改变了。儒侠的芬芳悱恻之情,其中蕴涵着对生命的矜惜,生命是脆弱而美丽的,就像女子。而女子那种幽微细致的心灵、纤巧敏锐的感觉,又刚好可以贴合儒侠们内在深刻隐曲的心境。女子不待学习,与生俱来的多愁善感,也正是儒侠们深情痴情的同类,所以面对女子,儒侠们大有知己之感。

他们欣赏女人,赞美女人,进而崇拜女人,歌颂女人。俞剑华《有悼》说他"天涯别有伤心泪,不哭英雄哭美人",确属实情。他们集中

---

① 侠对情爱及性的态度,见龚鹏程《大侠》页六二、六五、一二五、一五八、一七九。崔奉源《中国古典短篇侠义小说研究》(联经,一九八六)页一六五、一六七、一七三、一八六。

写女子的诗，向来不少。方荣杲说女侠玉娇"能将慧眼看才子，慷慨悲歌慰寂寥"，也是他们共同的盼望。高旭《自题〈花前说剑图〉》说："图中人兮别怀抱，花魂剑魄时相从。要离死去侠风歇，一杯酒洒冢中骨。青衫红粉两无聊，指掌高谈古荆聂。东风浩荡催花开，红颜自古解怜才。誓洗清谈名士习，顿生迟暮美人哀。美人应比花常好，万紫千红天不老。一室犹秋孤剑鸣，四海皆春群花笑。"

英雄与美人，似乎有生命的同一性，所以把侠客"求知己"的传统，转换成了求美人青睐。这与一般意义的"博取异性欢心"，有极大的不同，故陈蜕僧有诗云："已瘗精魂傍美人，情根休更出埋尘。"（《精魂》）埋精魂于美人之傍，竟近于龚定庵的"落红不是无情物，化作春泥更护花"，肉体之欲甚少，也不是借异性之赞赏来肯定自己的英雄气概，反而是压低自己，情愿为美人服务。

此亦定庵所谓"甘隶妆台伺眼波"。但英雄多情，即表现为美人。因此这种服务，也并未矮化自己，蔡寅说得不错："斗大黄金成底事？英雄侠骨美人心。"（《赠黄喃喃》）在一个人身上，一位标准的儒侠，就应该是英雄肝胆、儿女心肠的。在两个生命个体之间，则英雄与美人，将也因其同质而能互相欣赏。

不仅如此，英雄担当天下之苦难，肩负改革开创的责任，冲撞奔波之余，美人正好提供一个抚慰其心灵、舒缓其疲劳的处所，故龚定庵曰："少年虽亦薄汤武，不薄秦皇与汉武。设想英雄垂暮日，温柔不住住何乡？"奔驰流荡的生命，常在不安与骚动之中，而温柔乡则为其安居之处。

诸如此类，美人之思在他们生命中至为重要。像苏曼殊，虽为衲子，却多艳情，高燮曾说他想重译《茶花女遗事》，并赞许他是"下笔情深不自持"。俞锷又说他在东京与一弹筝人交好，至西班牙又与一女郎有瓜葛，返国，则游于南里，"有馆于桐花下者，慧而丽，所钟爱，不啻东京之弹筝人也"(《追悼曼殊师》)。对于他这些情事,俞锷用拜伦来比拟曼殊。

曼殊之欣赏拜伦,世所周知。但他所欣赏于拜伦者,固在其《哀希腊》,足为革命之鼓吹;更在于拜伦与女子的关系。他自称所译拜伦《答美人赠束发毵带诗六章》是"情思眇幻"。俞锷用拜伦相拟,正是有见于此。他又喜雪莱诗,说雪莱诗奇诡疏丽,能兼义山、长吉,并译其《冬日诗》等,章太炎题其端云:"师梨(今译雪莱)所作诗,于西方最为妍丽,犹此土有义山也。其赠者亦女子,辗转移被,为曼殊阇梨所得。或因是悬想提维与佛弟难陀同辙。于曼殊为祸为福,未可知也。"对他是和尚却缠绵于美人之间,似不以为然。但是,这其实是很普遍的现象,李叔同在东京也自演《茶花女遗事》,其他南社中人,爱情事迹也不比苏曼殊少。更重要的,不在于这些事迹,而是说"婉娈佳人"乃心中之一种情感、一种追求与向往,美人成为人格理想的化身,也成为现实上可悦的对象。①

五 剑气/箫心

他们这种态度,有两个来源,一是知识分子"思美人"的传统;一

---

① 与南社诗学立场相反的同光体等作家,对情的执着亦无不同,典型的例子是孙雄《眉韵楼诗话》卷八所引陈宝琛、陈衍等人《题〈双红豆图〉诗》,如陈宝琛自云:"老来欢念日销磨,便着禅尘亦不多,欲向软红作情语,前贤失笑近贤诃。"其缠绵正不让南社诸人也。郑孝胥之情诗情事,详龚鹏程《论晚清诗——云起楼诗话摘抄》。

又,南社诸人之美人向往,已化为他们共同的语言,以陈匪石笔录的《南社第十次雅集纪事》为例。他们轮流行酒令,先是什么"赫赫宗周"、"万国衣冠拜冕旒",逐渐便带出家国之感,说"望江南,禾黍离离"、"今日之日多烦忧"。然后便集中到情爱方面,如"芙蓉帐暖度春宵"、"罗敷媚,窈窕淑女"、"六寸圆肤光致致"、"好女儿,美目盼兮"、"期我乎桑中"、"有约不来过半夜"、"此恨绵绵无绝期"。其所谓诗文雅集,如此。

是龚定庵深刻的影响。中国士人自古即有"思美人"的传统,《诗经》所谓:"云谁之思,西方美人。"《楚辞》既常以美人香草譬喻贤人,又有《思美人》篇。美人既可自喻亦可喻人,作为向往追求的对象,求之不得,则辗转反侧。

这时美人不但是可悦的,也是崇高的,所以常以神、圣、仙来譬说,圣洁而不可亵渎,只能仰望崇拜并企图接近之,如《洛神赋》那样的描绘,可说是个典型。所谓:"西方有佳人,皎若白日光。""飘飖恍惚中,流眄顾我旁。"(阮籍《咏怀》)我对此美人,则应不顾一切地去追求,陶渊明《闲情赋》把这种思美人之情形容得尤其好:"愿在衣而为领,承华首之余芳";"愿在裳而为带,束窈窕之纤身";"愿在发而为泽,刷玄鬓于颓肩";"愿在眉而为黛,随瞻视以闲扬";"愿在莞而为席,安弱体于三秋";"愿在丝而为履,附素足以周旋"。热切投注,为情奉献,不计一切,只求能常伴美人左右。[①]

然而,这个思美人的传统,一方面固然显示了士以美人为可思、可慕、可生死以之的对象,另一方面却也提示了人应该超越情执的路线。以陶渊明的《闲情赋》来说,情之所钟,诚然缠绵悱恻,但"闲"者防闲也,整篇赋的主旨乃是要从情的纠缠中超越出来,其宗趣与张衡的《定情赋》、蔡邕的《静情赋》,陈琳与阮瑀的《止欲赋》、王粲的《闲邪赋》、应玚的《正情赋》、曹植的《静思赋》等一致,都是通过一个超越观点,直指人生虚幻短暂,以止息这种情执。《闲情赋》最后说"意夫人之在兹,托行云以送怀,行云逝而无语,时奄冉而就过",人既领悟了时间的飘忽,则知美人尘土,可以"坦万虑以存诚,寄遥情于八遐"矣。

---

① 中国诗人对女性之崇拜,可参叶嘉莹《迦陵说诗》论义山诗部分。

这是由情出发，止于无情的路子。儒家之思无邪、克己复礼、以性制情，都属于这个路数。清末民初的儒侠们却不然，他们只有上半截。对于情的执着与耽溺，使得他们虽知超越之理，而竟不能超脱，反而一往不回，侠气渐消、柔情愈炽，成为龚定庵所说："风云才略已消磨"，"其奈尊前百感何"，"撑住东南金粉气"，"江湖侠骨已无多"。时间的飘忽感、生命的虚空苍凉，并未令他们超悟，反而逼使他们更热烈地拥住美人，视为苍茫人世的唯一慰藉——"温柔不住住何乡"！

这就是龚定庵的影响了。吴雨僧《余生随笔》曾说定庵诗在晚清甚为风靡，"如梁任公，其三十以前作"，"固似处处形似。即近年作"，"皆定庵……之句法也。又集定庵句互相赠答，亦成一时风尚，近经南社一流，用之过多，遂益觉其可厌"。而梁任公自己在《清代学术概论》中就指出："光绪间所谓新学家者，大率人人皆经过崇拜龚氏之一时期。"他们学龚定庵、好集龚句以相赠答、作诗句法多效定庵，是不错的，翻开清末民初人集子，随处都可看到这个现象。但龚氏影响当时知识分子最大的，并不在字句方面，而是他那种合儒、侠、佛、艳为一的生命态度，英雄美人之思、侠骨柔情之感，才是令这些儒侠们神销骨醉、低回不已的所在。所以姚鹓雏《论诗绝句》说他："艳骨奇情独此才，时间謦欬动风雷。"

定庵这种艳骨奇情，他自己称为"剑气箫心"。他小时听巷口有人吹箫卖饧，心神辄痴，仿佛生病一般。这沉沉然、阴阴然，每每引发极混眇又极真切感受，让他如痴如病的箫声，逐渐就变成他内在心灵幻动的一种征象。他自谓："早年撄心疾，诗境无人知；幽想杂奇悟，灵香何郁伊。"这种难以明言的郁伊幽奇之心，他便把它称为箫心。在《忏心诗》中他描述心潮鼓荡："来何汹涌须挥剑，去向缠绵可付箫。"又在《秋心》诗中说："秋心如海复如潮"，"声满东南几处箫"。诗中凡幽、香、灵、艳、缠绵、美人云云，都跟他这箫心之发动有关。

但箫心只是心的一面,偏于沉、静、缠绵、幽怨的一面;心还有奇狂、鼓荡、激昂的一面,那他就用剑来象征。"按剑因谁怒,寻箫思不堪。"(《纪梦之四》)"一箫一剑平生意,负尽狂名十五年。"(《漫感》)"沉思十五年中事,才也纵横,泪也纵横,双负箫心与剑名。"(《丑奴儿令》)"长铗怨、破箫词,两般合就鬓边丝。"(《鹧鸪天》)都是双提箫剑,这代表了他的心绪,也代表了他的生平。

这个生平,既有儒的经世济民,又有侠的跌宕不羁,但毕竟一事无成,徒留苍凉——"少年击剑更吹箫,剑气箫心一例消。谁分苍凉归棹后,万千哀乐集今朝。"(《己亥杂诗》)所以他要参禅学佛,以求脱解超越。却不料,情执未解,"万一禅关砉然破,美人如玉剑如虹"(《夜坐》)!①

美人如玉剑如虹。这种箫心剑气,委实让清末民初诸儒侠们心折不已,前引方荣杲《题〈红薇感旧记〉》最后结尾处就说:"佳人自古说多情,况复箫心剑气横。"被称为缠绵多情人的周实《哭洗醒诗》也说:"尘寰从此知音稀,剑气箫心谁与抗?"

六 水浒/红楼

箫心与剑气,都显示了生命的激情状态,也表现了晚清民初知识分子中普遍的英雄儿女之情。不止南社君子,包括曾慷慨从军至台湾抗日的易顺鼎,其诗皆有此种"少年哀艳杂雄奇"的特色,如"眼界大千皆泪海,头衔第一是花王","生来莲子心原苦,死傍桃花骨亦香","秋月一丸神女魄,春云三折美人腰","寸管自修香国史,万花齐现美人身","仆本恨人犹仆仆,卿须怜我更卿卿","渭城小雪如朝雨,秦地残云似美人","何忍呼他为祸水,尚思老我此柔乡"之类。

---

① 详龚鹏程《说龚定庵的侠骨幽情》页二〇五、二二二。

换句话说，政治立场可能不同，但在时代的激荡之下，这个时代的知识分子常有以儒兼侠的趋向。当时顾鼎梅曾刻意把他的诗集称为《非儒非侠斋诗集》，即是面对这样一种时代风气的自嘲之意。而这些儒侠们一方面忧生，另一方面念乱，对生命更常有郁伊苍然之感及浪漫的激情。他们也很自觉地在发展这种多情的生命形态，感流年于风雨，寄芳意于美人。而随着生平遭际的挫折，儒侠们也可能逐渐英雄气短，儿女情长。即或不然，亦将引美人为知己、为同调，耽溺于有情世界，歌颂美人。

　　此一趋向，固属其生命形态之性质使然，但"思美人"的传统及龚定庵的"剑气箫心"说，也发挥了很大的作用，构成了清末民初颇为普遍的现象。在沈宗畸所主编的《国学粹编》中，我们可以看到《讷庵骈体文钞》卷三，周家谦的《〈醉芸馆诗集〉序》。我们想借这篇文章来印证这个说法。

　　该文一开始就说，"诗以穷而益工，情以郁而弥畅"，然后介绍李经世如何"平子工愁，休文善病。亭台景寂，春梦靡任其婆娑；池馆凉生，秋思那禁其萧槭。往往兴与古会，永夕永朝，忧从中来，载歌载泣"。这就是我们所说，他们往往对生命有种飘忽凄凉之感，善于忧生。接着，李生开始出而经世，"斑马萧萧，长剑郁风云之气；荒鸡喔喔，短檠寒霜月之灯"，燕市悲歌，慨当以慷，而又逐渐孤鹤离群、冥鸿阵断，有人世流离之感了。再下来，则柔情所系的"又一境也"出现了：好色不浮，缘情而绮，红袖添香，粉腻黛浓，艳体每托无题，闲情不妨有赋，香草美人，篇什濡芬于楚艳，伤心人别有怀抱，谁能遣此，有情人都成眷属，徒唤奈何。

　　这几"境"，恰好就是他们心境与诗境的表现，而且具有普遍意义，清末民初许多人的诗文，都可以通过这条线索去理解。特别是南社及后来与南社关系极为密切的鸳鸯蝴蝶派。因为民初盛行的哀情小说，其整个人生态度,就跟这种唯情主义或侠骨柔情有密不可分的关联。徐枕亚的《雪鸿泪史》,意义固同于易顺鼎的"眼界大千皆泪海",书前题词,尤多剑气侠情的套语。什么"侬欲忏情情不断,英雄自误误蛾眉"、"侠骨痴情累此身,相思无复问前因"、"醇酒妇人自古尔,柔情侠骨有谁耶"、"儿女情肠亦太痴,英雄肝胆剑相知"等等。鸳鸯蝴蝶派作品,皆可作如是观。其后又从哀情之中发展出侠骨柔情的新式武侠小说,原因也可由此处索解一二。①

不止此也,鸳鸯蝴蝶派与创造社、文学研究会、左翼作家联盟长期对抗,这种对抗被形容为新旧文学之争,痴情的儿女故事与武侠小说则为颓废的作品。但激情的生命既是晚清知识分子普遍的形态,民初便不仅表现在"旧派文人"或"旧文学"身上,新文学家又何尝没有一点遗迹在?例如郭沫若、蒋光慈的感伤滥情,或郁达夫的沉沦颓唐,乃至戏剧方面如陈大悲的《英雄与美人》、袁昌英的《孔雀东南飞》之类,不也都是浪漫激情的吗?然而新文学家不晓得它与那些旧文学家们其实是一样的,更不能发现近代儒侠观出现以后,带给知识分子心境上的转变,只好费力地弹那五四反传统的老调,一以贯之地把它解释为反传统精神。像鲁迅所说:

> 五四运动之后,将毅然和传统战斗,而又怕敢毅然和传统战斗,遂不得不复活其"缠绵悱恻之情"。(《中国新文学大系》小说二集序)

为什么要反传统又不敢反传统,就不得不复活那缠绵悱恻之情呢?

---

① 关于鸳鸯蝴蝶派,详龚鹏程《大侠》第十章《鸳鸯蝴蝶与武侠小说》;以及龚鹏程《文化、文学与美学》所收《论鸳鸯蝴蝶派——民初的大众通俗文学》一文。

为什么这种缠绵悱恻，就是"和为艺术而艺术的作品中的主角，或夸耀其颓唐或衒鬻其才绪，是截然两样的"呢？鲁迅这类的解释，真是毫无道理。缠绵悱恻之情，是清末儒侠观底下酝酿出来的一种人生态度。自觉情之所钟，正在我辈，且勇于追求，以谋情之实践与完成；但生命之中又存在着苍凉之感，不免自怜自艾。所以才会出现"那时觉醒起来的智识青年的心情，是大抵热烈，然而悲凉的，即使寻到一点光明，径一周三，却更分明地看见了周围的无涯际的黑暗"，"许多作品，就往往春非我春，秋非我秋，玄发朱颜，却唱着饱经忧患的不欲明言的断肠之曲。虽是冯至的饰以诗情、莎子的托辞小草，还是不能掩饰的"（鲁迅，同上）。只是这种悲情缠绵，却与觉醒不觉醒没有关系。

同理，鲁迅认为当时知识青年之所以如此多情，是因为："摄取来的异域的营养又是世纪末的果汁：王尔德、尼采、波特莱尔、安特莱夫们所安排的。"这更是详远略近，羌无理实。在晚清到五四，革命昂扬、社会巨变的时代，知识青年为什么反倒流行起世纪末的颓唐多情呢？王尔德、波德莱尔是怎样被知识青年接受的呢？我们不要忘了同盟会中人传译《茶花女遗事》的往事，也不可忽略"冷红生"林纾"非反情为仇"，所以才能译《茶花女遗事》的事实。浪漫主义对中国近代文学的影响，正是在知识分子普遍具有侠骨柔情心态这个基础上建立的，犹如苏曼殊之喜欢拜伦、雪莱。这跟清末民初李商隐诗之流行，道理是一样的。

再进一步说，唯情的人生观，本身就具有反传统的力量，也足以作为说明晚清到五四思潮发展的线索。因为前文已谈过，传统儒学所采取的都是超越情欲的路子，讲究以性制情、克己复礼。这条路子发展到宋明理学，遂有礼教、性善情恶、存天理去人欲之类讲法。可是晚清具有侠客气质的知识分子对于情的态度，却不是要克制、要超越，而是沉浸执着于其中。这种态度显现在理性思维上，当然就会出现为情欲辩护的哲学。

例如谭嗣同《仁学》直接质疑："性善，何以情有恶？""世俗小儒，以天理为善，以人欲为恶，不知无人欲尚安得有天理？吾故悲夫世之妄生分别也。天理，善也；人欲，亦善也。王船山有言：'天理即在人欲之中，无人欲则天理亦无从发现。'"他拉王船山来替他撑腰，章太炎则拥荀子、戴震为旗号，大揭释戴尊荀之帜，说"以欲当为理者，莫察乎孙卿"；又说"性者天之就也，情者性之质也，欲者情之应也。以欲为可得而求之，情之所必不免也"，"极震所议，与孙卿若合符契"（《太炎文录》卷一《释戴》）。

整个五四反礼教的精义，即在于此。故胡适接着写《戴东原的哲学》，提倡戴震"凡有血气心知，于是乎有欲"、"既有欲矣，于是乎有情"、"生养之道，存乎欲者也。感通之道，存乎情者也"（《原善上》），"喜怒哀乐、爱隐感念、愠懆怨愤、恐悸虑叹、饮食男女、郁忧戚咨、惨舒好恶之情，胥成性则然，是故谓之道"（《原善中》）的说法。这个说法，既辩护了他们自己的人生观，也攻击了宋明理学，特别是五百年间具有垄断势力的程朱之学，动摇了传统儒家的某些偏执，是晚清到五四反传统思想的核心观念。

这个核心观念，有它正面的主张。而这种主张，最好的说明工具，就是《红楼梦》与《水浒传》。这两部书，一代表柔情，一代表侠骨。

七 革命/爱情

在一个侠风激扬的时代里，《水浒传》受到重视是很自然的。问题在于他们怎么去看这部传统上谓为诲盗之书。以南社的黄人黄摩西为例，他便不同于金圣叹之大骂水泊强梁，欲一一将之正法；他正面肯定《水浒》一书，纯是社会主义"，"自有历史以来，未有以百余人组织政府，人人皆有平等之资格而不失其秩序。山泊一局,几于乌托邦矣"(《小说林》卷一《小说小话》)。梁启超也说:"《水浒》一书,为中国小说中铮铮者,遗武侠之模范,使社会受其余赐。""《水浒》者,人以为萑苻宵小传奇之作,吾以为此即独立自强而倡民主、民权之萌芽也。"(《小说丛话》)①

这些言论,意味着激情时代中,《水浒》"痛快淋漓,能为尽豪放之致",故为人所乐读;而那种企求冲决网罗、扫荡不平的心理,也恰好可以在书中得到满足,因此他们在《水浒传》中看到了民主、民权与平等,认为"施耐庵独能破千古习俗,甘冒不韪,以庙廷为非,而崇拜草野之英杰,此其魄力思想,真足令小儒咋舌"(眷秋《小说杂评》);"《水浒传》者,痛政府之恶横腐败,欲组成一民主共和政体,于是撰为此书"(燕南尚生《新评水浒传》)。

古人并无如此视《水浒》者,即使如李卓吾之激烈,也仍把此书看成是忠义的,未尝称许它打破君臣,社会平等。②这岂不反映了当时强调任侠者的心理企盼吗?如谭嗣同的《仁学》就说:"仁以通为第一义","通之象为平等"。提倡儒侠的章太炎更是主张排满革命、推翻君政、建立民国。所以吴沃尧批评这些讨论《水浒传》的意见,就觉得它们太染时代色彩:"轻议古人固非是,动辄牵引古人之理想,以阑入今日之理想,亦非是也。吾于今人之论小说,每一见之,如《水浒》,志盗之书也,而今人每每称其提倡平等主义,吾恐施耐庵当日断断不能作此

---

① 王钟麒有一篇跟梁启超《论小说与群治之关系》几乎同名的文章《论小说与改良社会之关系》,说:"吾尝谓《水浒》则社会主义之小说也。……《红楼梦》则社会小说也,种族小说也,哀情小说也。"(《月月小说》一卷九期)又,《中国三大小说家论赞》说:"生民以来,未有以百八人组织政府,而人人平等,有之,惟《水浒传》。使耐庵生于欧美也,则其人之著作,当与柏拉图、巴枯宁、托尔斯泰、迭盖司诸氏相抗衡。观其平阶级、均财产,则社会主义之小说也。其复仇怨、贼污吏,则虚无党之小说也。"均可与梁启超之说合观。互详页222注①。
② 明末及清朝人论《水浒》,另详龚鹏程《论清代的侠义小说》一文。

理想。"(《月月小说》一卷八号《说小说·杂说》)

但这是不足为奇的，诠释本来就依读者存在的感受来进察尚志。只是我们要注意：五四以来对《水浒》的诠释，仍然是根据着这时的看法，诸如官逼民反啦，建立社会主义式平等社会啦。且不仅在历史理解、学术讨论上，在政治态度和实践上，这些看法也都发生了深远的影响。这一时期对《水浒传》的重视，在历史上也是罕见的。

而更妙的，是这一时期论《水浒》往往兼及《红楼》、《西厢》。梁启超喜欢金圣叹，颇恨金氏未能自撰一小说如《西厢》者，又恨《红楼梦》、《茶花女》二书出现太迟，未能得圣叹之批评（见《小说丛话》）。眷秋则说我国小说"自以《石头记》、《水浒》二书为最佳。两书皆社会小说，《水浒》写英雄，《石头记》写儿女"。黄人更指出：

> 《水浒传》、《石头记》之创社会主义，阐色情哲学，托草泽以下民贼奴隶之砭，假兰芍以塞黍离荆棘之悲。……（一般人）即或赏其奇瑰，强作斡旋，辨忠义之真伪，区情欲之贞淫，亦不脱俗情，当无本质。（《南社》十一集《〈小说林〉发刊词》）

以冲决网罗的革命意义来说，色情哲学具有如马尔库塞（或译马库色，Herbert Marcuse）所说的革命性力量。感性与爱，冲破了理性的束缚，使"压抑性的理性让位给新的满足的合理性（rationality of gratification）"，所以情欲对世界可以有颠覆性。[1]这与任侠的儒者，要

---

[1] 详马尔库塞《美学的面向》（陈昭瑛译，南方丛书，一九八七）。另外，马尔库塞在《反革命与反叛》（高志仁译，南方丛书，一九八八）第二章《自然和革命》中提到：感性经验受到现存体制的合理性宰制，使人不易获得自由，因此"发展合理而独立的感觉，就具有重大的政治意义"。因此他呼吁感觉的解放，并阐释青年马克思对感性之颠覆能力的说法。

扫荡不义，"替天平不平"，本来就是同一的。侠者的生命又悱恻缠绵，对此阐色情哲学之巨著，自然就更具会心了。①

比如陈蜕僧即著《列〈石头记〉于子部说》云："《石头记》一书虽为小说，然其涵义，乃具有大政治家、大哲学家、大理想家之学说，而合于大同之旨，谓为东方《民约论》，犹未知卢索能无愧色否也。"又说"《石头记》，社会平等书也。然梦雨楼则以男女平等评之"（《梦雨楼〈石头记〉总评》），这是指出言情之书的激进革命性。

他又著《忆梦楼〈石头记〉泛论》说："千古言情，推此一书，警幻所谓闺阁中可为良友，诚不诬也。慨自巫山云雨，误属登徒；靖节闲情，托之亡国，几不许玉台有新咏，仅仅得此。"则是由情之所钟的立场来赞扬《红楼梦》。②

此外，南社中还有王蕴章《西神客话》之类，讨论到这部情书。后来徐枕亚说"东风里，三生痴梦，一种深情"（《红楼梦余词》），也可

---

① "侠士替天平不平"是周亮的诗，见前引。但论《水浒》者也常见此一说法，如燕南尚生《新评水浒传》的《新或问》中便说："以平天下之不平为己任，专一舍身救人，则仁也，非鲁莽也。"
把侠的精神说成是仁，正显示此时所谓侠乃是儒侠。同上书云："卢俊义，卢是儒家的儒，俊义就是大义。""耐庵说这一部书，不是大逆不道，也不是邪说惑人，辩言乱政，原是儒家学说的大义啊！"将侠与儒绾合为一。黄人的《小说小话》也说："史迁之进游侠，其旨趣与尊孔子无异，皆所以重人权而抑专制也。"提倡《水浒》，与提倡"情"有同一性，因此也讨论到《水浒》精神的反理学意义。如沈惟贤《中国小说大家施耐庵传》即指出："《水浒》出而理学壁垒一拳洞之，快矣哉！"谓《水浒》之撰写乃受"理学余毒"之刺激而然。他这篇文章扬英雄而抑儿女，但事实上它是以英雄兼儿女，故他认为施耐庵具有民权思想、尚侠思想和"女权之思想"。《水浒》有发达女权的思想吗？若非他有上述特殊想法，焉能如此说？

② 俞剑华《与柳亚子书》说："假暑岑寂，倏忆云雷春秋之论，娟娟闺阁之谈，急思披读，而竟遍觅不获。岂瘴烟蛮雨中，非神瑛所能堪？抑将待价而沽？望速嘱空空道人，向青埂峰下，袖之以来。"《再与柳亚子书》又提醒他："《红楼梦》已为购下否？念念！"可见他们对这部书的嗜爱。

代表这一代人对这部书的同声之应。但《红楼》是否真的是"千古言情,推此一书"的情书呢?自来论《红楼》者,也有许多人认为它提供的是个超越观点,即由情起悟,超脱情执,了悟人生犹如梦幻,故名红楼"梦"。然此辈情痴,并不愿悟,或不能悟。那位大评《红楼梦》的陈蜕庵,虽欲悟情,却仍感"有梦都为累,无情未是空"(《述梦》),而只能"已瘁精魂伴美人"。其余可知。

然而,以《红楼》为情书及社会小说,毕竟是近代最强而有力的解释,红学的发展,也应放入这一脉络中来观察。①只是在这"情"与"社会平等"之间,似乎也存在着类似评价鸳鸯蝴蝶派文学的矛盾。后期的批评论者,往往强调救国救民、觉醒、社会现实主义等等。早期沈惟贤《中国小说大家施耐庵传》一文已经谈到:"中国之小说,亦伙颐哉,大致不外二种,曰儿女、曰英雄。而英雄之小说,辄不敌儿女小说之盛,此亦社会文弱之一证。民生既已文弱矣,而犹镂月裁云、风流旖旎,充其希望,不过才子佳人成了眷属而止,何有于国家之悲、种族之惨哉?"(《新世界小说社报》八期)后来批判主情文学,均不脱此类声口。因此即使要谈《红楼》,也往往单取其社会小说一义,而放弃那主情的诠释,情之所钟的那个"我",其主体性就被社会客观性所消解了。

其实英雄肝胆与美人心肠既可合而为一,侠骨之中即有柔情。情之一字,固属个人的伤春悼秋、朝露残梦之感,也不妨是对时代的忧戚,忧世与忧生,亦不冲突。侠,可以"平天下之不平",颠覆既存体制;情也同样具有革命性的力量。因此,侠骨与柔情,对近代知识分子心境的重新理解,应该是我们重新探讨近代思想史、文学史的新进路。

---

① 《红楼梦》有主情与主悟两条注释路线,详龚鹏程《红楼梦梦》(学生书局,二〇〇五)所收《红楼猜梦·〈红楼梦〉的诠释问题》一文。

鸳鸯蝴蝶与武侠小说

一九二三年七月廿一日的《小说日报》上，刊登了一则有趣的广告：当时上海文人许廑父招收"遥从弟子"的启事。

所谓遥从弟子，名称甚为古旧，实即类似后来的通讯函授学生。函授的课程内容，包括中国的"新旧文学，如论说、尺牍、公文、小说、传记、谐文及各种实用之文"；每人学费是每月一元五角，全年十八元。但若专学小说，学费就得加一倍。而小说呢？又分言情、侦探、武侠、家庭、社会、滑稽等门。据许氏说，学生习作这些小说，如果有佳作，他还可以介绍到各书报杂志上去刊登。

这个广告的有趣之处，除了在史料价值外，它由许廑父提出，也是值得注意的。原来，在一九二二年间，上海一批作家，在半淞园聚餐，组织了一个"青社"，并刊行《长青》周刊。这批人都是小说家，共廿余人，其中有周瘦鹃、严独鹤、赵苕狂、许廑父、胡寄尘、范烟桥、沈禹钟、程小青、包天笑、王钝根等。大概都是礼拜六派，擅长作鸳鸯蝴蝶式哀情小说的人。

在《礼拜六》停刊之后，毕倚虹写《娑婆小记》，即曾认为《礼拜六》停刊后，此派分化为六，其中许廑父与徐枕亚属于"小日派"（即小说日报派）。许氏自己也写过一篇《言情小说谈》，大论哀情、苦情、艳情、惨情、奇情、爱情、深情、怡情等等。他之为言情一派，自然毫无疑义。但在他的招生启事里，最让我感到兴味的，是他也教人写武侠小说——这是个有趣的线索。

果然，在同年十一月《红杂志》二卷十三期，又刊载了一则类似的广告，青社诸小说家发起创办"上海小说专修学校"，也要招生了。而赞助人中，赫然便有大名鼎鼎的武侠宗师平江不肖生向恺然在。

如果据当时也曾参与其事的范烟桥叙述，武侠小说是"哀情小说过去后的新潮"（见范氏《中国小说史》之《最近十五年之小说》）。但事实上，落叶哀蝉、凄感顽艳的鸳鸯蝴蝶派，乃是和近代武侠小说共生互荣的，不是它的前导。

因为包括许氏在内，鸳鸯蝴蝶的名家，似乎也常伸出另一只手来写武侠小说。如许氏不仅写过《莲心萱泪录》、《南国佳人传》、《碧海精禽》、《恨之胎》、《心印》等言情之作，也有《武林秋》、《历代剑侠传》、《中国女海盗》；赵苕狂有《闺秀日记》，也撰《剑胆琴心录》、《江湖怪侠》、《太湖女侠》；胡寄尘写《春水沉冤记》、《蕙娘小传》、《藕丝记》、《螓首蛇心录》，也作《罗霄女侠》、《黛痕剑影录》、《女子技击大观》；程小青既有《舞后的归宿》、《狐裘女》，也写过《霜刃碧血》。

当然，在近代武侠小说史上，这些人的作品并不顶出色，但这无疑已可显示那个时代的一种趋势。因为比如说像王度庐、顾明道这样的大宗师，其实也不乏言情之作。王度庐的《鹤惊昆仑》、《铁骑银瓶》、《风雨双龙剑》等书，轰动武林；但其悲剧侠情、缠绵悱恻，实与他创作《朱门绮梦》、《琼楼春情》、《落絮飘香》、《朝露相思》之类，声息相通，差别只在人物不属江湖绿林豪杰而已。

顾明道《荒江女侠》亦为武侠名著，但此公哀情小说尤其出色，所作言情小说多达廿余种，《哀鹣记》更为鸳鸯蝴蝶派中佼佼之作，当时

《珊瑚》杂志甚至说："明道的作品，哀情确比武侠好得多，可是'无可奈何'之下，明道竟成了武侠小说家。"言下之意，若不胜其悼惜。大可想见当时人对他，直不以武侠名家视之。

类似的例子还有，如郑逸梅，他也写过《玉霄双剑记》，一九二五年曾拜访平江不肖生，邀他为《明星日报》写武侠长篇，并推崇不肖生的作品"诡谲雄奇，状侠士须眉，跃然纸上"，又说赵焕亭的《侠骨红妆》，脍炙人口。显然他也是个武侠小说的爱好者。但是一九三五年校经山房出版《小品大观》中却载有郑氏《武侠小说的通病》一文，对当时武侠小说的写刊，颇致不满，认为：书贾的收写小说稿，抱着除却巫山不是云的宗旨，非武侠不收、非武侠不刊。并且写有个诀门要关照着写的：就是书中的人物，一一出场，最好神镖李四胜过铁臂张三，还有个水上英雄打倒神镖李四，空中大侠又降服水上英雄。技能的高，高至无上，那么不得不出之以神怪了。什么一道剑光，杀了许多人，腾云驾雾，瞬息十万八千里。无识之徒，读了眉飞色舞，不觉抛弃家庭，孑身远赴峨眉山修道访仙的。

把庚子义和团鼓吹神道和武侠小说的神怪一联想起来，武侠小说自然就担负了毒化无知百姓的罪名，该令人痛恨了。这篇文章，可算是这位曾经爱过武侠的小说家，绝交后的恶声；也可以代表当时他们对武侠的看法，多少总是有点鄙视与猜防——虽然曾经爱恋过。

张恨水也是这样。张氏是鸳鸯蝴蝶派一代宗匠，但据他自述，他开始创作小说，却是由武侠起头的："十四岁的时候，我看了《水浒》、《七侠五义》、《七剑十三侠》之后，我常常对弟妹们演讲着……不知哪一天，我凭空捏造了一段武侠的故事，说给他们听，他们也听得很有味。……过了两天，我就把这捏造的故事，扩大起来，编了几个回目。这小说究竟是几多回，是什么名字，我都忘记了；仿佛着曾形容一个十三岁的孩子，能使两柄大锤，有万夫不当之勇。"

这就是张恨水的少年英雄梦，依稀还有李元霸、裴元庆的影子。而这个梦，不久虽遁入温柔乡中，姻缘啼笑，亦有万夫不当之勇；但在写《啼笑姻缘》前后，他仍写了一部洪杨役后几个散在江湖的豪士小说：《中原豪侠传》。二十六回，登在《南京人报》副刊上。足见春明金粉之中，犹有英雄之思，非一味媚妩者。故即使是《啼笑姻缘》里，也有侠义的描述。

虽然如此，张恨水对当时流行的武侠小说，也是鄙视、猜防的。他曾写过一篇《武侠小说在下层社会》，是鸳鸯蝴蝶派文家论武侠的压卷之作。他认为传统章回武侠小说教导了下层社会的民众反暴力、反贪污，提供了一个人民抒发其不平之气的场所，替中国下层社会敷上了一层模糊的英雄主义色彩，都值得称道。但毛病在于它所教导民众的斗争方法，常有错误，托诸幻想，不切实际；在于它封建思想太深，替老百姓除暴安良的侠客，往往投靠到"清官"的麾下，变成吾皇万岁爷的奴才："这样的武侠小说，教训了读者，反贪污只有去当强盗。说强盗又不能不写他杀人放火，反而成了社会罪人，只好写出一批侠客来消灭反贪污的强盗。而这些侠客呢？他们并非社会的朱家郭解，都是投入衙门去当捕快，充当走狗。"(《前线周刊》一九四五年十一月二期)

他指的当然是《七侠五义》、《施公案》一类传统侠义小说，但假如我们再看看郑振铎《论武侠小说》(收入其散文集《海燕》中)、沈雁冰《封建的小市民文艺》(《东方杂志》三十卷三号)诸文，便可发现这样的批评，亦未尝不是指当时流行的国术武侠、神仙剑客类小说。而他的这种批评模式，至今也仍通行。譬如郑证因《鹰爪王》最后两回，写鹰爪王等大破凤尾帮，铁蓑道人在官家面前献艺、群侠见官折腰的场面，辄令现代武侠小说批评家气结。古龙也曾当面向笔者谈过他对《七侠五义》式"奴化英雄"的不满。固然张恨水这种论断并不公允，所见甚浅，《七侠五义》类小说亦非一句奴才走狗即能抹煞；但从这些例证中，我们倒不难看出此一说法，影响至为深刻。

换言之，这批鸳鸯蝴蝶派作家，对于武侠，真是爱怨交织，若有意似无情，既矜惜又多遗憾。他/它们之间的关系，实在是不容易遽然分析得开的。像徐枕亚，虽不曾写过武侠小说，可是《雪鸿泪史》书前的题词，却往往透露出剑气侠情。当时上海诸名士，品评其书，赞曰：

琴心觉到文君误，剑气欣从侠士分。（浮尘过客）

侬欲忏情情不断，英雄自误误蛾眉。（虞启征）

侠骨痴情累此身，相思无复问前因。（剑影）

醇酒妇人自古尔，柔情侠骨有谁耶？（剑魂）

儿女情肠亦太痴，英雄肝胆剑相知。（王吟雪）

诸如此类，未读其书者，几将疑为武侠巨著矣。而其中最值得注意的是姚民哀。姚氏以说书为生，以说书的笔调写了几十部江湖好汉的传奇，他熟谙江湖行当、党会秘闻、帮派组织，所撰《江湖豪侠传》等，时称为"党会小说"，乃是近代武侠小说史上的巨擘。此公生平未见有鸳鸯梦绮的作品，但题《雪鸿泪史》却有几首缠绵苦恨的痴情语，所谓"借浇块垒人间有，岂独伤心阮步兵"，大有"情之所钟，正在我辈"之感。足证鸳鸯蝴蝶与武侠两系作家，有牵丝攀葛的关系，不能皮相地仅以是否写过另一系作品为判断依据。

正因为如此，一九八四年由苏州大学负责编辑的《鸳鸯蝴蝶派文学资料》(属于《中国现代文学史资料汇编》甲种),就干脆把武侠也并入鸳鸯蝴蝶,算作其中一部分。

本来,所谓鸳鸯蝴蝶,乃是指这类型的作家多写爱情作品,才子佳人,柳荫花下,宛宛然如"卅六鸳鸯同命鸟,一双蝴蝶可怜虫"。而现在把侠气峥嵘、吞刀舐血的武侠也算进来;把白羽、朱贞木、郑证因、还珠楼主等等,都视为鸳鸯蝴蝶派,岂非格格不入吗?或许编辑这本资料汇编的先生们,也是在披览旧日文学史料,发现两者血乳相融时,所做的不得已措施吧!

可惜这种做法,却不免只知其一,不知其二。

盖鸳鸯蝴蝶一派作家,虽或拨笔投身于武侠小说行列,对传统侠义及公案小说、当时流行之武侠,却也多有不满。从这一个貌若矛盾的现象上,我们自当看出近代武侠小说,在中国侠义文学传统中有一大转变。而此派小说家所写武侠故事,在性质和风格上,也实有与其他各派不同之处。

因为中国侠义小说,凤推《水浒传》、《儿女英雄传》、《三遂平妖传》。前两书写江湖豪杰,后者开剑侠长篇章回小说之先河。至清朝中叶,又兴起公案小说。这些流派,在民国初年,全部复苏,且又加上新的"技击派",或称为国术小说,自林琴南《技击余闻》之后,此类作者不少。

至抗战前后,亦即鸳鸯蝴蝶盛行时,剑侠类以还珠楼主李寿民擅场,技击加上江湖豪杰故事的名家,则有郑证因、白羽、朱贞木、徐春羽等人。前者驰情入幻、恢诡无端;后一派则刻意描写武功技击,以及江湖道上绿林规矩、切口、门槛。鸳鸯蝴蝶派文家,对剑侠类殊无好感;对侠义公案小说,亦觉其为奴性之英雄;至于江湖技击一道,所谙不多,蝴蝶恋花的情怀,也与江湖豪客不太一样;要写武侠,即不能不别出蹊径,另辟一个侠骨柔情的世界。

侠骨柔情,本是剑影、剑魂诸名士对《雪鸿泪史》的评语,但此派文家写起武侠来，又何尝不是如此？白羽写《十二金钱镖》时，初得时时咨询于郑证因，故描写技击，一板一眼；后郑氏别去，遂大兜圈子，扯上女侠柳叶青，大谈她与杨华的爱情风波，一扯卅万言，颇能具体显示这派文家的习性。

大抵在鸳鸯蝴蝶派小说家未染指武侠以前，武侠小说很少书生、才子、少年、女侠，所重在于武功技击与江湖恩怨、阅历，其人物也多半是中年汉子。由于鸳鸯蝴蝶派文人加入，小说人物遂大量出现少年侠客与女侠。

当时光是以女侠为名的小说，便有张春帆《烟花女侠》、雷珠生《女侠红玫瑰》、裘剑鸣《黑衣女侠》、惜花馆主《风流女侠》、黄南丁《女侠红娘子》、孙漱石《金陵双女侠》、徐哲身《鸳鸯女侠》、徐亮臣《江湖女侠传》与《石破天惊奇女侠》、顾明道《侠女喋血记》、突兀生《怪女侠》、姜鸿飞《花丛艳侠》、席灵风《华山女侠》与《女侠红娘子》、赵苕狂《太湖女侠》、郑小平《女飞贼黄莺》等。

这些女侠，或涉身烟花，或托命鸳鸯，在书中哀情、痴情、苦情、怨情、艳情一番，武侠小说便理所当然地掉转了一个方向：风云气少，儿女情多。把一个浩浩江湖，变造成了情天情府；武侠小说，也成了情书情史。

如戴悼芳有《情天英雄》，曹梦鱼有《情天奇侠传》，徐哲身有《情天大侠》，赵仲雄有《情侠》……然则他们笔下的是一种什么侠？他们的小说主题是什么？即使书名不如此露骨，其内容也总是慷慨侠烈中，一片缠绵悱恻。王度庐就是最好的例子。

这种小说，你若再以"武"、"侠"求之，往往索然无味。它不再写江湖阅历，不再强调侠客的集团性，对于侠这种集团行动的法则和规矩，也不再关心。它偏向于个体，描述个体性的英雄或美人，刻画他成长的历程，关心他的内在感情世界，并努力铺叙英雄与美人恋爱的经过。在侠的生命中，爱情不再是可有可无的东西了，早先那种"阴人不吉"的侠义传统，早已荡然无存；英雄侠士，从武松、赵匡胤那样的模式中跳脱出来，爱情占据了书中的主导地位，也成为武侠小说中最扣人心弦的部分。直到现在金庸的《神雕侠侣》之类武侠，仍是如此。

这是一次重大的改变，开启了武侠小说新的局面。在近代中国小说史上，鸳鸯蝴蝶派贬多于褒，其作品亦多湮没于历史的烟尘中，但他们所开启的这种武侠路数，却绵延至今，金庸等名家，谁不受其沾溉？必须要了解这一层，才会晓得为什么不能把还珠楼主、郑证因、蒋轸庭等人含糊笼统地视为鸳鸯蝴蝶派；才会晓得鸳鸯蝴蝶派文家写武侠，为什么不是一种奇怪的现象。

造成这种转变，最直接的原因，当然是这里所谈到的，鸳鸯蝴蝶派文家参与了武侠小说创作的行列。但还有几个原因也不能忽略，那就是新读者的崛起、沪平津诸地的经济社会条件、西洋文化与小说的冲击。

所谓新读者，主要是指女性读者。女性读者在民国后才大量出现，她们在观念上和教育程度上，都远较从前开放进步，更是小说的主要消费者。一九一七年一月《小说画报》创刊时，其引言广告就特别指出这本画报上的小说读者，包括了"闺秀"。

一九一四年《香艳杂志》创刊时，也有广告云："天地灵秀之气，独钟于女子，故香闺佳话，代有所闻。廿世纪尤为女界文明极盛时代，《香艳杂志》者，中国女子优美之成绩也……愿当世才子美人咸来购阅此书。"（原刊《礼拜六》第三号）

书一旦要供闺秀美人赏阅，自不能不稍走柔性软性路线，武侠之改弦更张，此正其时。鸳鸯蝴蝶派把武侠写成情史，或许有它市场的影响因素。

假如我们把这个因素，再加上社会经济条件、西方个人主义之冲击、浪漫文学风潮之吸引等原因合在一块儿看，可能就比较能明了为什么技击类、侠义公案类、剑侠类武侠小说终归没落，独此侠骨柔情一派，在今日仍然盛行了。

武侠小说的现代化转型

一 呼唤新武侠的声音

台湾的武侠小说写作,一般认为始于一九五一年,郎红浣在《大华晚报》连载的《古瑟哀弦》、《碧海青天》、《瀛海恩仇记》、《莫愁儿女》、《珠帘银烛》、《剑胆诗魂》六部曲。其后卧龙生、诸葛青云、司马翎、伴霞楼主等相继崛起江湖,逐渐带动风潮。但这段时期,台湾本身作家所创作的武侠小说,数量并不敷市场之需,坊间所流行的,仍以民国时期之武侠小说及翻印香港作品为多。

一九五九年十二月,大陆、香港翻版武侠小说五百多部在台湾被禁,文艺界也对武侠小说日益风行颇多抨击。但是在翻版大陆及香港作品已遭严禁,市场却仍有大量需求的情况下,台湾本身的作家与作品自然就越来越多了。需求面刺激了供给面,这个经济学的原理,在武侠小说发展史上也是应验了的。

从一九六〇年开始,十年之间,风起云涌,作者蔚起,据叶洪生统计,有三百余人之多,许多出版武侠小说的专业出版社,为应付市场之需,甚至必须挖掘新人,培养专属的作家。

在这些出版社中,真善美出版社,无疑是最重要的一家。叶洪生在《当代台湾武侠小说的成人童话世界——透视四十年来台湾武侠创作的发展与流变》一文中，即说："在六〇年代初，台湾武侠出版商为因应市场需求，纷纷以重金征求新人新稿。真善美书系，为台湾第一家以刊行武侠小说为主的出版社，无论是选书、排印或读者口碑都最令人称道。由其培养而成一流名家计有：司马翎、伴霞楼主、古龙、上官鼎四位。"①对该出版社在武侠小说史上之地位论断甚为中肯。

唯除上述四位较负盛名外，如卧龙生、诸葛青云、倪匡、墨余生、郎红浣、成铁吾、醉仙楼主、易容、萧逸、古如风、陆鱼、红豆公主、王秋远等，也都在真善美出版过作品。

真善美出版社成立于一九五〇年，至一九七四年，主持人宋今人先生发表《告别武侠》，宣布不再出版武侠小说，其间二十余年，几与武侠小说全盛期相始终，共出版了作品一百二十部，两千五百集，培养了上述许多著名作家。它在武侠小说发展历程中的地位，自是不难想见的。

不过该社之所以能在"选书、排印或读者口碑都最令人称道"，并不仅由于它出书量多，而在于主持人宋今人先生对武侠小说有其主张，他是抱着文化理想来出版这些作品的。

武侠小说的出版者，常被描述为"不肖书商"。武侠小说常被指为"戕害青少年身心"，尤其在一九五四年以后的台湾文艺界，此说更是甚嚣尘上，影响到许多人对武侠小说的观感。但事实上却不是这样的，宋先生就是个明显的例子。

宋先生对于年轻作家，甚为提掖，他会亲自写文章介绍新人新作，并表达他自己对武侠小说的看法。例如他曾写《介绍〈塞上曲〉兼论武

---

① 叶洪生《当代台湾武侠小说的成人童话世界——透视四十年来台湾武侠创作的发展与流变》（通俗文学研究会论文；收入《流行天下》，时报文化，一九九一；又发表于《中国故事》一九九二年二月，《上海文论》一九九三年八月号）。

侠小说》认为陆鱼的《少年行》文字典雅，有幽默气氛，但情节不够紧凑，打斗不够激烈，而《塞上曲》已有不少改进，且国家民族思想浓厚，值得嘉许。这些口吻，足以表现他对新进的支持与指导。另外，我们从他的语调中，也可以看出他办真善美出版社及出版武侠小说的原因。

他是觉得当时正值苦难战乱，整个社会又充满了虚伪、邪恶、丑陋的现象，处在苦闷与不满情绪中的人，自然希望追求真、善与美之境界，而武侠小说也恰好提供了这种境界。在这方面，武侠小说提供的，是超越现实的寄托。所以那里面会有大仁大义的崇高情操，也会有超乎寻常的体能与奇情异事。

除此之外，武侠小说寄情于往古，托事于名山大川之间，他觉得也很能增益世人对国家的认同与理解。武侠小说表现出传统的伦理道德观，例如因果报应、忠孝仁义等，则甚能教育民众。[①]

这些言论，均很有见地，宋先生公子德令先生说他"创设真善美出版社，出版高质量之武侠小说，表彰忠孝节义，有益社会人心，尤对彼时动乱后之安定人心颇有裨益"[②]，洵非虚语。我们晓得，武侠小说的出版甚为混乱，一位武侠小说出版业者即曾感慨地说："在这个行业里不肖者亦不少，盗印、挂假名均可谓司空见惯，自行培养新人者甚为难得。"处此浊流之中，宋今人先生之行谊，自是难能而可贵的。

依宋先生之见，武侠小说的写作，有其常规，但亦有可以新变之处。在《告别武侠》一文中，他指出：正规的武侠书大略包含下列内容："时在数百年前；地在中国大陆，偶涉边疆；人分正邪，且邪不胜正；男主角英俊仁厚，文武兼擅，女主角美艳多情，武功可能更高；用刀剑，不用枪炮；强调武功、灵丹、秘笈等；行道江湖，快意恩仇，尊

---

① 俱详宋今人《告别武侠》（收入司马翎《独行剑》，一九七四）。
② 见宋德令《宋今人先生事略》。

师重道，退隐山林。"

这些，即是武侠小说这种文类的类型化特征，武侠小说与侦探小说、爱情小说、历史小说、神魔小说、战争小说之所以不同，就在于这些类型化特征，在小说内部进行了次文类的区分。于武侠小说之中，可以包含侦探、爱情、历史、战争等各种成分，但借由上述各项类型化特征，我们仍能轻易地辨识某书是否可称为武侠小说。因此，此即可称为武侠小说之写作常规。

但是，在不甚违反这些常规和类型化特征的情况下，武侠写作又容许，也鼓励新变。宋先生对陆鱼的称道，就是对他"新型写作方法"的肯定。在《告别武侠》一文，他更提出"写人性"的理想来。他希望武侠小说的作者能针对七情六欲等人性的特点来写：

> 首先创造一群代表性的人物，编织一个接近当年现实社会的故事。于是在动作和语言中，在江湖、在庙堂、在街市、在乡村，发生种种事，尽量激发这人性的特点，使之喜、使之怒、使之哀、使之惧、使之爱、使之恶、使之欲。一而再、再而三的撞击它，自始至终的揭发它，导入正途，即是积极的、理性的、美好的人生；流入邪途，则是野蛮的、邪恶性的、丑陋的末日。——这是个意识形态的问题，我们要把武侠情操，在尽情激发之下，趋向善良的一面，升华再升华，变化人性。

他对陆鱼新型武侠的揄扬，主要是就其写作手法而说。此处所谈则涉及主题，要问"写什么"以及"写了做什么"。不但如此，宋先生还认为：在这一方面，武侠小说与一般文艺作品并无不同，只不过武侠书必须加上武功的叙述而已。也就是说：武侠小说不是次文学、通俗文学，它跟所谓纯文学作品一样，致力于刻画人性，使人在阅读时得到灵魂净化的功能。

正因为这样，所以武功方面的描述虽然不可少，但毕竟不是最主要的东西："武功有一个限度，以人可能有的体能极限为准，但可强调精神力量，那是无限的。"

宋先生认为这即是"武侠书可行的路及武侠书的前景"，因为"武侠书风行二十年，必将百尺竿头，更进一步"。

宋先生是当时主要的武侠小说出版者、发行者，又培养了不少作家，他的见解与期望，当然会影响到武侠写作的发展。新派武侠，特别是古龙作品，便显然与宋先生的见解有密切的关联，宋先生并没有写出他想写的这种武侠小说，但其理想，却被古龙充分实践了。

二　新派武侠出现江湖

其实不只是古龙，真善美旗下的主要作家，基本上都是走这个路子。所以叶洪生曾有论断曰："正因真善美是台湾早期武侠出版界的主流派，在其刻意提倡与鼓励下，武侠作家乃纷纷跟进，而以'新颖侠情'或'新艺侠情'相标榜。"[1]

一九六一年真善美出版社在出版陆鱼作品时，甚至刻意在封面上冠以"新型武侠"名号，倡议武侠新变之心，不言可喻。当时宋先生曾撰文介绍该书，谓："《少年行》的风格、结构和意境，除了特别强调武功这点外，较之欧洲十八世纪的文学名著，并不逊色。这种新型武侠的写法，是颇可提倡改进的。"

---

[1]　详王达明《期待武侠新秀》(《幼狮月刊》六三卷三期)。

次年，司马翎（吴思明）发表《剑神传》的后传《八表雄风》后，宋今人也推介说："吴先生的文字清新流畅，略带新文艺作风，一反过去讲故事的老套。武侠小说中之所谓'新派'，吴先生有首先创造之功，誉之为新派领袖，实当之无愧。吴先生的作品，有心理上变化的描写、有人生哲理方面的阐释、有各种事物的推理。因此有深度、有含蓄、有启发，吴先生似乎跑前了一点，相信今后的武侠作品，大家会跟踪而来。"

当时同在真善美出版小说的上官鼎（刘兆玄），亦是此新派中佼佼者。其《沉沙谷》之叙述方法、分段形式，均为后来者所效仿。

他们的写作各有特点，但既称为新派，便有其成派的共同之处。例如小说的叙事模式改变了。传统的武侠小说，沿袭了中国古代侠义公案小说的写作传统，基本上是说书体，作者以说话人的姿态"讲故事"；如今则吸收现代小说之写作方式与技巧，并以写出一种以武功为题材的现代小说来自我期许。这是武侠文学的现代小说化，进行着叙述模式的改革。陆鱼、司马翎、上官鼎等人都在这方面卓有贡献。①

又如其写作均不是为了记轶事、述江湖，而是以描写人性冲突为擅场。因此，其作品中并不是以描述打斗场面、记载江湖规矩、保存武林佚史、提供武术知识而令人着迷，乃是以其对人物与事件所构成的冲突张力，而使人印象深刻。他们大抵上都喜欢借由人性的冲突，来凸显善恶，表现人的价值抉择，展示人性的光辉。上官鼎、司马翎尤为此道高手。②

小说虽以武以侠为必要素材，但既已现代小说化，既以写人性为主，武功的描写，相对来说便不那么重要。而且为了要与前期名家如白

---

① 叶洪生《武侠小说谈艺录：叶洪生论剑》（联经，一九九四）所收《当代武侠变奏曲——论古龙"新派"范本〈萧十一郎〉》一文。
② 同上叶洪生书，收有《少年英雄之死——论上官鼎〈沉沙谷〉之情天恨地》一文，可以参看。

羽、郑证因、李寿民等相区别，武侠小说的写作即不能只在武技招术上打转，须更要深入到心理刻画的层次。所谓技进于道、无剑胜有剑。其论武比斗，乃不约而同地走向宋今人所说"强调精神力量"之路，不再详细描写冗长的打斗过程，重在营造气氛，讲究以意克敌、执简御繁、气机感应、心灵修炼、武无常形等等。

这些特色综合起来，就构成了新派的风格。但因走向这种风格时，上官鼎、陆鱼、司马翎等人都还只是二十岁左右的青少年，所以他们事实上也在摸索中发展，逐渐成长；宋先生亦只能从观念及出版稿费上支持或推动，并未亲自操觚。所以由旧入新，过渡时期的痕迹，总是不能摆脱的。顺此路向，真正扭转了武侠写作的传统，成就"新型武侠"者，仍不得不推古龙，古龙即是由司马翎再往前发展的。

古龙曾说："过去还珠楼主、王度庐、郑证因、朱贞木，以及金庸的小说我都爱看。而在台湾的武侠小说先驱者中，我唯一'迷'的，只有司马翎，他算得上是个天才型作家。记得当年为了先睹为快，我几乎每天都待在真善美出版社门口，等着看司马翎的新书，后来一集追一集地等烦了，一时技痒才学着写武侠小说。"[①]渊源脉络，颇可稽考。与宋先生说"古龙自其小学生时来本社看武侠，大学时为本社写武侠，十多年来，日有进步"，适相契合。

三　武侠小说的常与变

古龙称司马翎为天才型作家，诚然，唯彼时武侠小说实可谓为一群天才之创作。如司马翎在写《关洛风云录》等书时，才读大学二年级；

---

① 详叶洪生《当代武侠变奏曲》，叶洪生访古龙时所记。

上官鼎开始写武侠小说时还就读高中二年级；陆鱼、古龙初写武侠小说则在大学时期。

古龙，本名熊耀华（一九三八——一九八五），江西人，但生在香港，长在汉口，一九六〇年就读淡江英专时开始写武侠小说《苍穹神剑》，接着又写了《飘香剑雨》、《月异星邪》等书。但这个时期，古龙实仍属于玩票性质，为了好玩、为了优渥的稿费而写，态度并不认真。例如该年写《剑毒梅香》即未写完，逼得出版社只好急征快手捉刀（所征之捉刀人，就是上官鼎）。同时，他也替卧龙生等人代笔，这当也是由于当时武侠小说特殊的出版情境使然。市场太大，生产者太少，赶稿交差或粗制滥造，实所不免。若真无法完篇，亦不能不请人代笔，或托称有病有事，不了了之。依这种情况，要产生杰构，自然是较为困难的。①

但逐渐地，古龙对于武侠写作有了新的认识，其小说也有了新的面貌，一九六三年完成《孤星传》及《湘妃剑》，其中便援用了许多西洋文学的笔法。一九六五、一九六六年陆续推出《大旗英雄传》、《浣花洗剑录》开始，一种新的、古龙式的新型武侠小说即已成形。《楚留香传奇》、《绝代双骄》等名作相继问世，逐步奠定了他特殊的地位。②

或谓古龙如此发展，是因他失去了家庭温暖，孤身来台求学谋生，加上好友、好酒，婚姻又不美满，导致心境孤独，故文体愈趋奇变。又或嗤其文体句句分行、支离破碎，是因为报刊及出版社都论行数计稿酬，所以用这种办法凑篇幅、赚稿费，不免有"商品化的弊病"③。

这些说法都不恰当。古龙并不是从武侠小说写起的新手。他在高中

---

① 另详龚鹏程访古龙的记录《人在江湖》，收入本书。
② 见周益忠《拆碎侠骨柔情——谈古龙小说中的侠者》（学生书局，一九九三）。
③ 梁守中《武侠小说话今古》（远流）所收《古龙小说商品化的弊病》一文即有此说。

时期便是标准的文艺青年，写散文、新诗、短篇小说。因此他原本较熟悉较擅长的，就不是传统武侠文学的写作形式。参与武侠写作之后，原也试图把自己融进这个文类常规中去表现。但在发现写作遭遇瓶颈，并受到宋今人这类思想的鼓励之后，把武侠写作转向他本不陌生的现代文学路子上去，实在是非常自然的事。例如他为真善美出版社所写的前期作品《孤星传》及《湘妃剑》，便已充满了现代文学的笔法及意境，何况他本系英语专科学校出身，汲采外国文学之英华，亦较只有传统中国旧学根柢的其他作家便利得多。所以他的转变，自有他整体文学素养上的条件和原因，不能只从图利或心境孤凉等方面去理解。

转变后的古龙，确如陈晓林所说："基本上是与现代文学——尤其是西方小说比较接近，而与原来中国长久以来传统演义小说之间的距离越来越大：从回目与遣词用字方面，都可以看出，到古龙笔下已经是相当现代化的小说，而不再根植于民族文学的固定形式，不再属于陈套，而是尝试性、开放性非常强烈的新生产物。""力图走出中国传统小说的窠臼，迈向更开阔的与现实结合的现代武侠。"[①]也就是说，一种新的文类革命至此业已形成，由陆鱼、司马翎发展到古龙，宋今人所提倡的那种新型武侠（以新的写作法，写人性，强调精神力量，武侠小说与文艺小说并无不同）可谓修成正果。

其果云何？古龙在桂冠版《楚留香传奇》前附了一篇《代序》，对他为何要创新、如何创新，都有详细的解释，大意是说：

> 在很多人心目中，武侠小说非但不是文学，甚至也不能算是小说，因为武侠小说已陷入了格套之中。什么格套呢？少年学武，历

[①] 详陈晓林《奇与正——试论金庸与古龙的武侠世界》（《联合文学》二十三期）。

尽艰辛，终于扬眉吐气，正直侠客，运用武功智慧，破除江湖中庞大的恶势力等。这些格套又都写得太荒唐无稽、太鲜血淋漓，忘了只有"人性"才是小说中不可或缺的。人性有善有恶，我们除了写邪恶之外，更应去写爱、友情、幽默、同情、慷慨等那一面。①

如何写呢？他主张吸收外国文学作品的精华，创出一种新的风格，"让武侠小说也能在文学的领域中占一席之地"。

因为是写人性，所以古龙的英雄，除了长得较英俊、武功较高之外，乃是一个人而不是神，"因为他们也有人的缺点，有时也受不了打击，他们也会痛苦、悲哀、恐惧"，"绝不是那些不近人情的神"。他希望写出"伟大的人、可爱的人"，"活生生的、有血有肉的人"，却很排斥那种血腥杀戮、鲜血淋漓的写法。

所以他刻意去写"不杀人"，且经常"急得就像热锅上的蚂蚁"、"苦笑"、"心更往下沉"、"觉得有说不出的悲哀、说不出的愤慨"、"心胆俱裂，热血一下子都冲上头来"、"咽喉的肌肉似乎忽然抽紧，连声音都发不出来"的楚香帅；刻意去写"只觉得又脏、又饿、又累，喉咙里更像被火烧一样，烧得他整个人都要发疯，整个人都要裂开"的胡铁花；而且在这些人物创造和小说写作手法上，他又大量吸收外国文艺的营养。

林无愁在《访古龙，谈他的楚留香新传》中谈到："那时007的史恩康纳莱，正像一阵狂风吹袭台湾，而受影响最大的是古龙。007残酷，但优雅的行为；冷静，但瞬息的爆发力；神经，但时时自嘲的幽默；微笑，但能面临最大的挫折。这几种质量，使古龙创造了楚留香。"

---

① 这篇《代序》不详其写作年代，但古龙在许多地方都讲过同样的话，如《关于武侠》(《大成》四三期)、《说说武侠小说》(春秋版《欢乐英雄》卷首)皆与本文雷同，可以代表古龙的基本观念。

古龙自己，也在《关于武侠》一文中，以《米兰夫人》受莫里哀影响为例，承认他的《流星·蝴蝶·剑》曾受到《教父》的影响，又说："他没有被悲哀击倒，反而从悲哀中得到了力量。这就是《多情剑客无情剑》和《铁胆大侠魂》的真正主题，但是这概念并不是我创造的，我是从毛姆的《人性枷锁》中偷来的。"①

偷，古龙自己说："近十年的作品自己也还满意，这或许跟我喜欢近代日本及西方小说，从中'偷招'有关吧！"吉川英治、大小仲马、海明威、杰克·伦敦、史坦贝克，以及前述《007》、《教父》等电影，都是古龙取资之对象。

但也就在这一点上，古龙与宋今人却有了区别。

因为宋先生虽希望把武侠小说提升到与西方文学作品类似的地位，也鼓励采用现代小说的笔法，然其历史感毕竟较浓，认为"正规的武侠小说，必须时在数百年前；地在中国大陆"，且"应点明朝代，有关帝王、将相、重要人物乃至当时的文物制度、地名、官名、服饰、方言等都须作一番考证，不得马虎。地理、历史、文物、制度、人情、风俗等，一定要真实，不容错误"。

古龙的小说，却只有一个模糊的"古代"，作为人物活动及情节递展之场域。可是朝代并不明确，地理、文物、制度、官名亦不讲究。小说中人物之行事和心理状态，作者也不试图去模拟历史情境的人物行事与心理状态，而是以现代人一般的行为模式及心理反应为基准。这种"去除历史化"的做法，与宋今人主张以武侠小说"建构历史化"，实代表了武侠小说发展的两个方向。

宋先生说的，是"正规的武侠小说"；古龙所做的，则是武侠小说

---

① 见万盛版《午夜兰花》序。

的新变。小说一旦模糊其历史情境，淡化它有关史事、地理、文物、制度之外向叙述和具体化描写，即表示它正着力向内转，形成一种内省或内视性的特质。亦即前者重在情节的推移，刻画人与外在世界互动的状况；后者重在人本身的动作和心理内涵。所以我们才会看到古龙用电影分镜式的方法，仔细地、分行分段地，去写人的一个一个动作；一次一次、一层一层的心理转折，情绪波动。同时，我们也才会看到古龙对人物搏斗杀伐中的心理状态，着墨远多于对武打招式的形象描述。换言之，他的文字表现，是与其历史观有密切关联的，其所形成的美学样式，也是与其小说之内视性相吻合的，并非无意义或刻意扭曲割裂文字，以成其新奇。[1]

而这种转变，当然与古龙吸收日本及欧美小说甚或电影之技巧有实质之关系。

四　从武侠小说到小说

古龙对武侠小说的看法，本来就是"截断众流"的。他认为要到唐人传奇才有与现代武侠比较接近的地方，再经宋元明清才逐渐发展出武侠写作的形式。但这些都只是远源，这一代的武侠小说，是由平江不肖生《江湖奇侠传》开始，至还珠楼主达到巅峰。[2]

可是这个传统，"至王度庐《铁骑银瓶》和朱贞木的《七杀碑》为之一变，至金庸的《射雕英雄传》又一变，到现在，无疑又已到了应该变的时候"。

---

[1] 批评古龙扭曲文字者，可以叶洪生为代表，详叶洪生《武侠小说谈艺录》页九十、三九七、四〇五—四〇九。

[2] 同页258注[1]。

变的小说史观，导生了他变的行动，把武侠小说这种文学类型转变成了现代小说。这个行动，是具有历史意义的，非金庸等人之"变"所能比。为什么呢？

中国传统的小说，在五四新文化新文学运动之后，即已衰微。鲁迅所开展的新小说写作形态，形成了小说叙事模式的革命。其后历经现实主义、社会主义之风潮；到一九六一年间，始逐渐出现现代主义的小说写作风气。

王文兴、白先勇、欧阳子等人办"现代文学"，大量参酌欧美现代小说之技法，深入探讨现代人的心灵处境，刻画人性之隐微与冲突。这种现代主义，本身即含有一种反传统的态度，要打破艺术上的成规，创造出能够内省生命奥秘的文学。以文学作品来揭露生命存在的虚无、荒凉、痛苦、无奈，而进行生命价值的抉择，发现人存在的意义。

武侠小说，几乎是五四新文学运动以后，仍能叙说传统社会中之故事，拥有传统形式（例如章回结构）、传统意识内容（例如忠孝节义）、传统小说叙事方法（例如说书体）而存在，且继续发展的唯一特例。甚且我们可以说，武侠小说这种文类，根本就是在新文学运动及新小说出现之后才出现的。①

平江不肖生发表《江湖奇侠传》已在一九二三年了，到了武侠巅峰之作《蜀山剑侠传》出现，更是从一九三二年写到一九四九年。一九四九年以后，在香港出现的梁羽生、金庸，其实仍是顺着传统的形态而发展的。

---

① 类似的情形，即是代表传统戏剧之典型的京戏，也是在五四新文化运动之后，才逐渐发展成形的。梅兰芳等四大名旦、四小名旦及其他名角建立的表演形态，是根据清代京剧予以翻修剧本、重编唱腔、调整表演方式而形成的，其普遍流行，亦在一九三〇——一九五〇年之间，但它被称为传统中国戏，而不放在现代的戏剧史中讨论。

从读者分布及市场占有率来看，此种民国以来日益发展茁壮的"传统小说"，正是当时中国人进行小说阅读的主要对象。但深受新文学影响的知识社群，彼时却以新文学为正统美学典范，只承认新文学的创作价值与书写地位。他们纵然也常在私人书斋中大读特读武侠小说，可是要他们从文学角度上去肯定其价值，终究说不出口。因此，文学界乃运用一种"纯文学/通俗文学"的思维架构，把武侠小说推入"文学"以外的界域。任由武侠小说以其传统样式及市场占有，在学院的文学知识社群之外花开花落。①

古龙一再表现出的焦虑，即肇生于此一情势中。他是文艺青年，又是英专出身，他格外能感受到武侠小说在这个新文学知识社群中丧失身份的困窘。所以他反复地感叹："在很多人心目中，武侠小说非但不是文学，甚且也不能算是小说……""我有很多朋友都是智慧很高，很有文学修养的人，他们往往会对我说：'我从来没有看过武侠小说，几时送一套你认为得意的给我，让我看看武侠小说里写的究竟是什么。'""他们认为武侠小说的读者，绝不会是他们那阶层的人，绝不会是思想新颖的高级知识分子。"

依当时的文学权力垄断阶层之见，武侠小说不是小说，"正如蚯蚓虽然也会动，却很少人将它当作动物"。所谓小说，则是专指由鲁迅以降，那种现代小说而言。

此一焦虑，构成了古龙的核心问题。他企图打破这种困境。可是，

---

① 当时知识界文学人对武侠小说基本上是贬抑的，一般不予讨论，纵或论及，也是把它当一个"问题"来处理。如一九六一年一月十二日，文艺协会为配合政策，"组成项目小组，研究目前武侠小说的写作问题，检讨武侠小说出版及出租现况与影响，对于如何改进其内容，及鼓励武侠小说优秀作家之问题，提出研究，以供有关机关参考"。而在前述大事纪要中，也看不到有关武侠小说写作、出版之任何记录。

处在庞大的知识垄断、新文学正统霸权之下，他虽亦暗哂知识阶层的愚阇自是，却终无彻底颠覆新文学霸权之雄心。因为他反求诸己，确实发现了武侠小说本身也存在着叙述模式僵化与老化的毛病，所以他采取了一个新的进路，把武侠小说改造成现代小说，以改善武侠小说被摒于现代文学之外的困境。

这番改造，毁誉参半，毁者谓其"抛弃传统，走向现代。既迷失了武侠，也迷失了自己"。因为许多读者阅读武侠小说，正是要品味其中涵蕴的中国风味，故其审美趣味仍以《蜀山剑侠传》、《鹰爪王》、《十二金钱镖》、《鹤惊昆仑》、《七杀碑》等为正宗、为依归。①

但同样地，也有许多人厌腻了传统武侠小说的叙述模套，对古龙之翻新出奇表示高度的赞扬，例如王中原《武侠小说新谈》便认为：传统武侠小说颇多幻想及幼稚之材料，如放飞剑、弄法术、掌风、过分的轻功之类，古龙之小说却"不趋于公式化，没有像坊间流行的武侠小说脱离事实，而是真实"②。

他所谓真实，是指古龙只是借"他创造之人物来描写各种不同的人性、他们的心理及他们处世的态度。读他小说之后，读者对人性的本质便有更深的认识，对人生的问题，有更深的了解"③。

古龙小说之遭毁誉，也与其小说结构和技法有关。誉者谓其语法新警，结构缜密，具有现代感。反对他的人则觉得古龙之语言表现固然简练明快，擅长营造场景气氛，有近于电影剧本之效果，但太受"叙事诗体"的分段影响，却使得文章显得杂碎，形成了文字障。

这些争论与毁誉，是古龙这样的创新者所必然遭到的待遇，且古

---

① 这可以叶洪生为代表，详页260注①。
② 载于《大成》四一期。另亦可参陈晓林《奇与正——试论金庸与古龙的武侠世界》。
③ 详龚鹏程访古龙文《人在江湖》。

龙秉其理念，在一条新的跑道上奔驰，偶尔也有摔跤的时候，姿态未必尽称曼妙，著作未必本本精心，当然也不免有贻人口实之处。但大体而言，武侠小说的现代化转型，确实已在他手上完成了。这种文体变革，与当时现代主义小说之风行，正可互相呼应，互为印诠。

五　叙述模式之变革史

古龙之变，乃是渐渍而然的。据古龙自己说，他本身的创作历程可分成四个阶段：早期依循传统风格；《浣花洗剑录》、《楚留香传奇》时期，已从热衷于财宝秘笈回到人生经验与人性表现之中；第三期以《多情剑客无情剑》、《欢乐英雄》为代表，可说是顺着第二期所开创之格局而继续发展的；第四期也是顺着这条路线再发展，可是希望能写得更真实，更写实地去表达人性之挣扎与无奈。

这四期，其实仅可视为两期。因为第三、四期都是沿着第二期风格发展的，把人物投掷到人生最尖锐的环境中去，在"极限情境"中去显现价值的抉择与冲突，让读者体会到人在江湖的悲哀。

但评价古龙，也不能仅着眼于他的变，只注意到他后期的作品。早期的古龙，虽然尚未完全现代小说化，然其小说亦自有特色，且与后期之发展有脉络潜通的地方。

例如一九六三年出版的《湘妃剑》，写少年仇怨复仇的故事，但古龙却企图在仇恨与鲜血之外，写出仁慈与宽恕。同年出版之《孤星传》，也写少年复仇的故事，然其重点亦不在于仇怨得雪、忠信得直，而在于说明冤冤相报的荒谬性质；并要人在仇恨所带来的悲哀、烦恼、痛苦、惊怖之外，感受到友情的温暖。

这些小说，结构虽然简单，对人物性格的刻画也较后期平板，但其中用了许多现代文学的笔法，足以显示古龙已有摆脱武侠小说叙述模套的企图了，对小说主题也正费力经营中。他曾批评当时之武侠小说："已落入了一些固定的形式中，一个有志气、天赋异禀的少年，如何去辛苦学武、学成后如何去扬眉吐气，出人头地。这段经历中，当然包括了无数次神话般的巧合与奇遇，当然也包括了一段仇恨、一段爱情，最后是报仇雪恨，有情人成了眷属。"他这几本小说，采用的正是这些最通用的模式，但神话般的巧合奇遇少一点、报仇的意义淡一点，小说的主题便有了点不太相同的意蕴，看得出作者对人生是有想法的。

一九六四年出版的《情人箭》，采用的，则是另一种被古龙所批评的模式："一位正直的侠士，如何运用他的智慧和武功，破了江湖中一个规模庞大的恶势力。这位侠客不但少年英俊、文武双全，而且运气特别好。其中的人物有英雄侠士、风尘异人、节妇烈女，也有枭雄恶霸、荡妇淫娃、奸险小人，其中的情节一定很曲折离奇，紧张刺激。"

《情人箭》正是这样一部小说，描写死神帖、情人箭肆虐江湖，少年展梦白历经波折，终破其巢穴，歼厥渠魁，故事曲折，波澜壮阔，亲情、友情、爱情纠缠错综，在当时同类作品中允称杰作。

可是古龙觉得此类写法虽也不错，却"已成了俗套"，所以接着写出《大旗英雄传》，便又试图突破。这仍是一则复仇的故事，但非一人之仇，而是铁血大旗门和五福联盟之间的世仇，整部书写此两大集团之仇杀，一路抽丝剥茧，最后方知仇怨之结，竟结自大旗门早期创派祖师夫妻不睦。这也是《情人箭》的发展。因为情人箭主苏浅雪之所以要制造情人箭残害武林，即是因为爱情不顺遂，起意报复。《大旗英雄传》中，一切恩怨也都肇因于男女之情不能圆满。其中描写铁中棠，智勇双全，重义气，富谋略，与水灵光之间的爱情真挚感人。

这些小说都谈复仇，但情感的纠葛越来越繁密厚重。男性的冲动、偏执、幼稚，女性的深沉、神秘、多情、执着，也越来越费笔墨刻画。小说已不再只是讲一个故事，而是开始展开了人性探索。江湖之诡谲，人性之难以捉摸，以及情欲之纠结冲突，构成了小说奇特的魅力。仿佛油画般层层抹彩，光影繁重，气象万千。此所以这二部书虽非后期古龙之典型风格，但久为识者所重。

与《大旗英雄传》约略同时的《浣花洗剑录》，最大的特点便在于放弃了复仇母题，也不从情的角度去处理人的冲突，而是以"比武"为轴线，借情节的发展，逐步发现武学的真谛。要从草木荣枯、日月运行、流水连绵之中去体察武学奥义，超越血腥搏杀、招式变幻之模套，强调学武者心灵的锻炼。

待《楚留香传奇》推出时，古龙更是彻底摆脱了复仇和情爱纠缠的类型。楚留香不记仇，也不报仇，他一切行动都是为了别人。楚留香对苏蓉蓉的情爱很专注，对别的女人也不会因爱而生情仇恨欲。所有生事的女魔头，如柳无眉、水母阴姬、石观音，亦均不是爱他或恨他，而另有情缘。楚留香人在江湖，身不由己，既不为宝藏，又不为秘笈，凭仗的乃是机智与冷静，并不靠其武功（因为他敌人武功大都比他高），当然更缺乏神话般的巧合和奇遇。

因此，《楚留香传奇》其实是最世俗化、理性化的小说，没有少年习武成功，报仇雪恨、扬眉吐气；没有神功图笈、珍宝秘藏；更没有奇遇，一切都在情理之中。英雄宛如常人，会与朋友开玩笑，享受生活；也会焦灼惊慌，不知所措。因一切都在情理之中，所以决胜之机，即在推理之能力；情节之进展，亦可由推理而得。但如此理性化，反倒使得楚留香成就了真正的传奇性，成为真正的传奇人物，就像福尔摩斯那样。

相对于古龙，其他的作家，例如金庸，几乎每部小说都是秘笈（金蛇秘笈、九阳真经、九阴真经、胡家刀谱、葵花宝典……），都是少年邀天之幸，经无数神话般的奇遇和巧合，获得神功与爱情。而此古代遗留下来的图经拳谱，其神秘，竟又都为当代才俊殚精竭虑所莫能及。每部小说中又均情爱纠缠，女子千伶百俐，冰雪聪明，男子椎鲁憨钝或油滑浮薄。试想黄蓉、温青青、殷素素、赵敏、袁紫衣、程灵素、任盈盈等女子和她们的爱情对手，其模套现象难道不严重吗？

这种爱情与神功之写作模式，古龙在《情人箭》中也有类似的处理态度，但渐渐地便超越了这些陈腔旧套，截断众流，斩弃万缘，千山独行，绝尘而去。"送行者皆自崖返，而君自此远矣。"把自己镶进武侠文学发展史里，成为不可动摇的一颗星星。①

讨论台湾文学史的人，对于这一武侠小说现代化转型的历程，当然也不宜忽略。

---

① 真善美出版社将古龙转变前后这几部作品编成《古龙精品系列》，重新出版，恐怕是唯一正视此一武侠小说现代化转型的作为。此系列包括《孤星传》、《湘妃剑》、《情人箭》、《大旗英雄传》、《浣花洗剑录》、《楚留香传奇》。

人在江湖——夜访古龙

人在江湖，有许多事是身不由己的，譬如喝酒与聊天。

酒是劣酒，劣酒伤喉，所以今天古龙来时沙哑着嗓子："喝多了绍兴！"

昨天，只因昨晚《多情环》杀青，拍摄人员向老板古龙敬酒，他当然要喝。

"我也是个江湖人！"虽然喉咙坏了，也要撑着来聊天。

记得吗？剑无情，人却多情！

有一个世界，奇丽而多情，那是古龙的世界。

无论小说或人生，它都代表着一种探索和追寻，在酒与剑与女人之间。

剑？是的，它没有固定的形状或效用，它只代表尖锐而富刺激的人生境域冲突。唯有在剑光的映射下，人性最深沉、最真实的一面才能迸显，剥开伪饰，照见本然。

或贪婪，或自私，或惊惧，或狂傲。

这纷杂而有多样性呈现的众生相，就构成了江湖。

只有江湖人才懂得江湖！

因为只有他们才能真实体会到自我生存经验，或情感历程与它相呼应、相结合的乐趣，并享受那一番生与死的悸动与震撼。

所以我们请古龙来谈谈他的"江湖"。

与他小说一样尖锐的人生冲突，穿在他身上：黑衫白裤，鲜明的对比存在着，还有一脸诡谲而温厚的笑意。声音很大，却沙哑得几乎听不清楚；惯作哲学性的思考与咀嚼，却又是个无比情绪化的人；松散中夹渗着忙碌的紧张，浪荡而又深沉，一点也不像他小说中手足白皙、指甲修剪得十分平整的少年侠客。

古龙当然不再少年，三十八岁原也不大，但在他精力充沛的神采里，看来却似半百。稀疏微秃的头发，顺着发油，平滑地贴在脑后；走起路来摇摇晃晃的骨架，撑起他微见丰腴的身躯。没有刀光，也没有杀气，坐在藤椅上，他像个殷实的商人，或漂泊的浪子。

浪子也曾年轻过的，他是江西人，却生在香港，长在汉口，直到今天还不曾去过江西。从六七岁时在汉口看"娃娃书"起，就与武侠结下了不解之缘，凡属武侠，无所不看，早期的还珠楼主与后来的金庸、司马翎、诸葛青云、卧龙生等，看了又看，虽也不免有嗜好之殊，但在他日后的创作生涯中，都有着一定影响与作用。

这时的古龙还未纵身投入江湖，他写新诗，写散文、杂文、短篇小说，办刊物（例如《中学生文艺》、《青年杂志》、《成功青年》等，都是高中时的事迹）。第一篇发表的文艺小说是《从北国到南国》，约三万字；覃子豪编《蓝星诗刊》时他也在上面发表过许多新诗。

当时正逢武侠小说倡行，市场需求量既大，人人都可提刀上阵，写它两篇。古龙又因离家工读、生活清苦，遂在友人怂恿下，写出了他第一本武侠小说:《苍穹神剑》，第一公司出版，稿费八百元。自此以后，登门邀稿者络绎不绝，稿费飞涨，且多预支稿酬。

在他三天一册的速度下，钱愈赚愈多，几乎连自己的尊姓大名都忘了。二十余岁的古龙开始浪荡，买了一辆车，开着去撞个稀巴烂，脸撞坏了，书也不写了；等钱用完了再写。很任性吧！这时的古龙正在淡江读英文系。

任性的浪荡与职业性的忙碌,自此与他相伴。

浪荡与忙碌,他笑着说:"做我的妻子很难!"——忙于拍片,忙于喝酒、聊天,也忙于看漂亮的女人,古龙现在已经停笔了。

停止,未必即是终结,它可能是另一段长征的开始。因为每一次停顿,都必在生活与心境上更有番新的体认与探索,正像那位性格怪异的傅红雪,在杀人生涯中,偶然一次停止了杀生而替孕妇接生,接生后刀法却更加精纯了,古龙的笔也是如此。

从一九六〇年开始创作第一本武侠小说开始,这样的停顿与递进共有四次:最初的《飘香剑雨》、《傲剑狂龙》、《天禅杖》、《月异星邪》等,只是不自觉的随笔,写来赚钱,没有特殊的创作反省或艺术要求,人写亦写而已。故事散漫,结构冗杂,且多未写完,惹得读者火起,拒看之后,古龙只得搁笔。

再拾笔时,风格即开始转变,《武林外史》、《楚留香传奇》、《绝代双骄》、《大旗英雄传》等名作都是这个时期的产物,人物鲜明而突出,结构瑰奇而多趣,从热衷于财宝秘笈,回到人生经验与人性表现之中。这种写法与风格,大致上已形就了古龙特殊的面貌,此后第三、第四期的转变都是顺着这条线而发展的,意在打破固有武侠小说的形式,建立他自己的世界。

第三期的作品以《多情剑客无情剑》和《欢乐英雄》、《萧十一郎》等最为成功,他融合了英文和日文的构句方式与意境,炼字造句迥异流俗。他不但创造了新的文体,整个形式也突破了以往武侠小说的格局,企图在武侠小说中表达一种全新的意境与思想。

其中《欢乐英雄》以事件的起讫作叙述单位,而不以时间顺序为次,是他最得意的一种突创。同时,人物的塑造,也是他这个时期极重要的创获和贡献：英雄即在平凡之中，平凡得可能像条狗，但狗是最真实，也是与人情感最深密的。

真实，再真实，是他自认为第四期的特色。"纯写实的"！是情感的真实！故事可能很久远，人物和感情却在你我身边手上。例如《英雄无泪》里自己砍下双腿的蝶舞，代表了多少人性情感的挣扎和无奈！

当然，有人会直觉地认为武侠小说与写实了不相涉，但这也不妨：虚构与想象本来就是小说的特征。且陀思妥耶夫斯基就曾被批评家称为：在真实世界的基础上创建一个个人的世界，是高一层次的写实主义艺术。它表达作者对人生的一些看法和体认，而不在作品中确定其时空位置，乃是因作者想得到较大的创作自由，以便贯彻自己对生存经验的感怀和批评，呈现自己对人性的洞观与悟解。

古龙说：

"我希望能创造一种武侠小说的新意境。

"武侠小说中已不该再写神、写魔头，已应该开始写人，活生生的人，有血有肉的人！

"为什么不改变一下？写人类的感情、人性的冲突，由情感的冲突中，制造高潮和动作？"

是的，武侠小说是该写感情和人性。然而，人性的挖掘和情感的探讨也许永无止境，作为一个作家，他的思考与表达终究有其限度，未来的旅程将再是一片怎样的风光烂漫？"我不知道！"他说。

目前的停顿，究竟是观望呢？还是思考？再举步时，会再带给我们一次新的惊羡吗？古龙凝思着，眼前不再是梅花上的雪花、雪花上的梅花。

传奇似的小说，传奇似的人。

一种是剑光飞烁的世界，一种是金钱堆砌成的人生。古龙从他自己经历过的事件中，抽绎出对于人生的诠释，形象化地表现在小说里。但是，他的经历较为奇特，武侠小说又多充满着一种诡异的气氛，以此来表现人生面，是否不易为大众所认同？人物与情感呈扭曲形态地出现，又是否能与我们的真实感受相印证？

"我所写的人物，都是被投掷到一个人生最尖锐的环境中去的！呈现的是人生最尖锐的选择与冲突，这种选择往往牵涉到生与死、名与利、义与鄙等人生问题，它虽不经常发生于我们真实的人生里，但却必是最能凸显人性与价值的一种境况！

"我写的事件也很平常，例如夫妻吵架等家常琐事，打一耳光会感到辣痛等永恒的经验，是每个人都'可能'遇到的，但却不一定会遇到！"谈起自己的作品，古龙眼中就兴奋得发光。

如此说来，在古龙的感觉里，以武侠小说这种形式结构来负载这种内涵时，是有他特殊的目的或效果要求啰？"是的！"因为所谓"人在江湖"以及色、贪、自私、死亡等人性之追索，其他各种类型的小说也能表达，不一定要写武侠小说不可呀！

武侠小说的内涵既然和其他小说没有太多的差异，古龙诡谲而自负地笑了笑："你们认为古龙是写武侠小说的；我却认为古龙是个写小说的！"

可是，我们如将武侠小说视为文学作品中的一类，则此种作品与其他类型的文学（诗、散文、戏剧）或小说有何不同？通常，特殊的组织与结构形态也是区分文学类别的重要因素，所以西方把文学类型（literary genres）称为"机构"（institution），代表一种秩序。一如戏剧小说和抒情诗等不同的类别，即有其结构上的差异那样，每个文学类型事实上包含了各个不同的美学传统，形成它的特色。

武侠小说也是有着悠久历史传统的文学体类，它的美学传统和结构特色又是些什么呢？古龙否定了武侠小说在内在形式（题材与主旨等）

上曾与其他类型小说不同的说法，也不承认它在外在形式的结构上与其他小说有何差异，是否会丧失一般武侠小说那种表现中国人独特生命情调的特色？是不是也因为如此，他的小说才被认为是武侠小说里的偏流而非正宗？

"什么是正宗？什么是邪魔外道？写得好就是正宗！作为一个流派的创始者，最初都会被看成是非正宗的，邓肯的舞蹈不也是这样吗？纯文学的作品可以没有任何结构，甚至也没有故事，只在探索一种心理状态。武侠小说诚然与通俗文学较为接近，但我所着重的毋宁是在此而不在彼！"似乎在沉思，又似乎十分激动。

"那么您写小说不太注意它的技巧和结构啰？"

"注意啊！"

"那么，在一篇武侠小说里，您如何架设它的结构呢？"

古龙大笑："以往写小说也没有什么完整的故事或结构，只是开了个头，就一直写下来，写写停停，有时同时写三四本小说；有时写得一半停了，出版社只好找人代写，例如《血鹦鹉》就是；又有时在报上连载，一停好几十天，主编只好自己动手补上，像《绝代双骄》就曾被倪匡补了二十几天的稿子。这些作品通常只有局部的结构，并不是在动笔之前先有了一个完整的脉络或大纲之后才开始经营的。至于现在，现在已经不写长篇了，像《离别钩》就很短，《绝代双骄》那种一写四年又六个月的情形不会再有了。短篇是比较能够照顾到它的结构和主题的！"

虽然经过作者精细严密的处理，但武侠的世界较现实奇丽，读者会不会落在层层诡设的表象中，迷失或不易掌握住作者所欲表达的主题？

想一想，古龙说："会的！但这个责任不在作者而在读者，每一个作家都会引起读者的幻觉，《少年维特的烦恼》出版时，很多人去跳莱茵河，能怪罪歌德吗？像我写《七种武器》，主要讲的并不是武器的利害或可贵，而在点出诚实与信心等的重要，可是读者能从我的文字中领略到多少，则不是我所能测知的。这要靠读者的努力才行！"

的确，有的人看武侠小说只为了消遣，为了寻找一个刺激大脑的梦，堕在诡异兴奋的故事情境中，激动而满足；对作者苦心呈现或追探的主题并无兴趣。但是对一位作家而言，面对这种情形他将如何？古龙是否常因读者易于迷失，而被迫站到幕前来点明主旨？这样，对小说的传达效果和艺术成就来说，是否为一斫伤？

"不错，我的小说最惹人非议的就是这点，或褒或贬，尚无定论。我经常在叙述中夹以说理，使整个小说看起来太像是我自己哲学的形象化说明，违背了小说表现重于自我说明的特征。但这种情形恐怕是中国小说的传统特色，历来的平话小说和章回小说都是如此的。因此，这个问题不但评论家们还在争论中，我自己也为此而争论：当我要站出来讲一句话的时候，我都会考虑再三，可是，我为什么会这样写呢？这种情形对艺术性的戕伤是必然的，但我总认为小说不仅仅是个艺术品，它还应该负起一些教化的社会功能；我在站出来讲话时，总希望能令读者振奋、有希望。有次我到花莲去，有个人找上我，一定要请我客。他说他本来要自杀，就是看了我的小说才能活到今天。这是我的写作生涯中最值得欣慰与称道的一件事。我这个人也像我的小说那样，充满了尖锐的矛盾冲突，我的思想中有极新潮的，也有极保守的。这一部分可能就是我保守的表现吧！"古龙又大笑。

这样说来，那些新潮而又大胆的书中女人，岂不成了古龙新潮思想的表现了？

"哈哈！谁也不晓得古代女人是不是那样呀！"

他写小说并不考虑真实的历史时空，从这句话里就可以看出。他说金庸最反对他这一点，而这也是他的坚持，他写的是人类最基本而永恒的情感或形态。

侧过身，换了个姿势，又接了一通电话，古龙开始谈他小说中的人物。在他塑造过的人物中，小李飞刀是被人谈论得最多的，有许多人认为那是他小说中最成功且最突出的人物；但也有人认为"他"太矫情。

"您的小说，似乎自成一个系列，例如小李飞刀，然后又有他的徒弟叶开；甚至陆小凤、楚留香等也都各代表一个系列，为什么这样写呢？有意创造一个武侠世界吗？像有关叶开的《九月鹰飞》，情节和人物都是《多情剑客无情剑》的延续，又为的是什么呢？代表什么样的构想？"

"这只不过加深读者的印象并重复其经验罢了，《九月鹰飞》并不是一本成功的小说。对人物的塑造与安排我总在努力求新求变，尽量使人物的性格突出，但因有时写得太多了，自然免不了会重复，这是没办法的。"古龙摇摇头，他似乎对自己以往同时进行三四本小说连载的情形也有许多感喟。

由于他坚拒讨论当代的武侠小说作家，所以我们只好谈谈他的电影。

小说与电影的结合，奇妙而新鲜，从楚原拍成《流星·蝴蝶·剑》、《天涯·明月·刀》之后，中国的电影进入了新的纪元，古龙的小说更成了抢手货。改拍的武侠电影十之八九都与古龙有关，不仅是原著，古龙还从顾问而策划而导演而老板，扶摇直上，顾盼自雄。

但是，这种景况并未刺激古龙的创作欲，他直截坦率地认为拍电影只是为了赚钱；别人拍成他的电影他也不看，对楚原的改编尤多不以为然。

这种现象倒是很奇怪的，他对电影似热衷又冷漠，是偏爱文字语言的表达呢？还是……

"其实我很早就注意到小说和电影的关系了，我在写作时就曾利用电影'蒙太奇'和'场次'的观念，以简短、紧密，且矛盾冲突性极高的语言分割片断，一组一组地跳动连接。所以我的小说和电影的距离最近，改拍也较容易，甚至可以直接拿小说去拍。当然，早期我还无法调和形象和文字间彼此各别的特殊要求，但现在可以了，像《萧十一郎》就是为了拍电影才写的。"

写小说而同时思考到改拍成电影的效果，以前似乎只听说琼瑶是这样的，原来古龙也曾从电影中汲取灵感。然则传说中琼瑶写小说时，连电影男女主角的人选都已想好了的情形，不知在古龙身上也发生过否？

"电影中人物的造型当然不合于理想，因为小说可以纵容读者的想象，电影则不行；繁冗的打斗也易破坏其形象。另外，人选也是很难找的，譬如某个人物，我认为最好能找三船敏郎来演，但客观环境却常不容许我们做这种要求，所以电影所能达成的效果其实是很有限的。像《碧玉刀》里大眼睛、鼻子笑起来会皱成一条线的华华凤，到了电影里就变成了夏玲玲；而孟飞饰段玉也并不全然理想，但这部片子却是今年夏天最卖座的电影。"他无可奈何的语调里，当然也有无可奈何的表情。

从一九六〇年开始，写过多少本小说，又有多少被改拍成电影，恐怕连他自己都搞不清了。对片酬，他讳莫如深，自称是军事机密，绝对不能也不愿公开。但对自己已比电影明星还要有名一事，却有些尴尬而自负。

他认为早期的武侠小说如《七侠五义》等，只有事件而无思想，所宣扬的也只是一种奴性的英雄。后来的平江不肖生《江湖奇侠传》等，又毫无结构。电影这种艺术对结构的安排与形象的掌握都很独到，结合这样的艺术以创造他全新的小说世界，是件值得称道的事。

就整体结构上说，情节的"悬疑"是他小说与电影一贯的特色，在最后以揭穿一切作结，侦探的意味很重。但悬疑拆穿后往往了无足异，读者或观众长期面对这种追逐与愚弄，是否会形成一种心理上的疲乏与厌烦？而且在我们看来，格局相类似的小说和电影太多了。这是否代表一种局限？或另有原因？

古龙说："我也在思考！"

在思考时，古龙总需要酒。

他赚来的钱，多半花在和朋友喝酒上。

藏书虽然比酒多，但只有酒才能真正代表古龙。

"你若认为酒只不过是种可以令人快乐的液体，那你就错了。

"你若问我：酒是什么呢？

"那我告诉你：

"酒是种壳子，就像是蜗牛背上的壳子，可以让你逃避进去。

"那么，就算别人要一脚踩下来，你也看不见了。"

这是古龙的话，那么，古龙逃避的是什么呢？是寂寞吗？

我不知道，就像我们不易知道女人一样。

有酒的地方，就有女人。古龙创造了许多奇奇怪怪的女人，也欣赏各式各样的女人，"我是个大男人主义者！"

与女人在一起总是麻烦的，譬如赵姿菁事件。

对于古龙，这是大家最感兴趣的问题——

突然落入了久远的记忆与沉思中，他以一种哀悼而又镇定的声音说：

"对于这件事，自始至终，我没有发表过一句话。因为，无论我说什么，都有人会被伤害。如今，事情已经过去了，也没有什么可谈的。简单地说，我与她已确有感情，这事如果不是第三者插入，绝不会弄得如此糟。"

这是古龙的态度，若事情与他人有关，即努力避免谈论，尤其是牵涉到他或他的朋友时。也许，这就是他小说中刻画友情最多的原因吧！

如此诡幻的江湖，友情当然是他唯一能够抓握住的了。

没有友情的人生是寂寞的，自诩"有中文处即有古龙小说"的古龙，也会寂寞吗？或者，他畏惧孤独与寂寞，才努力去护卫友谊，才更深刻地体会友情。

酒经常是用来沟通友情的，从这里他探触到人性的隐陲：爱恨的纠葛、挫败与叛逆、死亡与新生。武器与人物并不重要，甚至搏斗也是多余，生活在刀光剑影中的人，将更能体会出杀伐的可怕与可厌。古龙笔下血腥味很重，但他从不将搏杀的具体过程绘声绘影地写出来，是否也是基于这层认识？杀人最多最快的西门吹雪，杀人时永远有种说不出的厌倦。古龙对搏杀也厌倦了吧？

搏杀只是种生存的挣扎，处在人生无可奈何之境而又必须日日为生活而挣扎奋斗的人，什么是他所能真正掌握的？

"他只有躺在自己的冷汗里，望着天外沉沉的夜色颤抖，痛苦地等待着天亮；可是等到天亮的时候，他还是同样痛苦、同样寂寞。"（《多情剑客无情剑》）

他是厌倦搏斗，意图摆落痛苦和寂寞的侵蚀吧？

古龙不语，忽然起座告辞，飘然远去。

明日，明日又是天涯。

划破黑暗的刀

一 剑本无情——多情剑客无情剑

人多情,剑却无情。这种对比关系,正是古龙这部小说的基本结构。

在人物方面,李寻欢、阿飞是一组;上官金虹、荆无命是相对比的另一组。李寻欢跟阿飞多情,上官金虹和荆无命无情。

李寻欢与阿飞是朋友,但关系如父子。阿飞没有父亲,他心目中只记得母亲,母亲对他有深刻的意义与影响,但"他这一生受李寻欢的影响实在太多,甚至比他母亲还多",所以最后孙小红发现阿飞已变得跟李寻欢几乎完全一样了(第八十九章)。

荆无命与上官金虹也不是父子,但其关系,连上官金虹的儿子都要误会荆无命可能是上官金虹的私生子了。荆无命没有生命,他的命是上官金虹的,他只是上官金虹的影子。可是,他们关系虽然如此密切,却绝不是朋友。

李寻欢和阿飞,会牺牲自己来成全对方;上官金虹与荆无命,则会杀掉对方来保全自己。所以他们这四个人,是两组奇特的对比。

四个人中,上官金虹与李寻欢又是一组,荆无命与阿飞是另一组。李寻欢当然与上官金虹不同,他是真君子,上官金虹是真小人;他是英雄，上官金虹是枭雄；他具有伟大的同情，处处为他人着想，上官金虹绝对无情，只为自己考虑；他萧然一身，上官金虹却经营庞大的金钱帮；他对金钱与权势俱无执念，上官则正好相反；他们的对比，在每个地方都是极为明显的。

但李寻欢几乎也就是上官金虹。第七十章叙述见过这两个人的人议论纷纷："我总觉得这两个人像是有些相同的地方。""李寻欢若不是李寻欢，也许就是另一个上官金虹。"第七十三章，孙小红也对李寻欢说："他觉得你也和他一样——和他是同样的人，所以才佩服你、欣赏你。一个人最欣赏的人，本就必定是和他自己同样的人。"

李是孤独的，上官也是。上官手上无环，环在心中，李也是手上无招，招在心上，两人武功之高明处均在心上。李与龙啸云结拜，龙啸云也来找上官结拜。林仙儿媚惑了天下所有的男人，也只有对李寻欢与上官金虹是无力控制的。

阿飞与荆无命，也是这样的相似的对照组："这也许是世上最相像的两个人！现在两人终于相遇了。"都是身世如谜，都坚毅剽悍，都使快剑。而那两柄剑，"也许是世上最相同的两柄剑"。不过，"荆无命脸上，就像戴着个面具，永远没有任何表情变化。阿飞的脸虽也是沉静的、冷酷的，但目光却随时都可能像火焰般燃烧起来，就算将自己的生命和灵魂都烧毁也在所不惜。而荆无命的整个人却已是一堆死灰"（第五十七章）。所以阿飞要靠爱来获得新生的力量，荆无命则要靠恨。

这就是"相似的对比"关系，对比本来就有许多种。相反之物形成对比，例如善与恶、仙佛与妖魔，是最寻常，且易为人所理解的。但那只是相异之对比，古龙在《多情剑客无情剑》中所要经营的，却是一种相似的对比关系。

二　剑亦有情

相似的对比，远比相异之对比复杂，而也建立在相异对比的关系上。例如林仙儿，名为仙儿，却非仙女，而是专门带男人下地狱的魔女；赵正义，名为正义，却非主持正义之侠士，而是颠倒是非、毫不公道之辈。他们姓名与实质之矛盾，就是一种相异的对比。其次，林仙儿与蓝蝎子相比，同样喜欢布施色相、媚惑男人，但蓝蝎子是有情义的，与林仙儿不同，这也仍是相异性的对比。可是若说林仙儿与林诗音，那就是相似的对比了。

林诗音善良、懦弱，只顾着自己的家和孩子；林仙儿野心勃勃，她与阿飞的"家"只是一种伪装。林诗音不擅武功，林仙儿则否。在许多地方，她们确实是相异且足资对比的两位女性。但林仙儿号称"武林第一美人"，孙小红却认为林诗音才是（第八十四章）；她们是"姐妹"；也都以不同的方式在折磨着人。

林诗音让林仙儿搬入李寻欢的旧居"冷香小筑"，又希望李寻欢不要再去"害她"，其实已隐隐然把这位少女当成是另一个年轻的自己了。所以最后她感伤命运，也仍是拿林仙儿跟自己做比较，说："现在我什么都没有得到，什么都是空的，正和林仙儿一样。"（第八十四章）因此，林诗音和林仙儿并非相异的善恶两极对比，她们之间，有极亲近、极相似的地方。她们，就像荆无命和阿飞，如此相似，却又截然互异，足堪对比。

《多情剑客无情剑》里，多的是这样的关系。以情和剑来说吧，剑客多情，剑却无情，固然昭昭见于书名，书中甚至还极力刻画一柄"夺情剑"。然而，剑真无情吗？第六十二章描述李寻欢向阿飞分析他与荆无命的不同：

> 李寻欢道:"你有感情,你的剑术虽精,人却有情。"
> 阿飞道:"所以我就永远无法胜过他?"
> 李寻欢摇了摇头,道:"错了,你必能胜过他。"
> 阿飞没有问,只是在听。
> 李寻欢接着说了下去,道:"有感情,才有生命,有生命才有灵气,才有变化。"

所以,剑也像人一样,其实也是多情的。书中种种,力陈其异,但凡此迥然异趣者,深一层看,往往相似或相通,正是这部小说最迷人的地方。

可不是吗?君子与小人、正派与旁门、英雄与奸邪、美人与妖姬、好人与坏人,这样黑白分明的对比,太简单了。江湖之所以诡谲,世途之所以险恶,人生之所以难以理解,不但在于君子反而可能是小人,英雄反而可能是奸邪,美人反而可能是妖姬,好人反而可能是坏人;更在于好人与坏人也可能本是一样的。

第六十九章《神魔之间》,第七十章《是真君子》,第七十三章《人性无善恶》,都是在谈这个问题。第七十章论李寻欢与上官金虹相同,"只不过,一个是仙佛,一个却是恶魔。善恶本在一念之间,仙佛和恶魔的距离也正是如此"。第七十三章,孙小红撇了撇嘴,道:"但你真的和他是同样的人吗?"李寻欢沉吟着,缓缓道:"在某些方面说,是的。只不过因为我们生长的环境不同,遇着的人和事也不同,所以才会造成完全不同的两个人。"

后天影响说,在人性论上当然有其缺点,但古龙采用这套讲法,其实只是想说明神魔既非本性互异,善恶亦非判然分疆。他有时也会换个方式说,例如《神魔之间》那一章,谈的其实是武功,借用禅宗语,评骂上官金虹与李寻欢的造诣,说"手中无环,心中有环"须进至"环即是我,我即是环",再进至"无环无我,物我两忘",才算是仙佛境界。用其说以论人性,同样也可说神魔一如、善恶两忘,才是究竟实说。分判神魔、区别善恶,毕竟仍落下乘。

三　人在江湖

古龙经营这一大堆相似的对比的状况,真正想要追问的,恐怕就是这一个关于人性或人生的答案。

故事当然是非常曲折、非常好看的。名侠小李探花,伤心人别有怀抱,重入江湖,误伤故人之子,卷入梅花盗奇案;又被误会为梅花盗,且为故人所害,遭押送少林寺。迭经波澜,终得证明清白,逆徒授首,但友人阿飞却陷身温柔陷阱之中。而群豪夺宝,又起风波,金钱帮为祸武林,终于逼得小李飞刀不能不与上官金虹一决死生;阿飞则幡然改悟,打破了爱的迷执。小李探花也渐因孙小红的爱,转移了对林诗音的刻骨相思,也解下了心中的枷锁。

这其中,神奇的飞刀、闪电般的快剑、《兵器谱》上排名群豪的争霸、"中原八义"凄厉的恩怨以及妖异的人物(例如冷酷的荆无命、胖得离奇的大欢喜女菩萨、仙魔合体的林仙儿),无论兵器、人物、情节,莫不动人。铁传甲、孙二驼子之义气,李寻欢、阿飞之友情,李寻欢对林诗音、阿飞对林仙儿的痴情,也都是非常感人的。

但古龙想写的,似乎不是这些。

在整体结构上,它当然仍是一般武侠小说正邪对比对抗的形态。但是,我们前面说过,分判神魔、区别善恶,只是下乘。古龙在这里所描述的,是另一个层次的问题。

以李寻欢来说，他是个"吃喝嫖赌，样样精通"、"不喜欢做官，反而喜欢做强盗"（第二章）的"杀手无情的李探花"（第七章），"无可救药的浪子"（第十三章）。因此，他是正派大侠吗？若非许多人本已认为他是个恶魔，赵正义等人诬陷他，说他是梅花盗，怎能立刻取信于众？在李寻欢所爱的林诗音眼中，他更常像是个恶魔：

　　林诗音瞬地瞪着他，咬着嘴唇道："很好，很好，我早就知道你不会让我快快乐乐地活着，你连我最后剩下的一点幸福都要剥夺，你……"

　　林诗音的手握得更紧，颤声道："你既然走了，为什么又要回来？我们本来生活得很平静，你……为什么又要来扰乱我们？"……林诗音忽然嘎声道："你害了我的孩子还不够？还要去害她？"（第十三章）

李寻欢这种情况，亦如其仆铁传甲。铁传甲是义薄云天的，可是他出卖了翁天杰，逼得"中原八义"苦苦追杀他。但翁天杰暗中做强盗，铁传甲协助查案，又不能不予举发；举发以致翁被杀，却又不忍说出翁的秽行，只好逃亡；逃至无可再逃，只好赔上一命。李寻欢本来也在逃，因为龙啸云救过他，他知龙啸云爱上了林诗音，只好疏远林，让林诗音嫁给龙啸云，然后将庄宅相赠，只身逃走。可是义举与割爱却成了双方的魔魇，林诗音把他当成恶魔，龙啸云深感痛苦，龙小云更是恨他。

　　于是，为了消除这个魔魇，龙啸云想尽办法要杀他，龙小云也是。这对父子做出了许多令胡不归这样的老江湖都看不下去的丑行，最后龙啸云亦丧命于金钱帮之手。

从他们倾陷李寻欢、以怨报德的行径来看，这对父子确是"坏人"无疑。但他们的幸福，不也断送在李寻欢手里吗？李寻欢的义举，是他们痛苦的来源；他们的报复，却又蒙上不义的污名。他们的悲哀，难道不值得同情？可是，他们越悲哀，李寻欢的痛悔也越甚。因为，他们的悲哀，正加在李寻欢的身上。李寻欢只有更加悲哀，更要咳个不停，咳出血来了。但李寻欢错了吗？义举与割爱似乎不能算错。

龙啸云错了吗？他想保有尊严、保有家、保有妻子，也不能说是错的。第八十六章：

> 龙啸云凄然笑道："也许我们都没有错，那么，错的是谁呢？"
> 林诗音目光茫然遥视着窗外的风雨，喃喃道："错的是谁呢？错的是谁呢？"
> 他无法回答。
> 没有人能回答。

其实，这就是回答了。李寻欢在本书中一出场，讲的第一句话，就是："人生本来就充满着矛盾，任何人都无可奈何。"然后叹了一口气，自马车角落中摸出一瓶酒来喝。在第五十三章，李寻欢与龙啸云对谈时，他又"长长叹了一口气，道：'人生中本来有些事是谁也无可奈何的。'"他讲的就都是这个道理。这个道理，在希腊悲剧中叫做命运，在武侠文学中则或称为"人在江湖，身不由己"。

由于造化弄人、由于人生之不得已，遂有了李寻欢这样带给龙家不幸的英雄，也有了龙啸云这样的坏人。但李寻欢就是善，龙啸云就是恶吗？

诘问至此，只有善恶两忘了。但如此善恶两忘，得到的，并不是禅家的空明澄静，而是在命运之前，深刻的悲悯。

四　友情长存

除了命运、人性之外，古龙恐怕还想谈谈"情"的问题。

情有许多种，父子、母子之情为其中之一。书中有许多对父子，龙啸云与龙小云，伊哭与丘独，上官金虹与上官飞，还有两对拟父子：上官金虹与荆无命，李寻欢与阿飞；一对祖孙：天机老人和孙小红。每一对都不一样，但情感都是极深的，连上官金虹也深爱着上官飞（虽然爱他的结果却害死了他）。

书中也有许多对母子，林诗音与龙小云，阿飞和他妈妈，以及一对拟母子关系：阿飞和林仙儿。

阿飞醒来时就看见林仙儿的脸。"这张脸温柔美丽得几乎就像是他的母亲。他记得在小时生病的时候，他的母亲也是这么样坐在他身边，也是这么样温柔的看守着他。"（第十七章）林仙儿当然是他的爱人，但也是他的妈、他的神。林仙儿每天像哄小孩一样哄着他喝汤，也绝不跟他发生性关系。阿飞从迷恋她到脱离她，正像他逐渐挣脱母亲的教诲（绝不要信任任何人，也绝对不要受任何人的好处）而转向李寻欢。

阿飞所挣脱的，同时也是个爱情的枷锁。多情剑客之多情，主要也是指爱情。李寻欢苦恋林诗音，日久成痴，又一心一意想把阿飞从林仙儿的痴情中拉转出来，这本来就近乎痴想。他知道自己不能不思念林诗音，所以也就明白阿飞为何不能不痴情于林仙儿。这种感情的执着，也是无可奈何的。第七十四章：

> 孙老先生叹息道："他这么做，只因为他已不能自主。"
> 孙小红道："为什么不能自主？又没有人用刀逼住他、用锁锁住他。"
> 孙老先生道："虽然没有别人逼他，他自己却已将自己锁住。"

> 他叹息着接道："其实，不只是他，世上每个人都有自己的枷锁，也有自己的蒸笼。"

人谁无情，谁能遣此？这就是不由自主，无可奈何。只能期待忽然梦醒，或有所移转。在尚未醒来或移转替代之前，爱也和命运一样，会不断折磨人的。

爱情之外，另一种值得重视的，便是友情。江湖人所说的义气，本来就是针对朋友情谊而说。爱情不论如何刻骨铭心，在武侠世界中，大概仍要让位给友情，古龙尤其看重这一点。

《多情剑客无情剑》自"飞刀与快剑"、李寻欢和阿飞的相遇写起，写到李寻欢以友情的力量帮助阿飞挣脱了对林仙儿的执迷为止。它事实上是一则友情的故事，友情也是整个小说中唯一的光，像李寻欢的飞刀一样。只有友情，能划破无边的黑暗，让人在命运的无可奈何之中，还能看见一点希望。

这也许就是唯一能驱走人间寂寞与黑暗的光辉。

这是永远的光辉，只要人性不灭，就永远有友情存在（第六十章）。如果说爱情常如枷锁，那么古龙会说友情是蒸笼，可以把人的潜力都蒸发出来。李寻欢所寻之欢，其实就是在寻觅友情的欢乐。早年他为了成全友情，而割舍了爱情；现在，他成就了友情，也获得了爱情，所以"他骤然觉得自己又年轻了起来，对自己又充满了勇气和信心，对人生又充满了希望"（第九十章）。

寻欢之旅，届此方始终结。古龙对人生的希望，大抵也寄托于此。

藏在雾里的剑

一　伦理的抉择

在黄昏的雾气中，医生简传学向神剑山庄三少爷谢晓峰解释，自己为何不能遵守"天尊"的命令，用毒药害死他。简传学说道："我跟他不同，他学的是剑，我学的是医，医道是济世救人的，将人的性命看得比什么都重。我投入天尊只不过几个月，学医却已有二十年，对人命的这种看法，早已在我心里根深蒂固。所以不管天尊要我怎么做，我都绝不会将人命当作儿戏，我一定会全心全力去为他医治。"

杀手和医生的生命观当然不同，而这种不同，不仅指人对自己生命的看法、人对自己的权利与义务的看法，也包含了人对他人的权利与义务、人对他人生命之看法及伦理态度。

从医生的角度说，人有权利也有义务积极地维护自己的肉体生命，以衣、食、住和医药来存养；也有权利及义务消极地维护自己的肉体生命，不自杀也不自我残伤。死亡是神或命运的事，人并无自主权。由此延伸出来看，人对他人亦不得残伤杀害。但从杀手的角度说，完全不是这么回事，杀手必须杀人，杀人既是权利也是义务。若不杀人或杀人不成，往往自己就得被杀，因此，医生与杀手的伦理态度恰好是矛盾的、对立的。

世上本来就有很多矛盾的事,不同的人有不同的生命观、伦理态度也不足为奇。但假若一个人既是医生又加入了杀手集团,那么,在他身上便不可避免会有伦理的冲突。两种或多种矛盾的生命观在心头激扰冲撞,彼此争执。究竟该怎么办呢?这时,人就不免要历尽挣扎,勉强做些伦理抉择了。

简传学讲的,就是这种伦理抉择的处境。

抉择通常都是困难而且痛苦的,必须几经挣扎才能做出决定。但又不是一次就够了,人生总在不断抉择之中。简传学在此处虽然已决定救活人的性命,服膺他医者的伦理信念;但接着,他又为了要不要告诉谢晓峰一个真正能治好他绝症的去处而踌躇不已。他必须告诉谢晓峰,因为医生总不能睁着眼睛看人走向死亡。他又不能说,因为那位能治愈谢晓峰的人,一旦救活了他,就会杀了他;若不能杀死他,则那个人必会被杀,这是个伦理的困境。在这个困境中,他矛盾极了。

夜色渐深,雾又浓,简传学不知如何是好,他喊谢晓峰,但雾色凄迷,看不见人,也听不见回应。他不停地奔跑呼喊,总算最后他想出了一个方法:绝不能见死不救的医生、把性命看得比什么都重的医生,遂把刀刺进了自己的心脏。

困郁在伦理困境中的人,若不能突围而出,找到令自己心安的抉择,就只能选择自杀。虽然这也违背了他廿年来所服膺的信条,但那又有什么法子呢?

这是《三少爷的剑》中一则小小的故事,简传学是其中一个小小的人物。但是,整部小说,所有的人物,不都处在这样的伦理抉择的境遇中吗?

二　存在的困境

古龙在《三少爷的剑》里讲的是一个并不太曲折的故事：神剑山庄的三少爷谢晓峰，剑法神通，天下无敌。但他厌倦了杀戮比剑的生涯，诈死逃世。隐姓埋名，藏身于市井之中。人人都以为他是无用的人，唤他"没用的阿吉"，他从事的也都是最卑微最低贱的工作。直到有一天，他为了保护市井中被欺凌的弱小妇孺，不得不挺身而出，以致被恶势力追杀，并挖掘出他的身世来。为了应付无尽的追杀，并维护他家族以及"谢晓峰"这个名字的名誉，他只好一再与人对剑。最后，他遇到了燕十三。

燕十三也是一位要找他比剑的人，彼所创之夺命十三剑固然尚不足以与他抗衡，但此人就是简传学所不能说出的那位"一旦救活了他，就会杀他；若不能杀死他，则会被杀"的人。谢晓峰若不自杀，只能杀他。可是，夺命十三剑的剑招却又有了发展与变化，变化出了第十四以及燕十三自己也无法控制的第十五招。这是必杀的绝招，谢晓峰也无法破解。燕十三眼看就可以把他杀了，但燕十三并不想杀他，所以，只好回剑自杀。

谢晓峰逃名弃武，是书中主轴。这个伦理抉择虽被客观环境打断了，逼使他不得不恢复谢家三少爷的身份，继续与人比剑；但跟燕十三决战完毕后，他就干脆把两只手的大拇指都给削断了，让自己终生不再能使剑。别人觉得惊讶，他却说如此才能获得心中的平静。

为什么平静？因为这才符合他的理想，这才是他所要的人生。"一个人只要能求得心中平静，无论牺牲什么都是值得的"（第四十七章），所以他做了这样的选择。

燕十三的选择与他不同。谢晓峰诈死骗过他时，他便把剑沉入江中了,"因为他平生最大的愿望,就是要和天下无双的谢晓峰决一死战。只要愿望能够达到,败又何妨?死又何妨?"(第四十五章)谢晓峰若已死,他的人生也就如秋风中的叶,即将枯萎。这种人生,也是他选择的。

但燕十三"最后的抉择"却不只是与谢晓峰决一死战,而是决战之后所面对的胜败问题。在从前,燕十三自知必败,故只考虑到败与死,不料剑招的发展连他自己也不能控制。夺命十五剑出现时,他极惊惧,因为他不但发现了一条自己都无法掌控的毒龙,也面临了前所未有的伦理情境:此招必杀,必可胜过谢晓峰,也一定可以杀死他,但该不该、能不能、愿不愿杀他呢?燕十三回剑自杀,就是他选择了的答案。做了这样的抉择之后,"他的眼神忽然变得清澈而空明,充满了幸福和平静"(第四十六章)。

他的抉择与谢晓峰不同,但一样求仁得仁,一样求得了心中的平静。也就是说,伦理抉择不仅是权利与义务的问题,也涉及个人幸福与否的问题、人生之目的的问题。伦理学上对于幸福的看法,向来有"客观幸福"与"主观幸福"两派。谢晓峰、燕十三,和许许多多这本书中的人物,他们所追求的,应该是主观的幸福吧。就像妓女娃娃,嫁给了杀害她一家而后来瞎了眼的仇人竹叶青。旁人看着难受,甚至觉得不可思议,娃娃却觉得很好:"只有在他身边,我才会觉得安全幸福。"(第四十七章)幸福感,是别人无法衡量的。

三　无奈的命运

他们都追求到了他们的幸福。

是的。

但真是这样吗？

谢晓峰逃名避世，乃至削指弃剑，却一再被迫出手。纵使已无剑、已不再能使剑，仍然不能避免别人要来找他比剑。因此，全书最后一句话是红旗镖局总镖头铁开诚说的。他说："只要你一旦做了谢晓峰，就永远是谢晓峰，就算你不再握剑，也还是谢晓峰。"（第四十七章）

个人确实可以做伦理抉择，但是抉择能否实现，是否有效，能不能获得我们所想追求的幸福，通常并不由我们决定。

对于生活的境况，我们固然可以有"渴望的境况"（world of desire），然而我们却不能不存活在一种"限度的境况"（world of limits）中，一切都是有限度的，年龄不能久长，体力、金钱、智识，什么都有其局限。这个局限，便限制住了我们，让我们的渴望永远只能是渴望。

而且，限度境况不只是一种消极的限制，使我们的渴望无法达成而已。它更是积极的，可以把你的渴望扭转到你所根本不愿、不忍、不敢的那一方面去。你抉择甲，放弃乙。但在人生的限度境况中，你却偏偏只能得到乙，或根本就只能去抉择乙。

而对这般限度压力，人能怎么办呢？

燕十三，燕十三是"个寂寞而冷酷的人。一种已深入骨髓的冷漠与疲倦，他疲倦，只因为他已杀过太多人，有些人甚至是不该杀的人。他杀人，只因为他从无选择的余地"（第三十六章）。

谢晓峰，"谢晓峰从心底深处发出一声叹息。他了解这种心情，只有他了解得最深。因为他也杀人、也同样疲倦，他的剑和他的名声，就像个永远甩不掉的包袱，重重地压在他肩上，压得他气都透不过来"（同上）。

他们面对这种无可抗拒的压力，确实应付得十分疲倦了。所以，谢晓峰想逃，想把他的剑和他的名声甩掉，燕十三大概也是。说不定，燕十三最后选择自杀，其实算不上是一种选择，而也是逃避。想逃避他一再杀人的命运。

但命运对每个人都是个无从逃避的限制，而像他们这样的江湖人，可能对限度境况会有更深刻的体会。不是说了"人在江湖，身不由己"吗？据谢晓峰的体会：

> 江湖中本就没有绝对的是非，江湖人为了要达到某种目的，本就该不择手段。他们要做一件事的时候，往往连他们自己都没有选择的余地。没有人愿意承认这一点，更没有人能否认。这就是江湖人的命运，也是江湖人最大的悲哀。（第四十一章）

在体会到这一点时，谢晓峰正站在黄昏的雾中。"黄昏本不该有雾，却偏偏有雾，梦一样的雾。人们本不该有梦，却偏偏有梦。谢晓峰走入雾中，走入梦中。是雾一样的梦，还是梦一样的雾？"梦，就是人的渴望；雾，则是那把人笼罩裹住且无所遁逃的江湖或命运。梦本来不是雾，可是当人在雾中，雾看起来也就像梦了。

四　梦雾的江湖

一切伦理行为或道德态度，都必须在"自由"的情况下才有意义。只有行动者的身心都不受任何压力的情况下，人的行为才能对自己负伦理责任，才能被判断为道德或不道德。

这所谓自由，包括理解、意志的决定、行动以及选择的自由。理解是对事物理性的判断，例如燕十三自知去神剑山庄赴约乃是送死，但他有与谢晓峰一战的强烈意愿，所以意念仍然决定他要赴约。他赴约也无人能予阻止，这就是行动的自由。依此来看，燕十三是自由的，他也准备承担所有的后果。

然而，燕十三为什么要去找谢晓峰比剑呢？燕十三要去找谢晓峰，就像其他许许多多的剑客也不断来找燕十三一样。"他的名气和他的剑，就是麝的香、羚羊的角"（第一章），不断会有人来杀他，若杀不死他，就要被杀。

这个逻辑，就是江湖人的命运。表面上看起来，燕十三和其他许多死于剑下的剑士相同，都是自由的，其实，乃是命运之不得不然。

燕十三的命运，其实也就是谢晓峰的命运，是所有江湖人基本的命运状况。但谢晓峰的情形又有所不同，他比一般江湖人要面对更复杂的处境。因为燕十三只是一个人，他的伦理抉择或困境都只是他一个人的事，谢晓峰则不。谢晓峰是神剑山庄的三少爷，这个身份，迫使他必须背负着人对家族的权利与义务。

个人对自己或对他人的权利与义务，属于个人伦理学的范围。人对家庭或家族，则构成社会伦理学的议题。在这部武侠小说中，并没有涉及人与国家社会的权利义务问题，却以极大的篇幅在处理人与家庭的难题。

在婚姻的条件与责任方面，夏侯星与薛可人、谢晓峰与慕容秋荻、竹叶青与娃娃，都是不同的案例，各有不同的处理与抉择。薛可人选择了逃避，但逃不了。慕容秋荻与谢晓峰爱恨交织而不曾婚配。娃娃则选择了与竹叶青厮守而不逃避。

其中，谢晓峰的问题最复杂，因他未与慕容秋荻结婚，所以他们的儿子谢小荻只能算是私生子。他们的父子关系，与铁中奇和铁开诚迥然不同。铁开诚为了维护父亲的英名，宁受冤屈而死，也不愿父亲的名声受损。谢小荻则对父亲爱怨交织，为父亲不能认他而怨；对于父亲的威名，自己既觉荣宠又希望能超越他，以证明自己；所以他其实一直处在极矛盾的境况中。

谢晓峰比谢小荻更糟，他一方面要处理他与慕容秋荻、谢小荻的关系，另一方面又背负着神剑山庄的荣辱。"也许他并不想杀人，他杀人，是因为他没有选择的余地。"（第九章）翠云峰下，绿水湖畔，神剑山庄的三少爷，号称"天下第一剑"。这样的名声，这样的谢晓峰，怎能不继续与人比剑，为了他的名声和剑而战？他虽然极度厌倦这种生涯，但只要他是谢晓峰，他就不能败。"这就是江湖人的命运，生活在江湖中，就像风中的落叶、水中的浮萍，往往都是身不由主的。"（第四十一章）

五　杀人或自杀

身不由主，无法掌控的，除了命运，还有剑。

古龙这部小说最精彩处，就在写这种人与剑的关系。江湖人使剑用剑，生命寄托在剑上，"他们已将自己的一生奉献给了他们的剑，他们的生命正与他们的剑融为一体。因为只有剑，才能带给他们声名、财富、荣耀；也只有剑，才能带给他们耻辱和死亡。剑在人在，剑亡人亡。对他们来说，剑不仅是一柄剑，也是他们唯一可以信任的伙伴"（第四十章）。

但是，剑真能信赖吗？

燕十三的夺命十三剑，在十三剑之后，他又找出了剑招的第十四个变化。这个变化，乃是"他已将他生命的力量，注入了这柄剑里"（第四十四章），所以这柄剑变得有了光芒、有了生命。可是，剑在这时，却起了奇异的变化，出现了他根本没有料到的第十五剑。

看到这一剑，燕十三并没有为之欣喜。相反地，他惊惧莫名。那是

"一种人类对自己无法预知,也无法控制的力量,所生出的恐惧。只有他自己知道,这一剑并不是他所创出来的"(第四十五章),那像是艺术家神来之笔,得诸天机、生于造化、出于剑招本身的韵律,根本非人力所能测度、所能理解、所能掌握。而也正因为如此,人对之才会惊恐莫名,犹如面对无法掌握的命运那样。

在人不能对剑负责时,他的伦理抉择,就是弃剑,或者自弃。于是燕十三乃选择了自杀,武侠小说写人与剑的关系与感情者多矣,能如此深刻触探这个困境与抉择者,唯此而已矣!

看三少爷的剑

一

古龙的小说,向以情节曲折离奇见称,但主题通常并不隐晦,本篇亦开门见山,直接破题。

未写三少爷,先写燕十三。未写三少爷的剑,先写燕十三那柄缀着十三颗豆大明珠的剑。

燕十三的剑上虽然镶着明珠,但这柄剑之所以被江湖人士敬畏,并不是因为剑很名贵,而是由于它能杀人。

剑在燕十三手上,就能杀人。

燕十三能杀人,可是他并不想杀人;而他不想杀人,却必须杀。该杀的、不该杀的、想杀的、不想杀的,他都得杀。因此,杀人的人竟已十分疲倦了。

他又不能不杀,若不杀人,只能被杀。而有些东西,是纵然被杀,江湖人也不能丢掉的,那就是名誉。

名誉,是他们这种人的包袱,与生命联结在一起,解也解不下来。

二

乌鸦,是燕十三的影子。就像燕十三是三少爷的影子。

乌鸦来自黑暗，乌衣乌发、乌鞘的剑、乌黑的脸庞，整个人就像黑暗中的精灵鬼魂，轻飘飘的，脚好像根本没踩在地上。

这样的人，只是一种象征。一如第四十五章说燕十三穿着黑衣要去决战，"黑色所象征的，是悲伤、不祥和死亡，黑色也同样象征着孤独、骄傲和高贵。他们象征的意义，正是一个剑客的生命"。

这一章，只写燕十三与乌鸦两人闲扯、对谈、饮酒、寻妓，既无搏斗，又没有情节之推移。在武侠小说中极少这种写法。但搏杀之后，着此闲笔，正表示作者有意经营，欲于此透显其微旨。

三

全书的情节，从这一章开始展开，前面都是序曲。

树林之中，有人用丝带结成禁区，显现了江湖上两大世家的威望势力，而先出场的，是夏侯世家。

先出场的，往往是作为陪衬。

夏侯星跟前有个小孩，这个小孩狗仗人势，其实并无本领，遇上事，只会坐在地上哭，或者屁滚尿流。

夏侯星与夫人薛可人，优雅高贵。但薛可人根本不愿跟夏侯星过活，一有机会就逃。他们是一对貌合神离的怨偶，可是薛可人永远逃不脱，她的本事并不高。

把夏侯世家的情况，倒过来想，就知道底下准备介绍的慕容世家，是什么样子了。

四

慕容世家的慕容秋荻，看起来忧郁而且脆弱，仿佛经不起一点点打击。

可是她才是个可怕的女人，一点都不像薛可人。

薛可人不爱夏侯星，但嫁给了他。慕容秋荻爱谢晓峰，却无法嫁给他。她也恨谢晓峰，所以要杀他，而且她也知道谢晓峰剑法中的破绽，更知道燕十三夺命十三剑的第十四剑。掌握这些秘密，正是她得以操纵江湖人士的奥秘。

古龙对慕容世家的描述，无疑是受启发于金庸的《天龙八部》。所谓慕容世家，正是指慕容博、慕容复所传承的那个家族。但慕容秋荻完全是个创新出来的人物，性格与武艺都不再有金庸的痕迹，唯一相似的，就是她雄霸武林的野心吧！

五

上一章的重点是介绍慕容秋荻，这一章则着力描写即将长大的谢小荻。

现在他叫做"小讨厌"，是慕容秋荻与谢晓峰的私生子。但因两人并未结婚，所以她只叫他"弟弟"。

他很清楚他不是她的弟弟，也明白她未必真的关心他，同时也可能从来没有人关心他。可是他一点也不在乎，他完全可以自己照顾自己。

这样一个小孩，连燕十三都要为之倾倒了，将来长大了，当然更不得了。此处他与燕十三的斗嘴扯皮，其实正是为后文铺埋伏笔。燕十三虽然厉害，但他并非谢晓峰真正的劲敌，真能令谢晓峰头痛的，是慕容秋荻跟这个小讨厌。

六

这是一个过场的插曲，犹如戏曲中两个主要曲调中间的过门，演奏者耍了一个小小的花腔，以便曲调能顺利滑转到下一曲目。

他用的仍然是作为陪衬角色的夏侯星夫妇。

上次，薛可人非常优雅地出场，又神秘地失去踪迹。这次，她神秘地出场,坐在一辆马车上,又裸体来挑逗燕十三。上次,她出场时大为赞美夏侯星;这次,却大骂夏侯星比猪还懒、比木头还不解温柔、比狗还会咬人。

不过,不管她说什么,夏侯星既然在上一次是伴着她一块儿出场的,这次自然也马上就会出现了。

七

夏侯星当然又出现了。上次他出场与乌鸦比了剑,这次则是跟燕十三比剑。

这次比剑,是从第四章以来情节发展的一个小结。上次夏侯星出场又退场后,慕容秋荻出现,演示了谢晓峰的剑法,也指出了其中的破绽,燕十三又用夺命十三剑里第十四种变化破解了它。结果曹冰偷学了这一剑,伤了乌鸦;现在夏侯星也偷学了这一剑及其破法,燕十三却没有受伤。

这就是古龙的惯技,一立一破、随说随扫。

先说三少爷的剑法天下无双,再说其中其实尚有破绽,接着才说其破绽实并非破绽,无敌者果然无敌。这本来是禅宗惯用的思维模式,用于参公案、显机锋之中,却被古龙用在小说上。

八

夏侯星也是私生子,这是为了写私生子谢小荻而穿插的安排。借着夏侯星,而带出他上一代的夏侯飞山,则是为了底下准备写谢晓峰的父亲而预做铺路,处处形成对照。

但无论如何,前戏已经快要结束了,燕十三终于抵达了绿水湖、翠云山,即将会见三少爷,决一死战。

这确实是死战，因为他正准备来送死。

他能不能死呢？先他一步赶抵神剑山庄的曹冰，已烂醉如泥，他为什么会醉？这就隐藏了玄机。

九

古龙随说随扫、大破大立的本领在此再次展现无遗。

先说三少爷剑法如何如何高明，铺叙燕十三、慕容秋荻等人如何处心积虑想破他剑法，如何找到了他的破绽，如何又发现它不是破绽，以致燕十三最终决心前来受死。然后一笔荡开，全然扫去，燕十三没有死。

原来谢晓峰早已死了。

书名《三少爷的剑》，却在一开始时三少爷就死了。

三少爷死，他的父亲谢王孙却还活着。谢晓峰太有名、生命太绚烂，他的父亲却极平凡。这种平凡，可能也正是谢晓峰所追求的，底下的叙述，都要从这一点去体会。

十

燕十三把剑沉入湖中，不再用剑。

谢晓峰也同样把剑留在了神剑山庄，他不再用剑，也不再叫做谢晓峰，他只叫"阿吉"，又被称作"没用的阿吉"。

可是"没用的阿吉"不但要承担许多人所难堪的杂役，也要负荷许多人所难忍的痛苦，更要压抑一切生理上的欲望。做这么多，别人还是叫他"没用的阿吉"。因为世人所崇拜的英雄，或所认为"有用"的举措，都是不屑过这样生活的。

而这些，其实正是一般人所过的日子，也是阿吉所渴望获得的生活。只不过，他的愿望当然也仍难实现，所以阿吉仍须继续流浪。

十一

阿吉仍然在平凡的日子里为了生存而挣扎。

但他进入这个平凡新世界后,已开始与这个世界有了生命的联系。老苗子一家人,不像韩大奶奶妓馆那样,他们视他为家中的一员,对他充满了关怀。

这种关怀,对一个浪子来说,是非常危险的。所谓浪子,并非放浪形骸之意,而是说阿吉本不属于这个世界,他只是流浪到这儿的旅人。这个世界对待流浪者通常都不友善,老苗子一家却让他有了家的感觉。

有了这种感觉,流浪汉也许就流浪不下去了。

十二

所以他一定要走,一定要离开这里,就算爬,也得爬出去。

可是他已走不了,阿吉虽已隐姓埋名,处身市井,远离了江湖,但江湖无所不在,人仍然是身不由己的。命运逼得他必须再站出来,必须再度施展武功。

或许逼他重新出手、再度杀人的,并不是命运,而是感情。由于与老苗子一家有了感情,才无法坐视他们遭受欺凌;才使流浪的旅途无法继续。

这几章,写市井、写市井中人的生活与感情,是武侠小说较不经见的笔墨,也是古龙戛戛独造之处。

十三

由本章起,古龙开始写阿吉与这个邪恶集团对抗的经过,这一经过,也即是谢晓峰重入江湖的过程,因此他写得很细。

在古龙的小说中,向来主张尚智而不重气力,因此阿吉与邪恶集团的斗争，首先即是斗智，他主要的对手就是竹叶青。

依竹叶青的分析，是先拖延时间，以待铁虎回来对付阿吉。阿吉的策略，则是化被动为主动，先把老苗子与娃娃送至安全之地，再主动寻上大老板的地盘，逐步剪除其势力。

竹叶青不让铁头去找阿吉，因为他判断铁头并非阿吉的对手。反之，从阿吉的角度想，他当然就会先去找铁头。

十　四

铁头当然不是阿吉的对手，但杀了铁头，阿吉与大老板之间的对抗局面就起了变化，双方进入缠斗阶段。

竹叶青建议笼络阿吉，收为己用。他在继续与阿吉斗智。

而大老板与竹叶青之间也开始斗智了，大老板显然也在笼络竹叶青，所以要把身边的姬人紫铃转让给他。

阿吉身边也有了一个女人，就是原先跟着铁头而现在转到他身边的金兰花。

这两个女人，也有许多地方是可相对比的。金兰花与阿吉是旧识，紫铃与竹叶青其实也是，但金兰花对阿吉之真情实意却是紫铃所比不上的。

十　五

阿吉说：每个人都希望能自由自在地过他自己愿意过的日子。这就是他的希望，可惜别人并不愿意让他实现这个愿望，而且这一回，他明显处在下风。

金兰花、老苗子、娃娃都被竹叶青掳去了，对阿吉当然甚为不利。更糟的，是他本身心境已有了变化。

他不再是那个神剑山庄养尊处优的三少爷，不再是天生就该受女人宠爱的谢晓峰，而是心里已经开始惦念记挂女人的阿吉了。

所以这个时候，他其实已经不能真的不在乎。

十六

本章写阿吉与大老板之间继续缠斗的状况。在旧的状况中，现在新加入了一个铁虎。

本章极力写铁虎在这个邪恶集团中的位置与分量，并映带出铁虎、竹叶青、大老板三人之间权力倾轧的关系。

十七

本章延续上一章，仍是缠斗，仍是铺陈铁虎，并暗写铁虎、大老板、竹叶青三人之间的权力倾轧关系。

铁虎与阿吉即将决战，但决战之前，气氛必须酝酿到十足十。这是古龙一贯的写法。

十八

铁虎与阿吉准备摊牌了。

两个人的身份都已亮了出来，但阿吉似乎处在不利的情境，因为他酒喝得太多，又太顾念朋友。而这，都是他以前不会做的事。

他进入平凡人生活世界后所形成的这些改变，可说是他的收获，但何尝不是他的负担，使他的生存平添了许多危险？

十九

铁虎当然会胜，阿吉看来已经必败无疑了。

但是，败的终究是铁虎。阿吉看来会败，却因为他根本已洞悉了铁虎的武功路数，所以胜得几乎毫不费功夫。

高手相争，斗的不仅是力与技，还要斗智。

阿吉用的，正是道家所说的"因"。因敌之力以破敌，这种剑法，是谢晓峰以前也未曾用过的。新生活，毕竟带给了他新智慧。

但他用的根本不是剑，也不是剑法。

他只是用枯枝点在铁虎的骨节上，以前一个骨节发出的力量和震动，打碎了下一个骨节。

阿吉到现在还没有用剑。

廿

峰回路转。铁虎已死，新的杀手又将登场。

但真正可怕的，仍然是竹叶青。他要崔老三去约了"黑杀"集团的人，而他又杀了崔老三。

竹叶青甚至也让阿吉体会到失去娃娃的恐怖。

老苗子显然就是竹叶青放回来诱阿吉上钩的饵。但老苗子能怎么办？阿吉又该怎么办？

廿一

老苗子与阿吉毕竟仍是同心的，而阿吉要对付的新敌人"黑杀"集团，则已出现了。

本章着力描写"黑杀"集团之冷血杀戮状况，并带出"小弟"。"黑杀"其实是个过场，真正要准备好好刻画的是"小弟"。

廿二

仍然在介绍"黑杀"集团。但从"黑杀"集团里土和尚离奇地被杀之后，"黑杀"集团凶狠的身影就忽然变得像小丑一样可笑了。

"黑杀"集团的人一个个被杀了。而被认为心计极深的竹叶青，忽然也变得像小丑一样了，真正厉害的人物，恐怕仍是大老板。

廿三

茅大先生与仇二出现，是要逼阿吉再入江湖、再度用剑的。

古龙每每用非常细致、夸张的方法来写主角准备应战的对手。对手总是极强的，主角则仿佛总是处在失败的边缘、处在危机之中。

这是制造悬宕效果，也表明了江湖人每一战其实都是生死交关的。

廿四

阿吉仍然没有用剑。他用的是刀，一柄刀，然后断为两截的刀。

这柄刀就打败了仇二，也使茅大先生认出了阿吉就是谢晓峰。

从茅大与阿吉的对话中，我们可以发现：谢晓峰之所以能获得江湖人士的敬重，并不只因他的剑。从阿吉以三指击碎铁拳、以掌拍碎铁头、以枯枝打瘫铁虎、以断刀击败仇二等事来看，一名伟大的剑客，更不只懂得用剑。智慧、襟怀以及扎实的功力，缺一不可。

廿五

一山尚有一山高。仇二已经很厉害了，茅大比他还高明，现在又出现了几个更可怕的人。

这几个人其实还不可怕，真正可怕的，是"天尊"。

柳枝竹、单亦飞等人当然都是"天尊"的属下。"天尊"这位真正的大老板既已出现，大老板自然也不再是大老板，所以他立刻就被杀了。

但要杀阿吉就没有这么简单。

阿吉现在已经又是谢晓峰了，而且他也开始用剑。

他重入江湖这一战，波诡云谲，奇峰迭起，是节奏最快，且最令人惊奇不置的一章。他与"小弟"爱恨交织的感情，也要从本章起着力铺陈。

廿 六

本章纯写情。写谢晓峰与慕容秋荻、"小弟"之间爱恨缠绵的纠葛，着墨不多，但深刻曲折。

每个人的性格不同，对亲情与爱情的处理方式不同，而亲情、爱情又与权力、名望等欲求错综交缠，难以析理。本章就充分写出了这样复杂的关系。

是谢晓峰辜负了慕容秋荻，还是他怕了她，只好逃她、躲她？甚至他也根本躲不开她。

廿 七

华少坤与谢凤凰，是另一对夫妻。他们不像夏侯星与薛可人，他们很恩爱；他们也不像谢晓峰与慕容秋荻，他们只有情意，并无怨恨。但他们的生命是背负着怨恨的。

他们都恨谢晓峰，恨他打破了他们扬名于世的美梦，所以想用"家法"或独出心裁的兵器来压伏谢晓峰。只有用这种方法，才能雪耻，一洗心头之恨。

华少坤的兵器，只是一根木棍。

古龙对兵器的描写，夙称独到，他另有一组小说，就专写兵器，叫做《七种武器》。这些武器当然都各具特色，但重要的并非兵器本身，而是其中蕴涵的思想。例如华少坤选择木棍的用意，以及把信心视为武器之类，都足以引人深思。

廿 八

谢晓峰既已是谢晓峰，自然也就没有人能击败他。若想击败他，剑是没有用的，所以竹叶青想到了他与"小弟"爱恨纠缠的关系。

谢晓峰剑法中有一处破绽，但那其实并非真正的破绽，谢晓峰真正的破绽是在心上。"小弟"，才是真能让他举止失措的人。

现在，竹叶青看准了这个破绽准备进击了。

廿 九

竹叶青操纵了"小弟"的恨意，慕容秋荻又操纵了谢凤凰的恨意，他们均将不利于谢晓峰。

谢晓峰却要照顾"小弟"、关怀"小弟"，或许他认为这是对"小弟"的亏欠与补偿。

三 十

"小弟"对谢晓峰的关怀却很不领情，因为他恨，恨自己、恨谢晓峰、恨这个世界。

三十一

情节曲折，一波未平一波继生，如云卷舒，忽然生出红旗镖局一段。

这一段其实是准备以铁开诚父子来对比谢晓峰父子，铁开诚精明英悍，与"小弟"之机敏深沉，正相对照。

三十二

铁开诚与老镖头铁中奇之间，是否也像谢晓峰跟"小弟"一样，拥有一种复杂的父子关系？

铁开诚并非老镖头亲生儿子，但老镖头对他极好。"小弟"虽是谢晓峰亲生儿子，谢晓峰却未善尽教养照顾之责。

既然如此，铁开诚为什么要杀老镖头呢？

三十三

原来铁开诚并未刺杀老镖头，而且他竟是燕十三剑法的传人。

燕十三。谢晓峰既已复活，燕十三自然也将要出现了。现在这一段，其实正是为燕十三之复出做个引子。

与铁开诚比剑，也是谢晓峰与燕十三比剑之前的一个暖身。

三十四

夺命十三剑的第十四剑又出现了。

谢晓峰却没料到会在激战之际突遭暗算，死亡仿佛已经降临。终于使出夺命十四剑的铁开诚，能保得住他自己和谢晓峰吗？

三十五

"小弟"与谢晓峰终究是父子，所以他来救了谢晓峰。

可是"小弟"虽然回来救了谢晓峰，让谢晓峰对他又有了信心，又把自己所有的希望寄托在他身上，但"小弟"终究与谢晓峰的生命形态及内心世界极为隔阂，他们不可能成为真正同心的父子。

真正能懂得谢晓峰的人，是铁开诚，所以现在他跟谢晓峰要去喝酒。

三十六

剑客临死时，想到的仍是剑。

这就表明了以上所写的一切感情之纠葛，固然牵动人的灵魂，但剑客的灵魂真正寄托之所在，毕竟是剑。只有剑能销恩报怨，只有剑，才是他们的生命。

可是生命中又并非除了剑之外，一无所有。事实上，剑之存在，就是为报仇报恩；剑客无情，其剑终非上乘。

因此，剑客的生命也总是在情的纠缠中，"小弟"终于救了谢晓峰，谢晓峰也终于恢复了对他的信心。

三十七

如果你已知道只能再活三天，在这几天，你会做什么？

这是一个伦理学上的难题。试图给人一个"极限情境"，让人去思考生命存在的价值与意义，去观察每个人面临生死大限时的反应。典型的问题，例如：假设你现在和父母妻子共五人坐在船上，船失事要沉了，只有一艘小救生艇，只能坐三个人，你怎么办？

现在古龙问的，也就是这一类问题。面对这个问题，每个人都会像于俊才、施经墨一样茫然、矛盾、困窘的。

三十八

古龙小说常有看来并无什么大意思的过场戏，通常是琐碎的斗嘴，以及生活细节的描述。

但这些过场都是转移情节用的，前一大段戏结束了，现在准备上演下一段。所以在与红旗镖局相关的这一段结尾时，安排谢晓峰的疗伤，然后，下一场搏杀即将开始了。开始之前，谢晓峰当然要去喝酒、赌博，因为去喝酒、赌博才能引发下一场的搏杀。

带着简传学去赌钱，是因为将来谢晓峰的伤仍要由简传学这条线索来觅解救之道。

三十九

赌钱变成了赌剑。

谢晓峰在这一战中其实并未出剑,他夺了吴涛的剑,交给秦独秀,又拔出了秦独秀的剑,刺向他,并震飞了秦独秀手中的吴涛之剑,再分别交给两人。

古龙这本书,写的是一位天下最好的剑客,所以每一战他都刻意经营,每一次搏斗,他都让谢晓峰运用不同的手法去应战。如此用剑,自为神技;如此写剑客,亦为杰构。

四　十

本章仍是赌剑,但更重要的乃是斗智。

古龙小说中的人物往往善恶难辨,除了主角以外,大抵善中有恶、恶中有善,接近一般人之状态。但他更有许多善恶模糊难辨的事与人物。这些,正是形成他的小说情节特为奇诡的要素。

要在真假难辨的人物与事件中看出真相,多么困难。本章突出描写厉真真,真真假假,厉真真说要联合七大剑派合力对抗"天尊",是真是假?

四十一

厉真真要对抗"天尊",是假的,因为她本是"天尊"的人;但她终究是真的要与"天尊"为敌的。真真,即假假;假假,故为真真。

简传学则虽是"天尊"的人,却无法遵从"天尊"的命令。他的伦理态度,使得他无法杀人,所以他仍要救谢晓峰。他的医术,是无法办到这一点的,因此他只能介绍一个人,让谢晓峰去找。如此,应该也不违背"天尊"的命令。

四十二

不必谢晓峰去找，救他命的人自己来了。

十三把刀，是救人的刀。老人用这些刀以及华佗传下来的麻沸散救了谢晓峰。这位老人是谁？他就是简传学讲的那一位若救了他则必定会死在他手上的人吗？

老人之所以适时出现并且救了他，是由于老人本来就一直盯着谢晓峰。为什么要盯着他？真是要谢晓峰去替他杀人吗？

四十三

所有的恩怨都不能再逃避了，谢晓峰终究要与燕十三决一死战，也终究要与慕容秋荻了结两人的恩怨。

慕容秋荻仍然爱着谢晓峰，但也仍想要他死。这，一点也不矛盾，情爱的纠缠本来就是如此。

寂寞的剑客，在命运的安排下，则似乎永远不能真正享受情爱的甜美，而只能接受情爱的折磨。他们也无法拥有剑所带来的荣耀，因为死亡与失败的阴影才真是笼罩在心头的乌云。

四十四

一个小说家写小说，创造了几个人物，他编排他们说话、交往、谈情、论事，爱怨交织、错综复杂。写着写着，本来是作家在掌握着他们的喜怒哀乐、悲欢离合的；但逐渐地，小说中的人物仿佛活了，他们自己有了生命，自己要这样要那样，作家管也管不住，只能跟着他们的感情与想法走。

一位书法家，搦管染翰，写着写着，忽然笔带着手动，龙飞凤舞，兔起鹘落，连自己也目瞪口呆，不知所以然。传说王羲之醉后写出《兰亭集序》，醒来后发现再也写不出了，就是这种"天机"。陆放翁诗云："文章本天成，妙手偶得之。"文章虽在我手上完成，其实并不是我写得出来的，天机自运，如有神助，来自文章本身文字机杼的发展。正如剑法本身有其脉络、有其逻辑，顺着它的脉络去发展，自行变化，幻衍无穷，辄有出人意表且由不得人左右之处。此时剑招虽发自我手，其实并非我所创，成之于天，妙手偶于无意中得之而已。

如此偶得，到底是幸，是不幸？该欣悦，还是要惊惧？

四十五

剑的灵魂既已被找到了，死亡的门就开启了。

天地不仁，将以万物为刍狗。谢晓峰与燕十三，两人之中必有一人应成为这场祭典上的供物。

四十六

杀手不再杀人时，只能被杀。这是他们的命运，燕十三无法逃避这种命运。可是他自杀了，他中止了这种命运，所以心中充满了幸福与平静。

他对于不可掌握的天机，充满了惊惧。这个天机就是"死"，他不愿被这种天机所左右，要自己选择。他的自由意志，在命运及天机之前，散发着悲剧意识的尊严感。

生命的庄严，竟然只有死亡才能证明。

四十七

人要怎么样才能得到心中的平静？

这本书一直在问这个问题。谢晓峰离家、逃名、诈死，而终不能不重入江湖。现在，他放弃了剑，那把曾令他生死以之、愿为之牺牲生命的剑，削断了两手大拇指，为的也只是获得心中的平静而已。

可是，纵然如此，他能如愿办到吗？书中采取开放式结局，留下了一个大大的问号，逼读者继续去思索这个伦理上的难局。

古龙的小说，永远不会只是说个故事而已。

且争雄于帝疆

《帝疆争雄记》的"帝"一共有四位,指江湖上四位武功极高强的人(蓝商一、葛山堂、凌波父、吴遐)。他们分别精擅拳、掌、指、剑。其技之高,可以比拟为武林中帝王。

但这四人武功虽高,计较之心仍盛,不免想知道究竟谁的武功最高,因此相约每三年在黄山始信峰比试一次。而又因四人均不喜欢比试之际有闲杂人等窥伺其间,故又把黄山始信峰比武之处方圆十里划为"帝疆"。意思是说这块土地只属于武技到达帝位者,若武技寻常,竟亦来此,则四人在山巅石屏风山刻了"帝疆绝域,妄入者死"几个大字,以为警告。

当时有另一位名唤武林太史的奇人居介州,向往太史公马迁,故也替武林人物立传,并制了一副《封爵金榜》,以武功高下分别位置,定为公、侯、伯、子、男五等爵位。但因居太史认为上述四人武功太高,几乎超乎人力之极限,因此并未将他们列入。除非世上另有奇能异禀之士,也一样可以练到他们那般境界,也能入帝疆与之争锋,居太史才相信其技并非凡人均不可效步,才愿意将之载入史乘。此即帝疆争雄之由来。

本书所写,则为帝疆绝域建立之后二十多年的事。其时四绝之一的凌波父已逝，临终前在山洞中巧遇一遭逢巨变、记忆丧失的少年。这位少年后来碰上了凌波父的女儿凌玉姬。小说便从他们两人相遇写起，因少年记忆已失，不知姓名，故径称为无名氏。他与凌玉姬的离合姻缘，即为整部小说的主线，随着这条主线的发展，逐渐带出帝疆争雄的意涵。

与无名氏、凌玉姬年辈相若的一群少年，事实上也是四绝的传人们，彼此争雄（同时也在争夺凌玉姬，故争雄的"雄"字实为双关语，既指争霸，也指争夺一女人以显雄风）；而又向他们的上一代去争，因为他们必须能迈入帝疆，才能与四绝争豪。

于是上一代与下一代的关系遂是纠缠在一块儿的。对少年郎来说，上一代既是尊长，又是对手，这种暧昧的关系，可以美艳夫人和无名氏为代表。美艳夫人，是凌玉姬的母亲，也就是无名氏的岳母。但她美艳异常，青春长驻，与凌玉姬又极相像，以致无名氏数度将之错认为凌玉姬。

她也有意假扮女儿，以"证明"她仍然年轻、漂亮。她跟女儿吃醋，甚至曾想杀死无名氏，与低她一辈的无名氏的对手颜峰也发生过性关系，使得凌玉姬几乎不敢与无名氏结婚，怕这种伦理错乱的现象会不断出现。前面说过，争雄的意义既存在于武术方面，也表现在男女关系上，美艳夫人这种伦理倒错暧昧的状况，其实正象征着整部书中奇特的上下两代伦理关系。

这是争霸类武侠小说中较为特殊的写法。

争霸类武侠小说，是六十年代港台发展出来的新类型。过去的侠义公案小说，大体以官府和绿林的冲突为主，自《水浒》至《三侠五义》等，均属此类。其后江湖奇侠式武侠小说，以江湖掌故及武人轶事为主，写帮派间的冲突与江湖恩怨，而逐渐出现正派人物和邪派人物的对立模式。

《蜀山剑侠传》之类，融合剑侠与神魔小说传统，则以神魔冲突为其核心。直到六十年代，台湾武侠小说界才发展出武林争霸的模式，或争夺武林盟主之位，或企图一统江湖，香港则有金庸《射雕英雄传》讲华山论剑，《笑傲江湖》讲左冷禅、任我行如何图谋"千秋万世，一统江湖"。

这种新开发的武侠小说叙事模式，一时蔚为风气，作者各有巧妙，但多半只是平面地描写争雄之过程，而未注意到争雄争霸所具有的伦理意义。原来，争霸，在时间之流中，仍是"固一世之雄也，于今安在哉"的事，一时之英雄、王侯公爵，真能永远是王侯吗？何况，燕子矶头千层浪，一代新人换旧人，新一代也永远要向上一代去争，希望能继承上一代，又超越上一代；而他们自己那一代之间，则亦彼此争雄竞胜。这种伦理处境，纵使不比神魔、正邪、官府绿林之冲突复杂，起码也是不遑多让的。

司马翎《帝疆争雄记》可能是唯一深入处理这个伦理难局的小说。小说始于凌波父逝世、无名氏进入江湖，正是旧英雄已随江水而去、武林新浪潮要来了的时候。新崛起的少年英雄们借着争夺凌玉姬而彼此争雄，然后逐渐开始面对他们的父执师长辈，正面交锋。

这些少年的武功，基本上均传承于上一辈，但他们的出现却冲击了或挑战了旧的权威。"帝疆"之界域，将由他们来染指，且将逐渐取代旧权威的地位。因此这两代之间即存在着一种必要的紧张关系。这个紧张关系，早自吴遐与老秃子之间就已经开始了。

吴遐是老秃子的传人，但也是毒死他的人。四绝之中，蓝商一与凌波父的武功其实也得之老秃子。但老秃子对其传人的照顾之道，却是设计了相互比武这个毒局，让他们彼此消耗，以免"为祸武林"。而忠实执行这个计划的，则又是毒死他的吴遐。这是第一代与第二代的关系。

接着，蓝商一等人教了蓝岳这一辈少年人武功，却又不信任他们，不承认他们可以成为传人，不希望有人能进入帝疆。这些少年对其师长亦常表现出不以为然的态度，瑛姑对其父母、颜峰对颜二先生，都是如此，形成第二代与第三代的紧张关系。

这种错乱、暧昧、复杂的伦理情境，是此前武侠小说所不曾有过的。其同时代之武侠文学，少年英雄崛起争霸，固亦为流行之题材，但也极少见这种写法，我们只要比较一下上官鼎《沉沙谷》、卧龙生《飞燕惊龙》之类作品，即可发现这一点。

而《帝疆争雄记》的复杂之处还不止于此。在不断的争逐与杀戮之中，本书保留了另一种力量，代表另一种伦理态度，那就是神尼伽因、无名氏、凌玉姬这一批人。

他们的上下代伦理关系是稳定的、和谐的。凌波父传功给无名氏之后即行逝去，因此无名氏对他只有感恩之情。而凌玉姬之所以出来行走江湖，正是为了找寻她的父亲。她不断寻觅而最终绝望，所表现出来的，则是"孺慕"与"思念"。

此外，无名氏能识破美艳夫人假扮的凌玉姬，也能抗拒她的诱惑（美艳夫人错倒淫乱的性关系，正是整个伦理世界混乱的代表或一部分原因）；凌玉姬担忧母亲会破坏她的婚姻，亦即夫妇伦理的稳定性，而对其母则仍保持亲爱。因此这一对夫妻，与上一代的关系是最和谐的，武林前辈，如丁岚、罗门居士等，对这一对小儿女也协助护持甚力。

神尼伽因在长她一辈的老秃子口中，便极获期许，她对晚一辈又极尽协异保护之能。她武功极高，却不涉入帝疆争雄之事；她又属身佛门，与美艳夫人刚好成为一清净一淫秽的鲜明对比。所以她成为浊世之清流、成为人们在伦理情境中受伤后的抚慰者，无名氏与他原来的妻子，在遭遇人伦巨变后，均由伽因来安顿，即为最明显的例证。

这三个人，一是无知无名，丧失了记忆，对世情尘事经常表现出漠不关心、无动于衷的无名氏。二是天真未凿、淳朴未漓、宛如婴儿的凌玉姬。三是超越世俗、脱离五伦关系的僧尼。这种安排，当然不是无意之巧合。以老子的话来说，老子曰："常使民无知无欲。""含德之厚，比于赤子，毒虫不螫，猛兽不据，攫鸟不搏。""我魄未兆，若婴儿未孩。""我愚人之心纯纯，俗人昭昭，我独若昏。"正是这种无知无名的婴儿状态，才能让天山大魔不忍加害；正因无知无名，才终于能成就帝疆争霸之举，无名氏终究成为武功最高的人。

　　同理，伽因收容了无名氏原来的妻子、剃度了美艳夫人、消灭了大魔，终结了所有的伦理难局，而本身也坐化涅槃于魔音悲号之中。佛与道，在中国哲学中本来就代表了超越性的力量，在此，司马翎亦借由伽因、无名氏与凌玉姬等人物来形象化地表现了这个意义。

　　这样的小说，应该是值得细细咀嚼玩味的。

　　附记：司马翎《帝疆争雄记》，早年为真善美出版社所刊行。今司马翎已逝，昔年刊印其书之宋今人先生亦已作古。宋先生公子宋德令拟编司马翎全集，重刊其书。乃请林保淳兄为主编，邀我等分别为司马翎各书导读。分给我的，就是这本《帝疆争雄记》。此书，叶洪生认为是司马翎较不成功的作品，瑕疵甚多。但该书其实是非常有特色、非常重要的。

方红叶之江湖闲话

　　武林中的记者，代有其人。司马翎《帝疆争雄记》中，即记载了一位武林中的太史公编制了一副《封爵金榜》，将武林人士依武功位置其高下，分别称为公、侯、伯、子、男。其后则有古龙《多情剑客无情剑》中描述的江湖百晓生，他也替武林人士列了个《兵器谱》的排名，例如天机老人的天机棒排名第一、上官金虹的子母龙凤环排名第二、小李探花的飞刀排名第三之类。徐克的电影《蝶变》则演了一位撰写《红叶手札》的方红叶。方红叶此书不再为武林人士排名次，而专记武林奇案与报导相关事迹。

　　这几位久著盛名的武林记者，际遇颇不相同。居太史遭帝疆四绝戏弄，宣称在他身上刺绘了十二式绝招，惹得武林人士无不希望逮到他，剥开衣裳一窥这些秘技绝招之奥，而不得不四处逃窜躲藏。百晓生虽通晓百事，但不能了解自己的命运，终于横死，其排行榜更是成为武林之争端，每个人都希望能挑战成功，改变排名。唯有方红叶，不唯所记深受江湖人士喜爱，他本人也颇受敬重，故能颐养天年，迄今仍在其笑书草堂中撰写上下两大卷的《武林通史》。闲时还能腾出手来，写了这本《江湖闲话》。

　　据说《武林通史》超过百万言，上卷为武林新纪前史，下卷为七十二路风烟的故事。这当然是廿五卷《红叶手札》之后一部庞大的武林史述，但绝不是唯一的。在方红叶之前或同时，这类记录报导及史述颇不少见，例如快笔书生简逸全的《武林新纪前史大纲》、湘北书生梅兰菊的《三缺堂草记》、天刀老人霍青云的《八十年代武林见闻录》、五柳博士魏兆龙的《五柳湖畔谈武林野史》等都是。

不但有这许多人在记录叙述武林史事，某些当事人也有相关文字发表，例如得罪镖局总镖头叶鹏飞即有回忆录《我的父亲叶长风》问世。此外，武林对于属于他们的历史，似乎也有意在叙述或构造中，像每年兰陵布庄都会举办"年度江湖十大衣着人士选拔"，折剑山庄则除了协办"武林金像奖"之外，还召开过"江湖文学与武学研讨会"。

至于金像奖，与电影界有金马奖、金像奖、金狮奖、金球奖，出版界有金鼎奖一样，也有最佳门派，最佳男侠客、女侠客，最佳新人，最佳武术发明，终身成就，特别贡献等奖项，形成了属于武林人士的荣誉纪录。

这些武林人士自行塑造的纪录、建构的历史，以及由记者或史家叙述的事件、表彰的意义，显示了武林其实并非一个在社会之外自成逻辑的世界。它们并不是面目模糊、行动隐晦、伴随着邪恶与黑暗、充斥着血腥及不可知的疆域，而是一个有条理、有历史、有秩序，且与其他社会各界依循着相同运作原则及伦理价值的场所。

自古以来，游侠都被视为正常社会之外的游离分子。游侠社会被形容成是一个足以与正常社会相对比的单位，一个正常，一个异常；一个依循法治，一个服膺暴力；一个法治的来源是代表公众的王权，一个则以天道正义或个人恩仇，来作为判断暴力是否合理的依据；一个是寻常士农工商日常的生活，一个是涉奇探险、凶杀搏命的历程；一个是社会，一个是黑社会；一个是公开的，一个则是隐秘的，或者是封闭的；

一个是我们所身处且熟悉的世界，一个则是天涯、是江湖。

这种种对比，无非是替游侠、游侠生活、游侠社会添妆着彩，使得侠客的社会深裹在一层神秘的异"国"情调中，以增强人们对它的好奇与向往，建立武侠的神圣性。

由于人们对它越来越好奇、越来越向往，乃有说武林之野史传奇者出焉，讲述此神秘特殊之强人英雄事迹。可是，报导越多，虽满足了社会对这个独特领域的好奇，其实也逐渐降低了它的神秘感。就像一个特种行业，如果有记者大幅报导、报刊不断讨论，而又经常举行公开的学术研讨与荣誉评鉴，它也就不再神秘了。

因此，早期的居太史、百晓生，如果是建立武林神圣性权威、传奇述异的人士，则方红叶便是报导社会新闻、解除武侠世界魔咒的"除魅"型人物。

所以方红叶根本不会武功，他的行事方式与报导写作，完全无异于一位社会新闻记者。甚至他写报导时所依循的伦理要求，也与今日报章记者相同，例如公正、客观、隐恶扬善与有闻必录之间又应如何平衡之类。由他所叙述的江湖，则亦不再是一个神秘的异邦，而是一个有条理、有历史，而且与我们身处之士农工商现实社会拥有同一套运作原则与伦理价值的地方。

所以，我们可以看到西门铸剑铸剑成功时办了发表会，类似出版界出书时的新书发表会。又看到他过世之后，方红叶倡议成立西门铸剑纪念馆。还看到公孙恕开办了习剑班，广授生徒，发放毕业文凭，更可看到狄闻雄设立名剑山庄，经营兵器出租生意；后又更名折剑山庄，改建兵器博物馆。

而那些被推崇的、被批评的人物与事件，基本上也都依据着世俗社会的道理，没有神功、秘技、奇情、艳遇、巧合、异人、怪客、魔头、宝藏、灵丹，以及奇特的草木虫鱼、精奥的刀经剑谱、诡谲恢宏的传奇事故等等，一切组成奇幻武侠世界的元素。武侠遂因此而只是寻常物事，江湖因此而即是人生，武侠小说也因此而不再是成人的童话。

徐锦成这本小说，本身就体现了这个武侠小说转变史的历程。它是武侠小说的后设小说，在武侠小说史上有重大的意义，其中反省、颠覆、发展传统武侠小说之处甚多，我不能细谈，仅拈出以上这一点来提请读者留意。

E世代的金庸：
金庸小说在网络和电子游戏上的表现

金庸小说在六十年代的传播方式，主要是报刊连载。八十年代是书籍出版，配合着电影电视的改编演出。九十年代中期以后，原有的报刊连载已不复存在，书籍出版及电影电视改编播映虽仍畅旺，但却有了更新的形态，因为计算机媒介已被大量运用到它的传播情境中来了。

在计算机网络世界中，独立的金庸小说站或附属于武侠文学站中的金庸小说网，已越来越多。电子游戏版也不断推陈出新，制作技术足以与美国、日本之相关电玩媲美；人物造型、剧情编制、场景绘图，更是逐渐发展出民族特点。对于金庸小说热，实有推波助澜之功。武侠文学显然已因此而进入E世代矣。

电玩及网络的使用者，则都是E世代的青少年。他们在金庸网站上搜寻、聊天、交友、购物、点歌；在电玩中假扮、寻宝、打斗。其心态、行为模式以及对金庸小说的理解，均与从前仅读小说，间或看看改编影视者极为不同。

对于金庸小说在网络和电子游戏版上的表现，对于他们和使用者之间的关系，对于因此新兴事物与现象而带来的武侠文学变革，学界尚乏探讨。本文初辟榛芜，试为发轫，一方面介绍这个学界尚不熟悉的武林，另一方面探索一下E世代武侠文学的新命运。

一　电玩：学界尚不熟悉的武林

"在当年，丰富的解谜剧情、让人热血沸腾的战斗模式，以及开阔美丽的2E美术场景表现，不仅电玩游戏大卖，并且在电视及小说搭配之下，使整个社会引起了一阵金庸的热潮。玩家们不仅读《倚天》、看《倚天》，更可以扮演《倚天》的主角张无忌，真可说是当年电玩界的豪情逸事。"这是《新游戏时代》杂志对金庸小说电子游戏版《倚天屠龙记》的介绍。

遥想当年，一派怀古口吻，但实际上只不过是五年间的事。"想当年"，真善美出版社少东宋德令先生由美返台，准备重刊古龙《楚留香》时，除了找我写一新版序之外，因他本行学电机，故另与华康科技公司合作，设计了一套电子游戏版《楚留香》。开新书发表会时，由于是新尝试，大家还颇为称奇。乃不旋踵，此事在电玩界已成了上古史；往事陈迹，徒供凭吊。武侠小说在电子游戏领域之兴旺、发展之迅速，岂不令人惊叹！

当年（一九九四）电玩界豪情逸事的金庸《倚天屠龙记》，目前已是古董，不易觅得。我家尚存有一套，但小孩子们已不再玩，嫌它"不好玩"。因为市面上推陈出新，不断有新的金庸小说电玩版问世。

《新倚天屠龙记》今年由霹雳码游戏工作室推出。故事讲小无忌中了玄冥神掌、蝴蝶谷中的疗伤兼学医生涯、被朱九真一家欺骗、光明顶上血战六大门派、万安寺救人等等，完整地交代了张无忌奇遇连连的命运。但为了使没看过小说的玩家更能了解整个故事的来龙去脉，解释张翠山夫妇为何要自杀，游戏更是首创倒叙的故事手法，透过与游戏世界中的人物交谈，来了解张无忌整个身世。

此外，随着剧情的演变，会有一些NPC加入队伍，与张无忌（也就是玩家自己）一同去冒险。

这个架构与《倚天屠龙记》大同小异，但画面处理、特殊效果及游戏功能上已大不相同。在游戏功能上，新版开发了一套独特的攻击系统。制作群依据他们做了六七年的游戏心得，与接获的不少玩家意见，表示：游戏的难易度是玩家评断游戏好不好玩的重要指标。有人认为战斗要实时才能充分显示其紧张、增加格斗的乐趣，且战斗越难越刺激越好；但也有人认为战斗最好不要太难，能一步步来，可以有充分的时间思考最好。究竟，游戏要用哪种战斗方式来表现呢？制作小组乃因此尝试让这两种战斗方法（实时与回合）同时存在于《新倚天屠龙记》中，并让玩家自行决定用哪种方法来战斗。

在这种玩法之下，游戏的变化性大为增高，玩家可选择紧张的实时战斗，也能选择动脑思考的回合策略战斗。但这样子的做法等于将两套游戏做在一个游戏里，所以制作难度较高。

另外，游戏策划了一种医药与毒药的组合系统，在游戏中，会有许多的谜题与配制物品有关。例如在蝴蝶谷中，面对许多的求医者，该用什么药方医治不同的症状？找到药方后，又该如何寻找药引？在战斗时，会有许多敌人对你放毒，如果玩家在进入战斗前，没多配一些解药自保，可能没多久就会挂掉。因此药品配制系统在游戏中占了相当重要的分量。武功仍以金庸小说中原有者为主，但也加上了不少自创的功夫，如火蟾剑法之类。

《倚天屠龙记》的前传，是《神雕侠侣》。这部小说也有电玩版。游戏的剧情采直线方式进行，以事件触动方式来控制玩家的游戏流程。游戏中有黑夜及白昼之分，很多事情解决的时刻必须要在夜晚，所以玩家要多从各个路人口中查问线索。

游戏的前半段多以冒险形式进行，因为杨过还不会武功，只有挨打的份，这里安排比较多的寻人寻物剧情，如半夜上铁枪庙找欧阳锋学蛤蟆功、去桃花岛等。之后也会有此类谜题，但会慢慢插入一点练习所学武功的战斗场面。从破庙第一次杨过现身，主角经历桃花岛、重阳宫、活死人墓、华山、绝情谷、襄阳城等地。其中有多处因应剧情需要而出现的地底、谷底或水底迷宫地形。在不同的地点，我们均可以见到以320×200VGA 256色营造的视觉效果，古墓森冷的效果和山巅空旷的感觉都很精彩。

游戏一般行走、交易及战斗画面，皆是以3D斜视角度进行，这也是电玩一般采取的方式（但新的游戏逐渐突破此一格套，见下文）。战斗系统采用标准回合制进行。此款电玩在人物等级、生命值、特殊攻击消耗值、攻击力、防御力、速度等属性值之外，另增加六阶段的"聚气"设计，来强化战斗系统的变化性。

剧情所至，并附带有小型的动画表现。除在NPC方面会有孩童跳房子玩耍、牛吃草、老农耕地、小道士练剑等动作，主要人物也会有跪地磕头、宽衣解带、脸红心跳、打哈欠等可爱的小动画。游戏中有银索金铃等数十种武器、三十多种男女不同的防具、几十种备用物品及绝情丹、辟蛊丸、定风珠等特殊物品。背景音乐，以FM音源、CD音源等格式制作，音效制作更是很贴切地表现游戏当时情景，如暗夜的狼嚎、溪旁的鸭叫及老牛的哞声，都很传神。

以冒险解谜为主的游戏，尚有《天龙八部之六脉神剑》。这个游戏以段誉在云南的遭遇为范围。在游戏的过程中，玩家必须非常仔细地搜索各处，尝试与看来没有任何敌意的人物交谈，以获取讯息，不放过任何蛛丝马迹，尽力找寻对冒险有帮助的东西。但因段公子是位饱读四书五经、专研易经八卦的"读册人"，游戏当然会有些相关的谜题。想扮段誉，可还得先念一下书哩！

虽然如此，本游戏仍免不了要打斗。它采实时战斗系统，因此一看见敌人欺身过来，就要赶紧准备好招式开打，没有任何思考或喘息的机会。由于一开始段誉并不会任何武功招式，只能以拳脚踢打对方，但是随着游戏的进行，段誉也将学会许多功夫。

在武功招式方面，本游戏并不是以千篇一律的动作来表示所有的攻击。当人物施展各种绝学攻击敌人时，都有独特且专门为该动作所设计的小动画，像持剑斜刺、砍击、回劈、画圆挥剑刺出等细腻的小动作，都可巨细靡遗地展现出来。玩家可见识段正淳的一阳指、鸠摩智的火焰刀和无相劫指、刀白凤的拂尘功等等。战斗非常刺激且效果惊人。这是本游戏最被称道的地方。

它里面人物也有表情。人物会依照剧情所需，做他们该做的事。主角段誉的动作更是复杂多变，有跑、跳、后空翻、前翻、蹲、翻墙、凌波微步、鞠躬弯腰等动作。游戏场景更是异常丰富，完全以64K Hi-color所绘制而成，细腻优美。在小说中可读到的场景如大理城、无量山、玉虚观、万劫谷、琅嬛福地、天龙寺等等，均以45度角的3D画面呈现在眼前。所有的建筑，甚至是里面的摆饰，都经过细心的考究，全部都是在宋朝才能看到的建筑与物品。

把金庸一部小说拆开装成几个电玩版的，还有《鹿鼎记I》、《鹿鼎记II》。据鲁夫子在二〇〇〇年三月号《游戏世界》上的评价，《鹿鼎记II》荣获四颗半星。他认为此片在画面处理上最佳："场景虽不是很多，但却相当辽阔。像是繁华热闹的北京城、遍地烟花的扬州城、大雪过后的莫斯科等，在这里均得以再现。地图相当大，每个城镇都是由几组地图拼制而成。更难得的是，制作小组对细节的处理更是下了一番功夫，游戏中除了几个主要地点的厨房（韦爵爷府、安阜园、庄家大宅）的布局是一样的以外，其他几乎找不出两个完全相同的房间。更妙的是连各家厅堂中悬挂的书画都各不相同,而像是小孩子留在墙上的涂鸦、被风吹动的招牌,这些细节就更不用说了。"

此外,他还认为:游戏片头及过场动画表现相当出色,特别是陈近南与冯锡范在瀑布边决斗的动画做得相当逼真且极具气势。而且,不同于市面上其他游戏的战斗系统都是采用一成不变的角度表现战斗画面,《鹿鼎记II》的战斗表现仿如摄影镜头一般,会以旋转角度拍摄出招角色,玩家可以从不同角度(当然是自己不能控制的)观看发招者的各种攻击动作,立体临场感十足。

这个游戏,故事延续前作《鹿鼎记之皇城争霸》的内容,从康熙派韦小宝赐婚云南开始,直到韦小宝告老还乡为止。但制作小组为增加游戏娱乐性,增加了不少支线任务及隐藏剧情,游戏中最大的秘密就是搜齐八本《四十二章经》,然后到鹿鼎山挖宝。这些支线任务对主线不会有丝毫影响,也不会改变故事结局,但对玩家的考验与乐趣可能反而更大。

以搜集正黄旗《四十二章经》为例,玩家必须在去云南前,先到碧云寺晃一圈,见到高媽容;从云南回来,再去一趟败落后的高家;然后到扬州,为被卖入青楼的高媽容赎身;最后再去碧云寺,高母才会将经书交给你。

尽管这般繁琐,但游戏中却几乎毫无提示,只能凭玩家以逻辑去判断、去推理,故对玩家的挑战甚大。这样的十几条支线设计,包括情节和人物,均超出金庸原著,另具匠心。

本游戏容量达四片光盘。容量大,固然玩起来过瘾,却因要换片,玩家会觉得有被打断之感。而且因容量大,战斗动画采隔行抽线的方式来增快播放速度并减少空间,以致画面不甚清晰。这个技术问题,也导致业者与玩家思考到电玩可能要从 CD-ROM 的时代,进入 DVD 的时代了。

比《鹿鼎记Ⅱ》更新的电玩，是《笑傲江湖之日月神教》。此亦广获好评之游戏。这个游戏，分成"日月神教"、"五岳剑派"两个部分。但这只是从两个方向来作为游戏制作上的区隔，却不是将小说剧情直接腰斩成两部分，而是以不同的角度来产生这两部独立但关联的剧情。玩家必须在玩完上下两部的游戏后，才能真正领悟到《笑傲江湖》中的一切。制作群也由此更设计了一个连接上下部的系统，可将上部的角色数据转至下部。唯因下部尚未问世，故尚不得其详。

目前大多数游戏不是充满美式风格，便是日式的。《笑傲江湖》则被视为是一部纯正中国风格的游戏。但它的呈现方式，其实是以《古墓奇兵》、《恶灵古堡》两款作品为蓝本的，再加入全程运镜手法，让虚拟的摄影机一路上跟着角色进行，所以感觉有点像《玛利欧64》的处理方式。除了能让游戏整体的视觉演出效果更好外，玩家也能充分感受到金庸武侠世界身历其境的气氛。

另外，为了使游戏内容不要看起来充满上述这些作品的影子，美术小组在场景上的经营也花了些气力。从福州城全景到街道、树木、商店、杂物，甚至于整体的配色，都参考了许多的真实资料，故能掌握金庸原作对于场景描写的精神，创作出符合中国风味的场景，而不会给人似曾相识的感觉。

人物部分。因游戏中人物穿着的是中国的长袍马褂（上衣下裳），传统的Polygon做法，会让这些衣服看起来像是一截一截的断面。故制作群运用了一种新的运算方式，让这些人物模型动起来时，由里面的骨架牵动人物模型，再牵动外部的衣服，如此看起来，就好似看到一个真人穿着衣服在表演一般，表情动作较为自然。人物造型也请平凡为PC Game做人物设定，同时也做了《笑傲江湖》彩色漫画、插图等。

人物造型本身就很引起讨论。每位角色的性别、体型、个性，其行动或武打的动作都不尽相同，男生、女生同一个走路的动作即有差别，高矮胖瘦也会有所不同，性格的差异更要借动作表现出来。这方面，本游戏颇受称道。再加上运镜得当，玩家可感受到游戏中人物的一举一动、所思所虑。譬如忽然对着玩家（镜头）发出气功，或由下而上看着巨大压迫般的主角、快速的转镜、定点的特写镜头等等，都可表现出如同电影般的紧凑压力。

本游戏，基本剧情固然本诸金庸原著，但不可避免亦有增删。例如令狐冲与田伯光战斗后即逢青城派，林平之此刻便已与华山门下合力对抗青城派。其后林返家，令狐冲却在大街上发现恶龙寨主的小喽啰绑架了翁家的小孩，并胁迫要夜明珠作为交换。于是令狐冲解决了这些爪牙，并出福州城，进入北方"皮庙"打败了这些盗贼。又往西边找到恶龙寨，在第四层的密室中找到了一把"龙形钥匙"，开启了第五层的密室，并打败恶龙寨主，终于救回了小孩。

此外，如令狐冲先和成不忧决斗，却被封不平暗算了一掌，桃谷六仙却突然出现，并合力打死成不忧。令狐冲去见绿竹翁，获任盈盈教琴之事，则形容为进入"竹林迷宫"，且任盈盈打败了金刀王元霸。后来，令狐冲又与任盈盈、向问天同闯少林、武当，并进入杭州古墓找寻《广陵散》。再进入梅庄。进攻黑木崖时，先败惊涛堂主，再入不动堂，再解六角神像之谜，又破风雷堂迷宫、烈火堂等等，都与原著颇有出入。

交代剧情，设计小组采用近似"日式"的自动剧情陈述模式，也就是说，玩家会看到许多人物已事先排演好的内容演出一段"剧情"。为了让玩家能够感受到如同电影般的运镜手法，小组还特地撰写一套工具，专门用来编辑这种"自动剧情"。此外，也有些"参与剧情"，如令狐冲跟任盈盈学琴时，玩家就也要学琴，学不好便不能离开绿竹居了。

在游戏方面，本款从《辟邪剑谱》、《葵花宝典》上得到灵感，凡是升级后的Bonus变化或招式的晋级，都用到了"书籍"。凡事都要在取得"书籍"并阅读后，才能得以真正地学习与成长。

以上所介绍的游戏，都是以金庸一部小说（或其中拆成几个部分）来制作的，底下要谈的这一部则最特殊，称为《金庸群侠传》。它是把金庸小说打散之后的重组，最多可招募正邪两派共五人进入队伍，呈现自由度最高、任务最丰富的角色扮演游戏。而且本款人物属性共有十多种，有基本的体力及各种技巧，还有关于道德及人气等隐藏属性，在游戏当中做好事坏事都有影响。故玩家可以自由养成资质不同的人物，剑诀、医书、拳术、毒经、暗器、刀谱等，各种著名的武功任你来修炼，想试试《葵花宝典》也可以。

本款亦无踩地雷式战斗及强迫性练功，战斗可选择一对一单挑，也可多人大混战，奇招怪式别出心裁。可说是最具"解构"趣味的电玩版了。相较之下，林保淳教授那本刚出炉的新作《解构金庸》（远流，二〇〇〇）就实在显得古意盎然，毫无解构性了。

二　分歧：金学研究的两条路线

林保淳先生《解构金庸》末尾，附了"金庸小说论著目录"。搜集金著之研究论析作品多达三二九笔，可说是目前最完整的金学研究目录了。但上述各电子游戏版及相关评论，却毫无齿及。不但如此，底下我所将引用到的各种网站及出版品，也都不曾在他的目录中出现。

为什么呢？是号称武林百晓生的林保淳耳目特别固闭，或我闻见格外广博吗？非也！此乃"金学"有两个面向使然。

金庸的武侠小说，本为报章连载，侧身于古代通俗小说之传统中，附丽于现代报纸新闻之副刊里,不为学院派正规文学研究者所重。它的读者或知音,乃是一般社会人士。偶有大学教授、留美学人亦喜读其书,连金庸本人都会深感荣宠。

此为武侠小说在八十年代以前之处境。当时古龙常在他的小说序文中强调,他写的是"小说";又说许多人根本不看武侠小说,却又瞧不起写武侠小说,对现代文学研究界完全不谈武侠文学之事,亦深觉抑郁。此乃是那个时代的武侠小说家共同的处境。

但八十年代以后,情况日渐改变。一九七九年金庸作品解禁,在台湾,由市井巷弄中的租书店,重返大众传媒,再经学者大力推荐、出版社郑重出版修订本(远景,一九八○),倪匡亦出版《我看金庸小说》,塑建了"金学"的基本面貌。发展至今,金学虽然仍不乏林保淳所说"非专业研究者"参与、"玩票"性质尚浓的现象,但学术界认可的专业文学研究人员(文学教授,博、硕士)、专业文学研究机构(文学系、所)参加金学的状况,实已越来越盛。博、硕士论文,据林保淳统计,已有二部(实则不止,我自己便指导过另一部)。专门针对金庸作品或以金庸为主的武侠文学研讨会,更是越来越多。

这个现象,在香港、大陆,可说基本上也是一样的。整体的趋势,大概可以"三化"来形容。

一是小说文本经典化。本属通俗小说的金庸作品,逐渐成为文学经典;金庸被推举为百年来大文学家之一。研究者则发挥传统笺释家、评注家对经典的态度,考证版本,校定文字,批点、注释其书。金庸本人,也不断修改删定作品,务期于尽善尽美,期于不朽。

二是研究专业化。研究者以研究经典(古代文学经典或现代文学经典)的心情、方法来研究金庸。林保淳批评过去金学论者"缺乏较有系统的讨论体系,漫谈、杂论偏多,整体评介金庸小说的理论架构,则尚未建立,甚至也鲜少是具体现成理论的援用",正说明了新金学与旧金学不同的性质与方向。新金学专业化的努力,亦渐使此一趋势越来越明确。金庸作品研讨会在各地不断召开,即属于此趋势现象之一端。

三是论述高雅化。高雅,指对于小说题旨、创作态度乃至(金庸的)武侠小说本身,朝崇高、脱俗、伟大、精彩、值得向往的方向去解释。林保淳说金学论述"赞扬多于批判",有"歌德味道",即属其中之一端。不断赞美金庸小说中显露的侠骨柔情、侠义世界、对政治社会的批判性,认为金庸小说体现了中华文化的具体世界等等。

一九九八年,利丰出版公司出版了一系列"颠覆金庸"丛书,书前,编辑语批评"现今已出版的金学研究,有几个定向的趋势",其中之一,为"议题太过正面",认为"传统的金学研究丛书,因为作者群太文雅……把金庸的武侠小说当作是一种学问,或者是一个议题来看待,所以研究的讨论取向就比较正面,没有颠覆的观点",所指即是整个金学论述高雅化的倾向。

这个"三化"趋势,在许多学术界人士眼中,尚"化"得不够,期望它能再深"化"些,"从大众读者走进学术耕耘"(鉴春,《杭州大学学报》一九九七年廿七卷四期)。但事实上,我们忽略了另一个脉络的发展。武侠小说本行于市井,大众读者之阅读,无论心态、行为模式、与小说的关系,都不会跟高级文化人、学者专家相同。故而在文本经典化、研究专业化、论述高雅化之际,大众读者其实也正在发展另一种趋势,朝更俗、更大众、更散乱的方向前进。你们神圣化、崇高化金庸,我就颠覆他、戏耍他。

前述"颠覆金庸"丛书对金学研究之批评,正代表这个路向。它认为那些研究除了"议题太过正面"之外,尚有"学术性质太深"、"作者群太过文雅"之弊:

武侠小说向来是壮夫不为的雕虫小技，不但文学评论者不屑与之，甚至连写作者亦不愿为之。然而很奇怪，这些壮夫对金庸武侠小说，非但不是不屑一顾，而是顾了再顾，甚至三顾、四顾、五顾、六顾，也有人坚信"金学"会像当年"红学"一样，由"少"而"多"，由"浅"而"深"，以至于成为一个非同一般的文学研究及文化研究的课题。……研究群太文雅……大半的评论者都属文艺界的前辈作家。

因此，他们要另编一套书，来试行颠覆。自认："贡献得时，因为我们的作者都是新时代的新人类，其成长背景与'金学研究丛书'的前辈大相径庭，其眼光与研究角度必然能够推陈出新、别具一格。……希望用活泼有趣的思想角度，来和金庸对话，并以时下年轻人的想法和叛逆性格，来'颠覆'金学的传统思维。"

它不但质疑文人学士们希望将金庸雅化、深化之用心，揶揄他们太老、太同质化了，还理直气壮地、言之不怍地以年轻、叛逆、新人类自居，要走另一条路。这种态度、这条路，耳目心志局限于书斋黉学中的大人先生、文人雅士们，大抵是不会明白的。

三 流俗：世俗化的价值与感性

"颠覆金庸"丛书，包含了《超 High 的金庸人物》、《非常 G 车的金庸爱情》、《去××的金庸江湖规矩》、《一级棒的金庸武技》、《找碴的金庸错谬》、《真屌的金庸帮会》、《乱爽的金庸奇技淫巧》等。这些，我保证在我们这次金庸学术研讨会上，有些 LKK 是加书名都看不懂的。同理，举座通人学者，虽或有能将金庸小说倒背如流者，恐怕也未必曾玩过上述那些电子游戏。即使写过《金庸小说版本查考》，号称能打通金庸版本任督二脉的林保淳，也不见得知道电子游戏各版本及其新旧版之间的关系，不知任督二脉之外尚有此一脉，何况他人？

在这一脉中，充满了青少年语言及思维。例如G车、突错（凸槌）、很High、照过来、超炫、美女拳时代的人、生命中的女猪脚等等。像《笑傲江湖》的游戏手册里说："比炫我冠军，超视觉。比酷我称霸，超刺激。比屌我最大，超满足。比美我第一，超养眼。"又说它的3D运镜手法能"给玩家有如D罩杯般的骄傲满足感"。

这些话，除了炫、酷、追求感官刺激外，性意识泛滥也非常明显，然而，这却是销售甚广、一般青少年男女都在玩的游戏。金庸小说中那种含蓄、深沉、绵邈、心灵契合、刻骨铭心、广受文人学士称道的情爱态度，在此完全翻转了。

因此，这不只是语言问题，而是思维、价值观上的转向。爱情，由心灵转向感官、情色。侠义，也转为世俗。

例如《找碴的金庸错谬》，找出了一大堆金庸小说中的破绽（黄蓉年龄应大于郭靖、柯镇恶眼睛瞎的时间前后矛盾、少林七十二绝技或云达摩创立或云历代累积……）。看起来固然在从前的金学丛书，甚或学者研究论文中也会有这种辨析，但不同之处在于：不是敬畏与商榷情节，而是瓦解神圣性。

金庸的神圣性，一瓦解于其情节多误；二瓦解于它纵或不误，我也要抬杠的"说大人则藐之"方式（该书卷六为"乱辩"，卷尾叫"辩不了也辩"，辩什么呢？"性爱超人韦小宝"、"段正淳老生女儿，奇怪"、"凤天南的黄金棍，好大"、"李秋水家族好奇怪哦！"、"萧峰的酒量，骗谁"、"华筝是个大SPY"、"灭绝师太荷尔蒙失调"、"李秋水可能当众发骚吗"等等）；三则直攻金庸的价值观，认为"杨康其实很可怜"、

"乾隆皇帝的选择其实很正确"、"陈家洛孔融让女，逊"，把金庸小说中强调"为国为民，侠之大者"，描述侠客如何舍己为人、舍生取义的超越流俗之精神价值，转为彻底认同世俗。

所以它说：

> 如果我们是杨康，也面临了与他相同的处境，大部分的人会做什么选择呢？这个答案如果大家不昧着良心讲的话，哼！哼！起码会有百分之六十以上的人，会和杨康一样。……其实做这样的选择也不要不好意思！人类本来就有趋吉避凶的本能，哪里有好处，就往哪里钻。如果你从小生长在帝王富贵之家，突然间跑出一个乞丐，说是你的生身父亲，又要你断绝这个茶来伸手、饭来张口的优渥环境，你不会陷入天人交战，不会选择好的，那才怪咧！

一般人都嫌贫爱富、贪生怕死、趋吉避凶、见利忘义、自私自利，谁不晓得？武侠小说尤其站在这个基础上才有得写。因为侠义精神正因对照着一般世俗人的此种态度，才显得可贵、才具有对比的张力。但如今E世代的小朋友们要颠覆金庸，所颠覆的正是这一点。他们理直气壮地批评陈家洛笨，夸乾隆精明正确，觉得杨康的选择才合乎人性。世俗的富贵荣华与性欲满足，成为他们肯定的价值。

也就是说，在语言风格方面，金庸刻意采用较古典、较文雅的语句，诗词、史事、典故，融于文中。这种语言风格，金学研究者以学术语言继承之，结果被新世代的小朋友们批评他太文雅了。新一代的金庸论述，走的是世俗化、浅化、口语化的路子。

语言的变异，也显示了思维和价值观的转变。新世代小朋友们批评黄药师性教育不及格、嘲笑金庸的守宫砂处女观，而喜欢韦小宝；批评陈家洛、同情杨康、赞扬乾隆，在在显示了他们认同于世俗的价值观。

这种价值观更显示在电玩RPG（Role-playing Game）的架构里。怎么说呢？这些游戏基本上以角色扮演、走迷宫、战斗为主架构。角色的武器、配备、药物、食物，大抵是由商店中购得或进入旁人房舍中径自取得的。这其中，穿屋入户、搜奇觅宝，涉及道德问题，侠客怎能做穿窬之雄呢？一般RPG均不处理这个问题，一派新人类则持"只要我喜欢，有什么不可以"的姿态。

有些电玩，如销售甚佳（但非金庸小说改编）的《仙剑奇侠传》，则安排男主角李逍遥根本就是小偷世家出身，故在敌人身上偷钱或进入屋里偷宝均视为平常。唯有《金庸群侠传》把人的道德行为计入分数计算，偷东西是会扣分的；总评善良度越高，好人越会加入你，所以会影响到最后决战时的团体战力。这在道德立场上固然严守正邪分际，但旨在借此进行两方对抗。其他电玩不采此架构，故在道德态度上便有些模糊。

而商业资本主义浸润下的社会，商事活动、金钱价值在电玩中却比传统武侠文学之道德问题（如忠孝侠义）更令人瞩目。在古龙小说电玩版《新绝代双骄》的《完全攻略本》中，教人如何买卖药剂者即达二十页；各地贩卖军火武器药材者，则超过四十处。主角在战斗时，随处都要用钱去买这些东西，所以钱越多，战斗越能获胜。

为了达到钱多多的目的，《新绝代双骄》RPG中设计了"聚财术"共九重功夫，仿佛乾坤大挪移九重神功一般。金庸小说各电玩版虽无此功夫，但基本原理是一样的，杀死或打败敌人常能获得战利金，钱多多也才能令主角能量加值。

《〈新绝代双骄〉完全攻略本》第五章对此还有番评论，道：

> 众所皆知的，本游戏从头玩到尾，"金钱"都扮演着一个很重

要的角色，太多太多的好东西，都靠大量的钱才能买得下来。然而光靠捡打死人留下的钱，绝对是会让玩家们叫苦连天的，数目实在太少了！有鉴于此，编辑部乐意提供许多手段，帮助玩家们在金钱上不虞匮乏，将省下来的心力用来更深入地研究游戏。

什么手段呢？其中之一是去偷："以偷窃来从敌人身上干到一些可以卖大钱的东西，这种方法最大好处是取之不尽，相对的缺点是浪费时间，不过倒也能趁机练功就是了。"丝毫没有一丁点道德负担，理所当然地以此"赚大钱"。另一手段，则是去做奸商以获暴利："妄心园中的秘密药商，可以实行无限金钱暴增法与无限能力提升！只要向他买下九十九份人参，再买下九十九条冬虫夏草，便可配出四十九颗的固气丸（人参+人参+冬虫夏草）！仅需三百两左右的本钱，即可卖得二千四百两。"如此暴利，不愧为"妄心"。

世俗的价值观之外，我们还应注意到它感性的变动。这个部分，可以审美感性来观察。

金庸小说中原本就有配图。图分两大系列，一是历史文物图录、书画人像之类，呼唤读者的历史感与古雅趣味；另一系列则为章回间的插图。作插画的画家很多，但整体来说，较为古拙，跟现在电玩版所呈现的甜美感，迥然异趣。

这种甜美，是符合少男少女梦幻时期的审美口味的，与少女漫画、人物图卡有相似的风格。我有一本旧作《中国诗歌中的季节：春夏秋冬》，原刊封面用张大千的泼彩山水，石青重墨碇蓝，烟云模糊。近被出版社重印，送来一看，令我差点昏倒，原来封面已改成了这种流行的少男少女漫画头像。由这个例子，便可知电玩人物之甜美或造型类似日本少男少女漫画，亦肇因于它媚俗以求流行之故。

而且，由于此种甜美乃是整体的风格，不仅正派主角画得甜美，反派人物也是如此，故《笑傲江湖之日月神教》中的田伯光就被画成一个跟另一个美女非常像的帅哥，以致评论者认为："我怎么看，都觉得这个伯光兄不像是个色狼，倒像是长得很帅的花花公子。不用说在那个时代啦！以现在的审美观点来说，其实不用他去采花，就会有女生送上门了。"(《新游戏时代》) 而《新倚天屠龙记》里，小昭、殷离、赵敏、周芷若，除了发型与衣饰不同之外，其实也都长得一个样。又因受日本漫画影响，均发如乱草。张无忌也同样是这副模样。

这样的美感形态，谅非大人先生们所喜，但正标志着新一代的世俗品位。在网络上，讨论颇多的，也是"金庸群侠选美大赛"、"郭襄谁来演最合适"、"金庸的人物来当艺人，谁会红"、"韦小宝的七个老婆，由哪七个艺人演最适合"（均见金庸茶馆网站·飞鸿雪泥·另类金庸）之类话题。似乎貌美、多金、成功、有知名度、感官享乐等世俗流行价值，即为其感性内容。故这些网站与电玩和流行青少年次文化的联结关系也极为密切。

四　游戏：青少年次文化的逻辑

二〇〇一年八月号《联合文学》与和信电讯合作推出一款广告：订《联合文学》半年份，加上"轻松打"《笑傲江湖》电玩套装，共一千五百元。这个套餐，包括"轻松打"门号卡、令狐冲储值卡、《笑傲江湖（功力精华版）》电玩CD、鼠标垫、纪念章。这样的促销手法，就充分体现了E世代的精神。除了《联合文学》之外，其他的东西都是青少年次文化中的流行物，故以赠品来推销文学杂志（注意：不是借《联合文学》的读者来促销CD及信用卡等，而是希望使用手机、玩电玩的青少年能因此也把文学杂志看成是与上项事物同类之物，而产生购买欲望)。

这些流行物确实也称得上是"套装"，因为它们通常都联结在一块儿，而且其所联结的，远超过上述这些物项。以《笑傲江湖》为例来做个分析。它举办了个抽奖活动，奖品有电视游乐器、滑板车、主机板、电玩游戏杆、《软件世界》杂志、《新游戏时代》杂志、《次世代游戏情报》、《电脑玩家》杂志、《X-magazine》杂志、滚石VCD、腰间挂表、T恤、手机座、宽带免费上网机会等。这些奖品，其实就是与他们这个游戏直接有关的物项，所以在它所附的《游戏宝典》中，就全是这些东西的广告，一本游戏指导手册，竟编成了一本消费指南。

此外，该游戏还另附诚泰银行的广告，因为它与该银行合作发行武侠经典信用卡，免年费。可先买电玩再申请卡，也可以先申请，再附送电玩限量试玩光盘。申请到以后，信用卡已经仿拟且替代了侠客的刀剑，它说："消费本无招，买东买西，怎么买都优惠；刷卡本无式，横刷直刷，怎么刷都划算。不须一招半式；众多优惠，立即打通消费神经，让你内外齐修，闯荡江湖，处处尽享礼遇。"

这个仿拟与譬喻的意义，凡看过电视上张玉嬿所拍女神龙信用卡广告的人，大抵均能会心。而拿了它这张信用卡，它建议的消费对象则有：学习英日语、儿童青少年电脑教育、专业计算机百货公司、计算机产品、软件、《笑傲江湖》周边产品（对杯、文镇、海报、画册）等。

《笑傲江湖》这款电玩同时也推荐许多电玩，如《三国志》、《兽神世纪》、《神兵炫奇》、《伊卡斯特传说》、《圣殿诗篇》、《艾萨克外传之阳光少年游》、《钢铁之心》、《大刀》、《恐龙危机》、《魔鬼战将总动员》、《黑客帝国》、《苏恺廿七战斗机》、《公元2150》、《装甲元帅》、《凡尔坦战役》、《文明帝国》、《大航海时代》、《佣兵战场》、《阎玲》，以及《霹雳麻将》、《梦幻水族箱》、《水族小铺》等。从游戏到打麻将，到养鱼，色色俱全。古今中外之剧情扮演也混糅成一团。

这种情形，在网络世界中也是一样的。依"少林寺藏经阁"这个参与者最多的网站（现已达九十五万人次）所载，现有电子游戏版武侠小说可考者，计有七十五款：

华义国际	《侠客列传》
ORANGESOFT	《魔发奇缘》
金山软件	《剑侠奇缘》
皇统光盘	《霹雳大富翁》
诠积信息	《三国霸业》
新瑞狮多媒体	《敦煌》
大宇信息	《魔神英雄》
大宇信息	《隋唐争霸》
智冠科技	《平妖传》
大宇信息	《杀气冲天》
圣教士	《千年》（网络RPG）
旭力亚	《刀剑笑》
数位玩具	《日劫2》
大宇信息	《霹雳奇侠传》
智冠科技	《武林盟主》
日商光荣	《三国志（七）》
中华网络	《网络三国》（网络RPG）
日商光荣	《三国志（Internet）》
智冠科技	《武林群侠传》
智冠科技	《仙狐奇缘》
大点科技	《阎王令》
第三波信息	《神兵玄奇》

华义国际	《再战江湖》
华义国际	《中华一番客栈》
皇统光盘	《天谕》
宇峻科技	《新绝代双骄2》
智冠科技	《花花仙子》
智冠科技	《中华英雄》
智冠科技	《三国演义（三）》
智冠科技	《天子传奇》
华义国际	《真命天子》
智冠科技	《霹雳英雄榜》
昱泉国际	《笑傲江湖之日月神教2》
大宇信息	《轩辕剑》2、3
OK Net	《春秋英雄传》
Gameone	《龙神2》
协和国际	《太极张三丰》
游戏橘子	《退魔传说》
旭力亚信息	《六道天书》
欢乐盒	《武状元苏乞儿》
欢乐盒	《武则天》
欢乐盒	《倚天屠龙记》
奥汀科技	《圣石传说》
协和国际	《三国伏魔》
旭力亚信息	《霸刀》
汉堂国际	《天地劫》
宇峻科技	《新绝代双骄》
智冠新广部	《鹿鼎记》2、3
智冠科技	《地狱门2》

智冠科技	《新倚天屠龙记》
华义国际	《江湖》
华义国际	《人在江湖》（网络RPG）
大点科技	《达摩》
怡硕科技	《三国之星海风云2》
智冠科技	《破碎虚空》
欢乐盒	《新龙门客栈》
智冠科技	《风云之天下会》
智冠科技	《神雕侠侣》
智冠科技	《金庸群侠传》
CDSOFT	《纵横天地—烽火三国》
智冠科技	《雷峰塔》
智冠科技	《连战三国》
奥汀科技	《三国群英传二》
智冠科技	《水浒传》
智冠科技	《花神传说》
PROPILOT	《新三国演义99》
诠积信息	《横世霸主》
智冠科技	《楚汉之光辉》
华义国际	《三国风云贰》
精讯信息	《侠客英雄传三》
智冠科技	《新蜀山剑侠》
华义国际	《幻想奇侠传》
华义国际	《灵剑传奇》
大宇信息	《仙剑奇侠传》2、3、4
智冠科技	《天龙八部之六脉神剑》

以上每款都有广告，广告也是五花八门，如上所述，而且还提供交友联谊之类功能。其他一些金庸网站，则本身就杂糅着许多东西，例如：

- 生活的艺术

提供生活信息，统一发票兑奖，天气预报，电视节目查询，电子地图，金庸古龙武侠小说，软件下载，在线佛经，佛经桌布，免费资源。

- 思考之城

提供金庸小说、倪匡小说，《西游记》、《三国演义》等小说欣赏，同时还有广告歌曲歌词、漫画等信息。

- 乾坤风云会

提供武侠小说的创作，金庸诗集，动听词曲，电玩金庸图，金庸生平记载，以及相关网络的链接。

- 新金庸小馆

提供金庸小说诗词的搜集，也提供多媒体、图库、流行音乐MIDI等软件的下载。另外，也有相关网络的链接。

- dolphin的寂静海岸

提供金庸小说、李玟照片与新专辑歌词、泷泽秀明照片等。

- 创作梦天堂

提供网友发表文学创作的园地，也提供行动电话信息、台东旅游相关信息等。其中除金庸小说外，尚有心情故事、笑话连篇、鬼话连篇等。

由这些网站以及电玩的情况来看，我们可以说青少年对金庸及其小说，是与他们整个青少年次文化生活关联在一起的。有时金庸被视为偶像来崇拜，但那与文学界尊崇文学巨匠的心情并不一样，而是如彼等喜欢歌手李玟等偶像同一心情的。他们有时玩金庸小说的电玩，但那与玩其他武侠小说电玩，甚或玩非武侠小说电玩、玩外国的电玩，如《魔鬼战将总动员》、《黑客帝国》，也没什么不同。金庸的网站上挂着流行音乐MIDI、卡通、漫画、行动电话信息、旅游数据、广告歌曲，不也和金庸小说电玩联结着的东西差不多吗？

这些电玩、流行歌曲、卡通、漫画、偶像崇拜、个人网址网站、联网聊天打屁（每个金庸网站都辟有聊天区，也常可由网友申请成为版主，辟版与人对话）、用信用卡消费、玩手机、玩滑板车、穿T恤、挂超炫挂表、看电子游戏杂志、交换电脑资讯、买新软件、学英日语……就是现代都市E世代新青年的生活形态。

他们以此消费，以此生活，以此交友，亦以此自处，活在广告与消费的循环中。在广告与消费之间，存在着的，则是一堆金庸小说电玩版这样的游戏。

金庸小说与古代侠义小说最大的不同之处，在于它常带有少年成长小说的性质。许多小说的共同故事框架，都是一位少年，如何遭逢灾厄、奇遇，以及种种历练，逐渐增进武技，提升人生境界，并化解了灾难、完成了爱情。它的小说主角，不再是古代侠义小说里的中年汉子，小说主线也不再是武林逸史与帮派秘闻，而是少年成长的经过。郭靖、杨过、张无忌、令狐冲、虚竹、袁承志、石破天、胡斐乃至韦小宝，均是这样被塑造出来的。

如此骁勇善战之主角，或可称为武士（就如外国那些战斗游戏中的英雄那样），在电玩RPG中，基本上属于角色扮演游戏，但是，游戏里却不要求玩家获得如小说里主角成长那样的经验与意义。因此，玩家不会面临真正的伦理危机、道德冲突或性命之忧（电玩里主角若死了，也可以再来重新玩一遍）；玩家也毋庸在心境、修养、见识上有所成长。

它的游戏设定，只是走迷宫、寻宝，以及对敌战斗而已。对敌战斗时，提升本身的能量，固然具有"成长"的意味，但升级的，只是攻击力、防御力、反应、速度、智力、装备之类，升级的指数，也是游戏本身设定的。这怎么称得上是侠士呢？武侠小说中的少年侠客，在经历过这一趟"侠客行"之后，生命有了实质的内容，得到洗礼，有了价值与方向。可是玩毕一款电玩的小孩，获得的，则不是那些，而是游戏一局的快感。

上网聊天打屁，也是游戏。问的问题，本身就多戏要；做的事，只求好玩。例如远流出版社所架设的"金庸茶馆网站"里的一些话题是这样的：

话题	出新招者	过招回合	最新江湖话语
·如果你遇到金老，你会问他什么问题？	蔼翘	6	2000-8-21　15:57:51
·疯狂笑傲派之——《完全新笑傲记录手册》	朱七七	59	2000-8-22　20:29:31
·金庸笑话大全——笑破肚皮	十八子	39	2000-8-22　19:26:36
·谁能代表中华队参加奥运？	任我不败行	4	2000-8-22　19:26:31
·我看吴宗宪与段正淳	书楼	36	2000-8-22　14:07:40
·金庸群侠传的十大好人和坏人，谁比较难打？	李白鸟人	58	2000-8-21　11:35:06
·若九阳真经、易筋经、九阴真经像课本一样多，谁会看？	羊毛出在羊身上	9	2000-8-19　00:28:13
·谁能演好殷素素和赵敏？	绿痕	21	2000-8-18　19:57:48
·茶馆版主事件记录之一	无影人	71	2000-8-19　20:49:06

这些话，出招过招，出题答题，有什么大义微言、深刻见解吗？大抵只是扯谈罢了。新消费时代的青少年，事实上也在消费着金庸。他们说金庸小说，跟谈歌星影星逸事绯闻，交换消费信息，聊偶像起居，收集玩物皮卡丘、凯蒂猫，正属于同一类的活动。故玩金庸电玩会跟这些行为或物项联结起来，并不是没有道理的。

五　转折：E世代武侠的新命运

未来学家托夫勒（Alvin Toffler）曾描述第三波时代的人，是活在一种"弹片（blip）文化"之中，多样化的传播方式，构成支离破碎的知识、形象、观念，令我们不再有统一的心灵（见《第三波》第十三章）。电玩与各种事项的联结，或网络本身，就是弹片一样，四散飞洒，各有所着的。但本文不拟进行文化研究，我们若扯得远了，恐怕也就会如弹片般不知飞往何处。所以必须现在兜回本题。

金学之论述，似乎可以分成两条径路，一为雅化深化，一为俗化。深化的主要领域在学院、在传统媒体、在大人先生的年龄层与社会阶层。俗化的主要领域，在消费市场、在新兴计算机媒体上、在青少年阶层中。

在俗化的领域中，批评论述金庸小说的语言、感性、价值观，都是浅俗、平俗（为《笑傲江湖》电玩绘图的画家，名字就叫平凡），乃至庸俗的，拜金、重视感官之美、重视社会世俗意义的成功。其评论之内容，甚至会直接将金庸小说作为商场企管之教战手册。

如Y2RK家族策划的《金庸武侠之屠龙辞典》，便以胡家刀法为例，说：苗人凤、田归农、范帮主结合对付胡一刀，正如美国一些软件公司，如IBM、Lotus、Novell、Corel公司进行策略联盟，以图打败微软一样（《小心，刀劈过来啰！》，亚细亚出版社，一九九九）；《雪山飞狐》两个门徒童子，用一套达摩剑法，相互配合，便能连败几大高手，现代企业亦应如此，如双童所练剑阵般，内部心意相通，不断修正剑招破洞（《你敢进到这个剑阵吗?》，同上）。

这样的类拟，跟游戏本身的设计一样，都显示了它是资本主义社会的产物，而青少年打电玩或上网，也与其消费行为有密切之关联。金庸小说，在他们的生活中，更是与其次文化流行趋势相结合的。因此，金庸小说不会单独地被玩被谈论，而是会被放在E世代流行文化及消费活动中去谈论的。

　　此种游戏，也扭转了金庸小说本来的脉络和意义，侠义精神世俗化、人格成长游戏化、经典文本破裂如弹片化，被任意联结到各种物项或网站上，即使是金庸小说的电玩版，其中也充满了分支剧情和联结出来的新角色新故事。这"三化"，相对于高雅化、经典化、专业化的那"三化"，实堪吾人多加注意。

　　至于此一趋势，我人应如何评价，学术界的大人先生们在未多多研究之前，恐怕都无权发言。而且，我还想起台湾一个贩卖手机的广告，广告说一位父亲去店里挑手机，想买给儿子，不料店中小姐替他选了一个他最不喜欢的机型，并对来挑机型的老爸说："你越看不顺眼的，你儿子就越喜欢。"对E世代的金庸小说之处境，我们也许还得更花多点功夫去了解E世代年轻人才能论断。

少年侠客行

少年结客任侠，是秦汉以来即普遍存在的现象。他们不但飞鹰走狗、博戏为乐，也常劫掠作奸、杀人报仇，以致常遭官府镇压逮捕。

这类任侠少年，在史书中常被称为"奸邪"、"奸猾"、"恶少"、"轻薄子"等等。汉人亦有乐府诗《结客少年场行》伤惜其事，其后遂成为一种固定的文学类型，相关作品极多。但历来研究中国侠客传统者，对此少年任侠现象却甚少讨论。

本文以史传资料、乐府诗歌为主，运用犯罪学、越轨社会学之理论，分析这种少年任侠现象以及武侠类型文学。首先，从犯罪心理学的角度，说明青少年背德与犯罪的心理因素及人格状态；其次，以次文化的观点，解说结客少年场的"场所"意义与"结客"的集团性质；再由伦理学方面，探讨社会各阶层在面对少年结客问题时所显示的价值冲突；最后，则是解释以武侠诗作为分析材料时所具有的特点，说明它将如何引发诠释者与诠释对象间的互动关系。椎轮大辂，愿启方来。

一　结客少年场

今年农历过年后，台湾的青少年犯罪案件数量不但居高不下，犯罪手法的凶残，更是骇人听闻。例如新竹有六名初中生只为吵架的小事，竟准备了圆锹锄头，打算杀人埋尸。花莲的四名少年抢钱不成，竟把被害人的骨头活活打断。类似的残暴手段，每隔一段时间就会出现。

早期，青少年犯案大都集中在盗窃方面，比如偷机车代步、偷香油钱买玩具。近年来，青少年涉案的比例乃渐居所有犯罪之首，依台湾相关机构的统计，去年元月至今年二月，就有接近五万名青少年涉及盗窃罪。

从八九年前开始出现的飙车少年疯狂杀人事件开始，台湾的青少年涉及杀人、绑票、强盗等案件的人数早有日增的趋势。依据相关机构的统计，去年元月起至今年二月止，涉及故意杀人的青少年，就有一千一百二十六人次。强盗案件方面也有一千八百三十一人次。台中市各处便利商店被抢案，涉案人员里头半数以上是青少年。

以上是《中国时报》一九九八年四月廿四日，针对青少年犯所做专辑报导的叙述。谈这个问题的人，往往会发出"世风日下，人心不古"的慨叹，但古代的青少年难道就不犯罪吗？

据《史记·游侠列传》说，郭解"少时阴贼，慨不快意，身所杀甚众。以躯借交报仇，藏命作奸，剽攻不休，及铸钱掘冢，固不可胜数"，当时"少年慕其行，亦辄为报仇"。所谈还只是个个案。《货殖列传》说："其在闾巷少年，攻剽椎埋，劫人作奸，掘冢铸币，任侠并兼，借交报仇，篡逐幽隐，不避法禁，走死地如鹜者，其实皆为财用耳。"则有总括论断的意味。

他所说的那些侠，不正是今日所谓的"不良少年"吗？他们混帮派、争地盘、劫人作奸，或偷盗，或制伪钞，或替朋友出气报仇。事发了，就窜匿逃亡。悍不畏法禁，也不知死活。

这类少年游侠，上古不知究竟有没有，但到汉代，就已经多得是了。史传人物,如朱云"少时通轻侠,借客报仇",眭弘"少时好侠,斗鸡走马",朱博"家贫,少时给事为亭长,好客少年,捕搏敢行",陈遵"少豪侠,有才辩",刘英"少时好游侠,交通宾客",董卓"少尝游羌中……由是以健侠知名",袁术"少以侠气闻,数与诸公子飞鹰走狗",王涣"少好侠,尚气力,数通剽轻少年"。诸如此类,大约只是众多少年任侠者中少数后来发达了的例子。其余终究沉沦于黑道、亡命于江湖、诛死于刑宪者,实不知凡几。

有道是:"人不轻狂枉少年。"少年轻狂,其中不少人便因此而流于轻侠,或飞鹰走狗,或搏剽敢行,以致形成游侠多少年,而少年亦多游侠的局面。这些侠,史书上常用"奸猾"、"奸邪"、"恶少"、"轻薄子"等词来形容,更是政府头痛的人物。他们有些在地方作恶,成为地痞角头势力,鱼肉乡里,如"阳翟轻侠赵季、李款,多畜宾客,以气力渔食间里,至奸人妇女,持吏长短,纵横郡中"(《汉书》卷七七);也有些在京城撒野,闹得不像话了,才遭到政府的强力镇压。

《汉书·酷吏传》记载了一则故事:

> 永始、元延间,上怠于政,贵戚骄恣,红阳长仲兄弟交通轻侠,臧匿亡命。而北地大豪浩商等报怨,杀义渠长妻子六人,往来长安中。丞相御史遣掾求逐党羽,诏书召捕,久之乃得。长安中奸猾寖多,间里少年群辈杀吏,受赇报仇。相与探丸为弹,得赤丸者斫武吏,得黑丸者斫文吏,白者主治丧。城中薄暮尘起,剽劫行者,死伤横道,枹鼓不绝。

> (尹)赏以三辅高第选守长安令,得一切便宜从事。赏至,修治长安狱,穿地方深各数丈,致令辟为郭,以大石覆其口,名为"虎穴"。乃部户曹掾史,与乡吏、亭长、里正、父老、伍人,杂

举长安中轻薄少年恶子、无市籍商贩作务而鲜衣凶服被铠扞持刀兵者，悉籍记之，得数百人。赏一朝会长安吏，车数百两，分行收捕，皆劾以为通行饮食群盗。赏亲阅，见十置一，其余尽以次内虎穴中。百人为辈，覆以大石，数日一发视，皆相枕藉死，便舆出，瘗寺门桓东，楬著其姓名。百日后，乃令死者家各自发取其尸。亲属号哭，道路皆歔欷。长安中歌之曰："安所求子死？桓东少年场。生时谅不谨，枯骨后何葬？"

少年们之所以能在京城横行杀吏，主要是因为有贵戚包庇，故肆无忌惮至此。其盛况大约比前几年台北街头出租车队火并时的烧街大战，更为刺激火爆。不料政府忽然强力扫荡，竟一举将之歼灭了。这个事件在当时，恐怕对人心的震撼，不下于今日的陈进兴案，因此当时即有歌谣流传，吟咏其事。

这样的歌谣，因广获共鸣，后人哀其事而矜其情，遂成了一曲历代反复歌咏的乐府诗。《乐府诗集》卷六六杂曲歌辞收有《结客少年场行》十首，作者为鲍照、刘孝威、庾信、孔绍安、虞世南、虞羽客、卢照邻、李白、沈彬。题下引《乐府广题》说："结客少年场，言少年时结任侠之客，为游乐之场，终而无成，故作此曲也。"可见历代哀其事或借其事以兴感者甚多，已足以成为一种类型文学。

这种类型诗，是武侠小说尚未成形前的第一批武侠文学。在这个类型内部，当然也还可以有些变貌，例如《结客少年场行》就可以拆开成为《结客篇》或《少年》、《少年子》、《少年乐》、《长安少年行》、《汉宫少年行》、《渭城少年行》、《邯郸少年行》等等。又由于这些少年都是结客任侠的，所以又因之而有《游侠篇》、《游侠行》、《侠客篇》、《侠客行》之类作品。《乐府诗集》卷六六、六七选录了不少这些歌曲，但遗漏的必然更多。若谈到中国武侠文学之类型化，自应以此为嚆矢；而其所歌咏之少年结客任侠现象，本身也是值得探究的。

二　背德与犯罪

报仇、杀人、掘冢、铸币、藏命作奸，当然都是越轨甚或犯罪的行为。这些行为，固不仅少年才有，但史传中明讲是少年所为者却着实不少。可见游侠行为中，少年越轨犯罪确实是一种特征。而研究犯罪学的人都知道：青少年犯罪本来就是普遍存在于各时代的社会现象，其比例在整个犯罪人口中也总不低。因此，少年犯，在犯人类型中一直是非常明确的一类。

对于犯罪，可以有许多分析的角度；对于恶，也可以有各种解释。但仅从犯罪心理学的角度看，人之所以犯罪，本来就与其人格发展有关。人格发展不完全，正是犯罪的原因之一。所谓人格发展不完全，即一般所称之"异常人格"者。但少年因仍处在成长阶段，人格发展其实也仍不完全，容易出现犯罪行为，并不难理解。[①]

其次，所谓犯罪的"罪"，是由法律及道德之规范而界定的。因此，除非从超越性的角度论罪的问题，例如基督教所说的"原罪"，否则一般所说的罪，都是相对的。《蒙田随笔》第二卷第十二章言道："近亲结婚在我国绝对禁止，而在其他地方却是桩好事：'传说有的国家母亲跟儿子同床，父亲跟女儿共寝，亲情加爱情，是亲上加亲'，杀子、弑父、

---

① 心理学上对于异常人格之分析，大抵界定为：循环型（指人情绪起伏不定，时喜时怒）、分裂型（指人孤僻内向，不善适应环境）、黏着型（有癫痫气质，黏着与爆发交替出现）、偏执型（妄想、精神分裂）、人格分裂型、强迫神经症型（具强迫恐怖行为）等等，均不将一般青少年列入，但我认为青少年正处于青春期，其叛逆性格亦应视为一种人格异常现象。

拈花惹草、偷盗、销赃、形形色色的寻欢作乐，没有一件事是绝对大逆不道，以致哪个国家的习俗都不能接受的。"法律与道德有其时空条件，须相对于某时某地某一社会某一群体来说，才有背德与犯罪之问题。

而人自出生以后，整个成长过程，其实也就是学习、认识并适应他所处社会之规范的历程。青少年阶段正处在这个过程之中，尚未充分社会化，因此极易出现逸离于（或尚未纳入、驯服于）社会法律与道德规范之行为，也是不难了解的。

从人格方面看，青少年"血气方刚，戒之在斗"，其行为模式正好表现为好勇斗狠，喜欢逞一时血气。鲍照《代结客少年场行》说少年侠客们"骢马金络头，锦带佩吴钩。失意杯酒间，白刃起相仇"，就是这个缘故。他们在路上，常因别人偶尔多看了他们一眼，就揍人、杀人；在友朋间，也常因一言不合，或杯酒失欢，而大打出手。

故在犯罪学的研究中，我们会发现少年之暴力犯罪往往多于成人组织犯罪团体。贯休《少年行》说少年："自拳五色毬，迸入他人宅，却捉苍头奴，玉鞭打一百。"这类暴力行为，有时是偶发式的，如贯休所云；有些则属于团体斗殴。而且会因一次打人的暴力事件演变发展成为寻仇报复，或由单纯的气力拳脚发展成为刀械相加。

在施暴斗勇之际，青少年施暴之特征，在于其对象、场合、原因并不固定。因为血气迸发，勃然不可遏抑，出于生命的冲动，如孟郊《游侠行》所谓："壮士性刚决，火中见石裂，杀人不回头，轻生如暂别。"一时冲动，情绪鼓荡，又未受到社会规范的调伏，本身人格成长亦不够成熟，自我控制及反省能力明显不足，便可能对任何人暴力相向。

而且，在施暴于他人的过程中，青少年其实也同时显露了对自己施暴的性质，亦即孟郊所说的"轻生"。青少年对待自己的生命，也往往如对待他人那样，轻忽且以暴力相加。因此他们常常自己作践自己。轻生舍命，原本就是青少年时期极为重要的特征，诸如酗酒、吸食毒品、刻划肢体、自杀，都是青少年时期常见的事。好勇斗狠、悍不畏死，其实也是轻生。生命不但如一把掷出去的骰子，毫不在乎，而且也不怕伤害自己。

假若人连伤害自己都不在乎了，还会担心伤害了别人吗？青少年犯罪中，暴力伤害最为常见，原因不难索解。成人组织犯罪团体每利用少年这种悍不畏死的特性，培养或运用之，以达成其遂行不法之目的，所以也常吸收任侠少年入其组织，再予以控制运用。但成人组织犯罪团体仅以暴力作为辅助方式，或其实施的多半为间接暴力、隐性暴力，令人因畏惧而依从其意旨即可，极少出诸直接暴力。因为此类组织犯罪团体主要"从事于各种不法之事业，是以对于组织犯罪团体而言，为犯罪而实施暴力，已无其必要。但在少年犯罪团体，因其犯罪目的之达成，每每诉诸暴力，是以暴力仍为少年犯罪团体普遍采用"[1]。

不过，少年犯罪者，乃至于少年犯罪团体（例如青少年帮派）之暴力，终究是不能跟成人组织犯罪团体比拟的。因为少年犯罪的暴力，大抵系一时冲动，属于随机、散漫式、无特定目的与对象的性质，成人组织犯罪团体通常不会采用这种方式，徒逞匹夫之勇。

张华《博陵王宫侠曲》曾形容此匹夫之勇云："雄儿任气侠，声盖少年场。借交行报怨，杀人租市旁。吴刀鸣手中，利剑严秋霜。腰间叉素戟，手执白头镶。腾超如激电，回旋如流光。奋击当手决，交尸自纵横。宁为殇鬼雄，义不入圜墙。"圜墙，即指这个社会的道德与法令规范。少年正是靠着逞使他的血气勇力，来表示："什么道德法律？你们社会上讲的那一套，老子不甩你！"

---

[1] 见蔡墩铭《犯罪心理学》（黎明文化，一九八八）第十三章第四节。

青少年的叛逆精神，即由此透显出来。但其好斗与暴力，也并不仅表现在暴力犯罪方面。例如"斗鸡走马"，斗鸡等赌博行为、走马等游猎行为，亦都是其好斗与暴力的一种表现。盖赌博本属争斗之一类，斗鸡更具有发泄杀伐暴力欲望的快感，所以有时鸡距上还要缚上利刃，以增加血腥刺激之乐趣。走马游猎、飞鹰走狗，则更将血腥刺激指向动物，在冲杀射刺中获得暴力施为的快感。史传谈到少年游侠，辄言其好飞鹰走狗；乐府诗讲到少年侠行，也多歌咏其博戏游猎，殆非无故。

卢照邻《结客少年场行》云长安游侠"斗鸡过渭北，走马向关东"，张籍《少年行》谓少年"日日斗鸡都市里，赢得宝刀重刻字"，高适《邯郸少年行》则说"邯郸城南游侠子……千场纵博家仍富"，贯休《轻薄篇》亦云："谁家少年，马蹄蹋蹋。斗鸡走狗夜不归，一掷赌却如花妾。"李白《行行游且猎篇》则形容游侠："但知游猎夸轻趫。胡马秋肥宜白草，骑来蹑影何矜骄。金鞭拂雪挥鸣鞘，半酣呼鹰出远郊。弓弯满月不虚发，双鸰迸落连飞髇。海边观者皆辟易，猛气英风振沙碛。"传李白另有《少年行》说："君不见淮南少年游侠客，白日毬猎夜拥掷。呼卢百万终不惜，报仇千里如咫尺。"都是讲少年任侠者这种赌博游猎之生涯者。

如此发抒其斗性，又兼具有"斗豪"的意味。呼卢百万，一掷千金，须有豪气豪情，更须有钱。所以高适说游侠少年可以"千场纵博家仍富"。富豪，乃是少年可以不事生产，终日游猎、聚赌、嬉戏的基本条件。

这在古代，王公贵族或高官巨族之子弟，最具有这样的资格。市井商贾子弟，或许也很有钱，但够富不够贵，距离富豪之境界，毕竟差了一层。故乐府诗中描述少年任侠者，总是就王公大臣之子弟说，例如刘孝威《结客少年场行》说:"少年本六郡,遨游遍五都。"庾信说:"结客少年场,春风满路香。歌撩李都尉,果掷潘河阳。……今年喜夫婿,新拜羽林郎。"张祜《少年乐》说:"二十便封侯,名居第一流。……眼前长贵盛,那信世间愁。"张籍《少年行》说:"少年从出猎长杨,禁中新拜羽林郎。百里报仇夜出城,平明还在倡楼醉。"都指明了这些游侠者即是贵族子弟,甚或本身还是皇帝的侍卫。史传中记载诸侯王、贵族、大臣子弟任侠者就更多了。①

这倒不是说只有贵族大臣子弟才游侠结客,而是说斗豪为少年任侠行为之一大特征;此类人,又在其中最具代表性。那些没有太多钱的少年,其实也一样要斗豪,因为少年犯罪的一个特点,就是为了满足其"自我显露",亦即展示、炫耀。②他们喜欢在服饰、发型、车马、异性朋友等方面展示炫耀自己,跟别人争奇斗艳,以满足其虚荣心。

在"醉骑白马走空衢,恶少皆称电不如"(施肩吾《少年行》)时,他们就获得了极大的满足。所以贯休《轻薄篇》说:"斗鸡走狗夜不归,一掷赌却如花妾。惟云不颠不狂,其名不彰。"这种"爱现"、"耍帅"的心理,会驱使他与人斗豪。可是他若非贵族富豪子弟,有什么本钱去比赛奢豪呢?此即不免趋于犯罪。例如偷盗、剽劫、恐吓取财,甚或掘冢铸币。做这些事,并不是为了衣食饥寒之需,也不是真想发财,而常只是为了满足在吃喝玩乐方面显得有气魄有本事的心理。

---

① 汉代贵族大臣及其子弟任侠者甚多,详龚鹏程《汉代的游侠》(收入本书;另见《一九九六年龚鹏程学思报告》,南华管理学院出版)。近代耳目所及,达官显贵的子弟,也不乏做过这类任侠恶少的。
② 见 Karl Menninger, M. D., *The Crime of Punishment*, New York: The Viking Press, p. 185. 张正见《轻薄篇》形容"洛阳美少年"、"石榴传玛瑙,兰看莫象牙",然后说此举"聊持自娱乐,未是斗豪奢",即点出这种斗豪以自炫的心理。

三　游侠次文化

依各国犯罪记录统计，少年以犯窃盗、侵入住宅、强盗、杀伤等罪最多。对其犯行，美国学者Short、Strodtback曾以因素分析法分为五类：冲突行为（如斗殴、携带凶器）；聚赌；性行为（如猥亵、强奸、性侵害）；倒退行为（如使用麻醉品）；反权威行为（如破坏、偷汽车）。我在上文的描述，则不实行行为分析的方式，而是从青少年人格特质去解释他们为何会有这些犯行。这些犯行也不是平列分类式的，它们彼此相互关联，分类的界限其实是很模糊的。

同样地，所谓罪，在青少年行为中，这个概念的运用也是模糊的。成人间打架互殴，一般不称为犯罪；成人去酒店喝酒唱歌，视为常事，亦不以为就是犯了罪；至于游猎游荡，又是什么罪呢？可是，台湾"少年事件处理法"第三条中却对"进入不正当场所"、"游荡"等行为有所规范。换句话说，是因为我们对少年犯罪的界定，创造了他们的罪。某些罪，其实称不上罪，只是具有些"不良"的性质罢了。

以侠者结客少年场来说，其结集未必出于犯罪意识，而常是基于游玩戏乐之需求。犹如少年街头组织，大抵为住在同街的儿童少年或邻居之组合，本无组织可言。但因他们常采取共同行为，不太容纳外人参加，且为争取地盘、确保共同利益，不免与其他街头组合发生冲突，遂常演变为不良少年帮会。

但仍只能视之为游戏团体或兴趣团体。这样的团体，也未必不犯罪，它也可能偶尔变成犯罪团体。所以说游戏与犯罪，在少年个人或其团体间，也都是边界模糊的。

杜甫《少年行》说某游侠少年："马上谁家白面郎，临轩下马坐人床，不通姓字粗豪甚，指点银瓶索酒尝。"此君擅闯他人住处，强索食物，显为犯罪之行为。但究其实，也不过为了表现一下豪气而已。李益《轻薄篇》说一少年逞其豪健，游猎归来，见青楼之曲未半，"美人玉色当金樽"。可是这时却有另一少年："淮阴少年不相下，酒酣半笑倚市门。安知我有不平色，白日欲顾红尘昏。死生容易如反掌，得意失意由一言。"一言如果不合，游戏游冶者，便要杀人犯罪了。可见这些不良少年基本上只是任侠使气、遨游纵戏而已，犯罪仅为其可能的结果之一。

另外，我们也不能说这些"不良少年"的行为真的是"不良"。研究青少年犯罪或反社会性者，常视其为非行文化（delinguent culture），亦即社会通行之一般价值、行为模式、道德体系的反对者或佚离者。从这个意义上说，斗鸡走狗、斗豪宿娼、侵入民宅、争风吃醋、使气杀人、替朋友出头报仇，都是不良的行为。可是，假若如卢照邻《结客少年场行》所说"长安重游侠，洛阳富财雄"，整个社会是看重游侠也喜欢从事侠行的，那又怎么说呢？

彼时，任侠已成风俗，如《史记·货殖列传》云："种、代，石北也，地边胡，数被寇。人民矜懻忮，好气，任侠为奸，不事农商。""濮上之邑徙野王，野王好气任侠，卫之风也。""颍川、南阳，夏人之居也。……俗杂好事，业多贾，其任侠，交通颍川，故至今谓之'夏人'。"侠，就是社会通行的行为模式，未成年人通过社会学习（social learning）而进行社会化，学到的就是这种任侠行为、杀人越货的价值观。因此，侠在这时便不是反社会者，而是社会风俗之代表。我们所说的不良少年，在这儿便"良"得很了。

换言之，在社会上仍存在着许多不同的"分众社会"。以地域来分，某些地域，例如风化区、贫民窟、眷村、高级住宅区，会有不同的文化，各自形成社会文化的次文化领域，通行着这个次文化领域共许的价值观、语言、饰物、行动方式、生活样态。同理，不同年龄层，也可以形成不同的次文化领域。

《史记·货殖列传》和《汉书·地理志》都曾用地域的概念来说明某地流行任侠。少年任侠也不妨看成是当时青年次文化的一种表征。当然，这种青年次文化仍与地域脱离不了关系，因为它具有浓厚的都市性格，以京城长安、洛阳为主要场景。

结客少年场的"场"，主要就在长安、洛阳。王褒《游侠篇》："京洛出名讴，豪侠竞交游。……斗鸡横大道，走马出长楸。"李益有《汉宫少年行》、何逊有《长安少年行》、崔颢有《渭城少年行》，都点明了少年游侠，实以京城为主，《结客少年场行》这首诗，也即是因感伤长安恶少被捕杀而作。据史书说，当时长安：

> 关中长安樊中子、槐里赵王孙、长陵高公子、西河郭翁中、太原鲁翁孺、临淮儿长卿、东阳陈君孺，虽为侠而恂恂有退让君子之风。……万章字子夏，长安人也。长安炽盛，街闾各有豪侠，章在城西柳市，号曰"城西万子夏"。……河平中，王尊为京兆尹，捕击豪侠，杀章及箭张回、酒市赵君都、贾子光，皆长安名豪，报仇怨、养刺客者也。（《汉书·游侠传》）

> 汉兴，立都长安，徙齐诸田、楚昭、屈、景及诸功臣家于长陵。后世世徙吏二千石、高赀富人及豪桀并兼之家于诸陵。盖亦以强干弱支，非独为奉山园也。是故五方杂厝，风俗不纯。其世家则好礼文，富人则商贾为利，豪桀则游侠通奸。濒南山，近夏阳，多阻险轻薄，易为盗贼，常为天下剧。又郡国辐凑，浮食者多，民去本就末，列侯贵人车服僭上，众庶仿效，羞不相及，嫁娶尤崇侈靡，送死过度。（《汉书·地理志》）

> 汉之西都，在于雍州，实曰长安。……图皇基于亿载，度宏规而大起，肇自高而终平，世增饰以崇丽，历十二之延祚，故穷奢而极侈。建金城其万雉，呀周池而成渊，披三条之广路，立十二之通门。内则街衢洞达，闾阎且千，九市开场，货别隧分，人不得顾，车不得旋，阗城溢郭，傍流百廛，红尘四合，烟云相连。于是既庶且富，娱乐无疆。都人士女，殊异乎五方。游士拟于公侯，列肆侈于姬、姜。乡曲豪俊游侠之雄，节慕原、尝，名亚春、陵，连交合众，骋骛乎其中。（《后汉书·班彪传》）

> 蔡质《汉仪》曰：延熹中，京师游侠有盗发顺帝陵，卖御物于市，市长追捕不得。周景以尺一诏召司隶校尉左雄诣台对诘。雄伏于廷答对，景使虎贲左骏顿头，血出覆面，与三日期，贼便擒也。（《后汉书·周荣传》注）

"长安炽盛，街闾各有豪侠"，东市、西市、酒市各占地盘，即是"长安重游侠"一语之注脚。这当然不是说整个长安都重游侠，但在那五方杂处、风俗不纯之地，世家好礼文，富人商贾为利，豪杰则游侠通奸，正是不同分众群体的不同行为模式与价值体系，各自形成不同的次文化领域，分庭抗礼。

分析这种游侠次文化，有两点很值得注意：一是侠与都市生活的关联，二是它与不同次文化团体间的文化冲突。

在《史记·游侠列传》中，司马迁曾区分两种侠，一是孟尝君、信陵君、平原君一类"皆因王者亲属，藉于有土卿相之富厚，招天下贤者，显名诸侯"，另一种则是"闾巷之侠"。前者为王公大臣之为侠者，后者是住在闾巷中的布衣，也就是他提到的长安樊中子、西河郭翁中等等。其他闾巷少年，则《货殖列传》曰："其在闾巷少年，攻剽椎埋，劫人作奸，掘冢铸币，任侠并兼。"这两类人，都以首都州郡或王侯封国所在为多。因此，我们甚至可以说游侠基本上是都市性的生物，游行于江湖四海，或落草占山的游侠，则是后来的事。

游侠常活动于都市中，道理很简单：他们不事生产，以气义交游为事，结客游行于游乐之场，都市远比农村更适合他们博戏、游闲、交通豪杰、结蓄宾客。在犯罪学的研究中，芝加哥学派发展出了一个区位学理论，基本上认为城市是一个生活虚伪、匿名、关系不稳定、亲友关系微弱的地方。而其中又以中心商业区的情况最严重，社会病态状况，例如犯罪、肺病、婴儿死亡等问题最多。离中心区越远，问题则越少。这种解析，放在汉代长安看，大抵也是适用的。

在都市中，王公大臣子弟自有其府第，其他任侠者要形成势力，即不能不占据地盘，这就是司马迁、班固谈到侠，都带着个地盘说（如云南道仇景、东道羽公子、长安樊中子之类）的缘故。他们谈到侠的行事状况时，也老是把闾市里巷和侠合并着说，如"郡中盗贼，闾里轻侠，其根株窟穴所在，及吏受赇枉两之奸，皆知之"（《汉书》卷七六）；"喜游侠，斗鸡走马，具知闾里奸邪"（同上卷八）。①

这种情况，放在所谓不良少年或少年犯罪这个脉络看，尤其明显。几乎所有的少年犯罪都是在都市的娱乐区、风化区、不法场所、车站、港口、旅店、暗巷、废宅中进行的。某些区域，不仅住民多为"不良分子"或"不良少年"，且不法之徒公然横行，无所顾忌，非法行为司空见惯。此类少年，即是闾巷之侠，盘踞、生存于这些都市的角落中。

---

① 犯罪学理论在二十世纪五十、六十年代非常重视次文化理论，但主要的解释，是说下层阶级出身的青少年借由犯罪，打破中产阶级价值观，以追求社会地位（详周愫娴译《犯罪学理论》[桂冠，一九九四]第七章）。我的理论与他们不同。

然而，不论是贵游子弟抑或闾里少年，既然都是侠，便有侠的共性，因此他们纵博、射猎、斗酒、宿娼、欺侮人、报仇怨，"才明走马绝驰道，呼鹰挟弹通缭垣。玉笼金锁养黄口，探雏取卵伴王孙。分曹六博快一掷，迎欢先意笑语喧。巧为柔媚学优孟，儒衣嬉戏冠沐猿。晚来香街经柳市，行过倡市宿桃根"（李益《汉宫少年行》）。类型化的生活，遂逐渐导生出类型化的文学，凡歌咏少年游侠，都要着重强调他们这种都市游宴、纵佚豪奢的生活形态。

四　生命的争论

可是都市里还有其他人。代表王权法宪的体系，或许会纵容甚或勾结侠客，但不可能认同这种生活形态及价值观；代表智慧理性及道德正义的知识分子、礼法世家，也不会同意子弟去任侠。因此，观念与行动的冲突乃是不可避免的。《结客少年场行》这首诗的故事，就代表了王权法律体系对任侠少年的反击。另外如赵广汉熟知闾里轻侠根株窟穴之所在，"长安少年数人会穷里空舍谋共劫人，坐语未讫，广汉使吏捕治具服"（《汉书》卷七六），亦属此类。

礼法世家与少年任侠者的冲突，当然也一样剧烈。《后汉书·马援传》载其诫侄书最足以为代表：

> 初，兄子严、敦并喜讥议，而通轻侠客。援前在交趾，还书诫之曰："……龙伯高敦厚周慎，口无择言，谦约节俭，廉公有威。吾爱之重之，愿汝曹效之。杜季良豪侠好义，忧人之忧，乐人之乐，清浊无所失，父丧致客，数郡毕至。吾爱之重之，不愿汝曹效也。效伯高不得，犹为谨敕之士，所谓刻鹄不成尚类鹜者也。效季良不得，陷

为天下轻薄子，所谓画虎不成反类狗者也。讫今季良尚未可知，郡将下车辄切齿，州郡以为言，吾常为寒心，是以不愿子孙效也。"

季良名保，京兆人，时为越骑司马。保仇人上书，讼保"为行浮薄，乱群惑众，伏波将军万里还书以诫兄子，而梁松、窦固以之交结，将扇其轻伪，败乱诸夏"。书奏，帝召责松、固，以讼书及援诫书示之，松、固叩头流血，而得不罪。诏免保官。

太史公在记载了孟尝君的事迹后，也曾发抒了一段感慨说："吾尝过薛，其俗间里率多暴桀子弟，与邹鲁殊。问其故，曰：'孟尝君招致天下任侠奸人入薛中，盖六万余家矣。'"任侠之风，影响于子弟，使得该地域子弟们都学习到了一股暴桀之气，太史公是深有感慨的。同样地，马援虽能欣赏杜季良的豪侠作风，但却不愿子弟去学他，担心子弟成为轻薄子。

轻薄，正是时人对任侠少年普遍的批评。乐府诗有《轻薄篇》，《解题》云："《轻薄篇》，言乘肥马，衣轻裘，驰逐轻过为乐，与《少年行》同意。何逊云'城东美少年'、张正见云'洛阳美少年'是也。"张华所作云：

末世多轻薄，骄代好浮华。志意既放逸，资财亦丰奢。被服极纤丽，肴膳尽柔嘉。僮仆余梁肉，婢妾蹈绫罗。文轩树羽盖，乘马鸣玉珂。棋簦刻玳瑁，长鞭错象牙。足下金鑮履，手中双莫邪。宾从焕络绎，侍御何芳葩。朝与金、张期，暮宿许、史家。甲第面长街，朱门赫嵯峨。苍梧竹叶清，宜城九酝醝。浮醪随觞转，素蚁自跳波。美女兴齐赵，妍唱出西巴。一顾倾城国，千金不足多。北里献奇舞，大陵奏名歌。新声逾《激楚》，妙妓绝《阳阿》。玄鹤降浮云，鳣鱼跃中河。墨翟且停车，展季犹咨嗟。淳于前行酒，雍门坐相和。孟公结重关，宾客不得蹉。三雅来何迟，耳热眼中花。盘

> 案互交错，坐席咸喧哗。簪珥或堕落，冠冕皆倾邪。酣饮终日夜，明灯继朝霞。绝缨尚不尤，安能复顾他。留连弥信宿，此欢难可过。人生若浮寄，年时勿蹉跎。促促朝露期，荣乐遽几何。念此肠中悲，涕下自滂沱。但畏执法吏，礼防且切磋。

整个态度是批判的，形容任侠少年如何斗豪、如何浮华，而以青春易逝警之，结尾则归于法宪与礼防。贯休《轻薄篇》批评少年侠客只晓得"人不轻狂枉少年"，却不知年光易逝，到老来"方吟少壮不努力，老大徒伤悲，奈何！"亦是此意。

大抵这类批判有几种情况，一是对其骄侈豪奢不满，贯休《少年行》说："锦衣鲜华手擎鹘，闲行气貌多轻忽。稼穑艰难总不知，五帝三皇是何物！"犹如我们现在常批评年轻人爱慕虚荣、没吃过苦、乱花钱、以为钱财来得容易。又因为年轻人是这般娇生惯养，所以也缺了文化，少了家教，以致举动轻狂、丝毫不懂礼貌。贯休说："面白如削玉，猖狂曲江曲，马上黄金鞍，适来新赌得。"即指此而言。杜甫说某白面郎闯进民宅强索酒喝者，亦属此类批评。

一是教诲年轻人不要浪费生命，青春虽好却转瞬将逝，应该及时努力。前面所举张华、贯休《轻薄篇》就是这种声腔。沈炯《长安少年行》说：

> 长安好少年，骢马铁连钱。陈王装脑勒，晋后铸金鞭。步摇如飞燕，宝剑似舒莲。去来新市侧，遨游大道边。道边一老翁，颜鬓如衰蓬。自言居汉世，少小见豪雄。五侯俱拜爵，七贵各论功。建章通北阙，复道度南宫。太后居长乐，天子出回中。玉辇迎飞燕，金山赏邓通。一朝复一日，忽见朝市空。扶桑无复海，昆山倒向东。

少年何假问,颓龄值福终。子孙冥灭尽,乡间复不同。泪尽眼方暗,髀伤耳自聋。杖策寻遗老,歌啸咏悲翁。遭随各有遇,非敢访童蒙。

以老年人过来人的角度,对年轻人提出忠告,这是非常典型的例子。另外还有些,则在这样的劝诫中,再提出另一种价值来替代任侠,希望少年侠客能幡然改辙,悟今是而昨非:

小来托身攀贵游,倾财破产无所忧。暮拟经过石渠署,朝将出入铜龙楼。结交杜陵轻薄子,谓言可生复可死。一沉一浮会有时,弃我翻然如脱屣。男儿立身须自强,十五闭户颍水阳。业就功成见明主,击钟鼎食坐华堂。二八蛾眉梳堕马,美酒清歌曲房下。文昌宫中赐锦衣,长安陌上退朝归。五侯宾从莫敢视,三省官僚揖者稀。早知今日读书是,悔作从来任侠非。(李颀《缓歌行》)

岁暮凝霜结,坚冰冱幽泉。厉风荡原隰,浮云蔽昊天。玄云晻暨合,素雪纷连翩。鹰隼始击鸷,虞人献时鲜。严驾鸣侍侣,揽辔过中田。戎车方四牡,文轩驭紫燕。舆徒既整饬,容服丽且妍。武骑列重围,前驱抗修旃。倏忽似回飙,络绎若浮烟。鼓噪山渊动,冲尘云雾连。轻缯拂素霓,纤网荫长川。游鱼未暇窜,归雁不得旋。由基控繁弱,公差操黄间。机发应弦倒,一纵连双肩。僵禽正狼籍,落羽何翩翩。积获被山阜,流血丹中原。驰骋未及倦,曜灵俄移晷。结罝弥薮泽,嚣声振四鄙。鸟惊触白刃,兽骇挂流矢。仰手接游鸿,举足蹴犀兕。如黄批狡兔,青骹撮飞雉。鹁鹭不尽收,兔鹥安足视。日冥徒御劳,赏勤课能否。野飨会众宾,玄酒甘且旨。燔炙播遗芳,金觞浮素蚁。珍羞坠归云,纤肴出渌水。四气运不停，年时何亹亹。人生忽如寄，居世遽能几？至人同祸福，达士等生死。荣辱浑一门，安知恶与美。游放使心狂，覆车难再履。伯阳为我诫，检迹投清轨。（张华《游猎篇》）

这里一个希望游侠能折节读书，回归儒行；一个抬出老子，教人不要纵情声色；都是想指出向上一路，导侠客入于"正"途的。

但是，由这儿也就显示出彼此的差异了。少年游侠，是属于青少年的事业与生活，挥霍青春，炫耀他们的生命，正是他们的特性。老人的话，他们是听不进去的。老人们絮絮叨叨，他们也就不客气地反驳道：

少年飞翠盖，上路动金镳。始酌文君酒，新吹弄玉箫。少年不欢乐，何以尽芳朝？千金笑里面，一搦抱中腰。挂冠岂悼宿，迎拜不胜娇。寄语少年子，无辞归路遥。（李百药《少年子》）

边城儿，生年不读一字书，但知游猎夸轻趫。胡马秋肥宜白草，骑来蹋影何矜骄。金鞭拂雪挥鸣鞘，半酣呼鹰出远郊。弓弯满月不虚发，双鸧迸落连飞髇。海边观者皆辟易，猛气英风振沙碛。儒生不及游侠人，白首下帷复何益！（李白《行行游且猎篇》）

赵客缦胡缨，吴钩霜雪明。银鞍照白马，飒沓如流星。十步杀一人，千里不留行。事了拂衣去，深藏身与名。闲过信陵饮，脱剑膝前横。将炙啖朱亥，持觞劝侯嬴。三杯吐然诺，五岳倒为轻。眼花耳热后，意气素霓生。救赵挥金槌，邯郸先震惊。千秋二壮士，烜赫大梁城。纵死侠骨香，不惭世上英。谁能书阁下，白首《太玄经》？（李白《侠客行》）

玉鞭金镫骅骝蹄，横眉吐气如虹霓。五陵春暖芳草齐，笙歌到处花成泥。日沉月上且斗鸡，醉来草问天高低。伯阳道德何涕唾，仲尼礼乐徒卑栖。（齐己《轻薄行》）

城东美少年，重身轻万亿。柘弹随珠丸，白马黄金饰。长安九逵上，青槐荫道植。毂击晨已喧，肩排暝不息。走狗通西望，牵牛向南直。相期百戏傍，去来三市侧。象床沓绣被，玉盘传绮食。大姊掩扇歌，小妹开帘织。相看独隐笑，见人还敛色。黄鹤悲故群，山枝咏新识。乌飞过客尽，雀聚行龙匿。酌羽方厌厌，此时欢未极。（何逊《轻薄篇》）

重义轻生一剑知，白虹贯日报仇归。片心惆怅清平世，酒市无人问布衣。（沈彬《结客少年场行》）

少年人的时间观与老人不同，他们不会感时光易逝，哦，不，也强烈感觉到时光易逝，所以，不是要及时努力，用功读书，而是要及时把握现在，好好欢乐享受一番。"少年不欢乐，何以尽芳朝？"此刻的、享乐的人生观，以及一种自我中心（self centered, ego centered）的态度，使得他们只求自己快乐，达到自己欲求的满足，而不理会他人的利益。因此，时世清平，他们反倒要惆怅了，因为缺乏让他们表现的机会。俗语说："小人幸乱。"他们虽非小人，却在只顾自己"爽"的情况下，虑不及其他。所谓："岂知眼有泪，肯白头上发。"生命就在这一掷中见其挥霍之美感，舒畅豪荡，具显青春的姿态与力量，谁还管这么多呢？

五　青春少年时

少年，是中国侠客传统中很早就已出现的一种角色。见于记载，最早的一位，或许是秦舞阳。《史记·刺客列传》说："燕国有勇士秦舞阳，年十三，杀人，人不敢忤视。"盖少年任侠者。不过这位少侠见了秦始皇却"色变振恐"而误了事。其后，据《史记》所记，少年任侠者极多，如季布之弟季心，为任侠，"少年多时时窃籍其名以行"（卷一百）。剧孟，"行大类朱家，而好博，多少年之戏"。郭解，"少年慕其行，亦辄为报仇"；"邑中少年及旁郡贤豪，夜半过门，常十余车，请得解客舍养之"（卷一二四）。少年基于崇拜偶像这态度，崇慕侠客，并学习着也去任侠，在汉初便应当已是普遍的现象了。

这种现象，可谓历代不绝。某某人少任侠，长乃折节读书，几乎成了史籍中常见的通套。据说郭子仪收复长安时，长孙全绪即曾先派禁军旧将入城"阴结少年豪侠以为内应"，才获成功。可见国家有需要时，未必不用侠少，但京兆尹捕杀侠少的戏码也在不断上演中。"会昌中，德裕当国，复拜京兆尹。都市多侠少年，以黛墨镵肤，夸诡力，剽夺坊间。元赏到府三日，收恶少，杖死三十余辈，陈诸市"（《新唐书·循吏传》），即为汉朝结客少年场故事的翻版。

这些少年，虽然多半没有姓名，面目也很模糊，但提供了不少研究青年行为心理以及不良少年犯罪史的材料。社会上存在着这么庞大的侠少人物及团体，过去侠客研究，始终未予正视，毋宁说是极为遗憾的。

勾勒侠少之轮廓，而且从汉代讲起，并主要以武侠诗为分析之材料，当然是我以上这些考述的主要贡献所在。但如此分析还有另一个意义：

中国侠义传统，在以小说为主要讨论材料时，侠，除了一部分神秘女子（如聂隐娘、红线、车中女子、贾人妻）之外，唐人传奇中只谈到了虬髯客、京西老人、兰陵老人、昆仑奴、淄川道士、角巾道人、宣慈寺沙门、汝州僧、四明头陀等，很少说少年。宋元话本以及《水浒传》讲的，也多是饱经历练的绿林好汉，并非侠少。

以侠少为描述主体的，大约仅有《拍案惊奇》中的李十八故事。说刘东山自负弓马绝技，退休返家时，在酒店中自我吹嘘，被一少年听见。这少年便要求与刘同行，途中以武技击败刘氏，劫走他的财物。刘氏气沮，归返故里，开一店铺维生。数年后，来了一伙客人，其中一人便是昔年劫金者，刘氏大惊恐。该人笑语安慰他，于是杯酒炙肉，豪健为欢。

这群人中，有一人最年少，大家称他为十八兄，隐然为这群人的领袖。他对大家也很有礼貌，但饮馔居住都单独在一处，饭量又奇大。天明，众人别去，竟不知究竟是何来历。后来刘氏揣摩：十八兄，或许是姓李的隐语。这是极少数侠少团体的故事，年纪最轻者担任这个团体的领袖，亦是刻意凸显"少年"的意义。但小说中似此者实极罕见，不像诗歌连篇累牍地以侠少为歌咏之对象。

清末以来，武侠文学推陈出新，迥非旧日侠义小说所能牢笼，而其中最明显的不同，就在于人物描述普遍以少年侠客为主要角色。少年成长（受难、练功、吃苦、历劫、报仇）以及谈恋爱之过程，成为小说最主要的骨干，以致武侠小说逐渐渗会糅杂于少年成长小说及爱情小说之间。这种情形，在中国古代侠义小说传统中是没有的，要寻其渊源或相似模拟的关系，只有重新回到乐府诗里去看。

但看那些与少年侠客相关的歌咏，评价是很困难的。文学作品比史传资料复杂。史传资料反映了政府、法律、社会、公众秩序及生活方式的观点，表达的是侠少以外人士对侠少的观感。而这批喜好玩荡玩乐，时而盗窃行抢、打架滋事、涉入不法的侠少人物，要让人对之有好观感亦不甚容易。可是文学作品不同。诗虽也批判其行径，但对其生活之细节是有形容、有体会的。史书中可能只写到某某人"侠邪无赖，与市井恶少群游汴中"，诗歌却会详细刻画他们如何游。这一刻画，侠少的生活就具体了。具体的事物，便容易使人认识，甚而容易得到认同。且不说侠少"玉羁玛瑙勒，金络珊瑚鞭"（何逊《长安少年行》）之豪奢令人称奇，他们"相逢意气为君饮，系马高楼垂柳边"（王维《少年行》），又怎能不牵动读者的意气，而对游侠生活产生好感呢？

不止如此，文学作品更能形成另一种观点，亦即不是由旁人来看侠少，而是试图以侠少的角度来说明侠少的人生态度与价值观。这时，它所表达的，就不是旁人对侠少的观念，乃是侠少的自我认知与辩护。例如李白《少年行》云：

> 君不见淮南少年游侠客，白日毬猎夜拥掷。呼卢百万终不惜，报仇千里如咫尺。少年游侠好经过，浑身装束皆绮罗。兰蕙相随喧妓女，风光去处满笙歌。骄矜自言不可有，侠士堂中养来久。好鞍好马乞与人，十千五千旋沽酒。赤心用尽为知己，黄金不惜栽桃李。桃李栽来几度春，一回花落一回新。府县尽为门下客，王侯皆是平交人。男儿百年且乐命，何须徇书受贫病。男儿百年且荣身，何须徇节甘风尘。衣冠半是征战士，穷儒浪作林泉民。遮莫枝根长百丈，不如当代多还往。遮莫亲姻连帝城，不如当身自簪缨。看取富贵眼前者，何用悠悠身后名。

这是游侠人物自己的观点。《新唐书》说李白"喜纵横术，击剑，为任侠"，作出这样的诗，并不意外。但纵使作者本人并未真的从事侠行，如王维、李百药，他们的诗也有"设身处地，代个中人发言"的性质。因此这些诗遂与社会上其他观点形成对比或互诤的张力。

这就是文学艺术的特质。就像近些年来一些绯闻、畸恋、外遇事件，都引起轩然大波。舆论对第三者、移情别恋者均颇为不满。可见社会上主流意见仍然是反对外遇的。可是连续几年，最受欢迎的影片，如《英伦情人》、《真爱一生》、《麦迪逊之桥》、《铁达尼号》，却都是因描述外遇者的感情历程，而赚人热泪的。观众对畸恋、外遇者深感同情、彻底认同，迥异于他们面对社会新闻时的态度。同样地，不论谁家教养出贾宝玉这样一个废物，父母都会像贾政一般，把他痛打一顿；可是千千万万《红楼梦》的读者，读到宝玉挨打一段，却都是疼惜宝玉，而不喜欢贾政的。

这就是文学艺术特殊的性质与魅力。何况，谁没有少年绮梦呢？这些电影勾动的，正是人的少年绮梦，故不仅少男少女为之痴迷，许多成年人也会借此满足或回味其绮想。同理，少年侠客梦，也是许多人都有的。少年时浪荡岁月，享受青春，逆叛父兄师保，不甩社会"流俗"之道德教训，喜欢呼朋引伴，在同侪团体中找寻自我认同的目标，偶尔出去刺激冒险一下、搜奇猎艳、耍酷耍帅、比赛气魄……不也是许多人曾经历过，或曾经想象过的生活吗？

读到令狐楚的诗"霜满中庭月过楼，金樽玉柱对清秋，当年称意须为乐，不到天明未肯休"（《少年行》），便很自然地会想起少年轰饮聚谈、聊天臭盖的时节。看见李益说，"少年但饮莫相问，此中报仇亦报恩"（《轻薄篇》），也大有知己之感。意气激扬起来了，惨绿少年时代的豪情、浪荡的生命，仿佛又活了过来。这时，要再效法老人的口吻去批判侠少，确实已不是件容易的事啦。

附录

附录一　刀剑录

曾写出我国第一篇文学批评专论《典论·论文》的魏文帝曹丕，其实也是一位武术高手。

他除了精于射骑之外，亦擅击剑，通晓四方技法。建安廿四年，他精心打造了一批兵器。其中有两柄匕首，名为"清刚"、"扬义"；三把刀："灵宝"、"含章"、"素质"；三口剑："飞景"、"流采"、"华锋"。剑长四尺二寸，重一斤十五两。

造这些兵器，当然有许多讲究，例如炼几趟、火候如何控制等等。"清刚"那把匕首，是用冰淬的；"扬义"那把，则是经过朝日晒的。曹丕对这些神兵利器，十分满意，曾写了一篇《剑铭》来纪念。称为《剑铭》，显然就是以剑来概括以上各种兵器了。而事实上他造的刀，也是刀身剑铗的。

这是中国历史上文人与宝剑正式结合的破纪录演出。造剑时"五色充炉，巨橐自鼓，灵物仿佛，飞鸟翔舞"的神秘感，以及宝剑飞景流采的尊贵感，千载以下，犹使人神往不已。

这也是剑的黄金时期，剑在兵器中的地位最高。

周朝的剑，只能刺击，不适合砍劈，且剑身轻短。后来逐渐加长，且以铁代铜，杀伤力渐增，成为最重要的武器。《汉书·艺文志》载当时已有《剑道》三十八篇，可见时人对其重视之一斑。曹丕造这批"百辟宝剑"时，可能更进步到炼钢了。剑术之劈、刺、扎、撩、点、崩、击、截、抹等技法，当也已发展成熟。

但是，从此以后，剑的好运道消逝了。真正在战场上使用的武器，主要是刀不是剑。明朝人编的《考槃余事》中记载："自古各物之制，莫不有法流传，独铸剑之术不传，典籍亦不载，故今无剑客，而世少名剑。"说明了剑道寥落的真实情况。

绝少人明白这个事实，因为我们从诗歌、从侠客故事、从武侠小说与电视电影中所得到的印象，无不是衣袂飘飘，大冠长剑，行走江湖，仗义疏财。只有"剑侠"一词，可没听说过什么刀侠；只讲究"百日枪，千日刀，万日剑"，断不能承认剑的位格落在刀枪之下。

这就是想象力的伟大之处了。

剑的雍容华贵、典雅神夐，乃至玄秘灵奇，正是文士笔端撰构出来的风采。实际上，魏晋南北朝以降，剑便越来越隐没于历史的灰烬中。故明末茅元仪《武备志》云："古之剑可施于战斗，故唐太宗有剑士千人。今其法不传。断简残篇中有歌诀，不详其说。"又曰："古之言兵者，必言剑。今不用于阵，以失其传也。"这位武术及武器专家，甚至要"博搜海外始得之"，从日本、朝鲜才能找回一些古剑术的遗迹，以供凭吊。

唯剑术之衰，不自唐以后始然。唐朝《唐六典》"武库令"条便只有刀制而无剑制，可见军队装备中并没有剑。宋朝刀更流行，且从日本大量进口，欧阳修《日本刀歌》谓："宝刀近出日本国，越贾得之沧海东，鱼皮装贴香木鞘，黄白间杂鍮与铜。"即咏其事。当时输入总量约在二十万把以上。日本刀术影响中国尤深，刀法经典《耕余剩技》，便是程冲斗依据浙江刀客刘云峰从日本人那里学来的刀法，加以整理消化而成。

刀势渐盛而剑法式微，乃是必然的。战阵冲杀，须用长兵，大刀长戟，方符所需。即或短兵相接，利于砍、劈、斩、拦、搅的刀，也远较剑实用。因此在实际搏杀的场合，剑便越来越少人问津了。

然而，渐不实用的剑却因此而地位越显尊隆。因为它不实用，所以它可以成为一种象征性的武器。例如隋朝一品官佩玉剑，二品佩金剑，三、四、五品佩银剑，侍中以下佩像剑。像剑即木剑。这些剑显然均非为击刺而用，上殿尤其不必也不准搏杀，故佩剑乃用以表示身份、耀炫职级，所谓"剑履上殿"，代表的只是一种尊崇与地位。

这种象征性，是在彻底解消了剑作为一种兵器的实用性格中完成的。透过这一转换过程，剑才能从兵器之一，变成了所有兵器的代表，而且转化了它的原初意义，成为文化礼仪及身份荣耀之象征标记。其他兵器，无论再怎么锋锐实用，缺乏了这层意义，其地位便永远无法与剑相提并论。

道士佩剑和侠客用剑，殆即此类。剑，是道士能召劫鬼神、斋醮普济一切天人的身份与工作之表纪；是侠客能行侠仗义、劫富济贫的标志。没有了剑，便仿佛丢了玉饰、朝笏、蟒服的官儿，哪里还像个一品大员？

而且，已不再实用故渐渐失传的铸剑法与剑术，更能激发我们的好奇与想象。干将、莫邪等上古神兵，只是铁剑初铸时的欢呼，岂能与后世之兵器争锋？但在历史遥远的托寓与想象中，自有其神秘氛围；在"失传"的痛苦中，更易激扬起曾经拥有的热情。

非实用性，带来了剑的象征化。象征化，又造就了剑术的仪式化，成为剑舞形式的表演。故战阵已不存者，竟发展出各门各派之剑术，艺术性远大于实用性（试思戏剧舞台表演中舞剑和舞刀效果之不同，即能明白这个道理）。而这种象征与仪式，又和深邃复杂的历史感及神秘意象相联结，构成一种玄奇幽渺的文化意涵，把侠客之剑，和道教吕洞宾的"天遯剑法"、密宗的"大光明剑法"等等,绾合在一起。这时,如果尚有文人,以铭赞与诗颂赋予它超越现实的意义,如"长剑一杯酒,男儿方寸心","十年磨一剑,霜刃未曾试,今朝把示君,谁有不平事"之类,剑就更会成为正义、理想之拟人化象征了。

  此刀剑之兴衰史也。剑因式微,故得尊隆;因其无用,乃成为文化之象征。此例可以醒世,吾岂仅谈侠说剑而已乎?

附录二　评田毓英著《西班牙骑士与中国侠》

比较中国侠和欧洲中古时代的骑士（knight-errant），是个迷人的论题。因为在目前一般学术上常用"knight-errant"来代表中文里的"侠"和它的一些组合词（例如"侠"、"武侠"、"侠客"、"任侠"、"游侠"、"豪侠"等）；中国侠在政治势力、社会地位、经济影响、宗教背景等各方面，跟欧洲中古的骑士是否相同，当然是个值得注意的论题。何况，"侠"本身所给予我们的丰富联想，和他们在文学里多彩多姿的表现，也着实令人心动。

田毓英教授这本《西班牙骑士与中国侠》（台湾商务印书馆，一九八三年五月），是第一本以中文撰写有关这个问题的论文。不仅讨论了中国与西班牙（或西洋）历史上的侠，也探索了文学中侠的表现。对侠和骑士之起源、演变、组织、品德、行为、对后世的影响、与妇女的关系等层面，都有细致流畅的说明。许多地方也讲得非常精彩，是一本值得推荐的入门参考书。

全书分成十四章，第一章当是导言，第二章是谈西班牙骑士的起源，第三章讲西班牙历史上的骑士，第四章讲西洋历史上的游侠，第五章讲西洋的骑士会，第六章讨论骑士规章的书籍，第七章是中国侠历史简述，第八章讲中国武士的组织及其美德，第九章讲西洋诗篇所描写的骑士，第十章讲诗词中的中国侠，第十一章为西班牙武侠小说简述，第十二章为中国武侠小说简述，第十三章讲中国与西班牙侠的行侠动机，第十四章为中国与西班侠的比较。后附参考书目一〇二种，以及人名地名中西文对照表。

综括田教授的意见，她认为西班牙骑士是一种贵族阶级，而中国侠不是一种身份地位的称呼，侠之所以为侠，在于他们所秉持的义，因此，骑士阶级可以腐化，侠则只有因丧失理想而消失。其次，西洋骑士与宗教关系密切，中国侠则始终未与任何宗教发生关系；骑士必须英俊，且崇拜妇女，侠则很少男女私情，只注重友谊。至于骑士所追求的个人荣誉与自我尊严，在中国侠身上也是不存在或无足轻重的，侠所注意的乃是公众之正义。在文学方面，骑士文学皆以偷情、恋爱、英勇事迹为主，杂以妖魔与奇遇；跟我国武侠文学大异其趣，只有《堂·吉诃德》（*Don Quijote de la Mancha*）可算是唯一的例外。田教授也花了许多篇幅来讨论它。

田教授这本书，可以看出是花了不少心血。但在体例上，我们建议不妨稍做修整。譬如第二章谈骑士的起源，第三章似乎就可以把原先的第三章和第四章合并为骑士的历史发展与演变；第五、六章，也可以合并为骑士的组织及其品德，以与第八章中国武士的组织及其美德对照。另外，第九章西洋诗篇中所描写的骑士，这些诗篇其实都是西班牙诗；第十章中国诗词中的侠，也没有谈到词，这些标题，似乎都应该再加斟酌。

参考书目方面，体例亦似觉凌乱。例如一是《三侠五义》，二是《大宋宣和遗事》，三是四书，四是《史记》，五是《世说新语》，六是《左传》，次序有待斟酌。也许田教授对中国文献不太熟悉，否则不该既有四书又有严灵峰的《孟子简编》才是。

另外，有些重要的参考资料，田教授也未运用，例如刘若愚的 *The Chinese Knight-Errant* (Chicago, 1967)、何炳棣的 "*Records of China's Grand

Historian: Some Problems of Translation" (*Pacific Affairs*, 36:2 [Summer, 1963], pp. 176–177)、瞿同祖的 *Han Social Structure* (ed. Jack L. Dull, Seattle, 1972, pp. 186–187)、宫崎市定的《遊俠について》(《歷史と地理》一九三四年卅四卷四、五期合刊,页四十一—五九)、劳干的《论汉代的游侠》(《文史哲学报》一九五〇年一期,页二三七—二五二)、增渊龙夫的《漢代における民間秩序の構造と任俠的習俗》(《一橋論叢》一九五一年廿五卷五期)、夏志清的 *The Classic Chinese Novel: A Critical Introduction* (New York, 1968)、马幼垣的《话本小说里的侠》(《中外文学》六卷一期)等,都是研究这个题目应该参考的。未详细参考这些论述,不免使田教授这本书减色不少。

所谓减色,我们的意思是说她讨论得不够深刻。本来,关于骑士与侠,都是牵涉层面极广的大问题,处理极难周至。但我们的感觉,是这本书对历史表面的现象,尚能掌握,并且叙述得颇为简要,让一般读者能很方便地得到一些概括性的印象和知识。可是对于事件或现象,却未深入分析,尤其是对文学作品,田教授通常都只交代故事大纲而已。这对一位有志深入的读者来说,就仿佛喝了掺水的酒,稍觉有点不够劲道了。

譬如书中一再提到骑士对贵妇的崇拜和爱,可是为什么如此呢?据瑞典学者贝佐拉的说法,是十一世纪时,欧洲天主教开始提倡男人对女人的爱慕,以取代人类对神的敬爱,认为爱优秀的女人犹如爱神,以至于形成了新的恋爱伦理学与心理学。

另外,西班牙伊斯兰教地区的早期情诗,对骑士文学之兴起,也颇有影响。这种爱慕,配合了骑士所身属的封建阶级,使得骑士恋爱的感情和封建的归属意识相结合,而愈趋牢固。他们的恋爱对象,多是庄园领主夫人、朝廷贵妇或其他较高阶级的已婚女性。借着对她们的忠诚,既能提高骑士的社会人格,又因女方身份地位都比自己高,且是已婚,骑士便须遵守各种规范仪节，并尽量抑制肉体的欲望，而致力于提升自我的灵魂，所以也能提高骑士的道德人格。

不但如此，我们又知道，这个贵妇，起初本是母亲（或妻子），后来才变成"他思想上的主母"。骑士从童年开始，即选择一个贵妇作为终生服膺的对象，所以日人渡边昌美认为这即是"恋母情结"的表现。

十一世纪后流行的圣母信仰，似乎也显示了这种意义。人们甚至推测抒情诗人吉罗·利吉亚作品里所说的贵妇人，就是圣母马利亚。

中国既没有这种宗教和封建社会的背景，恋母情结又不那么深固缠绵，不形成骑士之爱，实在是非常自然的事。

可是田教授书中欠缺这类分析，可能使读者知其然而不知其所以然。这是笔者认为有待进一步探讨之处。

侠与骑士，在历史及社会有许多面相；文学上的表现，只是其中之一。田教授这本书无疑偏重于此。这对题目来说，显然不够周延，是否可以在题目或序言上稍加说明或限定，以免读者产生错误的期待。

除此之外，纯就文学方面来看，田教授的处理方式，也可能会引起异议。因为：

第一，西班牙骑士文学，乃是欧洲中古骑士及骑士文学的一部分，但田教授书中对"西班牙"和"西洋"并未分疏，反而经常混用。

我们晓得欧洲各国骑士及骑士文学并不完全相同，田教授书也提到西班牙骑士文学在欧洲甚为突出，可是究竟如何突出，田教授却不让我们知道，反而混合叙述在一块儿，难免令人迷惑。

第二，不同时代里的侠，会以不同姿态，出现在各种文学作品里；可是，不同的文学类型也会形成不同的传统，像我国诗歌里的侠和小说戏剧里的侠就不一样，田教授书中讨论了中国与西班牙诗及小说里的侠跟骑士，却对这些歧异处毫无论述，也不免使人感到遗憾。

在观点方面，田教授有些错误。例如，她说西班牙骑士起初和我国封建君主或贵族养的士相似，叫做骑士团，其实西班牙骑士起于封建社会，中国侠则起于封建秩序崩溃之际，两者绝不相似。

类似这些问题，由于讨论起来太过复杂，且将牵涉到笔者对侠与骑士之起源及发展的特定看法，再谈下去就难免求全责备之讥了。

附录三　侠与骑士

古罗马时期，欧洲人已学会了骑马作战。罗慕路斯（Romulus）即拥有一支骑马的军队。因此，不少人认为：骑士制度就是源于古罗马。

骑士制度当然没那么久远的历史。因为骑着马的战士，跟中世纪封建体制下作为一种制度的骑士，根本是两码子事。故罗马之骑士，称为eques，骑士制度则称为chivalry。

那么，骑士制度究竟是什么样的制度呢？

在中文词汇中，我们有时也用"游侠"来形容骑士，因为骑士四处游历，表现其骑士精神，行径颇易令人联想起侠之浪游以行侠仗义。但两者其实全然不同。因为骑士是一种制度，而侠不是。骑士不是社会上某一类人，如侠那样，而乃是社会本身。也就是说，靠着骑士制度，中世纪才构成了那样的社会，因为"骑士制度"与"中世纪"，这两个词几乎是同义的。现在，我们史学界描述或称述中世纪时，喜欢用封建制度或教权时期来形容，这是着眼于政治、经济与宗教。然而用这些，其实均不如由骑士制度来掌握，更来得周延贴切。

因骑士制度，正是建立于封建政体中。或者说，是借由骑士制度建立了贵族封建政治体制。

当时，封建的国王及其公族，拥有其骑士武力，各自建立自己的骑士团，他们自己也即属于骑士。这种情形典型的例子，只要想想"圆桌骑士"（Round Table）的故事，便不难明白。此与日本幕府时期的武士较为相近。幕府将军底下，各拥武士贵族，但将军本身同样也是武士，也遵奉武士道精神。

因此，封建贵族制与骑士制，乃是一而二、二而一的东西。所谓骑士，均是贵族。他们与一般民众，分属截然不同的等级。故骑士比一般人更有教养、能力、德操。保护教会、政权、民众之责任也在他们身上，骑士的荣誉感也正形成于此一结构中。

为了要显得比一般人有教养有文化，骑士均表现得有文化有教养，对许多行为，弄出一些"礼貌"的准则。例如谈话、衣饰、日常交往、用餐，都逐渐表现出"一本正经的做作"，不如此，上层阶级便无法与庶氓形成区隔。恰好贵族骑士们也远较一般民众有钱、有闲、有心情去经营这些礼貌，去体现其优雅。

为了显得比一般人更有德操、勇气与毅力，骑士又需能守一些规诫、克制一些欲望。在这方面，骑士制度有其伦理意义，骑士团简直等如僧团，而规诫誓约是千奇百怪的。例如受封时，可能要举行弥撒礼、沐浴、剃须、受洗；或夏着毛裘、冬衣单褶；或发誓九年内一定站着吃饭；或发誓不攻下某处即不脱衣裳；或发誓每隔一阵就要戴脚镣；或发誓礼拜天不睡床、礼拜五吃素、每天都不穿盔甲等等。靠着这类禁欲的态度，来强调和维持（自以为高于一般人的）道德性。

为了显示能比一般人更有勇气，骑士也想出了一种方式来体现其男子气概。那就是延续古希腊竞技而形成的比武决斗。

比武决斗可显现英雄气质、牺牲精神，引发激情，表现荣誉，亦可获得女性之青睐，故特为骑士所喜爱奉行。骑士们骑着马，带上盾牌，在盾牌上刻绘着属于自己及自己家族的纹章，持长矛相互击刺，也是在贵族优雅而平静单纯的生活中，最刺激的娱乐。

决斗当然也是解决诸侯间争端的好办法。因为两个侯爵若有政治经济分歧，除了大规模作战，两人决斗便是解决问题的手段。家族间的荣誉与耻辱，也要用决斗来确认。个人若觉荣誉受损，同样也可以决斗来平反。

但这种决斗与市井小民"单挑"或我国侠客之"比武"并不相同。骑士决斗毕竟是体现骑士精神的一种方式，也是公开的仪式，故除了华丽的盔甲、庄重的礼服、美丽的看台、装饰着贵族标志的旗悬纹饰及衣徽等之外，还有许多繁文缛节和规则。市井小民单挑决斗固然激烈残忍，可绝无这一套优雅的排场和味道；而且其格斗，大半是为着实际的利益而非贵族所强调的荣誉。侠客比武，则或为印证武力高下，或志在报仇，或了结恩怨，情况更是不同。

但优雅的骑士，真去决斗的例子毕竟不多，这就需要一个代替品，那就是英雄冒险的游历。骑士总得去游历一番，去"行侠仗义"、跋涉、历险、解救苦难，以及救美屠龙。

跋涉、历险、救美、屠龙，都代表勇气与冒险犯难的精神。龙代表邪恶的敌人，美女代表善良但弱小者。打击恶魔救出少女，既充分显现了英雄气质，也表达了英雄们的性幻想。

在自然界，雄性动物在求偶时期，经常炫耀其毛羽，绕着雌性跳舞盘旋，或与别的追求者打上一架，才能获得雌性动物的青睐。骑士的决斗恰好就具有这种性质。决斗时，骑士往往穿戴着情人的衣物或面纱出战。观看决斗的女士们，也会把自己的衣饰物脱下来，扔给她们所睐盼的骑士。骑士则注意着女人，脖颈白皙，胸衣紧绷，眼睛闪着光芒，带着眩目美丽笑意，靠着这些来鼓舞战斗意志。骑士冒险这个仪式，更强烈体现此种追求之意味。因为跋涉、历险，目的就在找到一位值得他

"搭救"的美女。故英雄冒险事迹，实质上乃是浪漫求爱之旅。

骑士精神主要亦即表现在对爱情的追寻、追求与奉献上。宫廷生活中，男女情爱，本来也就是生活的重心，因此，对爱的追求，事实上被等同于宗教。骑士们祈求获得爱情，他们对女人的奉献、牺牲、忠诚，也可以拟于宗教。但那是理想性的浪漫爱情观、仪式性的尊崇妇女行为、虚构幻想性的骑士解救少女传奇故事。整个中古时期，其实绝少真正同情妇女、了解女人处境及其困难的作品。

原因很简单，倒不是什么男性中心主义或父权制，而是贵族们本来就见不着一般女人。他们所看到的，只有贵族妇女，而且，这些妇女又都是作为其情欲对象而出现的。为了取悦这些妇女，骑士们发展了余暇、快乐、欢愉、财富、慷慨、爱心、坦率、礼貌等所谓骑士风度，以博取女人好感，并一再讴歌自己如何为爱跋涉追寻，如何忠于所爱，如何为爱人牺牲奉献、冒险犯难。其长矛与甲胄，则耀炫着他的英雄气概，一如公鸡、孔雀去雌物前炫示其毛羽。

这些整个合起来，成为骑士制度及其社会。

骑士制度及其社会的关键，并不在贵族封建，这就是为什么我不赞成把这个时代标名为封建社会。在中国，同样有贵族封建制的时代，但无论是春秋时期或魏晋南北朝，都无骑士。因此，我们只能说是骑士制度形塑了欧洲的封建贵族社会，而不能说是封建社会造就了骑士。

在中国，贵族与民众也分属不同等级，故贵族之礼"不下庶人"。礼，犹如欧洲贵族所讲究的礼貌生活准则，用以体现其优雅。周朝诸侯公族子弟，也比一般民众更强调教养、能力与德操，更重视宗族的荣誉，更诚心奉事宗教。

但春秋时期只有车战，尚无骑马技术，故无所谓骑士。军旅行动，以宗族为单位，故亦无所谓决斗。战争本来就不是仪式性行为，因此跟骑士们的决斗也有根本差异。何况婚姻观、爱情观不同,周朝更是绝无骑士那一套浪漫爱情态度,形式化、仪式化的尊重妇女态度。

战国后期,商鞅变法,平民可以军功擢升,打破了贵族才能当兵、成为武士的传统。士与兵分途,贵族政治亦随之正式瓦解,故亦不可能有封建骑士。直到东汉后,才又逐渐形成新的贵族政治局面。可是这时虽有贵贱等级制,却无封建。贵族虽往往拥有武力,却以其"部曲"、"门客"为之。部曲本身并非贵族,贵族通常也不从事兵戈战事活动、不娴武技。炫示其贵族荣耀者,其在"才、地"。也就是家族中仕宦的资历和本人的学养文章,跟骑士炫耀其武勇,恰好相反。

倒是六朝贵族欣赏女人、歌颂女人,在宫廷中大肆表现他们怜香惜玉之情,一副"情之所钟,唯在我辈"的调调儿,与骑士们颇有相似之处。

歌咏"玉树后庭花"的六朝金粉世界,当然显得文弱。但贵族政治的战力仍甚可观,谢玄的北府兵大胜苻坚,桓温也曾率兵北伐,祖逖、刘琨之慷慨尚气亦非骑士所能望其项背。骑士以尚武为修饰之资,看来并不真能作战。平时诸侯间拌拌嘴,小打闹一番,固然英姿足以动人,真号召了去御侮,打土耳其人,夺圣城,便乏善可陈了。几世纪的骑士制度,也没发展出什么战法、战技。

这一点,便与我国之武侠甚有不同。侠的事迹与故事,激发了相关武技的发展。门派、刀枪、剑棍、拳脚、暗器,琳琅满目,蔚为大观。骑士则单调得很,谁也不曾听过不同的骑士团发展了什么不同的骑法、矛法。无非一人全身铠甲,持了长矛、盾牌,跨在另一匹也是周身铠甲的马上,旁有仆从、随侍罢了。打起架来,除了两骑对冲,笨笨相撞一下以外,也没什么别的战法、战技可说。

骑士作战,摔下马来就算输,道理更是再简单不过了。那一身笨甲重铠，一旦跌下马了，谁还爬得起来？骑士平时装扮费时费钱，临阵则须佣仆、隶从协助抬他们上马，已注定了这只能是一种以武勇为形式的游戏或仪式。一般人玩不起，真正的搏斗也用不着。

到了十五世纪中叶以后，步兵、火器在战场上势力越来越大，战争的规则也改变了，骑士制度当然就愈见瓦解。尤其是海洋争霸的时代来临了，骑士反对海战，更注定了它的没落。

这样的骑士，简直可说无一处与我国之侠类似。

十九年前，我在淡江大学服务时，同事西班牙系田毓英教授，在商务印书馆出版了一本《西班牙骑士与中国侠》，把这两个截然不同的事物拿来相提并论，比量异同。《文讯月刊》嘱我写一书评，令我头疼不已，因为不好说这种"香蕉与凤凰木"的比较无甚意义，只好从技术面小论了一番。不料，还是惹得她老大不高兴，回了一篇文章，说我胆大妄为，劝我好好做学问。

这实在叫人啼笑皆非。后来编《大侠》时，我就把两文一并收为附录，让读者自己去评断。如今，形骸已随年俱老，看来，也不必再有所顾忌了，故略为补论如上。

附录四 《大侠》后记

论中国侠义传统的著作很多，但据我看，几乎全是胡扯。我写《大侠》，就是想要解说中国的侠与侠义传统之流变，并试图探讨为什么大家在研究侠的问题时，会有那么多错误。

我是从小嗜读武侠小说的人，对侠，有特殊的感情与向往。后来读书渐多、思虑渐细，才逐渐发觉侠并不是通常我们所想象的那种民间正义英雄。这种发现当然甚为痛苦，但也更能让我深刻理解到历史认知活动和自我存在感受之间复杂的关系。很少人有严谨的历史认知并意识到它的方法问题，更少人能拥有存在的感受而又不受其干扰，我则很庆幸经过了这样的熬炼，自以为尚无大谬。

《大侠》，计分十章，是一九八四年春天开始断断续续写成的。原先是为着研究唐代文化史，想解决传奇及乐府诗中有关侠士刺客诸问题，而写了《唐代的侠与剑侠》，刊在《中国学术年刊》六期。后即欲扩充为一专著，因循未果，仅草成《论侠客崇拜》一文，论侠客崇拜何以形成及历史诠释方法，仍刊该刊八期。

一九八六年春天，在清华大学开文学批评会议，即写《由〈诗品〉到〈点将录〉》，算是对文人与侠义关系的另一种考察。至于最后论鸳鸯蝴蝶与武侠，则是研究清末民初通俗文学的副产品，文章很短，但涉及侠及侠义小说的转变，故亦附着于此。整体来说，甚为简略，其中许多细节小注，皆可发挥作为专章，但我无力亦无意如此。因为文化史的研究者，不可能在侠这个问题上耗费太多时间，故虽感遗憾，却总不得不稍做割舍。

但是，有几个问题，我愿意在这儿略微道及：

一、是昆仑奴的出现，很值得注意。中国的侠多为社会性人物，故讲究交道、豪游、结交，其生命本身虽凉薄孤绝，侠客的集团性却非常明显。昆仑奴则不太与一般侠客有所往来，其身份往往隐晦不露。他们一旦现身出手，又常是为了维护主人；与侠之任气、报仇或待价而沽，亦不甚相同。而依侠那种不惜杀死自己儿女，以断绝思念情爱的行为法则来看，昆仑奴似乎仍代表着原始浑沌的生命，与侠的"老江湖"刚好成为一种有趣的对照。

不但如此，昆仑奴来自中南半岛及印度洋马来群岛等地，是中国侠义传统里的一抹异域情调，可能对唐朝以后侠的精神和文学有奇特的影响。例如他们隐匿身份，作为奴仆，挺身护主，后世武侠文学中屡屡出现此一模式。他们善于潜水，在《七侠五义》中亦有仿例。其人生长海洲，多勇武，然往往被胡商贩来中土为奴。与战国以来侠士养客的"客"，亦不相同。为伸张正义而出手，跟一般侠客的表现，也有很大的差异。因此，对于这种小黑人的来源、能力、社会地位、精神表现、与侠义传统之关系等等，理当结合社会史、中外文化交通史以及文学史各方面，做一较详备的处理。

二、是报的观念。"报"一向被视为侠的道德原则。但施恩不报，正是儒家的讲法，不是侠士超乎圣贤的道德。儒家主张以直报怨、以德报德，公羊家甚至强调《春秋》大九世之仇，可见儒家才是以报为道德原则的。侠与儒真正不同处，在于侠客"交友借躯报仇"，把报仇安放在他们的交道里处理,可以替朋友两肋插刀,报与自己本不相干的仇。历来儒生论复仇当禁当纵,讨论的都是血亲伦理的报仇问题,对"交友借躯报仇"根本是反对或不予讨论的,此亦可看出儒与侠的不同。另外,侠的报仇,与儒之复仇报怨,内容上也颇有差异。儒者报仇,以血亲伦理为主,侠则是"有恩必报、有仇必报"。一言不合,拔刀相向;至于诸葛昂、高瓒那样的"报",其斗豪斗气的味道就更明显了。所以说,侠的"报"基于血气,有浓厚的非理性成分,与儒者的伦理立场大异其趣。

三、是侠之养客。侠蓄养食客,构成侠的集团性,但这个集团的动向和客的性质,却不是固定的。如战国四公子之养士任侠,是以此形成政治势力;汉代养客的则多属豪族,乃是地方势力,借以武断乡曲,故又称之为豪猾、大猾、豪奸、豪贼、豪暴或豪桀。他们恃强凌弱、为非作歹、广事交游、并兼乡里。而随着汉代豪族的士族化,当然也就产生了侠与士混同的现象。六朝侠者之客,又与此不同,多为贵族之部曲,属于私人武力,或者根本就是盗贼团体,政治意义很小,其行为乃小型之掠夺及私人财利间的争斗。宋朝以后,因政治形态改变,如四公子、六朝部曲的养客,都已不太能存在,故侠的集团就以盗匪绿林或地方势力为最重要的"主与客"结合方式了。此即所谓秘密社会。它与土豪的关系依然紧密,《宋史·曾巩传》"章邱民聚党村落间,号霸王社",概属此类地方势力。且由于社的宗教性,入社者歃血盟誓,自然也就成为侠义传统中的一部分了。

四、是侠与政治的关系。一般解释者只用一种简单的看法来讨论侠与政治之关联,以为侠即代表对统治者的反抗。但正如前所述,汉代豪族及官、商都可能是侠客集团。而豪族之士族化与官僚化,更显示了侠与统治权威之间,可能存在冲突、妥协、合作或侠豪转化为统治者的各种复杂状况。不但是在中央政府权威崩溃之际，豪杰往往跃升为新的统治阶层；我们甚至可说，侠在本质上即与统治权威合一，恒朝统治官僚流动。

王船山《读通鉴论》卷八："胥吾民也，小不忍于守令之不若，称兵以抗君父，又从而抚之。胜则自帝自王而唯其意，败则卑词荐贿而且冒爵赏之加。一胜一败，皆有余地以自居，而不失其尊富，桀猾者何所忌而不盗也？南宋之谚曰：'欲得官，杀人放火受招安。'且逆计他日之官爵而冒以逞，劝之盗而孰能弗盗也？"对这一点便有深刻的认识。

《七侠五义》中的南侠展昭，被称为"御猫"，更是充满了辩证的趣味：他们以对抗王权的姿态开始，进入王权体制，扫荡对抗者；若遭逢机缘，则更可能由自己建立王权。而即使不进入王权体制，侠盗集团恐怕也强烈显示了它的极权性格，所谓"占山为王，据地称霸"，甚至自号霸王社，都告诉我们侠有自成一极权社会的特质。

而一个流动于社会体制之外、讲究气义豪情、浪荡无拘检的侠客团体，为什么反而会形成一格外严密的组织关系，变得特别注重主之威权与客之服从纪律（如帮会之规条、开香堂等），实在值得更进一步讨论。如《水浒传》之职掌分派，下迄民初郑证因《鹰爪王》所描述的凤尾帮十二连环坞，内三堂、外三堂之类组织，均可与明清秘密社会的实际状况综合起来，深入研究。一般人喜欢看武侠故事，或崇拜侠客，除我在书中所讨论的原因之外，对极权社会的憧憬，无疑也是其中一个重要因素。

五、是"官逼民反"的问题。陈忱《水浒后传》说："梁山泊一百单八人，虽在绿林，都是心怀忠义，正直无私；皆为官私逼迫，势不得已，避居水泊。"后来解释侠的行为，多采这个观点。但这个观点是有问题的。第一，梁山泊诸人，真属官逼民反不得已而上山者，仅占最小一部分；其他有作奸犯科，无所容身而来投靠，撞筹入伙者；有作战被俘，无奈归降者；有被梁山设计谋害，家毁人亡，被"赚"入伙者。第

二、《水浒》的主题,不在逼上梁山,或梁山逼迫许多人上山,而是在铺陈一个天命的理念(详张火庆与我合作的《中国小说史论丛》,特别是页一二五——四五)。因此用"官逼民反"来看《水浒传》或侠客问题,完全没有解释力量。第三,官与侠的关系,亦不宜如此简单化。所谓官逼民反,到底是真属官逼以致民反,还是恃强作乱,造反有理;官与侠到底只是对抗,还是既对抗又联合分赃;恐怕都不是一句简单的"官逼民反"就能解释的。

六、是侠与盗的分野。侠与盗匪,往往很难区别。侠的范围稍宽,有交游豪阔,与绿林相往来,而本身并不为盗者,亦称为侠。但一般说来,盗即是侠。依荀悦的看法,认为:"游侠之本,生于武毅不挠,久要不忘平生之言,见危授命,以救时难而济同类。以正行者,谓之武义,其失之甚者,至为盗贼矣。"其实唐朝以前之所谓侠者,多是攻剽不休的盗贼,如《史记》所云盗跖居民间者。贵族大豪为侠,侠逐渐士族化、官僚化以后,也常偶一为盗,石崇就是个例子。武义正行,只能看作知识阶层对侠的理想与企盼,所以原涉才会把任侠自比为寡妇遭污。

但唐朝中叶,因知识分子与侠的关系紧密,对于侠义传统,遂起了一种意识上的改造,期望将攻剽气义、盗劫掠杀的行为,转化为理性价值的公众侠义,如荀悦所说的武义正行。韩愈《送董邵南序》外,如杜牧《注孙子序》:"周公相成王,制礼作乐,尊大儒术,有淮夷叛,则出征之。夫子相鲁公,会于夹谷,曰有文事者必有武备,叱辱齐侯,伏不敢动。是二大圣人,岂不知兵乎?周有齐太公,秦有王翦,两汉有韩信、赵充国……如此人者,当其一时,其所出计划,皆考古校今,奇秘长远,策先定于内,功后成于外。彼壮健轻死善击刺者,供其呼召指使耳,岂可知其所由来哉?"也是同样的东西。

因为杜牧"年十六时,见盗起圜二三千里,系戮将相,族诛刺史及其官属，尸塞城廓……当其时，使将兵行诛者，则必壮健善击刺者"，所以他要注解《孙子兵法》，提出壮健善击刺者不足恃，而应由尊大儒术之人来处理兵务的新观念。后世言侠，皆偏重其才略，儒雅风流，而不强调其恃强斗狠、壮健击刺的一面，就是由这次转变使然。理性化社会价值的意识，至此才开始逐渐进入侠客世界，例如尊重国法、造福大众之类，亦复如此。

七、八、九……

各种问题，都是我愿意谈谈的，但事实上，不容我无限漫衍下去。希望这样简单的论述，能对关心这些问题的朋友有点帮助。

附录五　论报仇

《春秋》有复仇之义。《公羊传·庄公四年》谈到齐襄公的事，说襄公虽淫佚，但因他能复仇，故《春秋》仍然是称赞他的。襄公复仇，是复他一位远祖哀公之仇。哀公因被纪侯谮害，而在周朝被烹杀了，襄公一直惦念着要复仇。曾经去问卜。卜者卜出来的结果很不好，说军队恐怕会覆亡一大半。襄公不为所动，反而说："九世犹可以复仇乎，虽百世可也。"为了复仇，就算死了，也不能说是不吉利。他这种态度，《公羊传》认为是孝的表现，"事祖祢之心尽矣"，大为赞扬。

此即所谓"春秋大九世之仇"。其涵义有四：一、仇，主要指血亲之仇。二、血亲之仇，不因年世久远而不复，虽百世仍可以复仇。三、复仇，具有孝的伦理意义。四、复仇，乃是子孙为先祖尽其心意之表现，故重在是否尽了这个心，而不见得非成功不可，所以本段徐彦疏曰："复仇以死败为荣。"襄公谓复仇而死，不为不吉，就是这个意思。

但复仇之义并不止于如此。同年六月，谈到齐侯葬纪伯姬的事时，《公羊传》说这也是复仇义："曷为葬之？灭其可灭，葬其可葬，此其为可葬。奈何？复仇者，非将杀之逐之也。以为虽遇纪侯之殡，亦将葬之也。"纪国是被齐国灭掉的，灭其国而善葬纪伯姬，是因灭其可灭而葬其可葬。其所论复仇之涵义，便不只是血亲之仇，而涉及国仇的范围了。且谓复仇不以杀逐为事，仇人死，则应予礼葬。据何休注说，这就叫做"恩怨不两行"。复仇中仍应存有恩义。

接着，同年七月，《公羊传》又借齐侯与鲁人去打猎的事，说与仇人去打猎并不恰当。何休注也说："礼，父母之仇，不共戴天。兄弟之仇，不同国。九族之仇，不同乡党。朋友之仇，不同市朝。"这是《曲礼上》及《檀弓上》的意见，被公羊家吸收来论复仇了。复仇之义广及朋友。

《公羊传》言复仇，大抵如此。庄公十三年，举庄公之言"寡人之生，则不若死矣"，表白若不能复仇是非常痛苦的事。九年，以与齐作战失败，来特别强调"复仇以死败为荣"，不论对方多么强大都不应畏惧，都是以上义理的补充。

另外，定公四年论伍子胥复仇时，还有四个观点，也很值得注意。

一、是父子亲情与君臣伦理间的问题。所谓"父不受诛，子复仇可也"。何休注："父以无罪为君所杀……君臣之义已绝，故可也。"伍子胥为父复仇，即依这个原则。

二、是父子与母子间的伦理关系，使得父杀母或母杀父，其子均不能复仇。何休注云："庄公不得报仇文姜者，母所生，虽轻于父，重于君也。《易》曰：'天地之大德曰生。'故得绝，不得杀。"

三、冤冤相报的问题。《公羊传》说"父受诛，子复仇，推刃之道也"，一来一往，刀子来刀子去，叫做推刃。可见《公羊传》是主张不断报复的。何休注便不同，云"子复仇，非当复讨其子也"，不赞成继续复仇。

四、由于上述见解的不同，因此，对于复仇是否应斩草除根，遂亦有不同之意见。依《公羊传》说"复仇不除害"。何休注谓"取仇身而已，不得兼仇子，复将恐害已而杀之"，举伍子胥报仇，毁楚平王之墓，却不杀昭王为例。他们都认为不必斩草除根。但《公羊传》的意思，是说复仇者自己既要复仇，便不能不准别人将来也来复仇，故复仇时，不能将对方的子孙全都杀掉，也要保留别人将来复仇的权利。何休注则是主张复仇只应找正主儿，"非当复讨其子"，所以也不该兼仇其子。

儒家复仇之说，以《春秋》为例，大约包含这些涵义，而影响均极深远。侠客报仇的风气，一般认为即与此有关，其实不然，儒与侠是颇有差异的。

最显著的不同，在于儒家所说，以复父母之仇最重要，兄弟族属次之。侠客则以报朋友之仇为主。

其次，儒者复仇，以死败为荣，侠客则以杀仇而自己不死相矜。高适诗"邯郸城南游侠子，自矜生长邯郸里，千场纵博家仍富，几度报仇身不死"（《邯郸少年行》），张籍诗"百里报仇夜出城，平明还在倡楼醉"（《少年行》），沈彬诗"重义轻生一剑知，白虹贯日报仇归"（《结客少年场行》），都以成功报仇而自己凯旋自喜。

再次，儒者复仇，"非将杀之逐之也"。具体的例子，是庄公十三年，鲁与齐会盟于柯时，曹沫替庄公报仇，持剑挟持齐桓公，逼桓公与之订盟。替庄公复了仇，却未尝杀人。侠客报仇，便不然了，均以杀逐为主。所谓"借交行报怨，杀人租市旁"（张华《博陵王宫侠曲》）。此儒与侠之异也。